U0729110

XIANDAI BANJI JIAOYU YU GUANLI

现代班级教育与管理

◎ 宋秋前 主编

ZHEJIANG UNIVERSITY PRESS
浙江大学出版社

图书在版编目（CIP）数据

现代班级教育与管理 / 宋秋前主编. —杭州：浙江
大学出版社，2015.6（2020.1重印）
ISBN 978-7-308-14629-6

Ⅰ．①现… Ⅱ．①宋… Ⅲ．①班级—教育管理学
Ⅳ．①G473.4

中国版本图书馆 CIP 数据核字（2015）第 082402 号

现代班级教育与管理

宋秋前　主编

策划编辑	阮海潮（ruanhc@zju.edu.cn）
责任编辑	阮海潮
封面设计	刘依群
出版发行	浙江大学出版社
	（杭州市天目山路 148 号　邮政编码 310007）
	（网址：http://www.zjupress.com）
排　　版	杭州好友排版工作室
印　　刷	虎彩印艺股份有限公司
开　　本	710mm×1000mm　1/16
印　　张	18.75
字　　数	357 千
版印次	2015 年 6 月第 1 版　2020 年 1 月第 4 次印刷
书　　号	ISBN 978-7-308-14629-6
定　　价	45.00 元

版权所有　翻印必究　印装差错　负责调换

浙江大学出版社市场运营中心联系方式：(0571) 88925591；http://zjdxcbs.tmall.com

前　言

　　班级是学校教育与管理工作的基层单位,是现代学校教育系统中一个最具活力的"细胞",是教育培养人的"前沿阵地",也是学生接受教育影响、实现个体社会化的重要环境。它既是社会组织的一种形式,也是教育实体和社会实体的整合。班级开展的教育与管理活动,从各个侧面,用不同形式塑造着孩子们的心灵与个性,深远地影响着他们的未来与发展;班级工作的质量直接影响到学校的教育质量,反映出学校的面貌与办学水平。加强班级教育与管理对于学校教育目标的实现和学生身心素质的全面发展具有重要意义。因此,怎样进一步加强班级教育与管理工作,提高班级教育与管理的质量,是现代学校教育中一个重要的研究课题。

　　近年来,随着世界范围课程与教学改革的深入发展,特别是我国基础教育新一轮课程改革的不断推进,班级教育与管理格外受到重视,班级教育与管理工作也发生了显著的变化,产生了许多新的班级教育与管理的理论主张、模式和实践操作方法。其具体表现主要有:在班级管理理念上,由注重教师中心向注重以生为本发展;在班级控制方式上,由注重外在控制向注重内在控制发展;在班级管理策略上,由注重行为控制向注重满足学生需求发展,从而使班级管理在价值取向、管理理念、行动策略等方面呈现出鲜明的时代特征和变革走向。认真分析和把握当代班级教育与管理的这些变革走向,对于我国基础教育的健康发展具有重要意义。

　　班级教育与管理的内容涉及学生班级生活的各个方面,概括起来主要有了解和研究学生、班集体的组织与培养、班级日常教育与管理、班级活动的策划和组织、学生的个别教育与管理、心理健康与青春期教育、学习指导与操行评定、班级教育力量的协调、课堂教学管理、偶发事件处理和问题行为的矫正等几个方面。本书分别对上述内容作了系统的理论阐述,并在每章最后针对性地专列"材料阅读与思考"一节,以丰富本书的理论内涵和事实材料,供大家学习参考。作为未来教师的高师学生,应在认真学习有关理论的基础上,加强上述班级教育与管理各方面的技能训练,为今后从事中小学班级教育管理工作打下扎实的基础。

　　近20年来,我国的教师教育实现了从旧"三级师范"的封闭定向性培养到

1

新"三级师范"的开放非定向性培养的转型性发展,教师的专业化和开放式培养已成为我国教师培养的新趋势。在这种背景下,怎样加强未来教师的班级教育与管理能力,进一步改进和优化教师教育课程体系,提高教师教育类课程教学的有效性和学生的教育教学技能,是一项事关我国基础教育能否健康发展的重大课题。为此,近10多年来,我们一直致力于教师教育类课程的改革和建设,本教材就是这种努力的成果之一。

本书第一版2008年出版,本次修订再版,除对原书内容进行了适当的增删、修改和校正之外,还在每章新增了"学习目标"和"拓展阅读"等内容,多数章节还以"资料夹"形式对有关内容进行了补充。

本次修订再版由宋秋前教授任主编,各章编者如下:第一章,宋秋前;第二章、第三章,刘煜;第四章、第五章,尹伟(江苏理工学院);第六章,齐晶莹(江苏教育学院附属高级中学天润城分校)、宋秋前;第七章第一、三节,宋秋前、齐晶莹;第七章第二节,钟晶晶(舟山市蓉浦学院);第八章,宋秋前;第九章、第十章,丁芳盛;第十一章、第十二章,宋秋前。

本书是浙江省"十二五"重点建设教师培养基地的项目研究成果,也是浙江海洋学院明远教师教育创新实验班教材建设和教学质量提升工程——核心课程建设项目"班级教育与管理"课程建设的部分成果。本书在修订再版过程中得到了浙江海洋学院副院长虞聪达教授、教务处长程继红教授、教务处副处长潘爱珍和王健鑫的大力支持和帮助。在此,本书全体编写者向他们表示衷心的感谢。

本书在编写过程中,参阅和引用了大量相关的研究成果,在此谨向有关作者表示诚挚的谢意。

由于我们水平有限,不足之处一定很多,诚望广大读者批评指正。

宋秋前

目　　录

第一章　现代班级教育与管理概述

📖 学习目标

● 理解现代班级的功能与班级教育管理的意义。
● 了解班级教育与管理的内容和基本要求。
● 掌握班级教育与管理的理论基础。

班级这一概念来源于班级授课制。17世纪,捷克教育家夸美纽斯在其著作《大教学论》中,首次对班级授课制的意义及其特征进行了论述。19世纪初,德国教育家赫尔巴特等人进一步完善了班级授课制,并提出了具体的教学步骤和组织安排。这弥补了原有个别教学的不足,大大提高了教育的效率和质量,使得班级授课制这一教学组织形式逐渐发展成为学校的基本组织形式,从而也使得班级成为学校最基本的教育教学单位。我国最早实行班级授课制的是1862年开办的京师同文馆。到1903年,清朝政府颁布了《奏定学堂章程》,规定取消私塾,设立学堂,此后才逐渐在全国推行班级授课制。随着这一组织形式的出现,在学校组织机构中就出现了班级这一教育和管理层次。本章概要阐述了现代班级教育与管理的意义、内容、基本要求和理论基础,并对怎样开展本门课程的学习提出一些建议。

第一节　现代班级的功能与班级教育管理的意义

一、班级的功能

班级的功能是指班级所具有的能力及其所能发挥的作用。班级是学校教育的实体,具有教育的功能。这一功能的实现具体表现在三个方面,即班级的社会化功能、班级的个性化功能和班级的整合功能。

(一)班级的社会化功能

班级是由班级教育管理活动的主体、教育管理活动的环境及教育管理活动的过程三个维度和多个因素构成的动态系统。班级系统中各要素的矛盾运

1

动都包含着社会化的影响因素,其运动对学生实现个体社会化有着极为重要的影响。社会化是指学生个体从不成熟到成熟的发展过程,即从自然人到社会人的发展过程。班级是学生个体社会化的重要基地,学生是通过班级的学习、活动和交往等途径来实现个体社会化的。具体说来,班级作为学校实施教育的基本组织,是通过有意识地营造一个教育化的学生社会,借助知识的传授、班级各种活动的开展以及班级的人际交往,并利用班级的目标、舆论、班风等对学生的影响,为学生营造一个良好的环境,促使学生实现个体社会化。

(二)班级的个性化功能

个性是指个人在其内在生理素质的基础上,在一定社会历史条件下,通过社会实践活动逐步形成的意识倾向和心理特征。发展学生的个性既是社会发展对教育提出的要求,也是班级固有的功能。社会学研究告诉我们,班级是一个典型的社会组织,学生在其中进行着学习、交往等活动,扮演着不同的角色,承担着不同的责任。这些使学生产生不同的体验,对其个性的发展产生了不同的影响。所以,有些教育者指出,班级是学生个性的发源地,是学生成长的舞台,在这个舞台中,学生的个性得到最大限度的展现。并且,由于班级丰富多彩的学习活动、兴趣活动等,为学生个性发展提供了极为有利的条件。学生能在班级教育管理者的指导下,根据自己的兴趣爱好,参加自己喜爱的活动,在活动中接受教育锻炼,获得个性的发展。此外,随着班级的不断发展,班级的自治职能不断强化,在班级的自我教育、自我管理过程中,学生的自我意识、自我管理能力也得到相应的发展,对促进其个性的发展和完善产生积极的作用。并且,由于班级的学习、生活对于学生来讲都是新鲜而又充满挑战性的,在面对新的生活,接受新的挑战的过程中,学生的创造精神及敢于接受挑战、敢于竞争、勇于进取等个性品质也会得到一定的发展。实践证明,很多学生的个性和特长的发展是在班级活动中逐步实现的。班级为学生个性的发展提供了广阔的天地,创造了很多有利的条件。

(三)班级的整合功能

班级的整合功能是指班级这个独特的教育实体对班级目标、班级组织、班级活动及班级的教育影响力具有整体优化组合、综合发挥效力的作用。具体说,就是班级对来自社会、家庭、学校等各方面的要求进行整合,调动一切积极力量,将其整合成一个合力网络,形成一种综合的教育力量作用于学生,从而发挥班级最大的育人功能。

二、班级教育与管理的意义

班级是学校教育与管理工作的基层单位,是现代学校教育系统中的一个最具活力的"细胞",是教育培养人的"前沿阵地",也是学生接受教育影响,实现个体社会化的重要环境。它既是社会组织的一种形式,也是教育实体和社会实体的整合。加强班级教育与管理对于学校教育目标的实现和学生身心素质的全面发展具有重要意义。

(一) 有助于学校教育管理目标的实现

班级是学校教育与管理工作的基层单位,学校教育管理目标,通过层层分解展开后,最终落实到各个班级;学校教育效益、教学质量和管理绩效的提高,是以各个班级完成学校赋予的任务,实现学校分解的目标开始的。各个学校通过班级,贯彻自己的教育意图,开展各种教育培养与塑造活动,以实现学校的培养目标,造就大批德智体多方面发展的不同类型和层次的人才。如果每个班级的教育与管理工作搞好了,也就有了办好一所学校的坚实基础。也就是说,学校教育管理的起点和终点都是班级教育管理。只有班级教育管理目标的实现,才能确保学校教育管理目标的实现。只有搞好班级教育和管理,才能为学校全面实现教育管理目标提供可靠的保证。因此,加强对班级的教育和科学管理,对实现整个学校教育管理目标有着重要的意义。

(二) 有助于促进学生身心的全面发展

学生身心的全面发展是指学生德智体美劳的全面和谐发展。班级是学校开展教学和其他教育活动的基层组织。班级教育与管理是保证班级这一教育实体发挥其育人功能的关键因素,直接关系到育人工作的成败。在班级教育管理实践活动中,教育主体依据学生身心素质变化发展的规律以及社会发展对人才素质的期望要求,开展多种多样的班级活动,进行班级文化建设,不断改进教育教学方法,提高教育教学的质量和效率,用不同形式塑造学生的心灵与个性,丰富学生的精神世界,培养学生的自我教育和自我管理能力,形成学生正确的信念、价值取向、态度和优良的思维方式及行为方式,从而促进学生身心全面、和谐的发展。这既是班级管理的追求目标,又是班级管理的价值所在。

(三) 有助于教学效率和质量的提高

学校教育实际上是由教学活动和教学以外的其他教育活动构成的。教学活动是学校的中心工作,而教学活动的实施主要是以班级为单位来进行的。实践表明,一个班级学生的学业成绩的好坏,不仅取决于教师的教学水平,也取决于学生的学习积极性。通过科学的班级教育和管理,养成学生良好的学风和课堂纪律,优化学习环境,对提高教学效率和质量具有显著的成效。因此,加强班级教育与管理对提高学生的学业成绩具有重要意义。

(四) 有助于各种教育力量的整合和协调

班级是学校的一个基本单位,它和学校的任课教师、学校各部门、家庭乃至整个社会都发生着密切的联系,校内外的各种因素通过班级对学生产生整合的影响。因此,要实现学校的育人目标,必须整合学校、家庭、社会的各种教育力量。要做到这一点,必须加强班级教育与管理,通过班主任的日常工作,协调各种教育影响,整合各种教育力量,使各种教育影响和力量朝着有利于学生发展和教育目标实现的方向发展。

第二节 班级教育与管理的内容和基本要求

一、班级教育与管理的基本内容

班级教育与管理的内容涉及学生班级生活的各个方面,概括起来主要有了解和研究学生、班集体的组织与培养、班级日常教育与管理、班级活动的策划和组织、学生的个别教育与管理、心理健康与青春期教育、学习指导与操行评定、班级教育力量的协调、课堂教学管理、偶发事件处理和问题行为的矫正等几个方面。下面对这些内容作一概括介绍,本书以下各章分别对之作了具体阐述。

(一)了解和研究学生

全面、及时、客观地了解和研究学生是班级教育与管理工作的前提和基础,只有了解学生,掌握丰富的资料和信息,才能科学地教育和管理学生,有效地促进学生的发展。苏联著名教育家乌申斯基指出,"如果教育家想从一切方面去教育人,那么就必须从一切方面去了解人。"为此,作为班级教育与管理者,应该努力掌握了解和研究学生的方法,对学生和班级作出及时、科学的了解和研究。

(二)班集体的组织和培养

组织和培养班集体是班主任的一项重要任务。班集体不仅是教育的对象,而且也是教育的强大力量,是培养集体主义思想的有力组织形式。优良的班集体为学生的个性发展提供了机会和条件。班级不会自发成为集体,班集体的形成是班主任和任课教师集体按照教育规律和原则进行科学教育和管理的结果。

(三)班级日常教育与管理

班级教育与管理是通过大量的日常性工作进行的,内容涉及制订班级工作计划,对学生进行日常规范教育,非正式群体的教育与管理,班级思想品德教育,班级体育、美育、智育的管理,班级课外活动、生活卫生的管理与指导等各个方面。由于这方面的内容广泛多样,因此班级日常教育与管理成为班主任工作的重要内容。

（四）学生的个别教育与管理

班主任除对班级集体进行教育和管理外，还必须针对不同学生的个性差异进行个别教育和管理。学生的个别教育与管理不同于集体教育，它不是面向全体，而是面向个别，它是班主任根据学生个人的特点、需要和问题单独进行的教育管理活动，是集体教育的补充和深化。做好不同类型学生的个别教育是十分重要的，它便于有的放矢，因材施教，便于系统和深入地做好学生个人的思想工作，也易于被学生所接受。

（五）班会活动的策划和组织

策划和组织班会活动是班主任进行班级教育管理的重要内容。策划科学、组织有效、系统有序的班会活动是班主任教育学生的重要途径，也为学生的成长发展提供了锻炼和学习的机会。因此，班主任要重视提高自己策划和组织班会活动的能力，明确组织班会活动的基本要求、班会活动的内容和形式，掌握策划和组织班会活动尤其是主题班会的方法和技能。

（六）学习指导和操行评定

教育学生努力完成学习任务，协同各科教师教育、帮助学生明确学习目的，端正学习态度，掌握正确的学习方法，提高学习成绩，是班主任的重要职责。因此，每一位班主任都必须具备指导学生学习的基本技能，掌握班级学习指导的方法。操行评定是对一定时期学生在德智体各方面情况进行的综合评定，它是班级工作的一项重要内容。搞好这一工作能有效地发挥评价的导向、诊断、激励和强化作用，帮助学生正确认识自己操行方面的进步和不足，发扬优点，克服缺点，从而使学生取得更大的进步和发展。班主任要认真做好学生的操行评定工作，提高操行评定的语言和写作艺术水平，增强操行评定对学生发展的激励性，从而使操行评定真正成为促进学生发展的重要力量。

（七）偶发事件处理和问题行为的矫正

偶发事件和问题行为是班级教育与管理中经常遇到的事情。正确处理班级偶发事件和有效矫正学生问题行为是班主任面临的一项重要任务。作为班级教育与管理者，应该认真分析研究班级偶发事件和学生问题行为的特点、性质和成因，掌握处理各类偶发事件和矫正学生问题行为的技能、方法和策略，从而提高自己处理和解决各类偶发事件的能力，提高预防和矫正学生问题行为的有效性。

（八）心理健康与青春期教育

班主任要对一个班的教育负全面责任。班主任在班级学生心理健康与青春期教育中具有独特的地位与作用。首先，班主任要统筹、协调一个班级的心理健康与青春期教育工作。学校开设的品德课、心理教育课、生理卫生课、体育课等都包含着心理健康和青春期教育的内容。班主任应当了解有关内容、了解本班学生的实际情况,协助各科教师做好这方面的工作。同时,心理健康与青春期教育不仅通过学科教育进行,更重要的是通过开展丰富多彩的心理健康与青春期教育活动,才能取得良好的教育效果。班主任要以对学生成长全面负责的精神,努力做好这方面的工作。

(九)教育力量的协调

影响班级学生成长的教育力量是多方面的,有来自家庭和社会环境的影响,也有来自科任教师、学生集体、团队组织的影响。各种教育影响具有一定的相对独立性,它们间的作用方向可能一致,也可能不一致,甚至相反。因此,班主任必须学习和掌握有关工作技能,做好各种教育力量的协调工作,促成各种教育力量形成合力,从而最大程度地实现班级的教育与管理目标。

(十)课堂教学管理

学习是学生的中心任务,课堂是学校教育的主阵地,课堂教学是学校教育活动的主要形式,因此,加强课堂教学管理是班级教育与管理的重要内容。教师尤其是班主任作为班级教育与管理者,要认真分析研究班级课堂教学的现状和存在的问题,弄清学生课堂学习和生活的状态,了解学生课堂学习的心理特点和需求情况,掌握课堂管理的基本策略和当代课堂管理的变革走向,从而提高课堂教学的有效性,促进学生的学习和发展。

二、班级教育与管理的基本要求

(一)常规性教育管理与阶段性教育管理相结合

常规性教育管理就是通过制定相对稳定的规章制度进行教育管理,如制定作息制度、清洁卫生制度、集体活动制度、文明教室公约等。在制定班级制度时,要充分发扬民主,使学生达成共识,做到切实可行。制度一旦建立,就要严格执行,并经常监督,使学生由被动接受变为主动的自觉行动。阶段性教育管理主要是根据某一阶段工作的需要实施的重点教育管理。如开学初为学生能迅速转入学习状态所进行的教育管理(如布置新学期的工作等);期中为迎接教学检查,期末为迎接考试,班主任一般要重点抓几项工作。班级教育管理要把这两方面的工作结合起来。

(二)集体教育管理与个别教育管理相结合

集体教育管理主要是指把班集体作为教育管理对象,并通过集体的行为来影响集体,达到教育管理的目的。如确立班级奋斗目标;组织大家制订班级制度并共同监督制度的执行;通过召开班会和组织班级活动来培养良好的班风,充分发挥班集体的教育功能等。个别教育管理是指对班级中每个个体的教育管理,也就是要管好每个学生的思想情操、文化课学习、行为习惯和课余生活等。一个班级是由一个个具体的学生组成的,管好一个个具体的学生是管好班级的基础。班级教育管理要把集体教育管理与个别教育管理结合起来。

（三）教师教育管理与学生自我教育管理相结合

教师，尤其是班主任，是班级的主要管理者，在班级管理中发挥着主导作用，决定着班级管理的指导思想、模式以及内容和方法，也直接影响着管理的水平。但学生也不只是被动接受管理的被管理者，他们也都具有管理的职能。首先，班委会、团支部本身就是协助班主任管理班级的职能机构。班主任要充分发挥班委会、团支部的管理职能，不能事无巨细都亲自过问。一方面要信赖班干部，另一方面要帮助他们提高管理的能力。在班级具体事务的管理中，应由班主任唱主角渐渐发展为由班干部唱主角。其次，还要教会每个学生自己教育管理自己，即管好自己的思想、学习和生活，使每个人都成为班级的管理者。这里，一个重要的方面是教师要贯彻民主集中制原则，激励并要求学生参与班级教育管理，充分发挥师生双方的主人翁作用，为学生创设有利于主体作用发挥的条件，教会学生参与班级教育管理的方式方法。

（四）内部管理与外部管理相结合

内部管理主要是指班级内部的管理，即对班级内部的学生、财物、事务和时空等的管理。外部管理主要是指班级外部的、不直接以学生为对象但对学生产生影响的外部因素的管理。这既有班主任校内对任课教师及有关部门的协调，又有校外对家庭教育和社会教育的调控。由于管理对象的不同，外部管理应采取"平等管理"的模式，主要是协调或参与管理。有的班主任怕麻烦，只抓内部管理，忽视外部管理，这就不能充分发挥各教育渠道的整合功能。我们承认内部管理是班级管理的重点，但必须与外部管理结合起来，这样才能发挥教育活动的最佳效益。因为一个班级管理得如何，班主任不是唯一的决定因素，学校领导、各科任课教师、班干部、全班同学乃至家长、社会力量都是影响班级管理的重要因素，这就要求在班级管理中坚持协同管理的原则，把各种教育力量协调统一起来，从而产生最大的教育管理效应。

（五）硬性管理与弹性管理相结合

管理是一门科学，也是一门艺术。讲它具有科学性，是指它有理可论，有准则可循。尤其是通过制度进行管理，必然要体现"法"的效应，有法必依，执法必严，按章办事，突出制度的严肃性。但班级管理的主要对象是学生，学生是有感情有个性的发展中的人，人非机器，所以对人的管理又具有情感性和艺术性的特点，如对特长生和特困生的管理有时就要用变通的方式。因此，对班级学生的管理不能教条主义、"一头硬"，还要有弹性、灵活性，体现因材施教的思想，把通过制度的硬性管理与通过情感的弹性管理结合起来。

（六）正面教育与纪律约束相结合

正面教育和纪律约束相结合是指对学生的教育管理必须坚持以正面引

导、说服教育为主,同时辅之以纪律约束,使两者有机地结合起来。这是由我国社会主义教育性质和目的所决定的,也是由学生思想品德形成的规律和青少年学生的年龄特征所决定的。所谓正面教育,是指教师用自己正确的立场、观点、方法去教育学生,用正面人物和典型形象去感染和激励学生。纪律约束是有效地进行教育管理的必要条件,"没有规矩,不成方圆",学校与班级的规章制度是每一个学生都必须遵守的行为规范与准则,坚持正面教育并不意味着无原则的迁就和一味的表扬、鼓励,只有将两者结合起来才能收到良好的教育效果。

(七) 尊重热爱与严格要求相结合

尊重热爱与严格要求相结合是指在班级教育管理中,教师既要尊重学生的人格和自尊心,做学生的知心朋友,调动学生的主动性、积极性,又要对学生进行严格的管理教育,把两者有机结合起来。尊重热爱学生是教师的天职,是师德的重要表现,没有爱,便没有教育。同样,如果没有严格的要求,就无法达到教育的目的。首先,要重视在班级中形成民主平等、尊师爱生的师生关系。教师只有热爱、尊重、信任学生,才能激发学生的自尊、自信、自强。其次,班主任要端正教育思想,热爱每一个学生。再次,严格要求要合理、明确、具体。严格要求应该是在学生原有基础上提出的合理要求,因此,这种要求应明确、具体,力所能及。严格要求要充分尊重学生的实际,即严而有格,严而有理。

(八) 坚持教育管理的整体性原则

整体性原则是指在班级教育与管理实践中,要把班级管理活动看成一个有机的整体,从系统的整体功能和目标优化出发,合理组织班级管理要素,充分发挥各个要素的整体育人功能,以期取得最佳的教育管理绩效。为此,班级管理主体必须树立系统的观点,通过优化组合要素来放大教育管理功效。

第三节　班级教育与管理的若干理论基础

班级教育与管理有着丰厚的理论基础,教育学、心理学、管理学、管理心理学等学科的发展为现代班级教育与管理提供了丰富的理论研究成果和实践操作依据,现代班级教育与管理者应认真学习这些学科的研究成果,并把它创造性地应用于自己的班级教育与管理实践之中。由于班级教育与管理的理论基础非常广泛,这里仅作择要介绍。

一、人群关系理论

人群关系理论产生于霍桑实验。19 世纪 20 年代后期,作为行为科学理论的奠基者,美国的梅奥和罗特利斯伯格在美国芝加哥郊外的西方电器公司进行了有名的霍桑工厂实验。霍桑工厂是专门生产电话和电器设备的大工厂，拥有 25000 多名工人。为了提高工作效率，梅奥等人与厂里的管理人员和工程技术人员一起于 1924 年开始进行了一系列的实验研究。

（1）照明实验。对照组照明条件不变，与平时一样，实验组干活时照明度比平时降低，让两组被试干同样的活——装配电话继电器。结果表明，尽管照明条件很差，实验组工人的产量不但没有下降，反而有所增长。

（2）福利实验。这个实验的目的是确定改善福利条件与工作时间等其他条件对生产的影响。在实验过程中，先逐步增加一些福利措施，如缩短工作日、免费供应茶点等，两个月之后取消各种福利措施，对比不同福利条件下工人的生产结果。实验表明，取消福利措施后，产量不仅没有下降，而且继续上升。分析发现，这是由于在实验过程中，工人认为让他们参加实验表明了管理当局对他们的重视，同时工人与管理人员、工人与工人的关系比以前更为融洽造成的。这充分表明，良好的心理状态与人群关系比照明、福利条件更为重要，更有利于提高工效。

（3）谈话实验。梅奥等人用了两年多的时间找工人个别谈话，每次谈话时间从半小时到一个半小时不等，谈话内容不受限制，研究人员要耐心倾听工人对工厂的各种意见和不满。这项谈话实验收到了预想不到的效果，霍桑工厂的产量大幅度提高，原因是谈话使工人长期以来对工厂工作环境、待遇、管理制度与方法等方面的不满发泄出来，因而使之感到心情舒畅。通过谈话使管理者也了解了工人心中的不满和顾虑，这样创造了一种较为愉快的气氛，使工人的工作效率大大提高。

（4）群体实验。实验是由 14 名男工进行的，其中 9 人是绕线工，3 人是焊接工，2 人是质量检验工人。采取计件工资制，但是以小组的总产量为基础付给每个工人。实验者原来设想，实行这套办法会使工人更加努力工作，以便取得更多报酬。研究结果发现，这个团体在工作中有一套自己规定的"规范"，他们约定，谁也不能干得太多而突出自己；谁也不能干得太少而影响全组产量，使产量保持在某个水平上。并约法三章，不准向管理当局告密，如有违反这些规定，轻则挖苦谩骂，重则拳打脚踢。他们这样做是为了避免当局提高定额，或裁减人员。工人用这种"自定"的行为标准，以保护他们那个团体的利益。这一实验表明，工人为了维护班组内部团结，可以放弃物质利益的引诱。梅奥由此提出了"非正式群体"的概念，认为在正式组织中存在着自发形成的非正式群体，这种群体有自己的特殊规范，对人们的行为起着调节和控制作用，同时加强了内部的协作关系。

霍桑实验得出的结论是：职工士气、生产积极性主要取决于社会因素、心理因素，取决于职工与管理人员以及职工和职工之间是否有融洽的关系，而物理环境(照明等)、物质刺激只有次要意义。在心理学研究的历史上,霍桑实验第一次把工业中的人际关系问题提到重要地位,并且提醒人们在处理管理问题时要注意人际关系的因素。

二、学习动机理论

(一)需要层次说

20世纪40年代,美国心理学家马斯洛在《人类动机的理论》一文中提出了著名的"需要层次理论"。他认为,人的需要可以分为五类,即生理、安全、归属与爱、尊重和自我实现的需要。这些需要是从低级向高级发展的,形成金字塔形的层次。通过满足人的需要,就可以达到激发人的工作动机,调动人的积极性。后来,美国的赫茨伯格又进而提出了"激励因素—保健因素理论"。他认为,激发动机的因素有两类:一类叫保健因素,就像卫生条件能保证人们不生病那样,它起着防止对工作产生不满的作用。比如,一个人不慎跌了一跤,皮肤被擦破,及时用点药水消消毒,可以防止发炎,恢复原状。但是,这种做法,只能使伤口复原,但不能提高健康状况。这种保健因素,在企业中包括工资水平、工作环境、人际关系、福利和安全等。这些外在因素没有激励人的作用,但带有预防性,它只起保持人的积极性、维持工作现状的作用。为此,这一因素又可称为"维持因素"。另一类称为激励因素,它能激发人们做出最好的表现。这种激励因素像人们锻炼身体一样,可以改变身体素质,增进人们健康,这些是影响人们工作的内在因素。激励因素的改善可以提高职工的生产率,它是促进人们进取的因素。他认为,真正能激励职工的有下列几项因素:工作上的成就感、对未来发展的展望、工作表现机会和工作带来的愉快等。至于如何提高这种激励因素的激励力,弗罗姆又提出了"期望机率模式理论",他认为,选择性行动成果的强度,即某一行动成果的绩效,以及期望机率,即职工认为某一行动成功可能性的程度,这两者直接决定了激励因素的作用大小。这就使得对人的需要动机和激励问题的研究在理论上更加完善和系统化。

(二)自我效能感理论

自我效能感是著名心理学家班杜拉提出的一个动机理论。班杜拉认为,影响人的行为的期望可以区分为结果期望和效能期望两种。结果期望是指人们对行为结果所带来的价值的推测。效能期望即自我效能感,是人们对自己是否能够成功地进行某一行为的主观判断,它是个体的能力自信心在某项活动中的具体体现。只有当学生认为特定的学习行为结果有价值且自己能够实现这一行为目标时,才会积极投入这一学习活动中。结果期望和效能期望共同影响了人的行为,其中,自我效能感,即效能期望不仅影响学生学业目标的选择、努力程度和意志控制,还会影响他们所选择的学习策略,对学生的学习行为有着重要的调节作用。如果学生虽然认识到取得好成绩的重要性，但却感到取得这种期望的成绩力所难及，就会望而却步。因此，培养学生良好的自我效能感，对促进学生学习，提高学习质量，具有重要作用。

（三）归因理论

在各种有影响的动机理论中，归因理论被看作是最能反映认知观点的理论，其指导原则和基本假设是：寻求理解是行为的基本动因。学生们试图去解释事件发生的原因，他们试图去为他们的成功或失败寻找能力、努力、态度、知识、运气、帮助、兴趣等方面的原因。当前对实践应用有较大借鉴意义的是韦纳的观点，他认为：能力、努力、任务难度和运气是人们在解释成功或失败时知觉到的四种主要原因，并将这四种原因分成控制点、稳定性、可控性三个维度。根据控制点，可将原因分成内部和外部的。根据稳定性维度，可将原因分为稳定和不稳定的。根据可控性维度，又可将原因分成可控和不可控的。韦纳认为，每一维度对动机都有重要的影响。在内外维度上，如果将成功归因于内部因素，会产生自豪感，从而动机提高；若将成功归因于外部因素，则会产生侥幸心理。若将失败归因于内部因素，则会产生羞愧的感觉；若将失败归因于外部因素，则会生气。在稳定性维度上，如果将成功归因于稳定因素，会产生自豪感，从而动机提高；若将成功归因于不稳定因素，则会产生侥幸心理。若将失败归因于稳定因素，将会产生绝望的感觉；若将失败归因于不稳定因素，则会生气。在控制性维度上，如果将成功归因于可控因素，则会积极地去争取成功；若将成功归因于不可控因素，则不会产生多大的动力。若将失败归因于可控因素，则会继续努力；若将失败归因于不可控因素，则会绝望。将失败归因于内部、稳定、不可控因素时是最大的问题，会产生习得性无助感。

韦纳通过一系列的研究，得出一些归因的最基本结论：个人将成功归因于能力、努力等内部因素时，他会感到骄傲、满意、信心十足，而将成功归因于任务容易和运气好等外部原因时，产生的满意则较少。相反，如果一个人将失败归因于缺少能力或努力，则会产生羞愧和内疚，而将失败归因于任务太难或运气不好时，产生的羞愧则较少。而归因于努力比归因于能力，无论对成功或失败均会产生更强烈的情绪体验。努力而成功，体验到愉快，不努力而失败，体验到羞愧，努力而失败，也应受到鼓励。韦纳的归因理论为教育工作者对学生进行科学的归因训练提供了重要的理论依据。

三、人性管理理论

人性管理理论，是指与管理有关的"人性"问题的学说。在管理学的研究中，先后出现了"经济人"、"社会人"、"自我实现的人"和"复杂人"等几种"人性"理论。

（一）"经济人"理论

"经济人"理论，又称 X 理论，是传统管理理论对人的看法。这种理论认为，人的一切行为都是为了最大限度地满足自己的私利，干工作都是为了经济报酬。大多数人天生懒惰，尽量逃避工作；多数人胸无大志，甘愿受人指责，不愿负任何责任；多数人个人目标和组织目标是相矛盾的，必须采取强制的、惩罚的办法，才能迫使其为组织目标服务；多数人干工作是为了满足生理的和安全的需要，因此，只有金钱和其他物质利益才能激励他们努力工作。人大致可分为两类，大多数人具有上述特性，属于被管理者，少数人能克制自己感情冲动而成为管理者。基于这种人性认识，X 理论认为应采取这样的管理措施：可以不考虑管理对象的感情，只重视完成生产任务，获取利润；管理就是计划、组织、经营、指导、监督；管理是少数人的事，与广大工人无关；工人的任务就是干活，听从管理者的指挥；可以用金钱奖励来刺激工人的积极性，同时对消极怠工者采取严厉的惩罚措施。

（二）"社会人"理论

"社会人"理论，是由霍桑实验的主持者梅奥在其人群关系理论中提出的。这种理论认为，人是社会人，影响人的生产积极性的因素除物质外还有社会因素，物质利益对调动人的生产积极性只有次要的意义，生产率的提高和降低主要取决于职工工作的心理气氛和工作中的人际关系。为此，在管理中，管理人员应该注意关心、满足人的需要，培养人的归属感，重视职工之间关系的调整和上下级的沟通联络，要改进领导方式，善于倾听职工的意见和了解职工的思想感情，不仅要重视"正式群体"，也要重视"非正式群体"对工作的影响，让职工参与管理。

（三）"自我实现人"理论

"自我实现人"理论，又称 Y 理论，是一种与 X 理论根本对立的人性观。这种理论认为，自我实现是人类需要的最高层次，人只有充分发挥自己的全部潜力和才能，才会感到最大的满足；一般人是勤奋的，如果环境条件有利，工作就如同游戏或休息一样自然；控制和惩罚不是实现组织目标的唯一方法，人们在执行任务中能够自我指导和自我控制；在正常情况下，一般人不仅会接受任务，而且会主动地寻求责任；人群中广泛存在着高度的想象力、智谋和解决组织中问题的创造性；在现代工业的条件下，一般人的潜力只利用了一部分，人们中间蕴藏着极大的潜力。基于对人性的这种认识，Y 理论认为应采取这样的管理措施：要创设适宜的工作环境，使人们在这种条件下充分挖掘自己的潜力和才能；不仅要满足人的生理、安全、归属的需要，更要通过让职工在工作中获得知识、增长才干和充分发挥自己的潜力等途径满足人的自尊和自我实现的需要；人有自动的、自治的工作特性，因此要改变管理制度，通过下放管理权限和建立决策参与制度等途径,让工人充分施展自己的才能,满足自我实现的需要。

(四)"复杂人"理论

"复杂人"理论,又称"超 Y 理论",是史克恩等人在 20 世纪 60 年代末 70 年代初提出的对人性的假设。这种理论认为,"经济人"、"社会人"、"自我实现人"的人性假设都是从人的某一方面的需要出发,而没有看到人的需要与动机并非单一的,而是复杂多样的,人的需要与潜力随着年龄、知识的增长,地位的改变以及人与人之间关系的变化而变化,即使同一种需要,也会有不同的表现形式;人在同一时间内存在的需要和动机彼此之间会发生相互作用,并结合为统一的整体,形成错综复杂的动机模式。比如,两个人都想得到高额奖金,一个可能是出自改善生活条件的需要,一个可能把它看作是技术熟练的标志。由于人的需要不同,能力各异,对于同一管理方式会有不同的反应,对有些人以 X 理论为指导进行管理效果好些,对另一些人以 Y 理论为指导进行管理效果好些,因此,管理者要善于观察管理对象的个别差异,针对具体的人和情况采取相应的管理措施,不能千篇一律。具体而言,在任务不明确、工作混乱的情况下,应采取较严格的管理措施;反之,在任务清楚、分工明确的情况下,可更多地采取授权的形式,使下级可以充分发挥自己的能动性。

上述四种人性管理理论,尤其是早期人性管理理论,虽然都存在着一定的局限性,但它们反映了人们对人性认识的发展过程,其所提出的人性思想和管理措施,对搞好现代班级教育与管理具有重要的启示和指导意义。

四、学习风格理论

学习风格是学习者持续一贯的带有个性特征的学习方式,是学习策略和学习倾向的总和。近年来,有关学习风格的研究主要从生理、认知等几个层面揭示了个体学习风格的基本特征,为更好地因材施教提供了重要的理论依据。

(一)学习风格的生理性要素

学习风格的生理性要素主要体现在学习时间偏爱、知觉反应、声音偏爱、光线偏爱、温度偏爱等几个方面。

(1)学习时间偏爱。每一学习者均有自己的生物节律,表现在学习时间上也有不同的偏爱,有人喜欢在清晨,有人喜欢在下午,还有人喜欢在晚上学习。根据学习者对不同学习时间的偏好,可将学习者分为清晨型、上午型、下午型和夜晚型四种类型。教师应经常了解每一学生的学习时间偏爱并观察其相应的学习行为,尽量使教学制度与学生的学习时间偏爱相匹配,以保证学生有效地利用时间,高效率地学习。

(2)知觉反应。面对个体内外刺激,人们会作出不同的反应:视觉的、听觉

13

的和动觉的反应，表现出对不同感知通道的偏爱。研究表明，大约 20％～30％的学龄儿童喜欢通过听觉接受并贮存信息，40％喜欢通过视觉，另有些则喜欢通过具体的操作活动较为有效地获取知识，还有些人则属两种或三种感知觉结合型。

（3）声音偏爱。有些学习者喜欢在安静的环境下学习，有些则喜欢有背景声音相伴，以掩蔽其他干扰学习的因素。一个班内学生对声音的偏爱各不相同，教学环境或方法应尽量适应学生的不同偏爱。

（4）光线偏爱。学习时有人喜欢明亮的环境，有人喜爱较暗的灯光。对有些学习者来说，光线明亮会使他们过敏或不安；而昏暗的光线又使另一些学习者萎靡不振，提不起精神。研究表明，对光线反应的个别差异显著，且能影响一个人生理的、情绪的和认知的功能，教师应根据学生的光线偏爱对学习环境作出针对性的调整。

（5）温度偏爱。学习环境中适宜的温度有利于学习效率的提高。以室温29℃时所取得的成绩为标准（100％），那么室温为 33℃时，成绩就会下降到75％，室温为 33.5℃时，成绩下降到 50％，室温为 37℃时，成绩下降到 25％。研究发现，不同学习者体内化学反应的速度和水平也不尽相同，因而对外界环境的温度要求也不一样，有些喜欢凉快些，而有些则爱温暖些，表现出对温度高低的不同偏爱。

（二）学习风格的认知要素

学习风格的认知要素实质上是一个人认知风格在学习中的体现，它表现在个体对外界信息刺激的感知、注意、思维、记忆和解决问题的方式上。

（1）场依存性与场独立性。一般来说，很难从复杂的关联情境中分析出知觉单元的个体，被称为场依存性个体；很容易分析出知觉单元的个体则被称为场独立性。研究表明，场依存性个体在认知和行为中，往往倾向于更多地利用外在的参照标志，不那么主动地对外来信息进行加工。而场独立性个体在认知和行为中，较少受到客观环境因素的影响，主体倾向占优势。

（2）冲动型与慎思型。有的学生反应快却不够准确，有的学生反应虽慢却仔细准确，较少出错。这两种反应方式前者称为冲动型，后者被称为慎思型或反省型。研究表明，慎思型学生比冲动型学生提出解决问题的策略更为成熟。

（3）视觉型、听觉型与动觉型。依据识记材料时对某种感觉通道的偏爱而产生的最好效果，可分为视觉型、听觉型和动觉型。视觉型者擅长通过自己读或看来学习，听觉型者则善于通过听来学习，动觉型者则以动手、动口来学习效果最好。

此外，根据人们在知觉过程中的特点，可划分为分析型和综合型；根据人的高级神经活动中两种信号系统谁占优势，可划分为艺术型和思维型；根据大脑半球谁占优势,可划分为形象思维型和抽象思维型。上述认知方式的划分是极端的,事实上人的认知方式很少属于某种极端的类型,多数情况下属于中间型和混合型。

五、多元智力理论

与传统的以语言和数学逻辑智能为核心的智力理论不同,美国哈佛大学发展心理学家加德纳(Howard Gardner)于1983年在《智力的结构》一书中提出了多元智力理论(英文简称 MI)。加德纳认为,过去对智力的定义过于狭窄,未能正确反映一个人的真实能力。人的智力是由言语—语言智力、逻辑—数理智力、视觉—空间关系智力、音乐—节奏智力、身体—运动智力、人际交往智力、自我反省智力、自然观察智力等多种智力构成的。不同的人会有不同的智力组合,每个人的智力都有独特的表现方式,每一种智力又有多种表现方式。只要有适当的外界条件刺激和个体本身的努力,每一个体都能发展和加强自己的任何一种智力。

(一)关于智力的结构

在加德纳的多元智力框架中,人的智力至少包括如下几种:

(1)言语智力。这种智力主要是指有效地运用口头语言及文字的能力,即指听说读写能力,表现为个体能顺利而高效地利用语言描述事件、表达思想并与人交流的能力。

(2)逻辑—数学智力。这种智力主要是指运算和推理的能力,表现为对事物间各种关系,如类比、对比、因果和逻辑等关系的敏感,以及通过数理运算和逻辑推理等进行思维的能力。这种智力在科学家和数学家身上有比较突出的表现。

(3)音乐智力。这种智力主要指感受、辨别、记忆、改变和表达音乐的能力,表现为个体对音乐,包括节奏、音调、音色和旋律的敏感,以及通过作曲、演奏和歌唱等表达音乐的能力。

(4)视觉—空间智力。这种智力主要指感受、辨别、记忆、改变物体的空间关系并借此表达思想和情感的能力,表现为对线条、形状、结构、色彩和空间关系的敏感,以及通过平面图形和立体造型将它们表现出来的能力。

(5)肢体—运动智力。这种智力主要指运用四肢和躯干的能力,表现为能够较好地控制自己的身体,对事件能够做出恰当的身体反应,以及善于利用肢体语言表达自己的思想和情感的能力。

(6)内省智力。这种智力主要指认识、洞察和反省自身的能力,表现为能够正确地意识和评价自身的情绪、动机、欲望、个性、意志,并在正确的自我意识和自我评价的基础上形成自尊、自律和自制的能力。

(7)人际能力。这种智力主要指与人相处和交往的能力,表现为觉察、体验他人情绪、情感和意图,并据此作出适宜反应的能力。

(8)自然观察智力。这种智力指个体对环境中的动植物进行认识和划分的能力及其对其他自然现象的敏感性。

(二)多元智力理论的教育内涵

(1)教学观。多元智力理论倡导一种"对症下药"的因材施教观。加德纳的多元智力理论认为,不同的智力领域有自己独特的发展过程并使用不同的符号系统。多元智力理论要求教师在开展教学活动时要根据教学内容和学生的智力结构、学习兴趣和学习方式的不同特点,兼顾各类学生的需要,综合选择、运用和创设多种适宜的、能够促进每个学生全面充分发展的教育方法和手段。

(2)学生观。多元智力理论倡导一种积极的学生观,认为人人都有多种智力,多种智力在每个人身上以不同的方式、不同的程度组合存在,使得每个人的智力都各有特色。加德纳认为,每个学生都有自己的优势智力领域,有自己的学习类型和方法,学校里不存在差生,全体学生都是具有自己的智力特点、学习类型和发展方向的可造就人才。学生的问题不再是聪明与否的问题,而是在哪些方面聪明和怎样聪明的问题。适当的教育和训练将使每个儿童的智力发挥到更高水平。教师应为具有不同智力潜能的学生提供适合他们发展的不同的教育,把他们培养成为不同类型的人才。

(3)评价观。多元智力理论认为,应抛弃传统的以标准的智力测验和学生学科成绩考核为重点的评价观,树立多元评价观。多元智力理论主张评价应通过多种渠道,采用多种形式,加强考试内容与学生生活经验、社会实际的联系,在多种不同的实际生活和学习情景下考查学生分析问题、解决问题和创造的能力。

第四节　怎样学习现代班级教育与管理课程

学习任何一门课程,都要讲究学习方法。本节根据本课程的特点,提出一些关于学习方法的参考意见。

一、把班级教育管理作为一项事业

在中小学教育实践中,许多人还是把班级管理看作是教师兼做的一种工作,似乎是"人人可为"的工作。之所以产生这种看法,是因为仅仅把班级看作可以数十人同时教学的群体。教育实践中的大量事实已经证明:学生的发展在相当程度上取决于他所在班级生活的质量。学生的班级生活质量,又取决于班级教育管理的质量。班级管理如此重要,因而它是一种教育事业。但在实践中人们似乎还没有充分认识到这一事实的重要性,做好这一事业所需要的相当精深的修养,以及做好班级管理工作的艰巨性。

我们说班级管理是一项事业,首先是说它与各种管理事业一样,对社会有着重要的意义。社会是由各种组织构成的,各种组织的成功管理,是整个社会成功管理的基础。班级是学校中的组织,是学校组织的构成部分,一所学校管理得好坏,取决于班级管理的好坏。成功的班级管理是成功的学校管理的基础。第二,班级组织是青少年成长最重要的环境。在青少年接受学校教育的阶段,有两个群体对他们最为重要:一个是家庭,学校外的生活主要在家庭度过;一个是班级,学校内的生活主要在班级里度过。第三,做好班级管理工作需要专门的素养。一种工作的价值,与这一工作所需要的素养水平相关。一种工作需要的素养越高,这一工作就越有价值。班级管理工作就是这样一种工作。能够成功进行班级管理的班主任就是优秀的管理专家。

二、关注学校班级管理实践中的问题

学习的状况总是与思考的状况相关,能够引发思考的问题,才会引发学习的兴趣。没有问题就没有思考,没有思考就难有深入的学习。

对于班级管理的思考,不会凭空产生,只能在班级管理实践中产生。这就需要经验。其实我们每一个人,无论现在是否在进行班级管理,都有班级管理实践的经验,因为每一个接受过学校教育的人,都在班级中生活过,都感受过某种班级管理。在那种班级管理中体验到的无论是愉快还是痛苦,都是我们思考的基础。

当然,我们更要关注现在的班级管理实践。我们应当寻找机会到中小学去,发现当前班级管理中最需要注意的问题。

我们也可以在有关媒体或网络上找到关于班级管理实践中存在的问题。

三、注意相关学科理论的学习

班级管理理论并不能孤立地掌握,它涉及管理学等理论,本身又是整个教育理论体系的组成部分。对班级管理理论的学习,既需要相关理论基础,也需要相关理论的支撑。

从班级管理是管理学一般原理的运用这一角度而言,学习班级管理理论,需要掌握一定的管理学知识。不管我们是否有条件去学习管理学课程,都应当设法主动阅读管理学著述,从而为理解班级管理问题奠定基础。

从班级管理是教育管理学研究的方向之一而言,我们也需要学习教育管理学的理论。如果在学习本课程之前,已经学习过教育管理学的理论,无疑会有助于本课程的学习。但是,如果尚没有学习过教育管理学课程,也应当自己去阅读相关的教育管理学著述。

班级管理还涉及教育学、教育社会学、教育心理学等。学习者应当能够将这些相关学科的理论融合起来进行思考。

四、在写作中学习

班级管理理论是实践的理论,然而理论要成为实践者自己的东西,非经过实践者自己深入的思考不可。没有什么能够让思考深入,除非写作。只有在写作中思考的问题才会明晰化,思考才能更为深入。写作可以促进思考,促进学习者专业素养的提高。

在学习本课程中写作,并不是要求写千篇一律的抽象的理论文章,而是提倡写班级管理事件和对这一事件的思考。把事件写出来,才会有深入的思考;对班级管理事件的思考,会真正帮助实践者提高实践能力。

第五节 材料阅读与思考

阅读下面两篇短文,并从班级教育与管理者的角度谈谈自己是怎样理解这两位母亲的育子愿望的,读后你对自己作为班级教育与管理者的意义和社会责任有何新的认识和想法,你将为回答这两位母亲的问题作好怎样的准备。

一、我交给你们一个孩子①

小男孩走出大门,返身向四楼阳台上的我招手,说:

"再见!"

那是好多年以前的事了,那个早晨是他开始上小学的第二天。

我其实仍然可以像昨天一样,再陪他一次,但我却狠下心来,看他自己单独去了。他有属于他自己的一生,是我不能相陪的,母子一场,也只能看作一把借来的琴,能弹多久,便弹多久,但借来的岁月毕竟是有归还期限的。

他欢然的走出长巷,很听话的既不跑也不跳,一副循规蹈矩的模样。我一人怔怔地望着朝阳而落泪。

想大声的告诉全城的人,今天早晨,我交给他们一个小男孩,他还不知恐惧为何物,我却是知道的,我开始恐惧自己有没有交错?

我把他交给马路,我要他遵规矩沿着人行横道而行,但是,匆匆的路人啊,你们能够小心一点吗?不要撞到我的孩子,我把我的至爱交给了纵横的道路,

---

① 张晓风.我交给你们一个孩子.见:孟繁华.赏识你的学生.第2版.海口:海南出版社,2004:3.

容许我看见他平平安安地回来！

我不曾迁移户口，我们不要越区就读，我们让孩子读本区的国民小学而不是某些私立明星小学，我努力去信任教育当局，而且，是以自己的儿女为赌注来信任的——但是，学校啊，当我把我的孩子交给你，你保证给他怎样的教育？今天早晨，我交给你一个欢欣诚实又颖悟的小男孩，多年以后，你将还我一个怎样的青年？

他开始识字，开始读书，当然，他也要读报纸、听音乐或者看电视、电影，古往今来的撰述者啊！各种方式的知识传递者啊！我的孩子会因你们得到什么呢？你们将饮之以琼浆、灌之以醍醐，还是哺之以糟粕？他会因而变得正直忠信，还是学会奸猾诡诈？当我把我的孩子交出来，当他向这世界求知若渴，世界啊，你给他的会是什么呢？

世界啊，今天早晨，我，一个母亲，向你交出她可爱的小男孩，而你们将还我一个怎样的人呢？

二、一位母亲写给世界的信[①]

亲爱的世界：

我的儿子今天就要上学读书。一时之间他会感觉新奇有趣。我但愿你能待他温柔些。

你瞧，到现在为止，他一直是家中的宠儿，后院的王者。我总是忙着为他治疗伤口，慰藉他的心情。

但是现在不同了。

今天早晨，他就要走下门前的楼梯，冲我挥挥手，开始他的伟大的历程。其间或许有争斗、不幸或者伤害。在世界上度过他的日子，他需要信心、爱和勇气。

所以，世界，我希望你能时不时地牵起他的小手，教予他应知之事。教予他，尽可能温柔些。教予他知道，每有恶人之地，必有豪杰所在；每有权诈小人，必有献身义士；每见一敌人，必有一友在侧。教予他书中自有黄金屋。让他见空中的飞鸟，日光里的蜜蜂，青山上的簇簇繁花，给他时间静思其中亘古绵传之奥秘。教予他，磊落的失败远比欺骗的成功更荣耀；教予他，自有我信念，哪怕人人言错；教予他，可以最高价付出自己的精力和智慧，但绝不能出卖良心和灵魂；教予他，置群虻的喧嚣于不顾，在自觉正确时要挺身而战。请温柔地教予他，世界。但是不要娇纵他，因为只有烈火的考验才能锻炼出真钢。

---

① ［美］安妮·斯通.一位母亲写给世界的信.罗顺文译.见：孟繁华.赏识你的学生.第2版.海口：海南出版社，2004：8.

此要求诚为冒昧,世界。但是请尽你所能。

【复习思考题】

1. 联系实际谈谈加强班级教育与管理对实现学校教育目标和促进学生发展的现实意义。

2. 试述现代班级教育与管理的基本要求。

3. 结合实际阐述人群关系理论、学习动机理论、人性管理理论、学习风格理论、多元智力理论对现代班级教育与管理的启示。

【拓展阅读】

1. 徐长江,宋秋前. 班级管理实务. 北京:高等教育出版社,2010.

本书从班级管理中的激励、班级常规管理、课堂教学管理、学习指导与作业管理、班级环境管理、班级人际关系管理、班级文化建设等方面,介绍了班级管理的具体策略与方法,最后以如何做一个有效的班级管理者作为总结。其中第一章为绪论,主要介绍了班级管理的概念、特性与功能,班级管理的研究现状与具体内容;第二章介绍了人性管理理论、教师领导理论、学习风格理论、班级纪律理论等班级管理的理论基础。

2. 李学农. 班级管理. 北京:高等教育出版社,2004.

本书为高等院校小学教育专业教材。全书共九章,分别为小学班主任与小学班级管理、小学生与他们的班级生活世界、班级管理目标与基本任务、小学班级组织建设、小学班级日常管理、小学班级活动管理、班级教育力量的管理、做一个优秀的班级管理者和小学班级管理研究。

3. 郭毅. 班级管理学. 北京:人民教育出版社,2002.

本书共五编十章。第一编班级管理与班级管理学,分两章分别论述了班级管理和班级管理学的研究内容、任务和方法。第二编班级管理者,分两章分别论述了班主任的素质和班主任的管理。第三编班级管理对象,分两章论述了学生的双重角色、个别差异,学生对班级管理的适应及班级管理的内容。第四编班级管理过程,分两章介绍了班级管理的计划与总结、班内突发事件的处理。第五编分两章介绍了班级管理的原则和方法。

【本章主要参考文献】

[1] 孟繁华. 赏识你的学生. 第 2 版. 海口:海南出版社,2004.

[2] 李学农. 班级管理. 北京:高等教育出版社,2004.

[3] 欧阳文珍,伍德勤. 初中班级管理. 合肥:安徽大学出版社,1998.

[4] 谭顶良. 学习风格论. 南京:江苏教育出版社,1995.

[5]林冬桂,张东,黄玉华.班级教育管理学.广州:广东高等教育出版社,1999.

[6]袁振国.当代教育学.第4版.北京:教育科学出版社,2010.

第二章　了解和研究学生

● 熟悉了解和研究学生的意义、要求和内容。
● 掌握了解和研究学生的方法。

　　班主任要做好班级教育与管理工作,必须学会了解与研究学生。它是转变学生思想,调动学生学习积极性和主动性的基础,是开展班级教育工作和建设良好班集体的前提。班主任如果对班级学生的情况不了解,那么班主任工作就会事倍功半,就要经受挫折,甚至失败。因此,要做好班主任工作,班主任就必须认真了解和研究学生。

第一节　了解和研究学生的意义、要求和内容

一、了解和研究学生的意义

(一)了解和研究学生是教育学生的前提

　　了解和研究学生是教育学生的前提。班主任只有真正全面地了解和研究学生才能调动学生的积极性、主动性和创造性,才能从学生的特点和优势出发,发挥他们在班集体中的作用,才能有针对性地对学生进行有效的教育和管理。俄国教育家乌申斯基说过:"如果教育家希望从一切方面去教育人,那么就必须从一切方面去了解人。"我国最早的教育专著《学记》也指出:"知其心,然后能救其失也。"这说明,了解人是教育人的基础和前提。只有全面深入地了解和研究学生的情况,教育才能有的放矢。对学生的问题如果不作调查研究,主观臆断,就会脱离学生实际,不仅不能取得良好的教育效果,甚至会起到相反的作用。

　　教育即育人,班主任工作千头万绪,其宗旨就是育人,而班主任工作的对象就是班级内几十名朝气蓬勃的青少年学生,他们的兴趣爱好、思想心态、健康状况、生活环境等都不一样,人人各异,复杂多变。班主任只有及时了解学

生各方面的情况,才能及时发现学生的不良倾向和错误苗头,防患于未然,或者把问题消灭在萌芽状态。对学生的情况掌握得越清楚,工作就越主动,针对性就越强,教育才能收到实效。班主任如果对班级学生缺乏全面的了解,就将失去教育和转化学生的可靠基础。了解学生、研究学生的过程也是教育学生的过程。了解学生、研究学生不是目的,而是教育手段。因此,班主任要把了解学生、研究学生与教育学生紧密结合起来,在了解学生、研究学生的过程中教育学生,在教育学生的过程中进一步加深对学生的了解与研究。

(二)了解和研究学生是做好班主任工作的先决条件

没有对学生的深入了解和研究,是不可能做好班主任工作的。毛泽东指出:"不论做什么事,不懂得那件事的情形,它的性质,它和它以外的事情的联系,就不知道那件事的规律,就不知道如何去做,就不能做好那件事。"班主任工作也是如此,如果不了解班级的情况,不研究班级学生的特点,就不能掌握班级教育工作的规律和特点,就不能做好班级教育工作。为了充分发挥学生的潜能,逐步形成班级教育工作的特色,班主任必须本着对学生全面负责的精神,经常及时而全面地了解和研究学生的情况,这样才能从学生的身心发展特点出发做好班主任工作。

(三)了解和研究学生是建立新型师生关系的关键

了解学生、研究学生有利于建立民主、平等、对话与合作的新型师生关系,为教育学生创造最佳的气氛。教师了解学生越深入,包含关心和理解的信息量越大,学生就越信任和尊敬教师。教育是一种艺术,艺术的魅力在于情感。师生关系密切,情感交融,教育的效果就会更佳。古人云:"亲其师,信其道",就是这个道理。有经验的班主任都有这样的体会:了解、帮助后进生需要花费大量的时间和心血,一旦他们取得进步后,师生关系将超乎一般的亲近和信赖,甚至终生不会消失。在改革开放的新形势下,由于各种社会信息和社会思想的影响,使当代青年学生在思想意识和行为作风方面形成了一些新的特点。班主任如果不了解学生,不研究学生,习惯于旧的一套观念和做法,往往就会加深师生之间的矛盾,影响彼此之间的理解和信任。班主任如果认真了解和研究学生心灵变化的轨迹和趋向,就会理解学生,并积极地引导学生,帮助学生树立正确的人生观、世界观与价值观,从而更容易建立起民主、平等、对话与合作的新型师生关系。

(四)了解和研究学生是班主任自我完善的必要环节

班主任了解和研究学生不仅能更好地教育学生,而且也能使自己不断得到充实和完善。班主任全面了解与研究学生时,总是尽力去寻找学生身上美好的东西。这不仅是培养学生身心健康发展的基础,而且也是班主任接受教育、吸收营养的好机会。现代青少年思维的求异性、创造性,进取向上、刻苦努力的好学精神以及具有的多方面的知识等,均是值得班主任学习与研究的。当了解到不同学生身上存在的弱点和不足时,班主任一方面可以以此对照自我,反省自己的工作,促使自己不断完善,另一方面也可以通过寻找原因,制订计划,有针对性地开展工作,帮助学生扬长避短,并从中看到教育的力量,体验到塑造人的喜悦。班主任倘能做到全班一盘棋,对学生了如指掌,对各项工作的实施做到心中有数,就会增强班主任工作的热情和教育的自信心,提高班主任工作的水平。

二、了解和研究学生的基本要求

(一)全面性

全面性就是班主任要全面地看待学生,既看到学生的优点,也看到学生的不足;既看到学生在校内的表现,也要看到学生在校外的表现。要全面地了解和研究学生,必须注意以下几点:①了解和研究的对象应是全班学生,不但要了解和研究优秀学生、中等学生,同时也不能忽略后进学生。尽管对他们的了解和研究可以有先有后,但必须力求全面。②了解和研究学生各方面的情况。班主任依照教育目标,对学生在德、智、体、美诸方面都要进行全面的了解与研究,如在德育方面,就要研究学生的爱国主义精神和国际主义精神、遵纪守法的观念、道德品质和日常行为习惯以及其他方面的情况。③了解和研究学生在校内外的各种表现。班主任不仅要了解和研究学生在学校的表现,例如,学生在学校的思想状况、心理特点、学习情况等,还要了解和研究学生在家庭和社会上的表现,如学生对父母的态度,是否帮助父母做家务,对社会活动和社会工作的热心程度,等等。

(二)经常性

经常性就是要把了解和研究学生作为班主任的常规工作,常抓不懈。由于学生正处在生理、心理发展变化相对迅猛的阶段,在德、智、体、美各方面发生的变化是迅速的。因此,班主任对学生的了解和研究就不可能一劳永逸。要做到经常地了解和研究学生,就要有计划性。从内容上讲,先了解和分析什么,再了解和分析什么,要妥善安排,相互有联系地进行;从时间上讲,一个学期、一个阶段应各有侧重地逐步进行;从对象上讲,先了解和分析哪些学生,后了解和分析哪些学生,可以根据不同内容、不同阶段分批进行。

(三)及时性

及时性是指班主任在了解和研究学生的过程中,必须及时对学生的基本情况进行研究和分析。中小学生的身心发展处于迅速发展阶段,如果不及时了解和研究学生,就可能会失去许多教育机会。"及时"意味着对已掌握的学生的情况要迅速进行分析,要善于发现苗头,捕捉到最佳的教育时机。对于一个班级或某一学生个体都应如此,亦即先要及时发现并抓住出现的一些苗头,然后加以引导,这样可以防微杜渐,创造或捕捉教育的最佳时机。

(四) 发展性

发展性是指班主任要用发展的观点看待学生,既要看到学生的过去,也要看到学生的今天,还要预见到学生的明天。中小学生的世界观尚未形成,可塑性很大。班主任如果老是用静止和片面的观点去看待学生,就不可能发现学生身上的闪光点,看不到学生的真正进步,忽略学生身上的积极因素,这样班主任就可能失去真正了解和研究学生的机会,使班主任工作陷于被动。因此,在了解和研究学生的过程中,班主任应树立发展的观点,比如班主任应看到优秀学生和后进学生都是发展变化的,如果看不到这一点就不能及时地帮助和鼓励后进生,也不能及时发现优秀学生身上存在的问题,防患于未然。

三、了解和研究学生的内容

班主任了解和研究学生的内容应该是多方面的,既要有广度,也要有深度;既要有需要一般了解和研究的内容,又要有必须深入了解和研究的深层次的内容。班主任了解和研究学生的主要内容如下:

(一) 学生个人情况

学生个人的情况主要包括以下内容:①学生思想品德情况。主要包括:对祖国、对社会主义的态度和情感,对国内外时事的兴趣;对人的态度(尊重、礼貌、诚实等),在公共场所的文明行为;对劳动、社会活动和社会工作的热心程度;集体观念和遵守纪律的情况等。②学生学习情况。主要指学生学习目的是否明确,学习时间的安排,学习方法、学习态度、学习习惯以及智力发展的状况;哪门学科最感兴趣或最感头痛;学生分析问题和解决问题能力的培养情况;学习效果、作业完成情况以及学习方面存在的问题等。③学生的身体健康状况。主要包括:身体发育情况(包括体形、心跳血压、肺活量、用脑卫生等内脏机能情况和性发育情况),对体育锻炼的态度和习惯,体育"达标"情况以及个人生活卫生习惯等。④学生的个性心理特征。主要包括:学生的兴趣爱好或特长;喜欢看哪类书刊、影视节目;课余喜欢干什么,喜欢参加什么活动;注意的特点、思维的品质、能力发展状况、性格类型特征、气质类型状况、意志力的强弱等。⑤学生的成长经历。班主任不仅要了解学生的现实情况,还要了解学生的成长经历。主要包括:学生从幼儿园、小学、中学不同阶段的成长情况,了解与学生成长密切相关并将继续产生影响的人和事,从中找出促进学生身心健康发展的有利因素。⑥学生家庭的具体情况。主要包括:家长对孩子最关心的是什么,家长对孩子教育的态度和方法,孩子对家长的关心和对家庭教育的态度,在家里的劳动习惯,餐饮状况和生活习惯,学生与近邻及亲戚的关系,等等。

(二)学生班级整体情况

学生班级整体情况主要包括以下内容:①班级学生的基本情况。主要包括:学生总人数,男女学生比例,学生的姓名、性别、年龄、来源情况,学生家庭住址及家长职业、文化程度,学生家庭的结构,学生在家庭中的排行和地位,独生子女比例,以及家庭的物质条件、住房条件、平均生活费用等。②班级学生的思想品德情况。主要包括:少先队的组织与活动状况;团员比例,团支部思想状况和工作状况;思想品德、行为习惯表现的情况,如爱国主义和国际主义的情感、集体主义精神、劳动态度和习惯,以及文明礼貌行为等。③班级学生的学习状况。主要包括:学生的学习目的、学习态度、学习方法、学习习惯、学习风气;学业方面的优势和弱点、各科成绩及平均成绩;学生智力和能力发展水平;学习优秀、中等和后进生的情况以及人数比例等。④班级学生的身体素质和健康方面的情况。主要包括:学生身体有无慢性疾病,体弱多病的、残疾的学生的人数及比例;学生集体成员的卫生习惯;体育锻炼的情况以及体育"达标"的比率;学生心理健康状况,如学生中的焦虑、紧张、忧郁、恐惧、消沉、敌对等心理障碍表现情况等。⑤班集体发展的状况。主要包括:学生对班集体目标的确认并为之达成的努力状况,学生干部队伍的状况,学生自己管理班集体的状况,班级中人际关系状况,自然群体及其对班集体影响的情况,班集体规章制度的建立和执行情况,班集体的凝聚力状况,等等。

第二节　了解和研究学生的方法

卢梭在《爱弥儿》一书中说:"你必须在好好地了解了你的学生之后,才能对他说第一句话……"为了全面准确地了解和研究学生,我们可采用以下几种方法。

一、观察法

观察法是人们在不加控制的自然状态下,有目的有计划地对客观对象进行直接感知和观察的一种方法。它是班主任了解和研究学生的一种最常用、最基本的方法。

运用观察法的基本步骤:①明确观察目的和意义。只有观察目的明确后,才能有效地把注意力集中起来,指向一定的观察目标。②通过检索资料、专家访谈等,搜集有关观察对象的文献资料,并进行阅读分析,对所要观察的对象有一个一般的认识,为观察做好充分准备。③编制观察提纲。对观察内容进行明确分类,并确定观察的重点。在观察计划的基础上,应对每次或每段观察提出具体提纲,这样做是为了使观察人员对每一次观察的目的、任务以及要搜集什么资料等做到心中有数,以增强观察的针对性,提高观察实效。④实施观察。观察要严格按计划、有步骤地进行;选择适当的观察位置;善于利用观察设备;对于复杂的观察任务要分组进行观察;对同一事物,在类似的情况下,要反复观察,这样可以保证观察信度。在实施观察时,要做到一边观察一边做记录,及时把观察资料记录下来。⑤资料收集与整理。及时整理观察数据、图表、笔录、录音、录像和相片等资料。及时对有关资料进行统计处理,不断提高资料的信度。⑥分析资料,得出结论。对获得的所有资料进行整理,对资料用统计技术进行加工,得出观察结论。

运用观察法的基本要求:①在教学过程中对学生进行观察。主要了解学生课堂上的真实表现,如是否遵守纪律、积极发言,学科兴趣,注意集中程度,独立作业和预习的习惯,学习能力水平及能否帮助其他同学等。②通过班集体组织的各种活动观察学生。在各种班集体活动中,注意观察学生在活动中的表现,从而达到了解学生的目的。如在组织班集体文娱联欢活动中,观察哪些学生的组织能力比较强,哪些学生有文娱方面的特长;通过组织班集体体育活动,可以发现体育活动积极分子和体育尖子;在游戏、散步、参观、小组活动、班会以及团队活动中可以获得学生的许多重要信息,如个人与班集体的关系,各人个性和心理品质,以及个人的特长和闪光点等。③通过日常生活观察学生。在日常生活中可以观察学生的言语行为表现,了解学生的兴趣爱好,学生的思想品德和活动能力,学生对学习的态度以及自我约束能力,学生的服饰打扮和情绪情感的变化等。这些现象看似平常,但常常是发生问题的征兆。班主任要以敏锐的观察力,抓住时机,采取有效的方法及时加以指导和教育。

班主任要进行有效的观察,获得各种观察信息,还必须注意以下几点:

第一,观察要有目的性和计划性。观察者必须制订观察计划,确定观察对象、目的、范围、时间和地点,使观察和有意注意结合起来,以达到观察的目的。

第二,坚持观察的客观性。观察要有实事求是的科学态度,尽量排除一切主观因素的干扰,不带任何成见和偏见,不把主观推测和客观事实相混淆。对观察到的事实材料要如实记录,不遗漏,并注意对观察材料进行验证和分析。

第三,坚持观察的全局性。应通过各种渠道对研究对象进行全面观察和系统分析,包括观察对象各个方面的情况,不能只见树木,不见森林。

第四,创造良好的新型师生关系。班主任要努力创造一种民主、平等、对话与合作的新型师生关系,以获得准确而全面的观察信息。在观察过程中,当观察对象意识到自己在接受观察时,就可能预先给予观察者一定的反应,可能使观察材料不全面、不准确。在这种情况下,观察者应设法与被观察者建立良好的关系,消除他们对观察者的陌生感和戒备心理,尽量保持被观察对象的常态,排除各种可能的干扰和影响。

二、谈话法

谈话法是指班主任有目的、有计划、有准备地与学生通过问答方式进行直接交谈,从中了解学生情况,对学生进行具体分析并确定教育方案的一种方法。如果说观察法主要是了解学生的外部表现,那么谈话法则是通过与学生的交流与沟通,有意识地、主动地了解和掌握他们的思想动态。班主任只有善于与学生谈话,善于与学生交流与沟通,才能真正了解学生。谈话法往往和观察法配合使用,以便更主动地了解学生的思想活动情况,了解学生的道德观念、理想追求,了解学生的性格特长。

谈话法最早可追溯到中国古代教育家孔子以及古希腊教育家苏格拉底的教育实践。孔子无论上课还是答疑,都非常注意运用谈话法,循循善诱,从而让学生在轻松愉快的气氛中学到知识,懂得深奥的道理。《礼记·学记》云:"善待问者如撞钟,叩之以小者则小鸣,叩之以大者则大鸣;待其从容,然后尽其声。"孔子就是通过小叩小鸣、大叩大鸣,从而达到深入了解学生的目的。在西方,早在古希腊时期,苏格拉底在向人传授知识时就不是强制别人接受,而是发明和使用了以师生共同谈话、共同探讨问题而获得知识为特征的问答式教学法,即所谓的"苏格拉底法"。这是一种要求学生和教师共同讨论,互为激发,共同寻求正确答案的方法,它有助于激发学生积极思考,判断和寻找正确答案。

运用谈话法的要求:①谈话前要有准备。班主任找学生谈话,不能心血来潮,随心所欲,毫无准备。谈话前认真做好调研工作,要对谈话对象的思想、心理、问题的原因以及社会、家庭、学习生活环境等做到心中有数,做到"知彼知己,百战不殆"。根据"一把钥匙开一把锁"的原理,制订谈话方案,选择最好的谈话方法。②要明确谈话的目的和内容。班主任应针对不同的谈话对象,组织不同的语言,认真考虑谈话的目的、内容和方式方法,提高谈话的针对性,切忌大话、空话、套话。班主任的谈话内容应能唤起学生心理上的亲切感,帮助学生树立自信心和健全人格,并逐步引导学生追求更高的目标。③要尊重学生的个性差异。班主任应多分析学生的年龄特征和个性特征,找准谈话的心理切入点,依据学生的生活背景、兴趣爱好、思想认识水平,最大程度地引起学生的心理共鸣。如对开朗直率、倔强的学生,坦诚相见,不拐弯抹角;对心胸狭窄、性情孤僻、少言寡语而又要强的学生,从培养感情、换位思考、了解根源着手,采用含蓄的方法,多引导少指责,多激励少批评;对性格粗暴、情绪激动的学生应先避其锋芒,让他诉尽心中"不快",在情绪稳定后,采用迂回战术,加强疏导;对于有特长但自尊心强的学生,则应在肯定优点的同时,抓住关键,分析利害,决不迁就等。④谈话要入情入理。唯有入情,方能动人;唯有入理,方能服人。班主任在和学生谈话时,要融情理于言谈之中,用"情"来叩开学生关闭着的心灵之窗,用"理"来感化学生的纯真之心。在与学生谈话的过程中,班主任要循循善诱,帮助学生明白道理,使学生真正意识到问题的症结所在,这样才能有的放矢地解决问题。在促使学生知晓道理的基础上,再以情感作为铺垫,用真情去感动学生。如果学生既通晓了道理,又受其情的感染,成功的谈话就会出现了。

为了增进谈话的有效性,必须注意以下谈话技巧:

第一,尊重信任学生。谈话时一定要平等、诚恳地对待学生,切不可以居高临下的姿态、教训人的面孔出现在学生面前,也不能虚情假意,愚弄学生。班主任只有尊重信任学生,才能赢得学生的尊重,增加自己的影响力。谈话前要认真准备,准备不足是缺乏诚意的表现,也是对学生的不尊重;谈话时要推心置腹,对工作中的失误要勇于自我批评,既不掩盖矛盾也不推卸责任;对学生提出的要求须做实事求是的分析,提出切实可行的方案,切不可乱拍胸脯,随便许诺,也不可故意推诿、刁难学生。

第二,注意倾听。倾听是谈话获得反馈信息的重要方式,班主任一定要重视倾听技巧,注意聆听学生的意见。倾听可以消除沟通障碍,提高沟通的心理水平。仔细倾听表示对对方的关注和尊重,能激发对方发表意见的愿望并启发对方讲真话。如果对方不愿谈或不讲真话,那么谈话就达不到信息交流的目的。

第三,把握谈话时机。把握谈话时机,要求班主任平时要仔细观察学生的动机、态度、情感、需要、能力、性格等心理特点,准确把握学生的心态。当学生遇到学习和生活上的困难、情绪波动较大时,班主任应及时主动地找学生谈心,诚心诚意地帮助学生解决困难,稳定学生情绪;当学生出现失误时,应及时找学生谈话,以平等诚恳的态度帮助学生分析原因,寻找对策,提出改进方案;当学生有不同意见,出现"不满"情绪时,班主任要适时地召集学生,通过集体讨论,私下访谈,虚心且耐心地听取反面意见,并认真分析。这样不仅可以达到真正了解学生的目的,也有利于提高班主任的威信。

第四,选择谈话地点。同样一句话,在不同的环境中,对人的影响就不一样,人们对情景的认知影响人们的心理及行为反应,因此谈话必须根据谈话内容选择恰当的地点。例如,内容庄重严肃的谈话宜在正式场合进行,以引起对方的重视;内容亲切的谈话可以在轻松的环境中边散步边谈;有些特殊内容的谈话可以在登门拜访时谈,显示对学生的尊重,有助于发挥班主任工作的主动性。

第五,使用非言语行为。非言语行为包括目光注视、面部表情、身体姿势、声音特质、空间距离、衣着步态等。非言语行为在谈话中有加强言语意义、表达情感、实现反馈等作用。由于非言语行为不仅能对言语内容作修正补充,而且很多时候还能比言语交流更生动、更直接、更准确地表达所谈内容,因此谈话中必须注意非言语行为的使用。

资料夹 2-1

掌握谈话技巧

1. 善于"迂回术"。好多事,尤其是涉及学生较敏感的问题或品行的错误,一般都不宜"开门见山"、直截了当,而要用"迂回战术",或往人生、理想方面谈,或往其他的事情上扯,或往教者与学生的关系上引——等双方感情沟通了,再接触"主题"。

2. 利用"闪光点"。被教育者不是处处都差,即使很差的学生,他们也有"闪光点",教师就应善于利用和发现这些"闪光点",使他们看到自己的长处和价值,然后进行批评教育,他们就容易接受了。

3. 保护自尊心。任何一个人的自尊心都是很重要的,倘若自尊心被破坏了,要想修复就很困难。而教育一个没有自尊心的学生远比培养一个优秀生困难得多。因此,在谈话时一定要注意保护学生的自尊心。如涉及学生声誉的事情,要答应给他保密,并要信守诺言,这样他一定会服你的,"让每一个学生都抬起头来走路"才是我们真正的目的。

4. 宽严要适度。保护学生的自尊心并不是要教师对犯错误的学生姑息迁就。凡涉及学生品质问题的,要严肃批评,而涉及学生同教者个人恩怨的事,作为教者的我们要大度,要宽容、豁达。整个谈话过程也有个宽严度问题,一般讲,整个谈话按"宽—严—宽"三个阶段进行,开始"宽"是让学生吐露真言,中间"严"要让其认识错误的严重性,最后"宽"要使其受到感化,有利于改正错误。

伟大的教育家苏霍姆林斯基曾说过:教育者与自己的教育对象的每次接触,归根结底是为了激励对方的内心活动。这种激励越是细腻,来自儿童内心深处的力量就越大,儿童也就能在更大程度上成为自身的教育者。

资料来源:高振波.浅说谈话教育[J].教育教学论坛,2010(3):38.

三、书面材料分析法

书面材料分析法是指班主任在了解学生、研究学生情况时,借助有关班集体学生的各种书面材料来获取有关学生的信息,从而对学生的思想、学习、品德、生活态度、个人爱好、班级基本状况进行间接了解的一种方法。该方法是班主任初步认识班集体,了解学生基本情况的最简易的方法。掌握这一方法,不仅表现为善于从文字材料中提炼信息，还表现为能够以发展的眼光预见学生未来的发展趋势。学生的书面材料是班主任了解和研究学生的有力凭证，如入学登记表、作业、日记、答卷、笔记、班级日志、体检表、成绩通知单以及记载学生情况的各种表格。

研究学生的书面材料要建立在对学生尊重、信赖的基础上。发现问题要认真研究其产生的原因，找出解决问题的办法。对此班主任可以采用让学生写周记的方法，从学生所反映的情况中及时发现问题，并采取相应的措施处理好问题。另外，通过与学生一段时间的交往和接触，班主任可要求学生用书面的形式谈谈对班主任的看法，包括：对班主任的印象，对班主任的一些意见、建议等，从中发现自己平时工作中的一些不足以及有待于改进的地方，为今后的班主任工作起到一定的导向作用。

在了解和分析学生的书面材料时应当特别注意：①书面材料的适用范围。书面材料记录的是学生过去的情况，只能说明过去。因此，班主任既要注重书面材料的分析，又不能把书面材料作为了解和研究学生的唯一依据，尤其不能受书面材料的束缚。②要有全面的观点。书面材料所记录的只是学生某些方面的情况，而有些情况，一般书面材料是反映不出来的。因此，书面材料的内容还有待于核实，或有待于做必要的更正和补充。③注意学生书面材料的收集。班主任要做一个有心人，在平时工作中，要不断积累起丰富的、有价值的、较全面的书面材料。④要注意与其他方法配合使用。班主任要注意把书面材料分析法与观察法、问卷调查法、谈话法以及其他方法结合起来，以便使获得的信息更全面、更客观、更真实。

四、问卷调查法

问卷调查法是研究者通过事先设计好的问题来获取有关信息和资料的一种方法。研究者以书面形式给出一系列与所要信息有关的问题，让被调查者作出回答，通过对答案的回收、整理、分析获取有关信息。问卷调查法也是班主任了解学生、研究学生的常用方法。

问卷调查的基本步骤：①明确调查目的，确定问卷调查的主题。调查目的影响调查对象的选择、调查范围的限定、调查内容的选择、调查结果的分析。确定调查目的其实就是要明确研究主题。②抽样。一般是从研究总体中抽取部分样本为问卷调查对象。抽样时首先要明确研究总体的范围，总体不同，抽样就不同。研究可靠性直接依赖于样本的代表性，而样本的代表性直接取决于抽样的科学性。③设计问卷。通过预先准备的问题来搜集资料、数据，是研究者搜集信息的工具。编制问卷则是问卷法的核心。一般的调查也可以直接采用现成的成熟问卷或者改编现成问卷。④问卷的预测。在正式使用问卷之前,需要对问卷进行预测,以完善问卷。⑤正式进行问卷的测量。主要方式有团体问卷调查、电话调查、网络调查等。⑥统计问卷结果,分析调查数据。主要包括数据分布,如数据的频次、百分数、标准差等;数据的相关分析,即数据的关系性;数据的差异分析,即数据的差异检验,男女差异、年龄差异、教龄差异等;数据的回归分析,即数据的预测性;数据的路径分析,即数据的影响效果、因果关系、中介检验等。⑦撰写调查报告,展示活动成果。

问卷调查的基本格式:一份完整的调研问卷通常由标题、问卷说明、填表指导、调研主题内容、编码和被访者基本情况等内容构成。①问卷的标题。问卷的标题概括地说明调研主题,使被访者对所要回答的问题有一个大致的了解。问卷标题要简明扼要,但又必须点明调研对象或调研主题。②问卷说明。在问卷的卷首一般有一个简要的说明,主要说明调研意义、内容和选择方式等,以消除被访者的紧张和顾虑。问卷的说明要力求言简意赅,文笔亲切。③填表指导。对于需要被访者自己填写的问卷,应在问卷中告诉回答者如何填写问卷。填表指导一般可以写在问卷说明中,也可单独列出,其优点是要求更加清楚,更能引起回答者的重视。④调研主题内容。调研主题内容是按照调研设计逐步逐项列出调研的问题,是调研问卷的主要部分。这部分内容的好坏直接影响整个调研价值的高低。⑤编码。编码是将问卷中的调研项目以及被选答案变成统一设计的代码的工作过程。如果问卷均加以编码,就会易于进行计算机处理和统计分析。一般情况都是用数字代号系统,并在问卷的最右侧留出"统计编码"位置。⑥被访者基本情况。这是指被访者的一些主要特征,如个人的姓名、性别、年龄、民族、生源地、所属院系等。这些是分类分析的基本控制变量。在实际调研中要根据具体情况选定询问的内容,并非多多益善。如果在统计问卷信息时不需要统计被访者的特征,就不需要询问。⑦访问员情况。在调研问卷的最后,要求附上调研人员的姓名、调研日期、调研的起止日期等,以利于对问卷质量进行监察控制。如果被访者基本情况是放在"问卷说明"的后面,访问员情况也可以考虑和被访者的基本情况放在同一个表格中。⑧结束语。主要表达对被调查者合作的感谢,提醒不要填漏相关信息,对有关回答进行复核。

问卷调查注意事项:①问卷调查必须与调查主题密切相关。②问题的设置应有普遍意义。③问卷的设计要有整体感。这种整体感即问题与问题之间要具有逻辑性,独立的问题本身也不能出现逻辑上的谬误。④所问问题要清晰明确,便于回答。⑤问卷调查的结果要便于整理和分析。

五、人际关系测量法

目前,在测量班级人际关系方面,应用较多的方法是美国莫雷诺的社会测量法和苏联心理学家彼得罗夫斯基的参照测量法及心理距离测量法。

(一)社会测量法

社会测量法是 20 世纪 30 年代美国精神病学家、社会心理学家 J. L. 莫雷诺提出的一种测量群体内人际吸引和排斥的方法。他认为人与人之间的相互选择,反映他们之间心理上的联系,肯定的选择意味着接纳,否定的选择意味着排斥。因此,人与人之间对各方面的肯定性或者否定性的选择,实际反映着人们之间的关系状况。有鉴于此,通过考察人与人之间在不同方面的选择情况,测量每个人在某个特定团体内的人际关系状况,就可以测量整个团体的人际关系状况。社会测量法的操作可以分为四步。[①]

第一步,确定测量变量。可以是被测者现实的人际关系状况,如"你目前和哪些人关系最好?"也可以是被测者在人际关系上的期望或倾向,如"你愿意跟谁同座位?""出去春游(秋游),分小组活动,每 5 人一组,选择你乐意一起的四位同学"等。问题的设计避免笼统,要具体切实。可就某次活动,让学生陈述互动、合作的对象,并陈述理由。

第二步,正式测量。把所有被试者加以编号,并按照编号把群体中每个人所作的选择在表格中记分。在肯定的选择上,用正分表示;在否定的选择上,用负分表示;对于不选择的情况,一般记零分。填入事先印好的答案卡,绘成矩阵图,以便对比。

第三步,进行结果处理。资料收集后整理有两种基本方式,一是行列表格法,即社会矩阵,二是图形法。社会矩阵是一个 n×n 的方形表格(n 表示群体人数),如表 2-1 所示。左侧一列字母表示各个选择者,上方一行表示被选择者。如学生 B 以 A 为其第三选择,以 C 为其第二选择,以 D 为其第一选择,其中他从 C 处获得回报,即 C 的选择中有 B(表中有圆圈者表示双方有互选的情况存在)。表格中的记分,在肯定的选择上,用正分来记分;在否定的选择上,用负分来记录(表中未统计否定选择)。社会矩阵法绘制容易,个人所获选择数也容易加起来作初步比较和分析,但不容易直观地从表中观察到小群体及互选关系。

与矩阵法相比,图形法最大的优点是可以表明群体中每个人的人际关系状况,以及被测试群体的结构状况、小群体分化等。在制作靶形图时,通常把被选择次数最多的编号放在最里面,最孤立的编号放在最外层,然后用连线连接选择者和被选择者,实线表示相互选择,虚线表示单线选择,其箭头表示选择方向,使整个群体的结构一目了然。由此判断出"群星"和"孤星"。由于两种方法各有优劣,在进行结果处理时,通常将两种方法结合起来使用。先用社

---

① 郑航,王蕙,曾君. 班级管理与学生指导[M]. 北京:北京师范大学出版社,2011.

表 2-1　　社会矩阵示例

	A	B	C	D	E	F	G	H	I	J
A			1		3		2			
B	3		②	1						
C		①					2			
D						1	③		2	
E		3							②	1
F			2		1					③
G		3		②		1				
H			1			3				
I	2				③			1		
J			1	2		③				

会矩阵法处理,然后根据表格的结果绘制成图形。

第四步,结果分析。分析被试者做出选择的理由,对"群星"与"孤星"的个性品质进行比较分析。未被其他任何人积极选择的学生,称之为"孤星"、"受轻视的人"。他们在班级里没有知心朋友,他们中不少人也向往集体生活,想和同龄人交往,但经常受到冷遇。有些学生在班级中无法找到归属感,就转向社会、街头寻找伙伴,甚至表现出反社会的倾向,这些儿童通常被认为是"难教的儿童"。在班级里享受极大信任和威信的儿童被称为"群星"、"受欢迎的人"。

班主任通过社会测量法对班级内人际关系的测定,可以了解班级中各种人际关系的基本状况,为做好班主任工作提供重要依据。

(二) 参照测量法

彼得罗夫斯基认为,人际关系中最重要的是了解个人之间相互选择的动机。动机才是人际关系中的心理机制。但是如果直接询问人们的动机如何,难以获得真实可靠的材料。他还认为,在群体中,人们最喜欢的人不一定就是群体中最能发挥作用的人。于是他提出了参照测量法,认为可以通过这种方法了解群体中的一些有权威的人物。

运用这种方法测量班级人际关系,一般可以分为四个步骤。

第一,班主任可以用问卷的方式,要求班级的成员互相进行评价。

第二,为每一个成员准备个大信封,把其他成员对该同学的全部评价都集中放入大信封内。

第三,让各成员知道别人是如何评价自己的,但不允许本人看信封内全部的评价资料,只允许看其中一部分人对他的评价资料。如果是一个三十人到四十人的班级,就只允许本人看其中三到四人对他的评价资料。至于要看哪些人的评价资料,可由每个成员自己选择。于是,每个成员都将要提出他心目中最有威信、最有影响、最有见解和最公正的同学的名字。他们认为这些人对自己的评价才是最重要的。

第四,班主任可以通过每个学生的提名,从中发现在这个班级中哪些人最受尊重和信任,哪些同学在大家的心理上影响最大。被提名次数最多的同学,一般地说,可能就是这个班级中最有影响的学生。

研究表明,运用社会测量法和参照测量法所揭示出来的、被大家集中选择的对象是不一致的。有些材料发现,用社会测量法所反映出来的被排斥的人,有时恰是用参照测量法所揭示出来的有威信的人物。这些人虽然不被喜爱,但有能力、有见解,很多同学都重视这些人对自己的评价。

参照测量法的巧妙之处在于隐去了真实的目的,人们在不知不觉之中流露出自己真实的动机,从而使我们得到的材料比较真实可靠。但是,如果班级人数太多,要求一个人对每个成员都做出评价,费时太多,改进的方法是可以采用多重选择法来进行评价。

(三)心理距离测量法

这种方法采用九等级的心理距离测量表。根据心理距离的远近,可分别用分数表示与某一同学关系的好坏。如 0 分表示彼此关系不好不坏;1 分表示彼此有好感,愿意合作;2 分表示愿意主动合作,互相帮助;3 分表示彼此是好朋友,并能自觉维护他们之间的友情;4 分表示彼此心心相印,亲密无间。−1 分表示彼此不很满意;−2 分表示彼此有对立情绪;−3 分表示彼此公开发生冲突;−4 分表示彼此积怨很深,甚至可能采取报复手段。

评分之后,把每个同学所得分数进行合计,可以看出各自在班内人际关系的一般情况,了解各自在班集体中的地位。这种测量方法可以为班主任调节班级人际关系提供一些参考资料,但不能把测量的分数绝对化。

资料夹 2-2

了解和研究学生的基本大纲

一、思想品德方面

1.对我国改革开放政策的态度;

2.对振兴中华、实现"四化"的认识;

3.对国际、国内重大政治活动事件的关心程度和态度;

4.参加校、班、组集体活动的自觉性如何;

5.在集体面前对个人行为负责的责任感;

6. 完成团组织委托任务的意向；

7. 对损坏公共利益的行为持什么态度；

8. 对遵守学生守则、执行日常行为规范的自觉性如何；

9. 能否正确处理同学之间的关系、男女同学之间的关系；

10. 能否跟破坏纪律及其他不良品德行为作斗争；

11. 能否进行自我教育，改进自己的行为；

12. 能否尊重教师和妥善处理师生关系。

二、学习与智力方面

1. 对学习的个人意义和社会意义的认识；

2. 努力学习的愿望是否强烈；

3. 对学习成败的态度和体验，完成教师要求的意向；

4. 是否能区分教材重点和抓住知识的关键；

5. 掌握基础知识是否扎实，掌握新知识的速度如何；

6. 思维的独立性和灵活性如何；

7. 记忆的速度如何，持久性如何。

三、意志品质方面

1. 在达到预定目标过程中意志的顽强性；

2. 克服学习困难和不良行为习惯的志向；

3. 注意力的集中程度，是否善于跟分心作斗争。

四、文化视野和审美力方面

1. 兴趣的广度，在课余喜爱阅读哪一类书籍；

2. 是否善于发现和欣赏影视、书画、音乐、小说、风景中的美；

五、身体的发展

1. 健康状况；

2. 学习和其他活动中的疲乏程度。

六、劳动方面

1. 劳动态度；

2. 劳动中的集体观念、互助精神和竞争意向。

七、家庭教育影响方面

1. 家长对子女学习的要求，对子女求知欲的影响；

2. 家长能否给子女的学习创造条件；

3. 家长对子女教育是宠爱型、粗暴型，还是持正确的态度；

4. 家庭成员对子女的榜样影响。

八、其他方面

1. 在课余时间里学生活动的性质；

2.同龄人的榜样对学生行为的影响。

资料来源:朱玉,吴立德.中学班主任工作原理[M].上海:上海科学技术文献出版社:1989:28—29.

第三节 材料阅读与思考

了解学生、研究学生在班主任工作中起着十分重要的作用。在班级管理中,作为班主任,如何有效地了解和研究学生,是班主任工作的重要环节。阅读下面两篇短文,并从班主任的角度来思考如何了解学生、研究学生?看看这里有没有出现"问题的答案"。

一、写诗促进一个留级生的转变[①]

新生入学的那一天,有位同事告诉我:"你们班有颗'炸弹'!""他呀,扯谎抽烟爱打架,旷课轧路都有他,大红灯笼高高挂,爹娘老师天不怕。"这高度的概括使我深感这可能是个不好教育的学生,心理沉甸甸的。周末交日记了,全班唯独他没交,找他谈话他搪塞,好不容易把日记催来了,打开一看,只有四行字:

老师逼我写日记,是我生平头一次。

腹中无货从何写?搜肠刮肚都是气。

看完了此"诗",我真是又好气又好笑。但随即冷静一想,妙!这几句诗写的不赖:其一,他喜欢写诗;其二,敢于直言不讳讲真话;其三,一个"逼"字是对老师教学的批评。令人反思,值得琢磨。这个学生既然爱写诗,又肯讲真话,足以说明他的文化素质和思想品质不一定差。机不可失,时不在来。我何不捕捉这难得的教育机遇,因势利导呢?于是我用其韵和了一首顺口溜:

后生且听莫生气,诗才横溢有见地。

真情实感明心迹,苦辣酸甜是日记。

真所谓"心有灵犀一点通",三言两语竟沟通了师生感情。此后,他在日记中更坦率地对我说:"老师,当我留级到这个班时,就打听谁是班主任,有人告诉我,'一个老朽,可狠了'。当时听了心里真不是滋味。时间一天天过去了,但我看'老朽'并非如此。"他又在日记中写道:

远看满脸霜,无情无义样。

进门听教诲,亲似爹和娘。

---

① 李庆友.写诗促进一个留级生的转变.见:赖华强.班主任工作案例教程[M].广州:暨南大学出版社,2004:18—20.

他的表现使我对同事的话产生了疑窦：感情这般充沛，说话如此求实的人能那样坏吗？怀疑的云雾还在脑际萦绕，突然一位同学跑来告诉我："老师，××在球场跟人打架。"我铁青着脸站在他们面前，原来那位同学曾是他的好朋友，因打架罚款向他借过钱，这次因索要引起了斗殴。看来他不是一点道理没有，如果盲目批评，可能收不到良好的效果。我沉没了两天，只观察不谈话，看他似乎比我还急，果然，他当着众人面承认了错误。我未作任何批评，他猜不出老师葫芦里究竟装的什么药，直到看到我在他日记中的批语，才松了一口气。我还是抓住他爱诗的特点，劝他树立正确的人生观。我引了李贺"致酒行"中的名句——"少年心事当拿云"即少年应立下拿蓝天白云的大志，何必要让一些庸俗的琐事干扰自己的人生旅途呢？最后又送他两句劝学语："三更灯火五更鸡，正是男儿立志时"。

这次他提前交了日记，还在日记末尾做"诗"一首：

漫天阴霾蔽群山，太阳高照云雾散。

站在高巅看得远，吾辈心灵真可怜。

我把他的最后一句话改为"吾辈奋发当向前"。为了表达我希望他在学习上有所长进之心，我在他日记上引用了两句名言：

面壁十年图破壁，难酬蹈海亦英雄。

谁知周总理的诗句却触动了他的痛处，他显得十分烦躁不安。原来他期中考试成绩只居全班第 37 名，哪还谈得上理想抱负？但我认为这自卑心理未必是坏事，至少可以说他已经意识到自己的落后。我问他，你诗写得不错，为何在学业上低人一等呢？他像针扎了一般地受到了刺激，并迅速反驳："我晚上从来不看书，要不然……""天啦，哪有中学生晚上不看书之理！古人云：'吾尝终日而思矣，不如须臾所学也。'你就从珍惜时间做起吧！"我在他的日记里又引了两句古诗作为勉励：

书山有路勤为径，学海无涯苦作舟。

不久，家长喜笑颜开地来校造访，一见面就对我说，这孩子近来简直变成另外一个人了，晚上看到 10 点，还追问我使用了什么"法宝"。我翻开他孩子的一篇新作给他看：

人生长河一流星，宇宙浩瀚漫无边。

愿驾大鹏横空跃，摘取星月照人间。

念完诗家长脱口夸到："气魄还不小呢！"此后，我一步步拔高要求，启发他"扫天下"先必"扫一屋"。写诗也好，立志成才也好，都必须先做人。他真的行动起来了。他从当好值日生、帮助别人代劳做起，积极参加学雷锋小组美化校园的活动，还给求教的同学解数学题，不久又写申请要求入团。他的进步博得师生的好评，但却遭个别同学的讥讽。为此，他在日记中吐苦衷。我不假思索地批了："走自己的路"。还引了陆游《卜算子·咏梅》的名句作喻：

无意苦争春，一任群芳妒。

第一学期期终考试成绩揭晓了，他位居全班第 12 名。这意料不到的进步，使他认识到人为什么一定要"做主宰自己命运的主人"的道理。第二学期两次大考他都越居全班第 4 名。

二、如何了解人、研究人①

一位记者说起他做学生时最喜欢的老师时讲述了这样一件事：一次，全校学雷锋，可巧他手中有一张《渡江侦察记》的电影票，真是两头为难。他大着胆找到了这位老师。老师说："中午你提早干一会儿，到点你就去看吧！"这大出他的所料，在当时极左思潮肆虐的形势下，老师能作出这样的决定，使他永远不能忘记。从那之后，他学雷锋，做好事，积极要求进步……故事就这么简单，可却引起我们深深的思考。我们的教育模式多是告诫学生"不许什么"，可"许"什么，就想得很少了。比如，下雪不许打雪仗，晚上不许看电视，过生日不许攀比，女孩子不许和男孩子多接近……我们能不能变一下教育模式，先了解学生的需要，按学生的需要说"这件事可以怎样做"呢？比如打雪仗，别说孩子，就是大人也喜欢在雪天寻找乐趣，我们不要严禁，而要引导，告诉他们可以在哪儿打，怎么打，打不好会出现什么后果。如果这样做，学生会非常高兴的，而如果忽略了这一点，就会引起学生反感。试想那位记者的老师如果当时把"不许看"的道理讲出一堆，并不见得真正教育了这个学生，并让他记一辈子。这就是按照人的需要来做人的工作，会使我们的工作深入人心，改变人。又如，异性之间的交往，这本是人的一种需要。从教育者的责任来看，应该教给学生如何正确交往，而不是简单地禁止交往。

如果我们不了解学生，就谈不上塑造和教育学生。要想使我们的思想工作有实效，必须通过调查研究，运用看、想、听、访等多种形式发现问题和提出问题，这样才能解决问题。

在一次国际心理教育研讨班中，几名国外专家不解地问我们：什么叫思想问题？未成年的青少年有什么样的思想问题？他们说，他们把未成年的学生出现的一些问题称之为心理或行为障碍。针对这些障碍，他们制定了咨询、训练等一系列的方法。我们与西方国家社会制度固然不同，我们有我们做思想工作的优良传统，但如何研究人的身心发展规律，使我们的思想工作更科学、更富于实效性，确实也是值得我们深入思考的。

学生出现问题，能否不过早地下"小偷"、"流氓"、"行为不轨"、"道德败坏"

---

① 丁榕.班级管理科学与艺术[M].北京：人民教育出版社，2004：152－153.题目系编者所加。

等结论,能否首先分析它的产生原因和发展,研究它的规律,再利用这些规律来改善学生的心理品质,从而避免因教育的失误带来一些想不到的问题和损失?

在工作实践中,每个教师都会发现和总结一些学生思想、作风上的问题。如果能从深层次上追究原因就会发现,它们并不完全属于思想问题,很大程度上,是由于学生年龄、阅历的局限而产生的,还有相当一部分是属于心理问题或心理障碍。而把这些一概当思想问题去处理,就很容易把我们的德育简单化、形式化,削弱德育工作的实效性。如果我们能把属于心理问题的行为从心理的角度去研究,把学生处理不当的问题教他学会处理,有针对性地做好工作,就会帮助我们把思想教育工作提高到一个新的水平。

当然,这里要说明的是,心理教育不能代替思想教育,思想问题同样也不能代替心理问题。我们研究人的身心发展规律,来做人的工作,这是一个了解问题和研究问题的过程。无论是通过书面问卷,还是通过推心置腹的交谈,都要将问题分类研究,掌握规律,科学育人。

【复习思考题】

1.运用人际关系测量法对中小学学生班级人际关系进行测量分析。

2.分层随机选择中小学某班好、中、差三类学生各一名,观察记录他们在课堂学习中的实用时间、提问答问次数、专注程度等情况,并写一份《不同类型学生课堂学习状况观察报告》。

3.设计一份关于中(小)学生课外学习情况的调查问卷,并在班内进行讨论交流。

【拓展阅读】

1.杨晓萍.教育科学研究方法.重庆:西南师范大学出版社,2012.

本书较为全面、系统地探讨了教育科学研究方法。全书从整体上把握了教育科学研究方法之梗概,论述了作为教育科学研究过程初始环节和关键环节的选题,重点介绍了观察法、文献法、调查法等7种常用的教育科学研究方法,讨论了作为教育科学研究过程的最后环节的研究报告的撰写。全书文字简洁,通俗易懂,取材新颖,例证充分,各章之后附有相关案例,操作性强,以便读者学习和应用。本书可作为高等学校教育学科的教学用书,也可供广大教育工作者和教育科学研究人员参考、使用。

2.林岩.班主任工作的策略与艺术.北京:教育科学出版社,2011.

本书密切结合教师教育发展的需要,关注班主任专业化成长的途径,以先进的教育理念揭示班主任工作的真谛,以丰富的教育案例提供班主任工作的经验,以鲜活的实践策略激发班主任工作的智慧,以独到的编写方式推进班主任课程教材的建设。该书是每个班主任的良师益友,对于新教师和在校的师范生更有职业诱惑力。

3. 李伟. 班主任工作的系统方法. 上海:华东师范大学出版社,2014.

本书通过典型案例的深度分析,阐明了"智慧型班主任"应该具备的班主任工作系统方法的内涵。这一系统方法包括思想性方法层——基本策略,体现为选择成事育人的价值取向、培育自觉自主的教育基础和采用交往共生的教育方式等教育策略;谋划性方法层——主要措施,体现为日常管理民主化、班级活动主题化和班级文化生命化;技术性方法层——常用技法,体现为班级管理工作的策划、组织、实施、反馈、改进等具体技法。

4. 靳玉文. 方法决定成败——班主任工作方法创新集. 黑龙江:东北师范大学出版社,2010.

本书介绍了班主任经常用到的很多种工作方法,分布在班主任工作的几大领域。每一种方法分方法名、运用案例、效果分析等。这些方法既在一定程度上回答了班主任工作方法的价值和意义,又在一定程度上回答了班主任工作方法论的内容和含义。全书理论、方法、运用、反思相结合,有血有肉,生动耐读。

5. 裴娣娜. 教育研究方法导论. 合肥:安徽教育出版社,1995.

本书是作者长期教学经验的积累,并广泛地吸收了我国和西方教育科学研究的丰硕成果。全书对教育研究方法的一般原理、教育研究的构思和设计、教育研究结果的分析与评价进行了全面系统的论述。在坚持以马克思主义方法论为指导的前提下,广泛地吸收了当代自然科学、社会科学、思维科学方法论方面的成果,还将数学方法应用于教育科研,把定性分析与定量分析结合起来,这样既提高了教育研究方法的科学性,又反映出教育研究方法的时代特点。

【本章主要参考文献】

[1]张万祥. 给年轻班主任的建议[M]. 上海:华东师范大学出版社,2006.

[2]李学农. 班级管理[M]. 北京:高等教育出版社,2004.

[3]姚成荣. 班级管理工作新论[M]. 北京:中国社会科学出版社,2003.

[4]张爱华. 班主任工作艺术[M]. 石家庄:河北教育出版社,2001.

[5]白晋荣. 青少年身心发展与社会化进程[M]. 石家庄:河北教育出版社,2001.

[6]白铭欣. 班级管理论[M]. 天津:天津教育出版社,2000.

[7]唐迅. 班集体教育实验的理论与方法[M]. 广州:广东教育出版

社,2000.

　　[8]班华等.发展性班级教育系统[M].南京:南京师范大学出版社,2000.

　　[9]丁榕.班级管理科学与艺术[M].北京:人民教育出版社,2004.

　　[10]李伟胜.班级管理新探索:建设新型班级[M].天津:天津教育出版社,2006.

第三章　班集体的组织与培养

学习目标

- 掌握班集体的含义及其教育作用。
- 了解良好班集体形成与发展的阶段。
- 掌握组织和培养良好班集体的方法。

全国优秀班主任魏书生在《班主任工作漫谈》一书中写道:"班级像一座长长的桥,通过它,人们跨向理想的彼岸。班级像一条挺长的船,乘着它,人们越过江河湖海,奔向可以施展自己才能的高山、平原、乡村、城镇。班级像一个大家庭,同学们如兄弟姐妹般互相关心着、帮助着;互相鼓舞着、照顾着,一起长大了,成熟了,便离开了这个家庭,走向了社会。"这段对班集体生动形象的比喻,深刻说明了班集体对学生的成长和教育具有十分重要的作用。建设好班集体,是班主任的一项重要工作,也是班主任最基本的任务。那么,什么是班集体?班集体是如何形成的?怎样组织和培养班集体呢?

第一节　班集体及其教育作用

一、班集体的含义及特征

(一)班集体的含义

班级是学生学习、生活的基本单位,也是学校的基层学生组织。班集体是班级发展到一定阶段的产物,是在班主任引领下,以某一阶段一定数量的学生的发展为目标,以教学为核心,以学生群体为主的学习共同体。班主任是学校对学生进行教育和管理的主要力量,担负着将班级培养成为班集体的重任。实践证明,一个良好班集体形成的快慢,学生思想品德和整体素质的优劣,与班主任的工作好坏有着密切关系。因此,班主任必须了解良好班集体形成的条件,认真研究教育对象,不断探索组织和培养良好班集体的有效途径和方法。

（二）班集体的基本特征

1. 具有共同的奋斗目标

班集体的奋斗目标是全班学生共同的理想和前进的方向，班集体如果没有共同追求的奋斗目标，就会失去前进的动力。所以，一个良好的班集体应该有一个共同的奋斗目标，这个目标应是远期、中期、近期目标的结合。近期目标如讲文明，守纪律，教室要做到无痰迹，无纸屑，无污物，无污言秽语；中期目标如要争取形成良好的班集体；长期目标如要达到个人利益服从集体利益和国家利益；等等。班集体目标的逐步实现过程会产生激励效应，形成强大的班集体凝聚力。这样，班集体目标就能促使班集体不断进步。作为班集体组织者的班主任应结合本班学生思想、学习、生活实际，确立本班的奋斗目标。奋斗目标应该是经过全体学生努力能够实现的。在实现班集体奋斗目标的过程中，要充分发挥集体中每个成员的积极性和主动性，使实现目标的过程成为教育与自我教育的过程。班集体每一目标的实现，都是全体成员共同努力的结果，要让他们分享集体的欢乐和幸福，从而形成集体的荣誉感和责任感。

2. 形成健康的舆论和良好的班风

健康的舆论和良好的班风是班集体形成的重要标志。一个良好的班集体要用健康的舆论和良好的班风去影响、制约每个学生的心理，规范每个学生的行为。健康的舆论和优良的班风是一种巨大的教育力量，对班集体每个成员都有约束、感染、熏陶、激励的作用。在扶正压邪、奖善抑恶的过程中，健康的舆论和优良的班风具有行政命令和规章制度所不可代替的特殊作用。因此，班主任要重视健康舆论和优良班风的培养。要积极支持和伸张学生中正确的思想言行，批评和制止错误的思想言行，提高学生明辨是非的能力。当一个学生为班集体做了好事，就要让他们受到班集体舆论的赞扬，使他们受到鼓励，当一个学生做了有损于班集体的事时，就要让他受到班集体舆论的指责，使他感到羞愧而努力改正。当班集体形成了正确的舆论，这个班集体就成为发展学生良好道德行为和制止不良行为的强大力量，班集体也就形成了良好的班风。健康的舆论和良好的班风是一种潜移默化的教育力量，它支配着班集体成员的行为和生活方式。

3. 有健全的班级组织机构和领导核心

班委会、团支部是形成班集体的核心力量。一个良好的班集体，必须拥有一批团结在班主任周围的积极分子，组成班集体的核心。有了这个核心，才能带动全班学生去努力实现班集体的目标。因此，班主任要选择品学兼优、有一定工作能力的学生担任班干部、团干部；让他们在工作中锻炼成长，要给予他们支持和指导，帮助他们开展工作；要对他们严格要求，防止他们脱离群众。总之，要建立一个团结向上，作风正派，在学生中享有威信的班委会、团支部，利用他们的权威去影响全班学生。

4. 具有健全的班级规章制度

规章制度是班级为实现集体的共同奋斗目标而制定的规则和法规。"没有规矩，不成方圆。"班级规章制度是班集体每个成员学习、生活的行为规范和准则，是实现共同奋斗目标、建立良好班集体的有力保证。一个班集体为了管理的需要，为了形成良好的班风，必须从班集体的实际出发，结合校纪校规，制定出切实可行的规章制度，并要求学生严格遵照执行。班级的规章制度主要有三大类，一类是国家制定的有关学生学习、生活等的制度和规范，如《中学生日常行为规范》；二是学校制定的有关班集体建设的制度和学生的行为规范，如《主题班会制度》《团支部工作条例》《宿舍条例》等；三是本班所制定的学生必须遵守的有关规定，如《学生素质综合测评实施细则》《早操自修检查标准》等。这三类制度是相互联系，有机统一的。班级的有关规章制度不应与国家、学校的制度、规范和规定相矛盾。当然，健全的制度要严格执行才能发挥其效能。

二、班集体的教育作用

（一）班集体能够促进学生的身心得到健康发展

班集体是学校行政管理的基层组织，是学校进行教育教学工作的基本单位。班集体能为每个学生提供学习、生活和创造的空间，提供活动的背景以及必要的活动设施、模式与规范，从而有效地激发和调动每个学生参与班集体活动的积极性、主动性和创造性，使其以高昂的情绪和奋发进取的精神积极投入到学习和生活中去，促使学生在思想上、情感上、行动上得到统一，对学生个体的行为产生强大的激励作用，有利于学生的身心得到健康发展。实践表明，班集体对学生正确需要的满足，对个人行为的支持，对个人正确认识的赞同，对个人取得成绩的肯定，对个人失误的谅解、批评和帮助，以及在集体生活中人与人之间真挚友谊的建立和发展，都会给个人以精神的激励和鞭策，从而有效地促进学生身心的健康发展。

（二）班集体可以充分发挥集体教育的力量

班集体是教育的对象，但它一旦形成以后，便又成为教育的主体，有着巨大的教育力量。马卡连柯非常重视集体教育的力量，并提出了平行教育的原则。他指出："教育了集体、团结了集体、加强了集体，以后集体自身就成为很大的力量。"一个良好的班集体不仅能向集体提出奋斗目标，有健全的组织和领导核心，有严格的纪律和很强的集体舆论，还有融洽的师生关系和积极向上的心理氛围。这样的班集体必然使学生的心灵受到积极的影响和熏陶，对他们的言行产生同化力和约束力。学生认为该做什么，不该做什么，常常是由于受集体教育力量的影响。学生从不自觉到逐渐自觉,以致形成良好的行为习惯。另外,集体也能够匡正某些学生的不良行为,使他们这种行为在"别人"面前不能表现,进而有所收敛,以至逐渐自觉地克服掉。这个过程就是班集体中学生自我教育的过程。班集体的状态愈好,这个过程的作用就愈强。而离开集体,这种自我教育的能力就会减弱,甚至消失。正如马卡连柯所说:"我们的青少年是作为集体成员成长起来的,只有在集体组织里才能培养集体主义者。"因此,有经验的班主任都懂得班集体既是教育和培养的对象,又是重要的教育力量。当一个班集体形成以后,集体的奋斗目标、正确的舆论和优良的班风对集体中的每一个学生都会产生巨大的教育影响作用。通过集体教育彰显了学生个人的主体地位,充分调动了他们参与教育活动的积极性和主动性,从而提高了学校教育活动的效率。

(三)班集体能够促进学生良好个性的和谐发展

乌申斯基说:"教育的任务就是培养性格,而性格是由天赋的倾向性及生活中获得的信念和习惯形成。"这里的"培养性格"实质上就是培养个性。一个国家、一个民族进步与否,应看其公民个性发展的程度。有了丰富多彩的个性就有了丰富多彩的创造力。若个性单一趋同,这个民族就没有希望了。因此,促进学生个性和谐发展是时代的呼唤,是教育现代化的需要,是当代教育的强音。马克思和恩格斯曾说过:"只有在集体中,个性才能获得全面发展其才能的手段,也只有在集体中才可以有个人自由。"个性只有在集体环境中才能得到比较和体现,也只有在集体活动中才能形成和发展。离开了集体,离开了集体对个人的约束和促进,个性就失去了比较和参照的对象,个性的发展就会受到影响。良好的班集体为学生个性的发展提供了最好的场所和机会,也是促进学生个性和谐发展的主要途径。这是因为,一方面,良好的班集体具有角色的多样性和活动的广泛性,有利于学生个性的发展。根据学生兴趣、爱好、能力和特长的不同,每个学生在班集体活动中受到不同的锻炼,从而发展了学习能力、组织能力、交往能力、表达能力,等等。这些个性特点恰是其参与未来社会生活的潜在力量。另一方面,良好的班集体能够使学生真正处于主体地位,能够培养和发挥学生的主体意识,能够使学生的人格、需要得到尊重,个别差异得到容纳。当然,良好的班集体能够促进学生良好个性的和谐发展,并不否认和排斥学生的全面发展。学生个性发展与全面发展是辩证统一的关系。学生个性发展是在全面发展的基础上发展的,使个性有更深厚稳定的基础;在发展学生个性的同时也要注重学生的全面发展,使个性有丰富的内涵。

(四)班集体能够促使学生集体意识的形成

日本松岛钧教授认为,班集体是为实现教育目标而由教师组织起来的学习者的集体。这一集体具有两方面的意义:一是注重学生之间的学习关系,视班集体为教育性的学习集体;二是注重学生之间日常的和谐人际关系的形成,视班集体为教育性的生活集体。无论是学习集体还是生活集体,学生的集体意识只能在集体中通过集体活动来培育,因为集体活动的要求和氛围会促使学生逐渐形成集体意识。只有在这样的集体活动中,学生才有机会体验个人利益与集体利益的冲突,并逐渐学会使个人利益服从集体利益。只有在这样的集体中,学生才能体会到集体的温暖和力量,并逐渐学会个人服从组织,形成服务集体的意识,并能够把个人的力量融入集体之中。离开了班集体,学生会失去滋生集体意识的土壤。正如马卡连柯所说:"我们青少年是作为集体成员成长起来的,只有在集体组织里才能培养集体主义者。"因此,让学生在班集体中感受集体的温暖和力量,形成集体意识,将来走向社会才会成为社会责任感强、国家意识强、民族荣誉感强的社会成员。

(五) 班集体能更好地培养学生的自我管理能力

所谓学生的自我管理能力,就是学生自我监督、自我约束、自我反省、自我控制等多方面的综合能力。学生自我管理能力的形成和发展对他们一生的成长都具有重要的意义。班集体在学生自我管理能力的培养方面具有独特的作用。

1. 培养学生的自我控制能力

在教育这一系统中,教师是控制系统,学生是受控系统。但是,学生不仅是受控系统,同时也是具有自我组织能力的自控系统。因此,只有将教师控制和学生自我控制结合起来,把教师的控制转化为学生的自我控制,才能使教育收到良好的效果。自控的实质就是控制自己朝着既定目标前进,从而实现优化管理。教师可以让学生制定出一整套切实可行的班纪班规,借助规章制度的效力约束学生,使班级管理制度化,从而使学生逐步规范自己的言行,实现自我监督,自我控制。

2. 培养学生的自我调节能力

学生这种自我调节实际上是对外界控制的一种反应。作为班主任,应及时有效地疏导学生的心理障碍,帮助学生进行心理调试,如多和学生沟通、交流,使学生认识到理解、宽容、尊重、接纳的重要性,从而使学生通过自我调节去克服外界控制带来的负面影响,使学生的自我管理能力在班集体建设中逐步得到培养。

3. 创建学生自我管理的环境

学生自我管理能力的培养,需要有一个民主开放的环境。民主开放环境能够充分发挥学生的主体作用,增强学生的民主意识,促使学生主动参与班集体的管理,使学生自我表现的心理需要得到满足,从而在宽松、和谐的氛围中帮助学生提高自我管理能力。

第二节　班集体的形成与发展

　　班集体是班主任教育的对象，也是班主任对全班学生进行教育的依靠力量。班主任应该通过自己的工作，把一个包含几十名学生的班集体培养成为朝气蓬勃、团结战斗的坚强集体。同时，又要通过这个集体去影响和教育其中的每一个人。班集体是经过一定的阶段逐渐形成和发展的。班主任在班集体的形成与发展过程中起着十分重要的作用。班主任只有遵循班集体形成与发展的基本规律，才能有效促进良好班集体的最终形成。

一、班集体建设的原则

　　班集体建设的原则是指在班集体建设的过程中，班主任必须遵循的基本要求。掌握这些原则有助于良好班集体的建设。这些原则主要是：主导性原则、主体性原则、民主性原则和开放性原则。

（一）主导性原则

　　主导性原则是指班主任不仅要指导学生自我管理，而且班主任是班集体的组织者、教育者和指导者，是学校实施班级教育管理的得力助手，在学生健康成长中起着主导作用。班集体管理的方向、内容、方法和组织都要由班主任来设计和决定；学生主动性和积极性的发挥也要依靠班主任的引导，班主任要对班集体管理的效果和质量负责。学生是主体，班主任是主导，两者是有机统一的。学生主体地位的实现离不开班主任的主导作用，班主任主导作用的发挥又必须以学生的主体地位为基础。削弱班主任的主导作用，夸大学生的主体地位，势必导致班集体管理的混乱无序；忽视学生的主体地位，夸大班主任的主导作用，势必导致班集体管理脱离实际，事倍功半。两者都偏离了教育的正轨。班主任的主导作用主要包括两个方面：一是对学生的宏观管理作用，如制订班集体工作计划，设置环境，创造条件，适时调整班集体的发展目标等；二是对学生的微观管理作用，即班主任从特定的价值观中选取适当的内容，直接指导与影响学生，使其形成预期的心理与行为模式。这两个方面的职能是密不可分的，前者宜宽，后者宜细，都要体现班主任的主导作用和学生的主体地位。如果将"主导"与"主体"理解为"主从"关系，那么其结果仍将不可避免地滑入形式主义的泥潭而收效甚微。

（二）主体性原则

　　主体性原则是指在充分发挥班主任主导作用的前提下，引导学生根据班集体建设的要求自主选择目标，自我调控，自我发展，自我超越，让他们以主人翁的态度，主动积极地参与班集体建设，真正成为班集体建设的主人，使他们的主观能动性能得到充分发挥,以便在集体中学会选择,学会承担责任。"以生为本"是班集体教育活动的立足点。班主任首先必须确立这样的原则,从制定计划到确立教育内容和方式,都要努力实现学生的主体地位,从而建立一整套能够充分发挥学生积极性和自主性的激励机制。学生主体地位的实现程度取决于:在各种教育活动中,学生积极参与的程度,学生自主的程度,学生自身对整个教育活动的影响程度。这些方面的程度越深,学生主体地位得以实现的程度也越深。在班集体建设中,为充分发挥学生的主体地位,班主任应该做好以下工作:

(1)发挥班干部的模范带头作用。班干部是班集体的组织者和带头人。每项活动的成功与否与班干部的组织有很大的关系。因此,班主任要善于调动班干部工作的积极性和主动性,充分发挥班干部的模范带头作用。

(2)引导学生争做班集体的主人。学生是班集体的主人。只有现在学会在班集体中当家作主,将来才能在社会发展中发挥主人翁的作用。

因此,在班集体建设中,班主任要注意尊重每个学生,让他们在参与集体活动中看到自己的潜力,发挥自己的作用,让班集体每个成员都能成为创建集体的主人,从而在班集体内形成一个你追我赶、积极向上的良好氛围。

(三)民主性原则

民主性原则是指班级管理者要充分发扬民主作风,调动班集体所有成员的积极性、主动性和创造性,共同参与班集体管理活动,并善于集中和依靠班集体的智慧与力量进行管理。学校是培养人才的基地,班集体是学生成长的摇篮。一个良好的班集体会激励学生不断进取,促使其主动健康地成长。要达到这个目标,"民主"起着至关重要的作用。实践证明,班集体的民主作用发挥得越强,学生的主体意识、主动精神也会发挥得越好,班集体的建设也越有活力。社会的发展,教育的进步,已经在呼吁班集体管理的科学化、民主化,在班集体管理中不能把学生仅看成是被动接受教育的对象,而应把他们作为班集体建设的主体,尊重他们的独立性与自主性。在班集体的建设中,每一个成员都有发言权。民主性原则为"以生为本"思想的贯彻与学生在班集体中主体地位的保证提供了条件。在班集体建设中,坚持民主性原则是培养学生自我管理、自我教育能力的必要手段,它能有效地激发学生的积极性、主动性和创造性,使学生积极参与班集体事务的决策与管理,评议与监督,有利于培养学生的集体主义精神和主人翁责任感,有利于培养学生的平等思想和民主观念,促进学生独立人格的形成。班主任在班集体建设的过程中坚持民主性原则,还有利于建立民主、平等、对话与合作的新型师生关系,使学生成为班主任的得力助手,从而营造出良好的育人氛围。

(四)开放性原则

开放性原则是指班集体的形成与发展不应在封闭的环境中进行,而应该与环境时时刻刻进行着物质、能量、信息的交流,形成班集体发展的非平衡状态,从而带来班集体发展的新动力。开放性是开放性管理的根本特点,它的理论依据是"非平衡系统的自组织"理论,这种理论认为,发展通过行为的内部机制而产生,其中"不平衡"作为积极因素发挥作用。开放性管理的目标、内容、过程、评价等呈动态性变化,管理者不断总结经验,并根据新的变化及时调整和修正。这种管理方式通过开放造成发展的非平衡状态,从而带来发展的新动力。开放性管理原理为班集体管理提供了依据。班集体管理中的一个重点是如何搞好班集体建设。因此,班集体建设同样要坚持开放性管理原则。不具备开放性的班集体是没有生命力的。班集体的活力就在于它同周围环境的紧密联系。班集体在开放的环境中不断汲取营养,逐渐增强对环境变化的适应能力,在适应环境的过程中促进良好班集体的形成。这一原则给班主任提出了新的要求,在班集体建设中,班主任是学生活动的支持者、帮助者、引导者。班主任要加强学校、家庭和社会之间的联系与沟通,形成教育合力,促进良好班集体的形成。

二、班集体形成与发展的阶段

班集体不是自发形成的,它有一个发生、发展的过程。班集体的形成要经过一定的发展阶段才能实现。班集体的形成,主要经过最初组建阶段、初步形成阶段、逐渐发展阶段和最终形成阶段。

(一)班集体最初组建阶段

在新组建的班集体中,师生之间、学生之间相互不了解,学生心里还没有集体的概念,群体松散,班集体吸引力差,班集体共同目标和行为规范尚未形成。这时,学生主要通过班主任了解学校的一些规章制度、生活方式等。在这一阶段,班主任要做一些最基础的工作,为建立一个良好的班集体做好准备。

这一阶段的主要特点如下:

(1)学生之间缺乏交流与沟通。学生由于刚刚组成班集体,彼此很不了解。尽管存在一些交流与沟通,但交流与沟通的面很窄,一般局限于同桌或前后左右邻桌的学生,真正有效的交流与沟通难于出现。

(2)班集体是一个松散型组织。学生刚刚组成班集体,彼此很陌生,接触不多。学生各行其是,没有集体意识,班级学生干部还未能正常开展工作,学生也没有学会服从管理。尽管这些学生构成了一个初步的班集体,但班集体的组织特性尚未表现出来。

(3)班集体规范不健全。尽管学校有相关的规章制度,但班集体本身的规范尚未建立。学生对于班集体规范的认知也不充分,班集体规范未能发挥应有的约束力。

(4)班集体缺乏吸引力。班集体在建立之初,由于缺少共同活动,班集体对学生缺乏吸引力,学生并不想为了成为班集体的一员而努力,因而学生还缺乏归属感、荣誉感与责任感。

(5)学生易发生行为偏差。这一阶段,学生由于对学校规章制度认识不够,理解不深,可能产生行为偏差。

(二)班集体初步形成阶段

在班主任的引导和培养下,经过一段时间的磨合之后,学生群体成员的团结性慢慢形成,产生一定的内聚性。在与其他班集体的比较中,学生热衷于提高自己班集体的荣誉,学生要求制定自己的发展目标,并要求每个学生遵守集体规范。学生越来越关心集体,人际关系在班集体初步形成的过程中得到发展。

这一阶段有以下几个特点:

(1)初步建立了班集体的发展目标。学生认识到发展目标的需要和为自己确定发展目标,是班集体形成和发展的重要标志。为了提高班集体的荣誉以及在学校中的地位,在班主任的引导下,班集体目标得到不断的完善,个人目标与集体目标在共同活动中逐步协调,班干部和一部分先进学生已开始主动为班集体的发展制订计划,并自觉地使班集体共同活动适应班集体发展目标的需要。

(2)班集体的规范不断完善。这一阶段班集体规范初步形成并不断发展,非正式规范如班风、集体舆论也初步得到发展。个体的行为越来越多地受到集体规范的约束。个体开始形成遵守集体规范的行为模式。

(3)良好的人际关系初步形成。共同的班集体活动促使学生加强了彼此之间的交流与沟通,学生之间建立了初步的情感基础,班集体的良好氛围开始形成。

(4)班集体凝聚力逐渐增强。随着班集体的初步形成,班集体的凝聚力逐渐增强,共同的班集体活动吸引着学生,学生越来越希望为集体所接纳,成为集体的一员。

(三)班集体逐渐发展阶段

经过一段时间的努力,班集体已经形成并逐渐发展。其主要标志是:班集体有了一个较稳定的、团结的领导核心,班干部能独立开展各项工作;班集体目标已成为学生个体的奋斗目标,正确的集体舆论和班风已经形成。班集体人际关系得到进一步发展,学生个体行为更加趋于一致。班集体的目标得到完善,个体目标与集体目标比较协调。

这一阶段的特点是：

(1)班集体目标不断完善。集体目标一方面体现学校的教育目标，另一方面又有自身特点，能够激发班集体学生产生为之努力的共同行动。班集体目标的不断完善，使个体目标和集体目标不断整合，集体目标基本上得到学生的认同，成为班集体学生行为的指南针。

(2)班集体的规范得以整合，并开始为学生所内化。在这一阶段，班集体的道德规范每时每刻都制约着学生的言行，影响着学生的发展方向。而且班集体中的每个学生亦把这种道德规范当成是自身健康发展的积极需求。学生彼此之间的关系已经不再局限于事务上的联系，而更多的是彼此情感上的交流与沟通。绝大多数的学生形成了积极向上的学习和生活态度。

(3)班集体学生体验到强烈的归属感。班集体以骨干为核心，在积极分子的带动下，班集体具有强烈的吸引力，使各种教育活动得以有效进行，学生强烈的归属感、荣誉感与责任感明显增强。

(四)良好班集体最终形成阶段

良好班集体既是教育活动的对象，也是教育活动的载体和学生自我教育的力量。学校教育的顺利实施，很大程度上依赖于一个个良好班集体的形成。无论是在集体目标上，还是在集体规范的完善与班集体规章制度的遵守执行上，集体的组织结构及管理职能，以及集体内部的人际关系都获得了更进一步的发展。班级经过教育和培养不仅逐渐形成为良好的班集体，同时这个良好的班集体反过来也成了教育的主体。实践证明，一个良好的班集体对每个学生身心的健康发展有着巨大的教育作用。它以自我教育、自我管理、自我控制为主，无需外部的监督与管理。班集体目标既体现班集体发展需要，又符合个体发展需要。班集体内部人际关系的优化，使班集体学生能够友好相处，团结融洽，互相帮助，共同进步，全体学生都得到比较全面而充分的发展。整个班集体保持巨大的凝聚力。

这一阶段是良好班集体最终形成的关键时期，班主任在这一阶段要注意保持良好的班风和优良的传统，特别要教育学生戒骄戒躁，保持和争取更大的荣誉，并要学会关心其他班集体的发展，努力成为学校班集体建设的楷模。

第三节 组织和培养良好班集体的方法

班集体建设是通过班集体的常规工作和各种班集体教育活动实现的。多年来，广大班主任积累了班集体建设的丰富经验，总结出了一些组织和培养良好班集体的方法。这里主要介绍目标管理法、民主管理法、自我管理法、活动管理法和常规管理法。

一、目标管理法

目标管理法是指在班集体建设中,科学地确立集体奋斗目标和个人奋斗目标,通过目标的实现来推动班集体建设的方法。在实施目标管理的过程中,班主任要做好以下工作:

首先,组织学生共同制定班集体的奋斗目标。制定班集体的奋斗目标要注意以下问题:①目标要符合社会发展的要求。班集体的奋斗目标应当是培养合格的社会主义建设者和劳动者。同时,要求班集体管理目标要符合教育"三个面向"的要求。②目标要符合学校教育的任务。中小学教育作为基础教育,在一般文化科学知识的学习上,都具有相对的完整性。因此,在班集体管理上,要注意面向全体学生,坚持全面发展,为学生将来的劳动就业或升学深造做好充分准备。③目标要符合学生的实际。确立班级奋斗目标必须符合学生的生理、心理发展特点,符合思想觉悟、生活经验及班集体发展水平等实际状况。只有适合学生的需要、兴趣和愿望,才会有广泛的群众基础,才会有实现的可能性,否则就难以为多数学生甚至全班学生所认同,因而也就难以调动学生实现班集体目标的主动性和积极性。

其次,班集体目标管理的实施。实施阶段是需要班主任花费精力带领全班学生去具体实践的阶段。这一阶段一般要做好以下几方面的工作:①组织工作。班主任的组织工作就是把学生安排在适当的岗位去从事适当的活动。包括选拔学生干部、培养积极分子,并通过他们的工作带领全班学生去努力实现班集体管理目标。②指导工作。指导就是班主任针对学生认识上、行动上同班集体管理目标之间的差距,进一步向学生提要求,给予具体帮助,从而促进学生个人和班集体工作的进步。指导工作的内容有很多,例如:讲解目标要求,区别正误;沟通信息,介绍经验;分析问题,选择措施;启发学生客观地评价自己,克服自满和自卑情绪等。③协调工作。协调工作就是班主任根据实施阶段的动态变化,随时协调各种关系,以减少内耗,使班集体工作按原定目标顺利发展。协调内容主要包括:协调班内人际关系和各项工作的关系,本班与其他班、学校有关部门的关系以及师生之间的关系等。④激励工作。激励就是班主任运用精神和物质的手段去激发班集体成员的上进心,以达到调动学生积极性和主动性的目的。如通过表扬、奖励使指向目标的行为得到正强化,通过批评、惩罚使偏离目标的行为得到负强化,从而促进班集体管理目标的圆满实现。

最后,目标管理法中最重要的工作是定期检查、评价集体目标实现情况,总结经验教训,把握时机,运用激励,树立榜样,使学生明确前进的方向。

二、民主管理法

在班级管理中,民主管理是指班级中的每个成员都有参与管理的权利,都能够充分发挥其主体作用;同时,班级的每个成员都要服从集体的正确决定,承担其相应的责任。民主管理符合学生的心理需要或"以人为本"的管理思想,也是班主任所追求的一种管理艺术,即一种被管理者意识不到的正在接受的管理。

在班集体建设的过程中,班主任要树立民主管理的理念,调动学生参与班级管理的积极性和主动性,提高班级管理的效率。班主任在选择班干部时要充分发挥学生的民主参与精神。一般来说,班集体组建之初,班主任可以根据学生的档案材料和个别交往,确定若干学生作为临时班委会成员,先行负责一段时间的班集体工作,让他们在班集体活动中为全班学生服务以发挥特长。经过一段时间后,班主任和全体学生心目中也就有了班干部候选人,在这种情况下,就可以用民主方式,让学生选出自己信任的班干部。当班集体达到高度整合之后,为了使更多学生得到锻炼机会,可采用轮换制使用班干部。甚至可以倡导"当一天班主任"的活动,让每一个学生都有参与班集体管理的机会。

班集体民主管理的实施,可以从以下两方面着手:①全员参与管理。在计划阶段,班主任要引导全体学生就确定目标和实现目标的措施等问题进行充分讨论,提高班集体成员参与讨论的广度和深度。在实施阶段,要注意发挥班集体中各种组织、不同学生干部的作用。在检查阶段,要注意调动全体师生的积极性、主动性和创造性,在师生共同参与下进行检查和评比。在总结阶段,班主任要和全班学生一起,对班集体工作的过程和成果进行质的分析和量的统计,总结经验教训,探讨班集体管理的规律。②建立民主生活制度。坚持定期召开民主生活会,班主任、学生干部和普通学生一起,以平等身份参加会议,开展批评和自我批评,广开言路,为班集体管理献计献策。

三、自我管理法

叶圣陶先生说"教是为了达到不教"。同样,在班集体管理中,"管"也是为了达到"不管"。为此,班集体管理可应用自我管理的方法。自我管理法是指在班集体建设过程中,班主任指导学生充分发挥自我管理作用,使班集体在自我管理氛围中健康发展的方法。自我管理包括个体的自我管理和集体的自我管理。通过自我管理法,可以充分发挥学生的主体性,增强学生的自觉性与自信心。班集体管理中应用自我管理法可坚持宽松管理、严格要求的原则。所谓宽松管理,就是在确定班集体管理目标的前提下,让学生充分发扬民主,使学生的个性有更大的发展空间。所谓严格要求,就是在充分发扬民主的基础上,实行必要的集中,让学生自治自律,培养学生遵守组织纪律的意识,增强集体荣誉感,使班集体真正成为一个坚强的战斗集体。这种宽松管理、严格要求的班集体管理模式能充分发挥学生的主观能动性,从而使班主任和学生都从"管"与"被管"中解放出来,使师生的管理水平和管理艺术都得到较大的提高。

在班集体的自我管理中,为了更好地培养学生的自我管理能力,班主任必须注意以下几点:①重视引导学生制定班级管理目标,培养学生的自主管理意识。制定目标是班级管理的前提条件,而学生的自主精神是班级管理的灵魂。每个学生都是班级管理的主人,既是被管理者,又是管理者。因此,作为班主任,要从思想上更新管理观念,确认每个学生在班级中的主体地位、权利和义务,尊重学生的人格、个性,加强自主意识和民主意识的教育,以"我是班级管理的主人"为主线,引导学生参与班级管理目标的制定。在制定班级管理目标时,要求每个学生以主人翁的身份出谋划策,组织他们学习、讨论,共同制定出切合班级实际的总目标,使管理目标制定的过程变成学生自我教育、自我管理的过程。②重视优秀学生干部的选拔和培养,为实现学生自我教育、自我管理提供基础。班干部是班集体的骨干力量,要建立优良的班集体,班主任必须精心挑选和培养班干部。一个班集体决不是几十个学生的简单相加,不是一盘散沙,而是一个有机整体。班干部是一个班级的骨干分子,是班主任的得力助手。班级管理的好坏,往往与班干部力量的强弱、发挥作用的大小有很大关系。因此,精心选拔和培养干部是实现学生自我管理、自我教育的基础。确立了班级的中坚力量,班级的管理工作等于完成了一半。③重视班级管理制度的制定与完善,是实施学生自我教育、自我管理的关键环节。要管理好一个班级,建设好一个班级,不仅要靠班干部发挥骨干的作用,而且要有完善的班级管理制度,保证班级工作有据可依,有章可循。一个班级必须有自己的班规。班规制定的依据是学校的规章制度,但班规的制定要结合班级学生的实际,把学校的规章制度具体化,使其具有较强的可操作性。④注意发挥学生的自我教育功能,让学生自己管理自己。著名教育家苏霍姆林斯基说:"只有能够激发学生去进行自我教育的教育,才是真正的教育。"在班级管理工作中,班主任要根据学生的心理特点,建立一种自我管理的模式,采用多种方法来管理学生。在管理中,班主任要发挥引导作用,要留给学生自我管理和自我教育的自由空间。"要注意发挥学生的主动性,培养他们自我教育和自我管理的能力",充分调动每个学生参与管理的积极性,工作中尊重每个学生的意见,而不重优轻劣,让学生感到他们都是班级的主人。同时,还要采取一些措施,增强班级学生的主人翁意识,放手让学生组织自己的活动,独立开展工作。在管理中大胆地留出自由空间,让学生自我管理,以培养他们的自我管理能力。

四、活动管理法

活动管理法是指班级管理者组织所有成员共同参与班级教育活动并在班级教育活动中使学生接受教育和获得主动发展的方法。开展班集体活动管理有利于培养学生良好的品德,发展学生独特的个性,锻炼学生的意志品质,形成学生良好的行为习惯。班集体的活动管理为学生思想品德的成长提供了实践条件和生活经验的基础。班集体活动管理,充实了学生的生活,密切了学生与社会之间的联系,使学生更多地体验个人与他人、个人与社会的复杂关系,并在实践活动中履行所掌握的道德规范,还丰富了学生的精神世界,把学生旺盛的精力、浓厚的兴趣、广泛的爱好引导到健康发展的轨道。班集体活动管理使学生学习的领域扩大了,学习的机会增多了,有效地激发学生求知的兴趣,这对促进智能的发展有很大帮助。班集体活动管理使学生身心处于紧张热烈而又轻松愉快的状态,从而有助于学生身心的健康发展。

成功的班集体活动需要班主任认真导演和精心设计。在班集体活动中,班主任必须注意以下几个环节:①多让学生自主活动。学生是班集体活动的主人,班集体活动需要由他们自己来设计、组织、管理。即便是以班主任为主组织、领导的班集体活动,同样需要学生积极参与设计、管理。这对学生独立工作能力的培养和锻炼都有积极的作用。因此,班主任必须充分尊重和信任学生,让学生在活动中有岗位、有职责,真正体现学生的自主、自治和自动,确立学生在活动中的主体地位,使每个学生都能有所学、有所乐、有所获。②让学生在活动中真正受到教育。班主任应事先摸清学生的思想情况,了解学生的道德认知水平,使班集体活动能够充分反映学生的需要,使全体学生都十分乐意并积极主动地投入到活动中去。在班集体活动中,要求每个学生都要联系实际,对他所了解的社会历史、现实、未来进行深入思考;学生之间要通过相互讨论、辩论、交流、表演等不同形式充分表达自己的意见和态度,从而使学生受到强烈的影响和深刻的教育。③注意培养学生的交往能力。班集体活动可以满足学生交往的需要,使他们在交往中培养起健康、丰富的情感,学会处理各种人际关系。因此,班主任应该利用班集体活动为学生创造交往的机会,使学生逐步形成关心他人的意识和主动合作的行为,学会与他人平等交往,在班集体活动中丰富人生体验,增强自身的交往能力。④注意培养学生的集体荣誉感和责任感。只有在班集体活动中,学生才能正确认识个人与他人、个人与集体的关系,增强集体主义精神与对集体的荣誉感和责任感。因此,班主任要把握时机,使学生感到集体的存在,形成主动关心集体,为集体利益而奋斗的意识,在班集体活动过程中增强学生的集体荣誉感和责任感。

五、常规管理法

班集体的常规管理是指通过制定和执行规章制度去管理班集体的经常性工作。通过制定规章制度,使班集体的各项工作有章可循,有条不紊,以避免工作的盲目性和随意性;通过贯彻规章制度,可以培养学生良好的思想品质、行为习惯和坚强的意志品质以及良好的班风。

在班集体常规管理中,我们必须抓好以下几个环节:①制定各种规章制度。根据《学生守则》和学校各项管理要求,从本班实际出发制定各种班集体规章制度,如学习制度、作息制度、卫生制度、爱护公物制度、考勤制度、课堂规则等,要求具体,便于记忆,利于执行。②宣传教育。应将贯彻执行规章制度视为思想教育的重要组成部分。凡实行一项新的规章制度都要进行思想动员,即使已经实施了的规章制度,也要根据情况的变化作出新的说明和要求。通过宣传教育,使规章制度能深入人心,成为班集体的自觉要求。③检查评比。在执行规章制度的过程中,要紧紧抓住检查评比这一环节。检查评比既能够对学生的言行起到督促、推动的作用,又能够及时发现问题,以便作相应的调整。检查评比中,要遵守班集体成员在规章制度面前一律平等的原则,严格按照规章制度办事。④总结奖惩。总结是对规章制度的执行情况进行分析评价。它可以使已有的规章制度日臻完善,又可以使规章制度的执行提高到新的水平。对违反规章制度的学生要给予批评、惩罚,消除消极影响,引以为戒。总结要注意调动学生的积极性和主动性,奖惩也要在集体中进行,真正把执行规章制度的过程作为教育与管理班集体的过程。

六、班级网络管理法

网络的兴起和蓬勃发展,正在悄然改变着我们的生活方式。从各种传媒的报道,到人们认识上的变化,互联网已经在人们的生活中占有不可或缺的地位。网络上无限自由的空间和超现实的虚拟世界强烈地吸引着追求自由、独立和个性的当代青少年,网络正在潜移默化地影响着我们学生的成长及其思想和行为,给未成年人学习和娱乐开辟了新的渠道。

班级网络管理法是指在传统班级管理方法的基础上,通过局域网或广域网开展一系列跨越时空(实时和非实时)的班级管理活动,这种活动必须围绕现代班级管理思想、目标和内容来开展,是传统班级管理工作的延伸和补充,也是班级管理现代化发展的必然趋势。主要通过在学校网站或者班级主页上建立班级电子档案(数据库)、网上课堂、虚拟社区、网上班队活动、网上家长学校、网上德育基地等途径来实现班级管理目标。

在班级网络管理中,我们要做好以下几个环节:①建立班级网站。班级网站有利于引导学生在网络交往中正确认识自己、他人和班级,增强班级凝聚力和认同感。班级网站要遵循网络特点和网上信息传播规律,充分考虑学生的兴趣爱好,围绕学科教学和思想道德教育,给学生提供大量适合他们浏览的内容,通过创建积极的校园文化来抵制不良网络文化的影响。班级网站是实现班级管理网络化的阵地,是虚拟化的班级新舞台。通过班级网站可以建立完善的富有吸引力的班级主页,给学生提供一个虚拟的班级管理的网络化环境。班主任应鼓励学生以学校网站数据库为平台策划制作班级网站。班上学生依据自己的特长投入到这项展示班集体建设成就的活动中来。班级主页凝结着每个参与者的智慧和劳动,充分发挥了每个人的特长。每个人都从中收获了自信和成功,领悟到了团结协作的精神和集体主义精神的意义。②建立班级管理信息库。完善的班级管理信息库对于管理者了解学生学习及思想状况、分析原因、解决问题和制定决策都将具有重要的信息咨询功能。班级管理信息库一般都能提供学籍管理(包括电子照片)、成绩管理、奖惩记录、班级工作计划、班级工作日志、课程表、听课记录、学生通讯录等方面的相关信息。同时,它还能够全面完整地记载班级的各种信息,又能将各种信息以融会贯通、浑然一体的面貌集中地呈现出来,使班主任对班级情况一目了然。③开辟班级博客日志。班级博客日志(Blog)是传统班级日志的网络化改进版,作为班级建设制度的一个重要方面,它能充分发挥每个班级成员的能动作用,集激励、表扬、批评于一身。采取自主管理这种先进的班级管理模式,能有效地推动班级工作的开展,达到建设优良班集体的目的。Blog技术不仅带来记录的便利,而且增加了班级管理工作的公开性和透明度。采用博客日志,能长期为班级建设积累数字化资料、数据和素材,加上方便跟踪和检索,对于实现科学化的自主管理十分有效。④开辟展示自我的空间。现代网络技术给学生开辟展示自我的空间提供了便利条件。我们可以让学生的各种才艺在网站上展示,它将打破时空的限制,让学生的才艺尽情发挥。我们也可以利用数码摄像机等设备把学生的优秀作文、书画作品、雕刻作品、小品表演、摄影作品等能体现学生才艺的资料上传到网上,这样既能够展示学生的才艺,也能够让学生找到自身的价值,增强学生的自信心。

资料夹 3-1

班级管理中 QQ 的具体应用

QQ在班级管理中有着强大的优势,那么在具体的管理工作中如何应用呢?对于这个问题,我们不能只停留在理论研究层次,而是需要付诸具体的管理工作中。我们只有将理论与实践联系起来,才能在实践中提升理论认识,才能让理论指导班级管理工作,从而在班级管理工作中迈出划时代的一步。

1. 开通 QQ 心理热线

学生心理机智尚不成熟,他们比较敏感,容易产生心理与情感上的波动。有些学生因家庭矛盾而表现出消极心理,有些学生因成绩差而产生自卑心理,有些学生因小事而与朋友处于冷战中,有些学生因父母不理解自己而产生误解,有些学生性格孤僻不愿与他人交谈,这些都会影响到他们的身心发展,这也是班级管理工作所面对的重要内容。这些问题如果得不到及时有效的解决会严重影响学生的身心健康。学生渴望与人交谈,但强烈的自尊心又使得他们不愿意直接与朋友、家人、教师进行面对面的交谈。QQ 具有匿名性与无约束性,借助 QQ 的这一特点,我们可以开设 QQ 心理热线,为学生创设一个虚拟的交流平台。这个平台采用匿名的方式进行交流,使学生可以畅所欲言,将心中的痛苦、不满发泄出来,教师加以正面引导,使学生尽快走出心理与情感误区,从而使学生乐观地学习与生活。

2. 建立班级 QQ 群

QQ 群有着强大的功能。我们可以建立一个班级 QQ 群,让全体学生有一个共同交流的网络平台。一是在 QQ 群里发布班级事务公告。班级所有的大小事务,如课程表、班级活动、学校组织的各种活动等都可以以公告的形式在 QQ 群中发布,而不必一个一个地通知,使得学生可以尽快得到相关信息,如因为某些原因学校将原定周一举行的拔河比赛改在周五进行,我们就可以将此消息发到 QQ 群的公告栏中,学生在课下或晚上就可以及时得到相关信息。尤其是在寒暑假,教师可以及时将相关的信息发布出来,这样就可以让学生在第一时间得到相关信息。二是为学生创设虚拟平台,在全班展开充分的交流与互动。QQ 群为生生互动与师生互动创设了平台。在这里,全班学生可以就学习等展开积极的交流,班主任也可以参与其中,与学生展开交流,及时了解学生的最新动态,这样有利于教师更好地调整管理策略,加强班级管理。

3. 建立个性化 QQ 空间

QQ 空间门类多、范围广,我们可以让学生根据自己的兴趣、爱好与特长来自己设计与装饰 QQ 空间。QQ 空间的个性化设计可以体现学生的不同个性。教师可以让学生用文字来记录自己的成长经历、学习得失、阅读心得、理想与目标等,还可以让学生用图片、视频来记录自己的学习与生活,如有的学生用文字来记录自己一段时间来的学习经验,用图片与视频来记录春游、运动会,用音乐来表达自己的心声。教师应鼓励学生发表对班级管理的看法。教师应鼓励学生将自己的美术作品、录制的歌曲、优秀作文、获奖情况等展现出来。这样可以将学生丰富多彩的学习生活真实地融入 QQ 空间中,使之成为一部真实的学生成长史。

4. 建立动态电子档案

我们可以利用 QQ 强大的信息量、综合分析功能及动态性来为学生建立电子档案,让学生来描述自己学习与生活的基本情况,并通过教师评价、学生互评、自评等来总结一学期的具体情况。我们可以将各科学习状况直接放入学生的档案中。这样教师通过电子档案便可以随时了解学生的学习动态、思想动态,可以做到即时反馈,及时纠正。这样的档案更具趣味性,更能激起学生参与班级管理的兴趣,不断提升自己。

资料来源:张艳. 浅谈 QQ 在班级管理中的应用[J]. 学周刊,2013,(7):192.

第四节　材料阅读与思考

阅读下面两篇短文,并从班集体组织与培养的角度谈谈自己是如何理解班集体活动以及良好的班风在班集体建设中的作用。作为班集体管理者,读后你对自己搞好班集体建设有何新的认识和看法。

一、一个"问题"班级的转变[①]

1. 案例背景

2013 年,我接任了一个初三班的班主任,由于各种原因,这个班已经换了两位班主任和两位任课老师,我已经是第三任班主任了。这个班初一的时候由于问题学生多,课堂纪律不好,任课老师反映大,后来经学校领导商量,分流出 6 位同学插到不同的班里,让有经验的班主任各托管一位,这样,总算把班级稳定下来。我接任后,通过与任课老师的交流,学生的接触和家访,发现这个班不仅学习成绩与同年级平衡班差距大,而且后进生面广,再加上我接任后,在外托管的三位同学又回来了,他们似乎有一种"我胡汉山又回来了的感觉"。虽然有备而来,但我感觉要带好这个班,压力还是很大。

2. 案例描述

第一天接任这个班,上课铃声响了。当我走进教室时,还有十几位同学没到。然后,随着时间的推移,陆续的"报告声"紧跟不断的开门声,直到五分钟后,人总算到齐了。开始上课了,当我扫视了整个班级一遍后,发现男生女生的仪表仪容不符合中学生要求的将近有二十来个,其中有几位模仿超男超女的打扮。一节课下来,强调纪律有七八次,最多的一位被提醒了三次。第一次

---

① 一个"问题"班级的转变。http://www.chddh.com/yingyong/html2/15422.html,2014 年 1月。题目系编者所加。

午睡课,当我走进教室时,稀稀拉拉只有十几位同学,有的在吃东西,有两位在看小说,有几个在讲话,又等了十来分钟,参加午睡的同学才总算到齐。一星期下来,值周班送来了五张扣分通知单。第一个星期的值日劳动,我几乎和值日生一起完成。有几个班干部和团员自身行为表现还存在问题。同时我暗暗观察任课老师,每次上下课教师脸上都看不到一种幸福感。但同时我也惊喜地发现,班里不仅有十几个同学学习好,行为表现突出,而且有几个男生工作能力强,威信高。

3. 案例分析

通过一星期的接触和冷静的分析,发现班级存在的主要问题有三个:一是缺乏规范的养成,没有一个良好的行为习惯,例如,卫生习惯、听课习惯等。自由散漫严重,有些违规违纪行为已"习惯成自然"了,他们感觉不到。二是班级缺乏正确的舆论导向,正气不足,凝聚力不强,一些班干部、团员起不到"领头羊"的作用。三是学习目的性不够明确,后进生面广。同时我也认识到要带好这样的班级,必须从常规抓起,抓反复,反复抓,矫正部分同学的不良行为,用新的管理模式来吸引学生,把"挚爱"和"严教"组成一个统一体,即让学生体会到老师的"严",是"忽悠不过的",又让学生感到老师对他们的爱是真爱,真心诚意地要他们好。因此,我认真制定了班级管理计划和目标。首先学规范,抓规范,从仪表仪容开始;其次树立班级正气,培养班级"领头羊";最后,搭建平台,通过活动增强凝聚力,转化后进生。循序渐进地达到"班风学风转好,学习成绩提高"的管理教学目标。

4. 具体做法

(1)学规范,制定班规班约。

利用班会课人手一册《中学生守则》,根据班级存在的问题有针对性地学,特别是学"中学生仪表仪容"规范、课堂规则、课间文明休息规则等。对照规则每人寻找问题进行整改。在整改开始时,碰到了两个"钉子户",钱同学和孙同学,无论我如何做工作,他们都只是"蜻蜓点水",稍微做点样子。这时,我通过家访,通过让他们听取别人的评价,反复做工作,紧盯不放,天天找,天天讲,他们感觉到这位老师是"不好对付的",只有乖乖地剪掉了长发。

在与学生共同制定班规、班约时,值得一提的是它的约束对象不仅是全班学生,还包括我,要求学生做到的自己首先做到,例如,上课铃一响,我会准时出现在教室门口,任何同事从门口走过不与他们打招呼或闲聊。要求学生做到不在学校吃早饭。无论遇到何种情况,我都坚持吃好早饭来学校,用自己的人格、身教来影响学生。

在行为规范养成教育阶段,做到腿勤、嘴勤、反复讲、反复抓。由于学生自控能力、意志力等存在差异,开始总有部分学生出现违规违约行为。这是很正

61

常的,这时我想方设法给以矫正,例如,我把"规范在我心,时常伴我行"板书在黑板的正上方,时刻提醒。我班有一位董浩同学,自控能力差,似乎有"多动症",我先让班干部聘任他当班级的行为规范监管员。由于戴上了"高帽子",他更加会受到同学的监督,因此他时刻注意自己的言行。渐渐地,他违规违约的次数减少了,上课也坐得住了,也不随便讲话了。

在行为规范养成教育的过程中,通过行为规范测试,让学生自我评价发现问题,及时整改。通过不断地训练、评价和整改,学生良好的行为习惯逐渐养成。

(2)抓典型,树正气,培养班级"领头羊"。

我们班有两位学生初二已入团,可我接任半个月以来,发现这两位同学不仅没有起到榜样的示范作用,反而上课讲话、早上迟到,违规违纪较多,为了树立班级的正气,根据班务日志上的记录,我利用午休课时间,召开了班级团支部会议,作出了"留团查看"一个月的决定,在团支书给他们卸团徽的时候,他们终于低下了头。同时我借这个机会,鼓励班级求上进的同学积极写入团申请书,向团组织靠拢。这次果然奏效,那些正准备入团的同学看到了团组织严肃性和先进性的要求。同时,我每次召开班干部会议,给他们充电时,都要求班级团员参加,并邀请那些写入团申请书的同学也参加,特别是那些非团员,他们觉得和班干部一起开会有一种光荣感,更加严格要求自己,渐渐地,写入团申请书的人也多了。班级"先进团体"的人数越来越多,正气逐渐占了上风,自然而然把班级的邪气压了下去。

(3)创情景,促学风,明确学习的重要性。

学习目的性的培养,不是枯燥的说教,更不是用外力"按着牛头吃草"。因此,我充分利用网络,找一些"知识改变命运"的案例,通过视频播放给他们看,激起他们对知识的渴望。同时,通过一些"今天的努力,为了明天的幸福"、"不要让爱你的人失望"、"十年后,我拿什么回报你,我的母亲"等主题班会,通过和学生讲一些朴实的道理,让他们感悟到学习的重要性,同时步步为营,引导学生和家长共同制定升学目标、学习计划,引导学生开展学习竞争,激发他们的学习热情。对后进生提倡分层教学,分层评价。搭建一些平台,给他们一种能赶上的信心。例如"成绩进步积分制"的考核办法,大大提高了后进生的学习兴趣和学习信心。

(4)创设平台,增强班级凝聚力。

凝聚力是集体中人心的聚合力,班集体的凝聚力越大,其成员越能自觉地遵守集体的规范,朝着班级的目标前进。而凝聚力的培养不是靠简单的说教,必须创设一些平台,通过组织一些富有特色的班队活动是增强学生凝聚力的有效途径。针对本班的实际,我抓住契机创设平台来增强班级的凝聚力。

平台一：过集体生日。初三的孩子大都已十六岁了，有的孩子忙于参加同学的十六岁生日，分散了学习的精力，有的孩子的父母由于在外务工而没有过，这时我选择了在元旦放假前一天买了七八个大蛋糕，分八人一组过了一个集体生日，让学生齐唱生日歌、许愿、相互祝福，畅谈人生的感想。我写了一段给孩子们的祝福词，学生异常激动，他们感受到了集体的温暖，集体的幸福。后来通过家访了解到好多孩子对他们的父母说：进初中两年多来，这是最难忘的、最愉快的一件事。

平台二：进行体育比赛活动。去年，我们初三年级组织了一次篮球比赛，我抓住契机鼓励学生勇于拼搏，为班争光，从进入六强到前三强，整整一个星期，每天比赛，男同学奋力拼搏，女同学有的鼓动呐喊，有的送水，送毛巾，做好后勤保障，全班拧成了一股绳，"心往一处想，劲往一处使"。

通过一系列的活动为同学之间架起了桥梁，他们由相容、相助到相亲、相爱。互相理解，互相关怀，增进了友谊，增强了合作的意识、参与的意识，从而增强了班级的凝聚力。

（5）让每个学生能够抬起头来向前走。

面对班级里的问题学生，如果班主任只习惯于孤军奋战，不注意社会、家庭各方面力量的协调和配合，不注意来自社会各方面的信息对学生的影响，是收不到很好的效益的。因此，我首先了解他们的成因，针对不同的情况，施以不同的转化方法。在转化中，我始终坚守爱心、耐心、恒心和真心，从不体罚和变相体罚学生，从不挫伤孩子的自尊心，因为我坚信爱心的震撼远比惩罚的作用更强烈。转化问题学生，我始终做到以下几点：一是做好家访，引导家长正确表达对孩子的爱。父母爱孩子，那是天性，但如果表达爱的方式不当就会成为溺爱，那是对孩子的害。我所在的班级里有几个孩子，由于家庭富裕，父母又忙于生意，爷爷奶奶又把孙子当成了掌上明珠，因此对孩子的要求那是有求必应，从几十到几百，从说谎到骗钱。结果孩子的成绩一落千丈不说，还结交了一些校外不三不四的朋友。那时我常常是白天上课，晚上家访，与家长交流教育孩子的方式方法。有时带一些家庭教育成功的案例给他们看。我们班里韩强的奶奶说："以前我们只知道只要满足了孩子的一切要求，孩子就会好好读书，哪知道是害了他。多亏了老师及时给我们讲啊！"像这样的案例举不胜举。二是用爱心去塑造偏离我们的心灵。我们班黄超同学，由于长期的行为偏差，教室里不仅坐不住，而且还养成了很多陋习。他初中三年，先后转了同年级的三个班级，让不同的老师托管。我接这个班后，又回到了我们班。为了让他坐在教室里，我是动足了脑筋，先是买字帖让他练字，鼓励他练好字也是一种本领，再是找一些趣味的书籍让他看，一天换一本。为了让他也学到一点知识，我特聘请他当批改老师，让他和我一起批改同学的默写作业，通过作业批改他至少掌握了一些知识。为了提高他的自信心,利用班会课让他演讲"我的幸福与大家分享"。后来,我了解到他是一个孝子,而且非常爱他的妈妈,我就抓住契机利用他的孝心用"不要让爱你的人失望"来激励他,并把这句话贴在课桌上,成为增强他自控力的法宝,让他一看到它就想起妈妈的叮嘱。为了戒掉他的烟瘾,我允许他上课咬口香糖,但不准他发出声响。渐渐地,他在教室里坐得住了,嘴巴也不多讲了,抽烟的陋习也改了。从进入我班到现在,我分别让他进行了自我评价,分析自己的优点和缺点,关于缺点的栏目大大减少,关于优点的栏目明显增多。三是加强心理疏导,不把心理教育德育化。本届我所接任的班里有几个孩子有一定的心理障碍,他们不与同学交往,孤独、孤僻,有的心理闭锁,有的自卑、抑郁。经我和他们谈话沟通发现都是由于自身对学习期望值和现实脱节所造成的忧虑。这时,我避开用德育的方法来谈学习,否则会适得其反。我时常带着他们一起劳动,一起到体育训练场地参加阳光体育训练,青青的草坪,空旷的跑道,让他们远离烦琐的学习环境,转移他们的注意力。在劳动中认真倾听他们的心声,让他们宣泄出来。慢慢地,通过搭建一些平台让他们自我疏导,在劳动和训练中他们忘记烦恼,渐渐地,融入到同学中去,矫正了他们的心理障碍。

俗话说:"一个篱笆三个桩,一个好汉三人帮。"接任该班班主任以来,在各任课老师的齐心协作下,目前,班风正,学风浓,凝聚力强,不管是整体成绩还是各级各类活动比赛比以前都有大的进步,后进生转化效果明显,有目共睹。

二、一粒瓜子壳和 1000 字说明书[①]

新年快到了,学生们都在忙着排练节目,买年货,一片喜洋洋、乐陶陶的景象。

一天,生活委员报告说:"老师,这几天地面不干净了,不仅有纸,还有瓜子壳。"

"怎么办? 大家讨论一下吧!"我说。

脏东西主要来源于吃零食,零食该吃不该吃,全班同学都发表自己的意见。

大家首先肯定零食的范畴:非吃饭(包括课间食)时间内吃的一切食物,统称零食(当然,病号需要除外)。特别需指出的是瓜子、冰棍、糖葫芦等带壳、带棍的食物。

吃零食有没有利? 当然有,但同学们认为,就总体而言,弊大于利。表决

① 魏书生. 一粒瓜子壳和 1000 字说明书. 见:赖华强. 班主任工作案例教程[M],广州:暨南大学出版社,2004:105－107.

结果,大家通过了在校内,特别是在教室内不吃零食的决定。

按照我们班的班规班法,有了一项较重要的规定,便要确定一位同学具体负责检查落实这项规定,大家管这位同学叫"承包人"。

谁负责监督大家做到不吃零食呢?　问题刚一提出,班内便有数十人竞争,大家都抢,究竟谁干?　争执了一会,不知谁冒出一句:"平时谁最爱吃零食就选谁!"

"好!"同学们齐声拥护这个建议。大家推选卢建承包这件事。

卢建站起来问大家:"如果发现别人吃零食怎么办?"这一问,又引起大家热烈的争论。

"发现一次罚写 1000 字的说明书。"

"对吃瓜子的还应该罚得重一点!"

"重到什么程度?"

"谁扔到地上一粒瓜子壳,就罚写 1000 字的说明书。"

"瓜子带到学校来也不行,卢建有权力搜索吃零食同学的衣袋,在衣服口袋里若发现有粒瓜子,就写 100 字说明书。"

"如果有 100 粒呢?　还要写一万字不成吗?"

"就该写一万字,谁让他装那么多瓜子在身上呢?"

"是不是太重?"

"法规定得严些是为了不让人触犯。你如果定吃一粒写 100 字,衣袋里有一粒写 10 个字,那别人不害怕,也就制止不住吃零食。"

……

我看大家都充分发表了自己的意见,便说:"停止争论,现在表决。同意吃零食一次写 100 字说明书的同学请举手。"

只有两名同学赞成。

"同意扔地上一粒瓜子壳就写 1000 字的请举手。"

班内举起了数十双手,以压倒多数通过了严罚吃零食者的规定。

第二天,卢建同学上任了。为了获得监督别人的权力,他先从自己做起,努力改变爱吃零食的习惯。

他控制住了,别人也在努力控制。通过决定后的 5 天内,大家都忍住了,卢建尽管注意观察,也没能发现该挨罚的人。

第六天中午,同学们正在教室吃饭、聊天,一位同学忘乎所以,平时他极爱吃零食,此时终于控制不住了,剥开一粒瓜子吃,并无意识地将瓜子壳扔到了地上。

上任 6 天的卢建正为自己没能发现惩罚目标而着急,见状立即上前,当场让那位同学捡起,并问:"还记得班规吗?""记不清了。""那好,咱们去找法律顾问吧!"同学们管承包记录全部班规班法的同学叫法律顾问。

找到法律顾问王海波,打开《班规班法》,查到卫生部分吃瓜子的细目,明白了:"要写1000字的说明书,还要看衣袋里有没有瓜子,若有,每粒再加100字的说明书。"

卢建从那位同学衣袋里又翻出16粒瓜子,两者相加便是2600字的说明书。

"好了,马上开始写吧! 放学后交给我。"

16年来,我任班主任的各个班,吃零食的学生都是最少的,大部分同学跟我一样,不吃零食。社会再向前发展一万年,人均收入再增长1000倍,整个人类都达到极其富裕的地步了,到那时,我想仍然要提倡在工作、学习场所不吃零食。那决不是出于经济上节俭的考虑,更多的还是考虑到一个有志者的个人形象,考虑到每个人身体健康,考虑到工作学习场所的卫生,考虑到人们更有规律地饮食起居,考虑到人们该养成学习、工作时就全身心工作学习的习惯。

过去爱吃零食的同学跟我说:"刚开始,不吃零食不习惯,见了瓜子、羊肉串、糖葫芦就馋,就想吃,有时上课、学习时还惦念着上哪儿去买,怎么吃。班级管得紧,过了几个月,也就习惯了,现在感到利确实大于弊,不只节约了钱,更重要的是学习时心静了,节省了精力,节省了时间。"

当然,这不意味着一律禁止,旅游、过年过节、开联欢会时,还提倡大家吃。

【复习思考题】

1. 考察某所学校中的一个班集体,评估该班集体建设的发展水平,并提出改进建议。

2. 联系实际谈谈班主任如何搞好班集体的建设。

3. 通过案例谈谈你对健康舆论和优良班风在班集体建设中的作用的认识。

【拓展阅读】

1. 李镇西. 李镇西班级管理日志(高二上学期). 北京:文化艺术出版社,2010.

本书真实记录了一个优秀班级的成长历程,记录了师生之间、学生之间和学生与其父母之间的冲突与矛盾,困惑与茫然,痛苦与坚持,沟通与理解,眼泪与欢笑。语言朴实、隽永,字里行间流露出李镇西老师对学生的大爱,对理想课堂的探索,对高尚人格的追求,你会感受到教育的无限可能和无限魅力。本书是李镇西老师在高二年级上学期所写的日记。作为高二两个班的班主任以及高二(3)班语文老师,李镇西着重对学生进行人格培养和爱心与民主教育,加强了对后进生的转化以及对学生"早恋"的引导,充分展现了李镇西的教育教学思想。

2. 郑航. 班级管理与学生指导. 北京：北京师范大学出版社，2011.

本书立足于素质教育推进中的中小学班级管理与学生指导，以提高中小学教师尤其是班主任的专业素质、促进班主任专业化为着眼点。教材内容既涉及班级管理的基础理论和一般原理，诸如班级组织与建设理论、班级活动理论、人际交往理论、学生指导理论、学生评价理论等，更包含班级管理的应用原理和技能、技巧，诸如班级常规管理、班级文化建设、非正式群体的引导、班级学业指导、品行不良的预防与矫治、班级教育资源的开发与利用，以及偏差行为的处理、早恋及其引导、常见心理问题辅导、网瘾的预防与矫治等。

3. 韩东才. 班主任基本功——班级管理的基本技能. 广州：暨南大学出版社，2009.

本书运用大量鲜活的班主任工作精彩、感人的教育故事，精辟地阐述了班主任班级常规管理基本功、班级活动设计与组织基本功、主题班会设计与组织基本功、班主任人际沟通基本功、班集体建设基本功等在班级管理实践中的运用，具有科学指导性和使用操作性。

4. 郑勇. 学校与班级管理. 北京：人民出版社，2007.

本教材力求体现学校管理与班级管理的交融互动，以形成学校管理、班级管理、政策法律的互为支撑、互相渗透。这是在教材编写结构上一种新的尝试。全书每个章节的编写，都力求使学生掌握一种新知识，形成一种新观念，培养一种新精神。

【本章主要参考文献】

[1]赖华强. 班主任工作案例教程[M]. 广州：暨南大学出版社，2004.

[2]钟启泉. 班级管理论[M]. 上海：上海教育出版社，2001.

[3]魏书生. 班主任工作漫谈[M]. 桂林：漓江出版社，2005.

[4]李伟胜. 班级管理新探索：建设新型班级[M]. 天津：天津教育出版社，2006.

[5]曹长德. 当代班级管理引论[M]. 合肥：中国科学技术大学出版社，2005.

[6]甘霖. 班主任工作技能训练[M]. 上海：华东师范大学出版社，1995.

[7]赵玉如. 集体教育[M]. 北京：教育科学出版社，1999.

[8]缪建东、徐亚莲. 中学教育力量整合[M]. 南京：南京师范大学出版社，1999.

[9]翟广顺. 班主任专业化与班级建设纵横谈[M]. 中国海洋大学出版社，2005.

第四章 班级日常教育与管理

学习目标

- 了解班级工作计划的意义、要素和要求。
- 掌握班级思想品德教育的基本内容、基本原则和基本方法。
- 掌握班级学生非正式群体的基本成因及其教育和管理方法。
- 了解领导方式理论及其对班级教育与管理的启示。

千头万绪的班主任工作主要反映在班级的日常教育与管理上。在大力实施素质教育的今天,如何将素质教育落实于班级的日常工作中,是现代班主任面临的一个重要而紧迫的理论和现实问题。本章主要从班级工作计划、班级的思想品德教育、班级学生非正式群体及班主任领导方式等方面对此进行阐释。

第一节 制订班级工作计划

现代管理理论认为,管理一般要经过计划、组织、实施、调节和评价等五个环节,制订计划则是管理过程的第一步。班级的管理过程也是如此。所谓班级工作计划,即班级管理计划,是对某一时期内班级工作的目标、任务、措施等预先作出的设想和安排。班级工作计划有很多种,根据时限,可分为学段计划、学年计划、学期计划、月计划、周计划等;根据工作目标,可分为德育计划、智育计划、体育计划等;根据工作内容,可分为干部培养计划、后进生转化计划、家校联系计划、集体活动计划等。在通常情况下,班级工作计划是指对一个学期内班级各方面工作所作的综合计划。

一、制订班级工作计划的意义

"凡事预则立,不预则废。"这里的"预"是指人们为未来事业发展所作的有目的、有意识的部署和安排。制订计划是班级教育与管理的第一步,是班级各项工作的始端,在班级工作中有着十分重要的意义。这是由计划的特性和班级管理的特点决定的。

第一,有利于协调各方面、各因素之间的关系。班级工作计划是整个学校工作计划的重要组成部分。只有制订好周密的班级工作计划,才能有步骤地把学校的教育计划落实到位,使学校的培养目标具体化、阶段化和层次化,以保证学生身心的健康发展。通过计划,能协调上级指示、学校要求与班级任务之间的关系,协调班主任、任课教师、学生、家长等各种教育力量之间的关系,协调任务、人力、物力、财力、时间、场所等各种因素之间的关系,做到通盘考虑、统筹规划、有机安排、和谐有序地开展工作,避免盲目、片面、冲突和浪费。

第二,有利于班主任有的放矢地开展工作。每一次计划的过程都伴随着对以往工作的总结、对当前状况的分析以及对未来工作的预测,伴随着对工作对象、目标、任务、条件等的审慎认识和理解。因而,每一次制订班级工作计划的过程都是加深对班集体认识的过程。这种认识和理解的深化是搞好班级工作的条件和保证,是避免主观臆断、无的放矢的重要环节。

第三,有利于师生统一行动方向。通过计划,可以使师生明确奋斗的目标和班级工作的轻重缓急,统一行动方向,克服随意性和盲目性,激发师生行动的动机,从而避免目标的偏向和力量的分散。

实践证明,好的计划在班级工作中能够很好地起到规划、导向和激励作用,是开展班级工作的蓝本和检查评定工作的重要依据;相反,凡是不搞计划或是搞形式主义的计划都会导致班级工作的被动和不利。

二、班级工作计划的构成要素

一个完整的计划,从形式上说包括标题、开头、正文、结尾、落款、评估与检查等部分,从内容上说,主要包括依据、目标和措施等几个要素。

1. 依据

计划不能主观想象,必须建立在对各种主客观条件的认识和把握的基础上。制订班级工作计划的依据是多方面的,如上级指示规定、教育理论和教育条件、学校工作计划要求、间接经验、班级的长远目标以及实际情况等,而最主要、最直接的则是班级学生的实际情况,包括当前班级学生的构成情况、年龄特征、学生德智体等方面的主要优缺点、班集体的形成状况等,也包括对班级历史状况(特别是前一学期状况)的总结和对班级未来可能发展状况的预测。班主任必须对班级学生的这些实际情况进行分析总结,力求切中要害。分析越准确,制订的计划就会越切实可行。

2. 目标

班级工作目标包括学校工作要求和本班工作目标。班级工作目标是以学校要求为方向确定的。虽然各个班级的情况各异,但学校的总要求必须体现在班级工作计划中,学校的总要求既是班级工作的起点,又是评价班级工作绩效的依据和标准。目标包括方向和大小两个维度。一个好的计划应通过目标指明正确的努力方向,并提出合理的量的要求。制订的班级工作目标应体现促进学生发展的要求,突出重点,抓住关键。不仅要考虑远景目标,还要考虑中景和近景目标;既要有整体目标,又要有各方面的具体目标;既要有激励性,又要留有余地,不宜定得过高过满;并应尽可能得到全体师生的认同与支持,把具体目标与个人目标紧密联系起来,发扬民主,发动师生广泛参与,反复讨论,多方论证,切不可仅凭班主任的主观意愿而定。总之,为确保班级工作目标的正确性,目标的确定还必须遵循和体现发展性、针对性和层次性的原则。

3. 措施

措施是指为完成任务、实现目标而采取的手段、方法和途径等,是计划落实的基础和关键。班级工作计划是具体计划,必须要有操作性,要使活动、任务、时间、地点等因素落到实处,要明确实施的内容、责任、范围和时限;否则,计划就只是一些空洞抽象的条文,无法发挥指导和监督作用。为实现班级工作目标所应采取的措施往往是多方面的,包括提高课堂教学质量、丰富课余文体生活、选拔班团干部、落实常规、家校联系、帮助后进生、发展学生个性、培养特长生等各方面的措施。由于一个学期要做的工作太多,因而在计划中不可能、也不必要面面俱到。一般来说,在计划中要反映以下几个方面的措施:一是开展大型活动,如运动会、春游、主题班会等方面的措施;二是开展经常性和制度化的活动,如课堂教学、家校联系、落实常规等方面的措施;三是根据班级特点开展有针对性的活动的措施。

4. 评估和检查

班级工作计划往往涉及许多具体的、微观的方面,容易执行,但也容易落空。容易执行是因为其可操作性较强,可以贯彻实施;容易落空则是因为这种"经常性"的计划常常易被忽视,或被临时性的工作冲击,或流于形式,达不到真正的目的。因此,为确保班级工作计划能够实施并达到预期的目的,在班级工作计划中应写明评估和检查的要求、方式、时间、责任人和奖惩办法。只有这样,才能增强班主任和学生执行计划的积极性和主动性;同时,在不断的检查和评估中,对计划的执行做到心中有数,也易于评价计划的优劣和及时调整计划中不适当的内容。

三、制订班级工作计划的基本步骤和具体做法

1. 了解学校工作计划的基本精神和本班学生的实际情况

一方面,班主任和全班学生都要深刻理解学校工作计划的要求、目标和内容,明确自己的责任;另一方面,师生都要清楚地了解本班学生的特点、优点和

不足，以及潜在的动力和积极进取的突破点。只有这样，才能突出和增强班级工作计划的方向性和可行性。

具体做法是师生都要熟悉学校工作计划，参与制订班级工作计划。班主任既要组织学生认识学校工作计划的意义、要求、重点及其与自己的关系，又要充分发挥学生的主体性，让全体学生积极参与制订本班工作计划。班主任要做好引导、协调、指导工作，而不是包办代替，闭门造车。

2. 计划初稿，再由师生共同讨论和修正

班主任写出计划初稿后，要由学生讨论，提出意见。讨论的要点是计划方向是否正确，重点是否突出，内容是否全面、恰当，措施是否可行，评价和督查是否可靠以及其他需要增删的内容等。计划的讨论必须充分调动学生的主动性，集思广益，争取学生的广泛支持。

另外，班主任还要把计划草案给任课教师、学校有关领导和部分家长审阅，请他们提出修改或补充意见，使之尽量完善。

3. 计划定稿，指导、激励和督促学生实施

取舍各方面的意见后，班主任最后定稿，至此班级工作计划制订完成。

计划确定后，师生要共同执行，不能随意更改。如果在执行过程中，确实因为主客观条件的改变或估计不足而需要进行调整时，班主任必须让学生认识到修改的必要性并予以认同。

在实施计划的整个过程中，班主任不仅要让学生形成主动执行计划的意识，还要不断地指导、激励和督促学生，激发学生的进取心和公平竞争意识，使计划的制订和实施过程也成为教育学生的过程。

资料夹 4-1

日本小学"担任教师"的班级经营计划

在日本，学校教育教学的组织形式，按照教师职责不同可以分为班级负责制和学科负责制两种。班级负责制是指一名教师完全负责一个班级的教学和生活指导工作，也称"包班制"，日本小学基本采用"包班制"，负责教师称"担任教师"。"担任教师"在学年初必须要做的一项工作就是制订一年的班级经营计划。"班级经营"是班主任工作内容的统括，狭义的班级经营是指以教学为核心的教学计划与实施，广义的班级经营也可称为"班级建设"，包括学科教学与学科以外指导的全部教育活动，即通过班级的学科教学和学科外活动实现培养学生各方面素质和健全人格的目标。设立班级目标是制订班级经营计划的关键。在制订班级经营计划时，首先需要了解每个学生的特点和状况，把握集体的特征与问题，在此基础上设定一年的班级经营计划。各个学科教学、德育、特别活动以及综合学习等在本年度要实现什么目标，怎样达成？"担任教师"将在学校教育目标、学年教育目标的基础上制订计划,详细地规划班级内部更加具体的教育活动目标;并将根据各自的班级目标,有计划地指导每个学生的成长以及班级全体发展。除此之外,教师通常还会向学生展示一个简明的口号式的班级目标,如"不要忘记微笑,任何事都坚持到底"、"团结一致,创造奇迹"等,并将其贴在墙壁上激励学生不懈努力。

资料来源:项纯.日本小学教育班级负责制的特点与启示.中国德育,2010 (6).

第二节　班级思想品德教育

班主任的中心工作,就是对本班学生进行有计划的经常性的思想品德教育和组织管理。班主任是班级德育的组织者、领导者和教育者,是班级德育工作的主导力量,在班级思想品德教育中承担着不可替代的重要任务。

一、班级思想品德教育的基本内容

我国的思想品德教育是以马克思列宁主义、毛泽东思想、邓小平理论、"三个代表"重要思想和科学发展观为指导,进行以爱国主义、集体主义、社会主义为核心内容的道德教育。班级思想品德教育应包括以下基本内容:

1. 基本道德和行为规范教育

基本道德是个体生活基础性的道德要求。德育的基础是要教学生学会做人,诸如友善、正直、诚实等应当成为班级思想品德教育的奠基性内容。班主任要使学生形成基本的道德认识,能正确地评价自己与他人的思想、行为的美丑和对错。在此基础上,对学生进行文明行为的培养与教育。道德认识终归要落实到行为实践中。要求学生严格遵守《中学生日常行为规范》和《小学生日常行为规范》,教育学生无论是在学校、家庭还是在公共场所,都应遵守文明行为准则,要注意自己的一言一行,使其符合道德规范。不要当"说话的巨人,行动的矮子",教育学生要把对道德行为规范的认识和自己的实际行动结合起来,做到言行一致。当然,在教育学生时,班主任也应严格要求自己,以身作则,为人师表,为学生树立良好的榜样。

2. 科学世界观和人生观教育

世界观是对待自然、社会和整个世界的根本观点和态度。在世界观的支配和制约下,人们又会形成自己的人生观,即对待人生目的、人生态度的观点和看法。处于青少年阶段的中小学学生,正是人生观、世界观的萌发和探索时期。他们对自身的认识开始发生重大变化,开始考虑诸如自我存在的意义、对世界的认识、对周围事物的认识等具有价值判断成分的问题。尤其是到了高中阶段,他们的世界观、人生观开始呈现一定的方向性。针对学生尤其是中学生的实际情况,班主任应加强对他们进行基本世界观和人生观的理论教育,使他们懂得什么是世界观和人生观。要结合他们的学习、生活实际,引导学生学习辩证唯物主义,正确认识人的本质和人的价值,以联系的、发展的、全面的、辩证的思想方法来认识世界;引导学生正确认识自我,正确处理个人与社会、公与私的矛盾,逐步树立正确的世界观和人生观。

3. 爱国主义教育

爱国主义教育就是使学生养成热爱祖国的情感,培养学生形成保卫祖国和维护祖国尊严的坚强意志。加强爱国主义教育,弘扬爱国主义精神,应成为整个学校德育工作的主旋律,也是中小学德育的基本任务和主要内容。班主任可通过课堂教学、课外活动、组织管理、班级文化等渠道,渗透爱国主义教育内容,加强中华民族悠久历史的教育,加强中华民族优秀传统文化教育,加强坚持党的基本路线和社会主义现代化建设的教育,加强中国国情教育,加强民族团结教育,从而培养学生热爱祖国、热爱人民、热爱中国共产党、热爱社会主义的基本观点和真挚情感,增强国家和民族的意识,培养民族的自尊心和自豪感,培养学生积极进取、自强不息的精神,以及增强为实现社会主义现代化建设而奋斗的信心和勇气,帮助他们树立把国家利益放在第一位,为社会主义祖国而学习的思想。

4. 社会主义理想教育

理想,就是关于社会和人生的奋斗目标,是对未来的向往和追求。理想教育对于学生尤其是中学生具有重要意义。中学阶段正是个体理想逐步成熟、定型的关键时期。有关对当代中小学生理想状况的调查表明,有的学生初步树立了为祖国现代化建设事业作贡献的美好愿望,有强烈的上进心。但不能忽视的是,也有相当一部分学生的理想状况存在着一些问题,如有的学生没有明确的生活目标,对学习无兴趣,对一切抱无所谓态度,当一天和尚撞一天钟,得过且过;有的学生目光短浅,为个人着想的意识较重,而对集体、国家、社会则很少考虑;还有的学生是埋头读书,一心想上大学,其他什么也不关心。因此,中小学阶段加强对青少年学生进行社会主义的理想教育十分重要。班主任要结合生活、学习实际对学生进行正确的生活目的和奋斗目标教育,激励学生树立自己的理想,使其真正成为学生前进的动力,提高学生分辨崇高理想与低级趣味的能力,引导学生把自己的理想同祖国的前途、命运联系起来,激发和调动学生学习的积极性、主动性和创造性。

5. 集体主义教育

集体主义教育是培养学生形成集体主义观念,培养学生关心集体、助人为乐的精神,使学生养成善于在集体中生活和工作的能力的教育。这对于学生的良好人际交往能力、组织能力的培养,健康人格的形成以及他们的社会化历程都有着重要的影响和作用。班主任在日常学习、游戏、活动中应引导学生正确处理个人与集体的关系,树立对集体的责任感、义务感、荣誉感;提倡先人后己,先公后私;教育学生发扬团结友爱、相互帮助的精神;结合班级学生的实际情况,还要把集体主义教育与充分发展学生个性统一起来。同时,应帮助学生划清集体友谊与江湖义气之间的界限,区分集体主义与"小团体主义"的本质差别。

6. 民主、纪律与法制教育

在民主、纪律与法制教育中,首先要让学生懂得什么是民主、纪律与法制。民主是指人民有权发表意见和参加管理国家大事;法制即法律和制度,社会主义法制是指社会主义国家按照工人阶级和广大劳动人民的意志制定的法律与制度;纪律则是在一定的社会条件下,某个阶级、政治团体、单位要求所属成员遵守已确定了的秩序、执行命令、履行职责的行为规范。用社会主义民主和法律的基础知识对学生进行教育,使学生从小受到民主的熏陶和守法的训练,培养学生民主思想和参与意识,提高对纪律的认识,养成遵守纪律的良好习惯,克服个人主义和自由主义。此外,还要进行自由和纪律之间关系的教育,特别要重视《中学生守则》、《小学生守则》的教育,教育学生认真履行《学生守则》中所提出的各项要求,自觉遵守学校的各项规章制度。

二、班级思想品德教育的基本原则

德育原则是德育规律的反映,是班主任对学生实施思想品德教育时必须遵循的基本要求,是处理德育过程中一系列矛盾和关系的基本原则。

1. 方向性和现实性相结合原则

班主任在对学生进行思想品德教育时,既要坚持用共产主义思想体系教育学生,又要从社会主义初级阶段的现实出发,按现行的方针政策引导和要求学生把实现共产主义的远大理想同自己日常的学习、生活、劳动联系起来,把德育落到实处。

2. 知行统一原则

在班级思想品德教育过程中,既要重视对学生进行系统的理论教育,又要重视引导学生进行实际锻炼,把理论教育与组织实际活动、提高思想认识与培养道德行为习惯结合起来,使学生成为知行统一、言行一致的一代新人。同时,班主任应注意言传身教,充分发挥自己的榜样示范作用,要求学生做到的,自己要首先做到。

3. 集体教育与个别教育相结合原则

这是社会主义社会人与人、个人与集体之间的关系在教育领域中的反映。在思想品德教育过程中,班主任要注意培养班集体,使班集体成为一种教育力量去教育和影响它的每个成员;同时又要注意个别教育,通过教育个人影响集体的形成和发展,把教育集体与教育个人辩证地统一起来。

4. 热爱、尊重与严格要求相结合原则

在思想品德教育过程中,班主任要热情关怀学生的思想品德,相信他们,尊重他们;同时也要严格教育和管理学生,把对学生的严格要求与对他们的尊重与信赖有机结合起来。这样才能正确解决教育者对受教育者的感情和态度问题,同时使学生从老师那里既得到关怀和温暖,又得到成长和进步的动力。

5. 教育影响的一致性和连续性原则

在班级思想品德教育过程中,班主任要积极调动、协调各方面的教育力量,包括来自于各任课教师的,来自于学生家长的以及来自于社会各方面因素的,等等。班主任就要把各种力量相互衔接、统一连贯,形成系统,以充分发挥教育影响的整体效应。在统一学校、家庭与社会各方面教育力量的同时,要注意发挥学校教育的主导作用。

三、班级思想品德教育的基本方法及其选择与运用

由于德育过程是一个多因素相互影响和多层次逐步发展的过程,这就决定了班主任在对学生进行思想品德教育时,其方法具有多样性和多变性等特点。班主任应根据学生的不同特点和不同情况灵活采取适宜的方法。

(一)常用的思想品德教育方法

1. 说理教育法

通过向学生摆事实、讲道理,来影响学生的思想意识,培养学生辨别是非善恶的能力,接受某种观点或改变错误观念,建立新的思想行为规范。具体方式有讲解、谈心、谈话、演讲、报告、讲座、讨论、辩论、参观、访问等形式。这是运用最广泛、最经常的一种基本方法,无论什么年龄的学生,都离不开说理教育。其特点是正面教育、循循善诱、启发自觉和以理服人。

资料夹 4-2

谈心艺术"十要"

1. 谈心要有明确的针对性。

2. 谈心要注意选准时机。

3. 谈心要以情感人,做到推心置腹。

4. 谈心要在宽松、融洽、平等的气氛中进行。

5. 谈心要将心比心,以心换心。

6. 谈心要有耐心,不可急于求成。

7. 谈心要充分尊重、理解和信赖对方。

8. 谈心要善于运用确切恰当的语言。

9. 谈心要有涵养。

10. 谈心要善于掌握主动权。

资料来源:叶松庆.谈心艺术"十要".思想教育研究,1996(2).

2. 榜样示范法

以他人的先进思想、优良品质和模范行为来影响学生思想品德,使学生从富于形象性、感染性和可信性的榜样中受到深刻的教育。榜样的种类主要有伟人典范、教育者的示范和学生中的好样板。进行榜样教育时,既要注意时代性、层次性,也要注意实事求是,如实反映榜样的思想品德,使学生感到榜样既是他们学习的榜样,也是生活中的平凡人。

3. 实际锻炼法

学校中德育工作的最终目的是使学生养成符合一定社会要求的道德品质。因此,必须通过实际锻炼形成学生的道德行为习惯。班主任通过引导学生参加学习、劳动和各种活动,在活动中执行纪律、履行道德规范,以提高学生的道德认识水平,培养高尚的道德情感,形成良好的行为习惯。班主任要积极创造条件,让学生的品行通过各种途径得到多方面的锻炼。

4. 情感陶冶法

班主任可以有目的、有计划地利用情感和环境的因素,以情染情,对学生进行潜移默化的熏陶、感化和锻炼。这种方法充分体现了教师对学生真诚的爱、理解、尊重和关怀。具体来说,可以通过创设活动情境,通过托物言志,利用生动的课堂教学、优美的环境以及借助音乐、美术、文学、戏剧、电影等艺术手段进行陶冶教育。

5. 自我教育法

受教育者在自我意识基础上产生进取心,为形成良好的思想品德而向自己提出任务,进行自觉的思想转化和行为控制。具体方式有理论学习、座右铭、立志、自省、慎独等。教育者要善于激励学生进行自我教育,并根据学生身心发展的特点,予以适当的指导,引导学生掌握思想道德标准,帮助学生树立明确的是非、善恶、美丑观念,提高自我认识、自我约束和自我批评的能力。

6. 品德评价法

对学生已形成的思想品德或品德发展状况进行肯定或否定的评价,提高学生对品德规范的认识和理解,也是一种常用的有效方法。这种方法有利于预防和克服不良品德的形成,其根本目的在于使受教育者通过评价来明辨是非、荣辱、美丑、好坏、正误,养成善于评价自己和他人的能力。常用的方式有奖励、惩罚、操行评定、评比竞赛等。

实施班级思想品德评价的途径很多,主要有思想政治课教学、其他学科教学、活动课教学、社会实践教学、团队和学生会组织的活动、家庭教育以及社会教育等。

（二）班级思想品德教育方法的选择与运用

苏联著名教育家马卡连柯说过："……方法体系本身永远不应当是死的东西，不应当是凝固的东西，它应当永远变化着，永远发展着，尤其是因为儿童成长着……因此，任何教育方法体系，都不能永远固定不变。""任何的工作也不像教师的工作那样需要随机应变的灵活性。决不允许对每一个学生都使用任何一种刻板公式。"马卡连柯的话告诉我们：班主任要从学生的实际出发，选择行之有效的德育方法。每个学生的个性特征、家庭状况、兴趣爱好等都不一样，不可能有一种方法适合于所有的学生，也不可能有一种方法对某个学生永远有效。例如，在同一个班里，对于某些学生提出一般批评就能很好地影响他们，而对另一些学生就不得不运用更严厉的方法；对某些学生，提出明确要求就可以起作用，而对另一些学生，则要采取命令的方式、严厉的态度才能产生较好的效果。所以，班主任在进行思想品德教育时，一定要适时、适地灵活地选择适合的方法。成功地选择和运用德育方法，关键在于教育者有一个正确的教育观、学生观和崇高的师爱，同时也有赖于教育者的教育学、心理学修养以及教育者自身的教育机智、教育艺术和基本素养。

四、若干德育心理效应介绍

为了使学生的身心健康发展，在进行思想品德教育时，班主任应当做好学生心理保健工作，重视学生的心理卫生，注意德育的心理效应，培养学生正确的认识、健康的情感、坚强的意志，防止心理疾病的发生，保证学生茁壮地成长。下面简要介绍德育过程中几个最常见的心理效应。

（一）进门坎效应

所谓进门坎效应，是指一个人一旦接受了他人的一个微不足道的要求，为了避免认知上的不协调，或想给他人以前后一致的印象，就有可能接受更大的要求。这个效应是美国社会心理学家弗里德曼与弗雷瑟于 1966 年在"无压力的屈从：登门坎技术"的现场实验中提出的。

在学校教育中，教师很有必要学会这门技术，使学生多多产生进门坎效应。例如，一位班主任老师为了矫正随地吐痰的现象就恰到好处地应用了进门坎效应。他接手一个新班的班主任时，发现学生有随地吐痰的不好习惯。如果马上提出严禁随地吐痰的要求，可能大多数学生不易做到。于是他就提出问题："地面很干净，可惜吐了不少痰，谁知痰有啥危害？"并要求学生每天少吐一点痰，哪怕是少一点也行。结果第二天，吐痰的现象显著减少了。过了一周后，吐痰人数由原来的大多数变为极少数。此时，他就当众郑重宣布：从今日起,严禁在教室吐痰,违犯者要记入《班级日记》,严重者要刷洗地面。这样就很快地杜绝了在教室里吐痰的现象。

但是,在使用这种进门坎技术时,教师也应注意另一种新的"进门坎技术",即先提出一个很大的要求,接着提出较小的要求。这门技术有时能产生极大的效应。这种技术在小商品市场中司空见惯,那些小摊贩先漫天要价,然后再讨价还价,这时人们便会以为他为此让步了,价格比较合理了,因此就接受了他们的要求。

上述两种技术所引起的进门坎效应哪个大,各自在什么场合下起作用,目前还没有足够的证据加以说明。但有一点是比较清楚的,即较小要求与大要求相继出现并无明显联系时,前种技术的效应大;若有明显联系时,则后种技术效应大。教师懂得了这种特殊性后,在应用这两门技术时就应该加以选择,尽可能发挥两种进门坎效应各自的作用。

(二)讨好效应

所谓讨好效应,是指一些人拍马讨好,打小报告,赢得对方对自己的良好印象或牟取对方对自己的信任。

在教育工作中,教师如果不注意这种现象,那些善于讨好的"马屁精"就会得益猖行,大多数学生将成为"受气包"。究其原因,是因为教师难以准确地了解学生如何看待自己,因此就会既想客观地了解自己,又想得到学生的好评。这样一来,对自己有好评的学生,总是信任他,听取他的意见,而对自己评价低的学生,就不信任,把他们的意见当成耳边风或嫉妒,从而造成了恶性循环。

为了避免不良的讨好效应,我们应该既要注意全面听取学生的意见,正确了解班级的情况,又要做到"兼听"不"兼信",更不偏听偏信,认真仔细地分析班级情况,排除错误的或虚伪的东西,防止拍马奉承。同时,要解决思想认识问题,不要认为学生还小,不会做拍马屁一类的事。其实,学生都生活在形形色色的家庭里,很难说不染上某些不良习气,包括拍马奉承。因此,要从小就给予关照,一旦发现,立刻加以纠正。

(三)表扬的负逆效应

表扬是班主任在进行班级工作时的一种常用方法。表扬会形成两种效应:一种是信息的反馈效应,即表扬本身确实对学生的思想和行为起到积极的强化作用;另一种是"表扬的负逆效应",即学生把表扬当成了目的,而做好事成了手段。

大量的研究和教师的经验证明,过多或过易的表扬,会使学生产生不良的动机。学生为了获得老师的表扬,往往会产生认知失调,表里不一,甚至染上虚伪的恶习。另外,学生过分渴求老师的表扬还会产生以下两种效应:一种是出现自我保护心理,只愿听到表扬,抵制别人的批评,一听到批评就不高兴、哭鼻子,有时甚至讲批评者的坏话;另一种是不加思考地对老师的话句句照办,只要老师喜欢的、乐意的,哪怕是犯错误也会去干,否则一概不做,从而导致思想僵化,缺乏创造性。由此可见,避免表扬的负逆效应十分重要。

怎样才能有效地避免表扬的负逆效应呢?

(1)不轻易表扬一个学生的好事,待了解实情后再作出表扬,也就是不作即刻性的表扬。

(2)对同一学生不作出过多的表扬,但是具有激励作用的表扬还是要大力提倡的。

(3)表扬要恰如其分,使受表扬者和听表扬者都感到“这确实值得表扬”或“应该表扬”。

(4)表扬要掌握好“火候”,不要作过早或过时的表扬,免得让学生感到突然,不可理解;同时,也要注意方式,可以进行口头表扬、书面表扬,授予奖状、奖品或某种荣誉称号,也可以进行班级表扬、学校表扬或校外表扬等。

(四) 暗示效应

暗示效应是指在无对抗的条件下,用含蓄、抽象诱导等间接方法对人们的心理和行为产生影响,从而使人们按照一定的方式去行动或接受一定的意见,使其思想、行为与暗示者的期望相符合。

研究表明,这种效应作用的大小主要取决于年龄。一般说来,儿童比成人更容易接受暗示,此外在一定程度上疲劳的人、体质差的人比身体健康的人更容易产生暗示效应。被暗示者的信心、身材、性别、知识、权力、地位、缺乏自信等因素都会引起不同程度的暗示效应。更为有趣的是,这种效应的产生还与暗示者的权威有关。这种暗示者的权威将使被暗示者产生一种信任效应。

在学校教育中,教师就可以应用一个“抽象诱导语”的暗示策略使学生产生暗示效应。例如,某学生犯了错误,却仍然不知错时,教师不要立刻严厉批评,因为在这种情况下,破口大骂只会招来反抗,无法使他痛思和反省。我们不妨问一声(说出抽象诱导语),“你最近对自己的要求好像放松了,到底怎么了?”或“最近你显得缺乏干劲,是不是身体不舒服?”以这一类抽象诱导语进行暗示,让他自己找出错误的原因。这种策略能使学生自我反省,产生良好的暗示效应。除用诱导语之外,也可以使用手势、眼色、停顿、提高音量或放低音量等方法。所有这些都能使学生产生较好的心理效应。

(五) 对比效应

所谓对比效应,是指两个反差很大的事物对人引起的心理体验。例如,把鲜艳与模糊的颜色并列,往往使人觉得鲜艳的颜色更鲜艳,模糊的颜色就显得更模糊。

对比效应在批评学生时会发挥重大作用。例如,一向口出厉言的教师,偶尔讲出几句柔和体贴的话,那么他这几句话就会令学生难忘。相反,向来宽厚的教师,有一天突然大发雷霆,当然也会令学生大吃一惊。由此可见,批评也有对比效应,与平常不同的批评,容易给学生留下强烈的印象。

要使学生不把教师的批评当成"耳边风",平时就应该尽可能地多表扬学生。不要忘记,平时只要学生有好的表现,哪怕是一点点,也要趁机表扬一番。这样经常大力表扬学生的教师,在学生犯错误时,就无须大发雷霆,只要"点到为止"就能获得批评的效果。

就学生而言,一位向来表扬他们的教师,居然出言批评,他们就会想:"情况一定相当严重,要不然,老师干嘛发这么大的火?"但是,在现实生活中,越是差劲的教师,平时越吝啬表扬,批评时就大批特批,还埋怨学生"不听话,是朽木不可雕也"。如果他知道对比效应的功能,就一定会反过来做,该表扬的时候就热烈表扬,该批评的时候只要轻轻说一下就能奏效。

第三节　班级学生非正式群体的教育与管理

人是"社会人",人一出生就处于一定的社会中。人在社会中不是孤立的存在,而是归属于一定的群体。群体并非是不同个体的抽象结合,而是具有一定组织形式的、个体之间相互影响的整体。班级也是一个群体。学生在这个群体中要受到其他成员的影响,同时也反过来影响群体的其他成员,群体成员之间产生相互作用,这种作用也影响到班级的整体工作。因此,班主任只有深入地了解班级学生群体,才能有效地调控这个群体,以便发挥其积极作用。

理论和实践都表明,搞好班级工作,必须学习掌握有关非正式群体的知识和教育技能。

一、群体的一般概念

(一) 群体及其特点

群体亦称社会群体,目前尚无统一的定义。一般认为,群体是指具有共同的目标和一定的组织机构,在心理上相互影响,行为上相互作用的人群集合体。

群体是组织的基本组成部分。虽然群体是由单个的个体组成的,但它并不是一定数量个体的简单堆积或集合。作为一个群体,应具有以下几个特点:

(1)群体内各成员必须具有共同的目标,并通过共同的活动结合在一起。

(2)群体本身是一个有组织的结构,有自己的行为规范,群体规范对其成员产生影响或制约作用,要求每一个成员必须遵守。

(3)群体成员在心理上相互依存,彼此都意识到对方,具有"我们同属于一群"的感受,并有共同的心理倾向,在行为上相互作用,相互影响。

(4)群体成员具有群体意识和归属感,并在群体内占有一定地位,扮演一定角色,执行一定任务。

依据这些特点,我们可以把学校、班级等都称为群体。

(二)群体的分类

群体是多种多样的,按照不同的分类标准,我们可以进行不同的分类。这里介绍与学生中的群体关系较为密切的两种分类。

(1)按照群体构成的社会规定性,可将群体分为正式群体和非正式群体。

正式群体,是根据一定章程或文件,按照一定的程序组织起来的,符合上级组织规定并得到社会认可的群体。正式群体一般有固定的权力、义务和职责,成员之间是公务关系。如学校中的团委、教务处、班级等。在由学生组成的群体中,班级是最主要的学生正式群体,它不仅是学生交往的基本场所,更重要的是学生发展的重要场所。

非正式群体,是指建立在个人友好的基础上自发形成的群体。它虽然也有自己的规范和结构,但没有确定的组织、正式的编制和特定的领导者,因此无所谓社会的认可。例如自发形成的棋友、球友、科技兴趣小组等。如果非正式群体存在于正式群体之中,那么我们通常把它称为群体中的"小圈子"。这种非正式群体的成员往往彼此非常了解,在共同完成某项工作时喜欢经常来往,通常会彼此相互积极作用来完成任务。

(2)根据群体发展的不同水平,可将群体划分为松散群体、联合群体和集体。

松散群体,是个人之间的关系以共同活动的内容、目的、意义和价值为中介的共同体,是群体发展的最初形态。在许多情况下,松散群体根本没有共同活动。如宾馆中偶尔安排在同一房间的旅客,刚组建起来的班级等。

联合群体也叫合作群体,是指个人之间的关系以对每个人有个人意义的共同活动内容为中介的群体。达到一定团结水平的班级、学生团体都属于这种群体。联合群体已具有一定的发展水平,其成员之间的关系依赖于共同活动的成败,即以共同活动内容为中介。

集体,是个人之间的关系以有个人意义和社会价值的群体活动内容为中介的群体,其活动内容具有社会的目的和意义。

在学校里,学生群体是一种颇有代表性的社会群体,它本身是学校这个更大群体的一部分,同时也包括了班级、小组等各种正式的或非正式的群体,是一个多层次、多侧面的整体。

二、班级学生的非正式群体

(一) 非正式群体的成因

非正式群体形成的原因复杂多样、各不相同,应具体情况具体分析。一般可以从主观与客观两个方面寻找。

(1)心理的需要。这是班级非正式群体形成和存在的主观原因,也是最根本的原因。学生的正式组织特别是班集体是一个统一目标、统一行动、严格纪律的大群体。而学生个体的特征千差万别,他们各自的目标、兴趣、爱好、思想观念各不相同,造成了他们心理需要的多样性和复杂性。可以说,无论怎样完善的班集体,无论怎样细心能干的班主任都无法完全满足所有学生的所有需要,因而就有可能有学生为了培养兴趣、提高成绩而组成一组,也可能有学生为了表示独立、显示能力、满足虚荣心和权力欲而在班级组织之外另成一派,更有学生为寻求友谊、安全、尊重、认同等需要的满足而自愿加入各类非正式群体之中。可见,非正式群体的形成是一种正常的社会心理现象的反映,其形成具有一定的必然性。

(2)外因的影响。这是非正式群体形成的客观原因。受应试教育思想的影响,学校、家庭的一切工作都以升学为中心,忽视学生兴趣、特长、个性的发展,没有创造条件满足学生多种需要(特别是学习之外的需要),学生在教师的组织安排下缺乏应有的文娱活动和自由支配的时间,感到正式组织开展的活动太少或对其活动缺乏兴趣,感到生活单调乏味。这些都会在某种程度上使学生在有意无意中成立自己的组织,从中寻求需要的满足。同时,一些不良影视书刊中大肆宣扬帮会精神、"江湖义气",无疑会对极富模仿性、精力充沛、争强好胜而又缺乏应有的判断力的青少年产生极大的影响。这些影响也会促使班级中非正式群体的产生与形成。

(二) 非正式群体的特点

与正式群体相比,非正式群体具有以下特点:

(1)形成的自发性。它们不是由班主任、任课教师有意安排组织的,而是由于时空的接近性或者心理需求上的共同性或互补性而自发形成的。

(2)组织的松散性。它们没有固定的编制,没有特定的组织纪律,往往以个人感情为纽带,投机则合,不投机则散。由于青少年心理体验变异性很大,非正式群体成员的流动更换频率较高。

(3)头目的权威性。非正式群体的"头头"是在活动和交往中自发筛选产生的,他(们)依靠自己的某种能力或品德赢得他人尊重和信任,其他人对他的"拥护"是出于自觉自愿的,因而他在非正式群体中有很大的权威性,能左右和控制群体中其他成员的行为。

（4）影响的两重性。非正式群体的形成往往只是由于部分学生为了满足自己的需要，而需要有正当与非正当之分，非正式群体对班级工作的影响也就有了好坏之分。即使是同一非正式群体，由于其目标的不确定性，对班级工作的影响也会时好时坏，表现出明显的两重性。

（三）非正式群体的类型

按非正式群体形成的主要原因，可以分为邻近型、相似型和互补型等几种。邻近型非正式群体是由于学习、生活的时空距离相近，使学生彼此间接触和交流机会较多而形成的；相似型非正式群体是在共同的兴趣、爱好、理想、价值观基础上组成的；互补型非正式群体则是在追求能力、气质、性格等方面互补的过程中结成的。

按非正式群体的主要功效分，有积极型、消极型和中间型几类。积极型非正式群体是指那些对班级目标的实现有促进作用的非正式群体；消极型非正式群体则是指对班级工作的正常开展有破坏作用的非正式群体；中间型非正式群体无固定的目标，或者是与班级目标有时一致有时不一致，此处一致而彼处不一致。

按非正式群体发展水平，可分为内聚型和松散型两类。内聚型的形成时间较长，有明显的核心，其性质和成员构成都较稳定；松散型的则往往没有固定的头领，也没有稳定的成员。

三、班级学生非正式群体的教育与管理

学生中的非正式群体，是学校中普遍存在的社会心理现象。它们对班级和学校目标既可能具有积极的意义，也有可能起消极的作用。教育与管理学生中的非正式群体，是班级集体建设的重要任务之一。

1. 要有正确的认识和态度

非正式群体是人们在交往中由于心理上的相容和吸引力而自发形成的。这是一种客观存在的社会现象。可以说，凡是有人群的地方，就会有非正式群体的存在。因此，我们要正视非正式群体的存在，看到它形成的必然性，把它看成班级发展过程中的一种正常现象，既要看到它容易滋生小团体主义和自由主义思想、助长不良习气、阻碍班集体正常发展的消极面，也要看到非正式群体在满足学生多种心理需要、协调同学关系、调动学生积极性以加速实现班级目标等方面可能产生的积极作用。不要一见到非正式群体就似乎如临大敌，就不加分析一味地贬斥。实践证明，对非正式群体切不可采取简单的"堵"、"压"、"拆"的办法，更不能将其一棍子打死，否则只会引起学生的不满，甚至可能诱发更多的"地下组织"。即使对那些必须取缔的恶性组织，也必须有步骤、有策略地开展工作。

2. 要调查分析,区别对待

非正式群体的形成有多种多样的原因,形成之后,对班级工作影响的性质、大小也各不相同。为了能在处理学生非正式群体的工作中抓住根本、抓住重点,就必须首先进行全面深入的调查研究,找准它形成的原因,分析其性质,然后对症下药采取措施,鼓励支持积极群体,争取中间群体,改造消极群体。

3. 利用和发挥非正式群体的积极作用

只要非正式群体的目标和活动不与组织的目标冲突,就具有一定的积极作用。一般来说,它比正式群体具有更强的凝聚力和约束力,更能满足群体成员的情感、交往、归属、合群等需要。班主任应充分发挥非正式群体的这些功能,引导其形成积极向上的群体规范,以约束、控制成员的言行和改造不良行为,引导群体成员开展批评与自我批评,相互学习,取长补短,使之逐渐成为班集体的坚强后盾。例如,可以利用文娱、体育方面"相似型"的非正式群体与班委会一道组织开展班级文体活动。

此外,非正式群体的"头头"往往能力强、威信高、说话灵、影响大。班主任要充分利用这一特点,平时要注意信任和接近他们,工作中争取他们的支持,使其带动和激励其他成员执行组织的任务。这对实现班级和学校目标具有重要作用。

4. 预防和控制非正式群体的消极作用

消极型非正式群体虽属少数,但因他们对班集体目标缺乏关心,甚至与目标对立,严重者可能做出违法行为,对班级利益和建设具有损害和腐蚀作用。因此,必须加强教育与管理,预防和控制其消极作用,并努力通过积极引导,使之为班级目标服务。

对于消极型非正式群体,一是应肯定其成员间的各种良好和互助行为,以发挥和鼓励其积极作用;二是应主动接触其成员,以建立融洽的心理关系,消除情感障碍,为下一步的教育管理做好准备;三是应通过深入细致的思想政治工作,把群体目标逐渐引导到班级目标上来。应注意争取非正式群体"头头"的支持,充分发挥其自然影响力的作用。

对于消极型非正式群体,最主要的是抓住苗头,防患于未然。作为一名教师,尤其是班主任,平时应注意掌握全班所有学生的心理特点和状况。对于某些心胸狭窄、我行我素等性格特征的学生应经常给予帮助引导,克服他们性格上的弱点,并消除形成这类群体的环境因素。这样,消极型非正式群体就会难以形成。

对于已经形成的消极型非正式群体,应坚持疏导教育为主的方针。动之以情,晓之以理,必要时可辅之以相应的纪律处分措施;并应发挥非正式群体领导者的影响作用,争取家庭、学校和社会的支持和帮助,控制和消除有害目标,使群体目标逐渐逼近和成为班级目标。

5. 要主动关心学生成长,丰富班级活动

非正式群体形成的原因往往是学校学习压力太大,学生正常心理需要得不到满足所致。因此,作为教育者,就必须认识到这一点,并端正办学目的,使学校的一切工作为促进学生全面发展服务。作为班主任,就应主动了解学生的需要,创造条件,积极开展健康、新颖的活动,使正式群体和非正式群体的活动相互统一、相互补充,通过积极的活动满足学生正当的需要,通过优良班风和正确舆论的形成,抑制学生不良需要和消极群体的产生。

6. 要注意提高学生的认识水平

有些消极型非正式群体是由于学生认识水平低所致,他们不能正确区分"江湖义气"与"主持正义"、不良习气与风流潇洒,不能正确处理局部与整体、小局与大局、当前与长远利益的关系,也很难区分需要的层次高低、正当与否。这些都要求班主任要加强有关方面的教育引导工作,提高学生分析问题、辨别是非的能力,从而使学生主动配合班主任的工作,从根本上有效地避免消极群体或消极活动的产生。

第四节 领导方式理论及其对班级管理的启示

现代领导学认为,仅有良好的领导素质并不足以保证领导者的工作效能。要充分利用这些素质,进行有效的领导,领导者还必须选择恰当的领导方式。所谓领导方式,是一种具有权威性与结果性的组织行为方式和社会行为方式,是领导主体以其特定的作风、习惯、性格、态度、倾向、思想和教育素质在特定的领导环境制约下形成的、对领导环境作出反应并施加影响的基本行为定势。研究表明,恰当的领导方式可以为和谐的师生人际关系奠定基础,从而推动学与教的顺利进行。作为班级教育与管理工作的领导者,班主任应了解和掌握有关领导方式的基本理论。

一、领导方式的基本类型

美国社会心理学家勒温(K. Lewin)把权力行使作为基本变量,把领导者在领导动态过程中表现出来的极端方式大体上分为三种类型:专权型、民主型和放任型。

所谓专权型,是指领导者个人决定一切,布置下属执行。这种领导者要求下属绝对服从,并认为决策是自己一个人的事情。

所谓民主型,是指领导者发动下属讨论,共同商量,集思广益,然后决策,要求上下融洽,合作一致地工作。这是现代组织所推崇的一种领导方式。

所谓放任型,是指领导者撒手不管,下属愿意怎样做就怎样做,完全自由。领导者的职责仅仅是为下属提供信息并与组织外部进行联系,形成比较轻松的工作气氛,以此有利于下属的工作。该方式一般只适合于性质比较特殊的团体,如科研单位、文艺团体等。

勒温认为,在实际工作中,三种极端的领导方式并不常见,许多领导者采取的领导方式往往介于两种极端之间。勒温经过实验研究,认为放任型效果最差,放任型领导方式与生产效率成反比;民主型领导与生产效率成正比,而民主型领导与专断型相比,后者发生争吵比前者多30倍,挑衅行为多8倍,专断型领导的群体士气最低。许多后续的理论都是从勒温的理论发展而来的。

二、现代领导方式理论简介

从20世纪40年代起,有关领导方式理论的研究得到蓬勃发展,形成了多种理论模式。除了上面介绍的基本领导方式理论外,这里简要介绍几种比较有代表性的领导方式理论。

(一) 领导行为四分图理论

1945年,美国俄亥俄州立大学教授斯多基尔(Stogdill)等人在调查研究基础上,最后统计出两个基本的领导行为维度,即"关心组织"(结构维度)和"关心人"(关怀维度)。

(1)"关心组织"的领导方式,强调以工作为中心,是指领导者以完成工作任务为目的,注重工作的组织和计划,明确规定下属的工作职责,建立明确的组织形态、信息沟通渠道、工作目标以及工作程序方法等。

(2)"关心人"的领导方式,强调以人为中心,是指领导者强调建立领导者与下属之间的互相尊重、互相信任的关系,尊重下级意见,鼓励和支持下属的工作和关心下属的生活等等。

用这样的标准进行划分,可以容易地将任意领导者的行为投影在一个"四分图"上(图4-1)。

图 4-1 领导行为四分图

从图4-1中可以看出,"关心人"和"关心组织"虽然是相互独立的两个领导行为维度,但领导行为的两个维度并不相互排斥,它们可以任意搭配。研究发现,在两个维度上的值均越高的领导者,其领导效能越高。换言之,既重视人际关系,又重视抓工作组织的领导行为将收到最佳效果。

(二) 领导方格图理论

在四分图理论的基础上,美国学者布莱克(Black)和莫顿(Mouton)于

1964 年提出了领导方格图理论。他们按
照对下属的关心和对工作的关心这两个变
量画成领导方格图(图 4-2)。

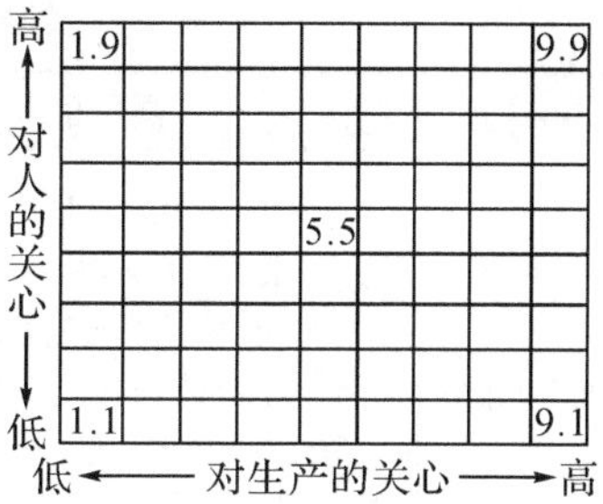

图 4-2 中的横坐标表示领导者对工作
的关心程度,纵坐标表示领导者对人的关
心程度。每个坐标分为 9 等份,共组成 81
个方格。每个方格表示一种领导方式,取
4 个角的小方格和中间的小方格(1.1,
1.9,9.1,9.9,5.5)代表 5 种典型的领导
方式。

图 4-2　领导方格图

(1.1)型:贫乏型领导,他们对人和事都不够关心,这是最低能的领导方
式,其结果必然导致失败。

(1.9)型:乡村俱乐部型领导,他们只关心人而不关心工作,对部属一味迁
就,做老好人。这种类型也称为逍遥型领导。

(9.1)型:任务型领导,他们高度关心工作及其效率而不关心人,只准下级
服从,不让其发挥才智和进取精神。

(5.5)型:中间型领导,他们对人的关心度和对工作的关心度保持中间状
态,甘居中游,只图维持一般的工作效率与士气,安于现状,不能促使部属发挥
创造革新精神。

(9.9)型:协调型领导,他们既关心工作,又关心人,领导者通过协调和综
合各种活动,促进工作的发展,他们会鼓舞士气,使大家和谐相处,发扬集体精
神。这种领导方式效率最高,必然可以取得卓越的成就。

从上述不同方式的分析中可以看出,作为一个领导者,既要发扬民主,又
要善于集中;既要关心组织任务的完成,又要关心下属的正当权益。只有这
样,才能使领导工作卓有成效。

领导行为四分图理论和领导方格图理论均属于领导方式的二维研究。

在诸多关于教师领导方式的二维研究中,较有代表性的是李皮特(R.
Lippit)和怀特(R. K. White)的分类和研究成果。他们以教师的权威表现和
对学生的关怀程度为维度,对教师领导的类型、特征及学生的反应进行了研究
(表 4-1)。研究表明,总的看来,在保持和扩大友善的师生人际关系和提高工
作效率方面,民主型领导方式效果最好。

表 4-1　领导的类型、特征及学生的反应①

领导类型	领导的特征	学生对这类领导的典型反应
强硬专断型	1. 对学生时时严加监视。 2. 要求即刻无条件地接受一切命令，严格遵守纪律。 3. 认为表扬可能会宠坏儿童，所以很少给予表扬。 4. 认为没有教师监督，学生就不可能自觉学习。	1. 屈服。但一开始就厌恶和不喜欢这种劳动。 2. 常常推卸责任。 3. 易怒，不愿合作，而且可能会在背后伤人。 4. 教师一离开课堂，学习就明显松懈。
仁慈专断型	1. 不认为自己是一个专断独行的人。 2. 表扬学生并关心学生。 3. 专断的症结在于自信。口头禅是："我喜欢这样做"或"你能给我这样做吗?" 4. 以自己为班级一切工作的标准。	1. 大部分学生喜欢这种领导，但看穿他这套方法的学生可能会恨他。 2. 在各方面都依赖教师，缺乏创造性。 3. 屈从，缺乏个人的发展。 4. 班级工作的量可能是多的，质也是好的。
放任自流型	1. 与学生打交道时缺乏信心，或认为学生爱怎样就怎样。 2. 很难作出决定。 3. 没有明确的目标。 4. 既不鼓励学生也不反对学生；既不参加学生的活动，也不提供帮助与建议。	1. 品德差，学习差。 2. 有"推卸责任"、"寻找替罪羊"、"易怒"的行为。 3. 没有合作。 4. 谁也不知道应该做些什么。
民主的教师	1. 与集体共同制订计划和作出决定。 2. 在不损害集体的情况下，很乐意给个别学生以帮助和指导。 3. 尽可能鼓励集体的活动。 4. 给予客观的表扬和批评。	1. 喜欢学习，喜欢同别人尤其喜欢同教师一道工作。 2. 工作质、量都高。 3. 相互鼓励，独自承担任务。 4. 教师不在时，能自觉学习。

(三) 领导生命周期理论

领导生命周期理论由美国俄亥俄州立大学管理信息学家卡曼(A. K. Karman)于 1966 年首创。后来，荷西(Hersey)和布兰查得(K. Blanchard)于 1976 年发展了该理论。卡曼在分析领导方式模式的基础上，发现工作、关系

---

① 皮连生.教育心理学.上海:上海教育出版社,2004:366.

和成熟度之间并不是直线关系,而是一种曲线关系。该理论在领导行为四分图的领导行为模式中加了曲线维度——被领导者的成熟度,即三维研究(图4-3)。所谓成熟度,是指下属成就动机方面的程度,比如下属乐于承担责任的意愿和能力、个人或小组具有与工作有关的学识和经验,是一项心理性指标。

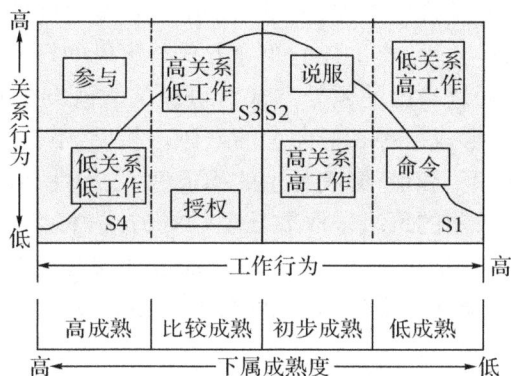

图 4-3　领导生命周期示意图

该理论认为,领导方式要与下属的成熟度相适应。随着被领导者的成熟度的逐步提高,领导方式也要发生相应改变。“高工作”或“低关系”在什么时候最有效,取决于下属的成熟度,也就是说,有效的领导方式,应把工作、关系和被领导者的成熟度结合起来加以考虑。随着下属成熟度的由低到高,形成一个领导方式的生命周期,即“高工作、低关系”—“高工作、高关系”—“低工作、高关系”—“低工作、低关系”。

一般来说,当被领导者的平均成熟度处于不成熟阶段时,采取命令方式最有效。当被领导者的平均成熟度进入初步成熟阶段时,采取说服方式最有效。当被领导者进入比较成熟阶段时,领导者的工作行为要减少、放松,关系行为要加强,即“低工作、高关系”的参与式领导方式最有效。领导者和被领导者通过双向沟通方式,相互交流信息,相互支持,进一步发挥下属的主动性、积极性,而不必在工作上对下属做太多的规定和约束。当被领导者发展到成熟阶段时,领导者应采取“低工作、低关系”的领导方式,即授权式领导方式。领导者应授权给被领导者,让他放手去干,不要多加干预,领导者只起着督促作用。

三、领导方式理论对班级教育与管理的启示

班主任应采取什么样的领导方式最有效? 这是每个班主任普遍关心的问题。领导方式理论对此并没有给我们一个现成的答案,但这一理论却给了我们在班级教育与管理上诸多的启示。

（一）应重视领导方式的选择

领导方式理论告诉我们，不同的领导方式往往有不同甚至相反的领导绩效。有的班主任觉得班级工作难做，"出力不讨好"；有的班主任则感到轻松，而学生积极性高，班级工作"步步高"。这与班主任的领导方式不无关系。有效的领导方式应正确处理好工作、关系和学生成熟度之间的关系，并会产生事半功倍的效果。另一方面，班主任的领导方式与班风的形成有着密切的联系。优秀的班主任往往通过自己的领导方式对班级的教育与管理起着直接的、潜移默化的影响，从而形成一种积极向上的班风。相反，不适当的领导方式往往导致师生关系紧张和不和谐，影响师生的积极性、主动性和创造性。如对学习的自觉性和纪律性较差的班级采取放任型领导方式，将会使师生逐渐丧失积极进取的精神，使得差班更差。因此，班主任应在思想上重视领导方式的选择，根据所处的班级情况和学生的特点，在不同时空，针对不同学生，选择合适的领导方式。

（二）应灵活运用领导方式

权变理论认为，没有最好的领导方式，只有最有效的领导方式。领导活动最忌讳教条式的生搬硬套。对于班级管理而言，没有一种领导方式对同一班级的管理永远有效，也没有一种对所有班级都适用的领导方式。因此，班主任应根据所处班级的层次和特点及学生的成熟度选择合适的领导方式。同时，我们应把领导方式理论作为一种认识工具看待，重视管理创新，尤其是领导方式的创新。对班级管理中诸多矛盾，如目的和手段、美和丑、纪律和自由、数量和质量、集权和分权、有序和无序等矛盾的解决，除了例行管理、常规管理和程序性决策外，均应以管理创新为行为尺度，依矛盾的性质、主次和时间、空间、环境因素，正确地决定每一时期的工作重点和领导方式，避免陷入呆板、失败的管理。这在科学管理向人本管理转变的今天尤为必要。

（三）应充分发挥学生"三自"（自我教育、自我管理和自我服务）在班级管理中的重要作用

教育家苏霍姆林斯基说过："真正的教育是自我教育。"学校教育最终只有转化为学生的内在要求，转化为学生自我教育时，才能称得上是成功的教育。而任何领导方式只有寓于教育之中，以促进学生的健康成长和发展为目的，才是我们选择某一领导方式的应有之义。通过学生的自我教育，发挥学生的主体性，实现学生的自我管理和自我服务，使得班级管理工作不再是班主任一个人的事，而成为班级中每一个成员的责任，从而教育也不再是外在的强加于学生的，而成为一个自我教育的自觉过程。班级的管理走上良性循环的轨道，既使班主任的工作负担得以减轻，又培养了学生的自我管理和自我服务能力。当然，班主任要把握好自己参与的度，既不能放任自流，也不能包办一切，在充

分发挥班主任的主导作用时,要给学生留有思考和想象的余地,使学生主动、独立地发展。让学生自我教育、自我管理和自我服务,就是要给学生一个实践的舞台,充分发挥学生的个性特长,养成独立思考的习惯,逐步提高学生在班级教育与管理中的积极性、主动性和创造性。

(四)正确认识"民主"在班级教育与管理中的地位与作用

目前有相当多的研究结果指出,班主任应努力营造一种民主和谐的班级氛围,充分授权,让学生享受高度的"自治",从而实现班级的自我管理。这是一种适应时代民主要求的管理思想。它较多地注意到学生在班级管理中的主体地位,有利于学生自主意识和自我约束、自我服务能力的发展。但是,这一主张在一定程度上忽视了一个重要的方面,即学生作为班级管理对象(客体)和自我管理的主体,他们的身心正处于发展极为迅速的阶段。领导生命周期理论告诉我们,班主任对班级教育与管理的方式也应随着学生身心发展变化而进行调整。如在班集体形成的初级阶段,班主任应主要采取"高工作、低关系"的命令式领导方式对班级进行管理;在班集体初步形成阶段和比较成熟阶段,班主任应主要采取"高工作、高关系"的说服式领导方式和"低工作、高关系"的参与式领导方式进行班级管理;在班集体形成的成熟阶段,班主任能够而且应该从班级管理中逐渐"淡出",采取"低工作、低关系"的民主管理方式。因此,一味强调班主任应对班级实施民主管理,使之高度自治的观点可能会给班级工作带来恶劣的后果。此外,应正确认识"民主"和"放任"之间的关系,加深对民主的认识与理解,不能将两者混为一谈,从而在社会实践和教学育才中切实贯彻民主,加强师生交流,鼓励学生的人格发展。

(五)应重视情感投入

如前所述,对下属的关心度与领导效能呈正相关关系。这一结论告诉我们,班主任应将自己丰富的情感投入班级管理中,密切与学生交流和沟通,及时了解学生的需求、动机、心境,关注学生的学习和生活世界,和学生打成一片,使班级形成相互信任、相互尊重的人际关系,使情感成为班级教育与管理的"催化剂",成为学生由"知"到"行"的中介。在这一过程中,班主任应不断培养和提高自己对学生的亲和力及人格魅力,让学生感到亲切而易于亲近,和学生成为特殊的"朋友"。随着新课程实施的不断深入,学分制管理和课程标准的层次性意味着学生个体的自主活动时空的增加,也意味着传统班级的教学功能以及学生与传统班级的交流沟通的削弱。这不可避免地会增大班集体建设和学生成长教育的难度,影响班级教育功能的实现,给传统班级教育与管理带来了新的挑战。同时,强调情感文化和精神文化的新课程也是陶冶学生情操、纯洁学生心灵的重要途径。因此,重视和加强情感投入对班主任来说就显得尤为必要,也是新课程的必然要求。当然,班级管理不能只靠制度管理,也不能只靠情感投入,只有把两者有机地结合起来,运用科学管理和民主管理的办法,严慈相济,才能逐步形成良好的班风和学风。

(六)应积极维护班主任在班级管理中的主导地位

学生年龄特点和成熟度的局限性,决定了班主任在班级教育与管理中的主导地位。这种主导地位并不因班主任领导方式的转变而有所动摇。这也是新课程的必然要求。新课程强调知识的主动生成和体验性知识的获得。综合实践活动、研究性学习等课程的开设使得学生有更多的机会和时间接触丰富多彩的社会生活。在获得越来越多的知识渠道、拥有越来越广的信息来源的同时,学生也更广泛地置身于社会和家庭的多重辐射和影响之下,而各种信息良莠混杂,真假难辨。因此,要使社会、家庭都能保持对学生产生积极正面的影响,并与学校形成方向一致、要求统一、时空衔接、作用互补的教育合力,发挥教育的整体效应,也需要作为班级领导者的班主任的主导地位得到切实维护。这种主导地位主要表现为班主任加强与社会、家庭的沟通与协调,从而争取他们的支持与配合。因此,只有真正彰显班主任在班级管理中的主导地位,健康和谐的师生关系和班级氛围才能真正得以形成。

第五节 材料阅读与思考

下面三篇短文中所发生的事情都有现实的原型,或许在我们的日常学习生活中也可找到它的影子。阅读下面的短文,并思考有关问题。

一、选择积极角色进入生活①

一天夜间,凉风习习,我到校园内跑步,然后返回教学楼,恰逢毕业班的同学晚自习休息,同学们三三两两地步出教学楼。我进了楼,想观察一下同学们晚自习课间活动的情况,不料在面对我班的走廊外,听到两位同学正在吵架,吵得十分难听,我的愉悦心情顿时被气恼所代替,立即让那两位学生到办公室。

一见到我,他们立即害怕起来。看他们起初那样子,我本想大发雷霆,见他们害怕,我的气又消了。于是我想,面对犯错误的学生,一位教师真可以扮演十几种乃至几十种不同的角色。

我可以扮演一个大发雷霆的莽撞的角色,使自己生一顿气,也使学生生一顿气。

我可以扮演一个不负责任、听之任之的角色,结果学生愈来愈淘气,我的

---

① 魏书生.班主任工作漫谈.桂林:漓江出版社,1993:4—9.

威信也越来越低。

我可以扮演有极丰富经验的教师角色,给学生分析吵架的弊端危害,帮学生订出避免吵架的措施,使学生佩服得五体投地。

我也可以扮演对学生只会训斥挖苦一通、别的方面一筹莫展的角色,使师生之间心理上有了隔膜。

我还可以扮演学生外祖母的角色,先施之以关心爱抚,后再进行教育指正。

我又可以扮演学生的严父、慈母、兄长、亲属的角色,使学生感到亲人般的温暖和爱护,在温暖中改正错误;我可以扮演学生的好朋友的角色,扮演和学生一起淘气的伙伴的角色,再现学生淘气时的心理,然后使其心悦诚服地同我一起将他的错误思想捆绑起来。

我当然也可以扮演生理保健医生、心理诊疗医生的角色,分析学生犯错误的生理与心理原因,然后帮助其排除障碍。

……

总之,我面前虽是两位吵架的学生,我却不止有两种处理这个问题的选择。选择的角色不同决定着教育效果的不同。

我选择了严父与心理诊疗医生的双重角色,先施之以爱,继而给予具体细致的心理分析。他们听着我的分析,既没有吓得胆战心惊,又对错误有了深刻的认识,对自我进行了有效的解剖。他们心悦诚服地接受了教育,并学到了控制自己错误的方法。我也为自己角色选择的成功而涌起一股欢乐。

我经常觉得,日常生活中,我们无时无刻不面对各种角色的选择。面对同一件事,我们可以扮演多种角色;在生活这个大舞台上,我们更扮演着多种角色。我们千万不能把自己封闭在一种角色里出不来。

……

变换角度思考问题,选择积极的角色进入生活,容易使人成为一个成功者。

思考与探讨:

"教育有法,但无定法,贵在得法。"对待同一事情,选择不同的角色,往往有着不同甚至相反的结果。"变换角度思考问题,选择积极的角色进入生活,容易使人成为一个成功者。"而角色的思考,需要老师明确自己肩负的社会责任,树立坚定的学生立场,注意不断地自我调节和自我完善,使班级工作不断进步。这在千头万绪的班级日常工作中十分重要。通过阅读本文并结合自己的学习经历,谈谈你最喜欢什么角色的班主任?为什么?

二、两个女人,两样人生[①]

她在读初中时作文极好,而数学极差,几次考试都不及格。为了对得起父母和老师,她硬生生地把数学题死背下来,三次小考,数学都得了满分。数学老师认为她成绩的提高百分之百是因为作弊。她是个倔强而又敏感的女孩,并不懂得适度地忍耐更能保护自己,就直言不讳地对老师说:"作弊,对我来说是不可能的,就算你是老师,也不能这样侮辱我。"

结果,被冒犯了的老师气急败坏,单独给她发了一张她根本没有学过的方程式试题,让她当场吃了鸭蛋,之后拿蘸了墨汁的毛笔,在她眼眶四周涂了两个大圆饼,然后让她转身给全班看。又让她去大楼的走廊上走一圈。

这一事件的结果是:其一,让她休学在家,自闭了七八年,严重时,连与家人同坐一桌吃饭的勇气都没有;其二,养成了她终生悲观、敏感、孤独的性格。尽管她一生走过 48 个国家,写了 26 部作品,用她的作品帮助很多人树立起豁达、坚强的人生信念,但她自己始终走不出心灵的阴影。

假如,换一个睿智而又有爱心的老师,事情完全可以有更好的处理方式,不信,我们看看与她境况相同的另一个女孩的经历。

这个女孩同她一样,读初中时,国文也出奇地好,曾在年级的国文阅读测验中得过第一名。但数学相当糟糕,面对数学课本,就像面对天书,数学老师教的东西,她没一样能懂。她戏称自己为天生的"数学盲",并且断言这种盲永远无药可救。

她跌跌撞撞地读到初三时,数学要补考才能参加毕业考。她知道事态的严重,却无法左右事态的发展,只能整晚不睡觉,把一本《几何》从头背到尾,以尽人事。

第二天,上数学课时,老师讲到一半,忽然停下来,在黑板上写了 4 道题让全班演算。这没头没脑的 4 道题在下午补考之前出现在黑板上,又与正在教的内容毫无关系,再笨的学生也明白老师的良苦用心。

于是,她忽然就成了全班最受怜爱的人,几位同学边笑边叹气边把 4 道题的标准答案写出来教她背。她背会了 3 道,在下午的补考中得了 75 分,终于能够参加毕业考,终于毕了业。后来,初中最后的那堂数学课连同数学老师关切和怜爱的眼神,一并成为她生命中温馨美丽的记忆。

第一个故事的主人公是三毛,第二个故事的主人公是席慕蓉。她俩都是我深爱并曾为之痴迷的女作家。因为爱,所以好奇。为什么美丽倔强的三毛总让人心痛又让人绝望,而外表平常的席慕蓉却既让人心怡又令人神往!我

① 车广秀.两个女人,两样人生.读者(原创版),2006(5).

坚信这与她们年少时在数学课上的经历有很大的关系。

三毛很不幸，她碰到的是一位看重成绩而忽视人格的、具有强烈权威意识的数学老师。他为了维护自己那点可怜的尊严而滥用权力，给完全没有防范能力的三毛在精神上以致命的一击，让她穷尽毕生精力都无法从那种伤害中复原。

席慕蓉则非常幸运，她的数学老师并没有因为她在数学方面的不足而全盘否定她，于不动声色中放了她一马，让她有条件在更适合自己的领域里振翅高飞。在自己最不擅长的领域里，得到的都是发自内心的怜爱与关怀，难怪她对生命充满眷恋，对人世充满信心。作为一个极富才情的女子，她既有能力爱丈夫，爱孩子，充分享受亲情之乐，又用自己的诗、画和文章吸引和陶冶了无数的人。

思考与探讨：

两个女人，两样的人生，可造就她们差异的是两位老师。是尊重与信任，还是猜忌与否定，对一位教师而言或许是不经意的小事，可对于一个学生，特别是一个某个方面有着缺憾的学生而言，老师的一举一动、一颦一笑，也能成为照亮他心灵的一缕阳光。爱是教育的基础，有着巨大的教育力量。通过阅读本文，谈谈给你印象最深最好的老师是如何爱学生的？他（她）给你带来了哪些影响？作为未来的班主任，你将如何去爱自己的学生呢？

三、开学四把"火"①

一个新的学期又开始了。每一个当班主任的都明白，抓好开学教育就等于给这个学期的工作点燃了一把"火"，使班级充满了生气和希望。

过去，我抓开学教育基本上都是我讲学生听，不外乎是总结过去，着眼现在，展望未来。虽然有一些收效，但总是不够理想。如何把我们的教育转化为学生的自我教育，做到你讲的就是学生想知道的，使思想工作更有说服力，更能接近学生的实际，一直贯穿在全学期的学习、工作之中，这是值得我们探讨的问题。今年开学初，我搞了一个由四次班会组成的开学系列教育活动，由于活动形式为学生所喜爱，活动内容深入人心，所以收到了实效。同学们说："这回开学丁老师点了四把'火'，可真把我们的心给点燃了！"

第一把"火"：总结与回顾——展览会

过去的一年，我们在各方面有些什么成绩？搞了些什么活动？都有些什

---

① 丁榕.开学四把"火".载欧阳炳焕、徐书云.班主任锦囊妙计.长沙：湖南师范大学出版社，1991：1—5.

么成效？这些往往在活动的当时体会得并不很深刻，可是当我们走过一段路，回过头来再反思时，就会发现，现在比过去体会深刻多了。为了全面总结过去，给新的学期工作指明方向，带来力量，我提出用展览的形式把一学年的学习、思想、生活展现在同学们面前。我发动全班学生对过去的一年进行总结，并根据全班每个学生的特长分成了脚本、美术、讲解、制作等四个组，人人都投入筹备展览的工作之中。

展览脚本完成了，几百幅生动的画画出来了，有道理、有事例的解说词写出来了，讲解员充满激情的讲解练习好了。制作展览品的学生经过日夜奋战，"迈好初中第一步"展览会在全班同学的共同努力之下诞生了，开学第一天它就展现在我们班集体的面前！

看着自己亲手制作的展览，回味着一学年丰富有趣的集体生活，看着自己的进步，同学们个个心情激动。过去的一年我们有成功的欢乐，胜利的喜悦，也有痛苦的回忆，失败的教训。正是这些喜、怒、哀、乐，才构成了我们生命的交响乐……悠扬的乐曲、生动的解说，给我们带来了多少难忘的幸福回忆，又给每个学生带来了多么巨大的力量。"今年该怎样做才能比去年做得更好？"这已成为每个同学思考的问题。

第二把"火"：展望与思考——"记者招待会"

趁第一把"火"的热乎劲还没凉下来，我们紧接着又点燃了第二把"火"。为了急学生所急、想学生所想，回答学生们在新学期开始之时所考虑的各种问题，我们举办了"记者招待会"。

"答记者问"就要开始了。由学生们自愿结合组成了几个小组，发动大家充分想问题，提问题，发表各种意见，然后每个小组选出自己的"记者"。当他们戴上"记者证"，在"记者席"上就座的时候，台下爆发出一阵热烈的掌声。我也做好了一切准备来接待这些"小记者"。班长刚一宣布"记者招待会开始"，"小记者"们就争先恐后地向我提出了问题："您认为班内存在的主要问题是什么？""我们下一步应如何走？""您准备这学期怎样在班主任的工作中做出新成绩？""我们班是否已出现了两极分化？""您对家长对子女的不理解怎样看？"……问题一个接着一个，我认真的回答着，掌声、欢笑声响成一片。从班级工作问题问到了社会问题；从武侠小说问到了琼瑶、三毛……学生们在宽松、愉快的气氛中探求着新学期自己所选择的道路。

"答记者问"增强了师生之间的了解，使我们在平等和谐的气氛中交流了思想。那么新学期我们共同的奋斗目标是什么，怎样为实现这一目标而努力呢？

第三把"火"：理想与追求——讨论会

班向何处去？共同的目标怎样确定？以前，这自然是我的事。可今天，我把这几个题目提出来，号召全班学生讨论，召开了《理想与追求》的讨论会，大家一起商量确定目标，把老师要求做的变为学生要做的。在制定总奋斗目标时，大家各抒己见，讨论十分热烈。"我们的奋斗目标是全班考上四中"，"我们要做全国第一流的班集体"，"全班学生要争取入团！"在充分酝酿的基础上，大家一致同意把"争取做优秀班集体"作为全班的奋斗目标。怎样才能实现这个目标呢？大家围绕着"优秀集体"的条件，在班风、学风、作风等各方面制定了具体措施。"火"就这样越烧越旺！

如何让这把"火"永不熄灭呢？

第四把"火"：团结与奋斗——谈心会

为了调动每个学生的积极性，让每一个学生都能更好地发挥自己的能量，更快地朝着我们的奋斗目标前进，我们召开了"以心呼唤心，以爱交换爱，在信任中得到信任"的谈心会。会开得很成功，大家畅所欲言，有的谈出了自己的隐忧；有的诉说了自己的苦衷；有的饱含热泪。第一个站起来发言的是班里学习成绩较差的一个同学，她沉重地说："我在小学也是'三好'学生，我从来没为学习不好的同学想过什么，可我现在却体会到了我是多么需要同学的理解，是多么希望得到集体的温暖！可是在我耳边经常听到的是'你连这都不懂呀！''哟，你才比我少一分呀！'这些在别人听了无所谓的话，对我来说却是一个沉重的打击。我知道我在班上是个欠债的人，我欠了集体的债，可大家也应该相信，我会用自己的力量把债还上的……"台下静静的，学习委员一个箭步走上了讲台，他给大家深深地鞠了一个躬，"对不起，对不起同学们，我身为一个学习委员，深感内疚，因为我从来没有想到学习吃力的同学会想这么多……"台下又走上来一名同学"'你才比我少一分呀！'这话是我说的，我现在才明白，生活在集体中，一言一行，一举一动都要多为他人想一想，这样才能有利于集体的团结和进步。"又一个同学上台了，这是个干部子弟，他直爽地给老师和同学提出了意见，诚恳地希望大家把他当成集体中的一名普通成员。谈心会持续了三个多小时，大家的心紧紧地连在一起了，"让集体充满爱"的歌声在教室里回荡着。"我们生长在初二(4)班的大家庭，54人成为一个整体，同甘苦，共呼吸，团结友爱最亲密……"

四把"火"点燃了全班学生的心，照亮了一学期前进的道路。新的学期就这样在熊熊的烈火中开始了。

思考与探讨：

班主任工作既有科学性，又有一定的艺术性。它不仅需要掌握教育科学理论，还需要在不断的实践中摸索出具体生动、行之有效的"门道"来。而这样的"门道"既源于崇高的师爱，又源于不断的创新。本例中，为了"把我们的教育转化为学生的自我教育"，丁老师通过开学的四把"火""点燃了全班学生的心，照亮了一学期前进的道路"。通过阅读这个案例，在如何"点燃全班学生的心"这个问题上，你有哪些启示和建议？

【复习思考题】

1. 对比分析中（小）学两个班级的工作计划，你认为哪份计划制订得更好？为什么？请草拟一份本班的工作计划，并与其他同学相互交流学习。

2. 请对目前中小学某一班级的思想品德教育情况进行调查研究，并结合有关理论写一篇调查报告。

3. 联系实际，谈谈如何正确引导班级学生非正式群体的健康发展。

4. 通过学习有关领导方式理论，如果你是一名班主任，你将如何教育与管理本班学生？

【拓展阅读】

1. 李镇西. 我这样做班主任：李镇西 30 年班级管理精华. 桂林：漓江出版社，2012.

他让教育真正深入学生的心灵世界，他使班级管理工作充满科学精神与民主气息……他就是著名教育家、优秀校长、特级教师李镇西。本书是李镇西老师从教 30 年来，在班级管理工作中的教育理念和方法的精华集萃。他以民主与爱心为出发点，以真挚的情感和人类普适的价值观滋养学生的心灵，与学生共同感动、成长。他出神入化的班级管理艺术和经验解答了怎样提高教师的教育素养，怎样与学生心灵沟通，如何让学生自我管理等老师困惑的诸多问题，告诉我们该怎样做最好的班主任。

2. 田恒平. 中小学班级常规管理. 长沙：湖南师范大学出版社，2008.

本书是为中小学班主任量身定做的最佳工作指南，也是对中小学班主任对班级常规管理的指导用书，涵盖了班级组织常规管理、班级学习常规管理、班级生活常规管理以及班级信息常规管理等 4 个班主任工作常规内容，为班主任提供了成功管理班级的智慧锦囊。

3. 赵凯. 好班规打造好班级. 重庆：西南师范大学出版社，2009.

优秀的班集体需要制订切实可行、行之有效的好班规。本书采用了通俗的创作方法，把死板的道理鲜活化，把教条的写法改变为以案例为主，分析、评点为辅,把最先进的教育理念和方法融入有趣的情境中。经典的案例,情境式的叙述,流畅的语言,充满感情的评述,发人深省的剖析,娓娓道来,深入浅出,让人更充分地领会先进、有效的教育方法。

4.郑学志.做一个会"偷懒"的班主任.北京:中国轻工业出版社,2011.

本书从剖析班主任为什么活得累入手,提出树立光明正大的"偷懒"观念,到系统叙述"偷懒"的技巧,包括班级自动运行机制、学生自主化教育管理、精干干部培训等,全面告诉我们如何科学"偷懒"、如何确保"偷懒"成功、如何留下"偷懒"好名声的"歪门邪道"。我们在欣赏到作者教育机智的同时,还会为作者加强干部培训的做法击节叫好:原来做一个会"偷懒"的班主任,关键不是自己不做,而是如何运筹帷幄,如何调动学生的积极性,如何使班主任把体力劳动变成一项有教育技术含量的工作!

【本章主要参考文献】

[1]涂光辉,雷晓波.班主任工作技能.长沙:湖南师范大学出版社,2000.

[2]时伟.中小学班主任工作的理论与实践.合肥:合肥工业大学出版社,1999.

[3]刘儒德.教育中的心理效应.上海:华东师范大学出版社,2006.

[4]程功,陈仙梅.教育心理学.杭州:浙江大学出版社,1998.

[5]周三多.管理学——原理与方法.上海:复旦大学出版社,1999.

第五章　学生的个别教育与管理

学习目标

● 掌握学生的个性特点及其教育与管理的基本要求。
● 了解不同类型学生的基本特点及其教育与管理的基本要求。
● 掌握学生自我教育能力的意义、心理机制及其培养策略。

　　集体教育与个别教育相辅相成、相互促进。班主任接任一个班后,固然要将主要精力放在组织和培养班集体上,并通过对集体的教育去影响每一个学生,但是对个别学生的教育与管理仍不能忽视,这是因为一个班几十名学生,他们在思想品德、智力、性格等方面总是不平衡的、有差异的。要使每一个人都能在各自的起点上有所提高,只靠集体的教育去影响每一个学生并不够,因此,班主任还必须做好学生的个别教育与管理工作。

第一节　不同个性学生的教育与管理

　　个别教育主要是针对学生的个性差异提出的。个性是个人在活动中表现出来的具有一定倾向的、较稳定的心理特征的总和。它主要由个性倾向性、个性心理特征和自我意识等组成。

　　个性倾向性主要包括需要、动机、态度、兴趣、理想、信念和世界观等。其中,需要是基础,是个性倾向性的源泉,对其他成分起支配调节作用。世界观居于最高层次,制约着一个人的思想倾向和整个心理面貌,是人们行为和言论的总动力。个性心理特征主要由气质、性格、能力等方面组成,决定着人的行为方式,以及他可被认识的内在或外在的品质全貌。它是在个体生理素质的基础上,在一定的社会历史条件下,通过社会实践活动形成和发展起来的。自我意识是个体对自己的认识和态度,包括自我观察、自我感觉、自我评价、自我监督、自我控制等。从表现形式看,个性具有社会性、独特性、稳定性与可变性、整体性等特点。

　　学生的个性研究在班级教育与管理中占有重要地位。研究和了解学生的个性差异,是保证学校整体教育效果,提高管理水平的重要标志,是引导学生完善自我,促进健康成才的客观需要,也是实施因材施教和素质教育的必然要求和重要内容。

一、学生的气质差异与管理

气质通常是指人的性情和脾气。它是一种稳定而典型的心理特征,突出表现为人在心理活动方面的动力特点。这种动力特点是个体生来就有的高级神经活动类型在情感和动作方面的表现,反映了一个人心理活动过程进行的速度、强度、稳定性和指向性,使人在性格上表现出明显的个人色彩。例如,有的学生心理活动发生快而强烈,外部表现十分明显,如高兴时,手舞足蹈,喜笑颜开,所谓"情动于中,而形于外";有的学生心理活动发生慢而微弱,似乎若无其事,即使非常高兴,也是淡淡一笑了之,所谓"情动于中,而形于内"。在认识上,有的学生倾向于外部事物,对新事物容易发生兴趣;有的学生则倾向于内在事物,常常玩味于内心体验。

(一)学生气质类型的差异

每个学生都会有不同的气质特点,但这些特点并不是偶然地彼此结合,而是有规则地相互联系着,从而构成一种特定的气质类型。心理学一般将气质分为胆汁质、多血质、黏液质和抑郁质四种类型。

1. 胆汁质的学生

这种气质类型又称为"不可遏制型"。主要特点是:情绪兴奋性高,学习精力旺盛,反映速度快,带有爆发性;情绪体验强烈,抑制能力差,具有外倾性,但爆发后又很快平静下来。

2. 多血质的学生

这种气质类型又称为"活泼型"。主要特点是:热情、开朗,无忧无虑、活泼好动,善于交际,对外界事物感受迅速、强烈但不深入,不能持久;兴趣广泛但注意力易分散,感情易变化。

3. 黏液质的学生

这种气质类型又称为"安静型"。主要特点是:情绪不易激动,内性冷漠,动作稳妥,不善于交往但善于忍耐,注意力稳定,有较强的自制力。

4. 抑郁质的学生

这种气质类型又称为"抑制型"。主要特点是:情绪兴奋性高,性格孤僻,优柔寡断,敏感,体验深刻、持久、内倾,各种心理活动的外部表现都是缓慢而柔弱。

实际上,生活中只有少数人是这四种类型的典型代表,多数人是介于以上各种类型之间的中间型。同时,这些气质特征在儿童时期和小学低年级学生中表现比较明显。随着年龄的增长以及生活和教育的影响,某些原有的气质特点会发生变化,为后天获得的气质特色所"掩盖"。因此,我们在判断某个学生的气质时,不能把学生硬划到某一类型中去,而是观察和测定学生具有哪些气质特点,掌握这些气质特点使学生的心理活动和行为方式带有什么样的色彩,倾向于哪种类型,便于因材施教,扬长避短,对学生进行有效的教育与管理。

(二)根据学生的气质差异实施班级管理

气质是一种比较稳定的心理特征。但是在一定的生活条件和教育的影响下,通过教育和实践活动是可以改变的。同时,气质类型的本身不能决定一个人活动的社会价值和成就的高低。实践证明,气质类型完全不同的人经过自身的努力都可以取得优异的成绩。在许多杰出人物中,到处都可找到不同气质类型的代表。同样,气质类型非常相似的人,由于在实践中的主观努力不同,其结果可能会有天壤之别。

学生的气质差异表现在各种活动中。每种气质类型都有好的一面和不好的一面。在一些情况下,可能有积极的意义,而在另一情况下,则可能有消极的意义。因此,班主任应善于利用和扩大每个学生气质特征中积极的一面,减少和抑制消极的一面。

1. 对不同类型气质的学生进行教育与管理的基本策略

胆汁质的学生热情直率,学习精力旺盛,反映速度快,但脾气暴躁,易于冲动。班主任应设法培养其自制能力,提高他们的组织才能。

多血质的学生活泼好动,反应灵敏,容易适应新事物,善于交际,适应性较强,但注意力不够稳定,兴趣易转移。班主任应给他们更多的活动机会与任务,并使他们从活动中受到教育,在圆满完成任务中得到锻炼,培养他们扎实、专一和克服困难的勇气和精神。

黏液质的学生坚定沉着,稳定忍耐,自我克制力强,但反应缓慢呆板。对他们的教育与管理要有耐心,培养各方面的兴趣,让他们多参加一些有益的活动小组,必要时允许他们有考虑问题和作出反映的足够时间。

抑郁质的学生工作中忍受力较差,容易感到疲劳,对学习容易丧失信心,但感情细腻深刻,做事谨慎小心,容易觉察到别人觉察不到的细小事物。在学习和生活中,班主任对他们更要关怀、体贴和鼓励,切忌在公开场合批评他们,以防伤害他们的自尊心,从而丧失信心。

2. 根据学生的气质特点组建班委会

在选拔与任用班干部时,把不同气质类型的学生相组合,能产生互补作用,有利于人际关系的协调和班级氛围的和谐。在配备班委会时,应注意优化气质结构,避免类型单一。否则,相同气质类型的人组成的班委会可能出现"针尖对麦芒",矛盾摩擦无休止的现象。譬如,可让胆汁质的学生担任体育委员,多血质者担任文艺委员,黏液质者担任学习委员,抑郁质者担任生活委员。

只有这样，才能形成气质互补、刚柔相济、扬长避短、协调一致、团结奋斗的班委会，从而发挥最佳的整体效应。

3. 对不同气质特点的学生采取不同的教育方式和方法

同一教育方式对不同气质特点的学生所产生的实际影响可能很不相同。如严厉的批评可能使多血质的学生受到震动，但会使抑郁质的学生感到恐惧，丧失自信心，更加萎靡不振。又如，胆汁质的学生易激动、易怒，如果粗声大气地同他们讲话，就容易被激怒从而产生师生之间的对立；而用轻声细语的方式，就会获得较好的教育效果。另一方面，对不同气质的学生应有不同的教育要求和方法。如对胆汁质的学生，应着重系统地控制他们的激烈反应，指导他们坚韧和自制，培养他们习惯于安静、平衡的工作，可以安排他们较难完成的任务，但必须严格要求；也可以严肃批评，但不能伤害其自尊心。对多血质的学生应强化他们广泛而有中心的兴趣，可以多给任务，但需动静交替，以保持积极状态；严格纪律，但要态度热情、诚恳。对于黏液质的学生，可以安排较持久的任务，但要求不宜过急。对抑郁质的学生，应培养他们的自信心，鼓励其积极性，给予同情和关怀，引导他们参加集体活动，适当安排一些挑战性的工作，但要求不宜过多过急；同时，对他们更需要建立习惯性的各种制度和学习节奏，以减轻其精神负担。

4. 根据学生不同的气质特点分配工作

在分配工作时，要尽量发挥每个学生气质中积极方面的作用，充分考虑气质类型与班级工作性质之间的关系是否协调，对于充分发挥每个学生的潜力和提高班级管理工作的效率都具有积极的意义。譬如，需要魄力、勇气、力量和速度的班级工作，最好选择胆汁质的学生；需要耐力的持久性的工作，应请黏液质的学生；需要灵活应变能力的工作，最好选择多血质的学生完成；而那些安静又细致的工作则请抑郁质的学生去完成。

二、学生的性格差异与管理

性格是指人对现实的一种稳定的态度体系和习惯化了的行为方式的总和，是个性特征的重要内容。人与人之间的个别差异，首先就表现在性格上。例如，有的人热情、开朗、活泼、外露，有的人拘谨、内向、冷静、多思；有的人大胆、勇敢、见义勇为，有的人则谨小慎微、见利忘义等等。所有这些特点都具有一定的稳定性，都是一个人的性格特点，表现出对待客观世界的基本态度。因此，个体的一时性表现，不能认为是其性格特征。只有一贯性、习惯性的表现才是人的性格特征。

由于影响性格形成的因素很多，性格特征的表现也是多种多样，所以有不同的分类标准，也就有了不同的性格类型。如根据个性心理活动倾向于外部还是内部,可将性格分为外向型和内向型两种;根据社会意识的倾向性,可将性格分为社会型、理论型、实际型、政治型、宗教型和审美型六种。无论根据哪种标准划分,都可以得出一个结论:人的性格特征多种多样,性格完全相同的人是没有的,只是其相似程度不同而已。

揭示和理解学生的性格特征,对于做好班级的管理工作,具有积极意义。只有掌握了学生的性格特点,才可预料在某些类似的情况下,他将会做什么,怎么做,才可以有针对性地对他采取相应的措施,调动其积极性,防止不必要的事情发生。

(一) 学生的性格特征

学生的性格特征是多种多样的,其中主要可分为性格的态度特征、意志特征、情绪特征和理智特征等。

1. 性格的态度特征

性格的态度特征,主要根据学生对待事情的不同态度划分为以下四个方面:

(1)学生对待集体和他人的性格特征。如是热情、善良、正直、同情,还是冷漠、虚伪、狡诈、无情等。

(2)学生对待劳动的性格特征。如是勤劳、认真、富于创新精神,还是马虎懒惰、墨守成规等。

(3)学生对待物品的性格特征。如是勤俭节约、有条不紊,还是挥霍浪费、杂乱无章等。

(4)学生对待自己的性格特征。如是自尊、自爱、谦虚谨慎,还是自卑、自弃、狂妄自大等。

2. 性格的意志特征

性格的意志特征主要表现为以下四个方面:

(1)在行为活动中是否具有明确的目的性。如是自觉行动,还是盲目行动;是具有明确目标,还是盲目蛮干;是具有独立见解,还是被人左右等。

(2)在自我控制方面,是具有很好的自制力,还是经常受情绪冲动的影响;是主动控制自己,还是消极地放任自流等。

(3)在紧急困难的情况下,是沉着镇定,还是惊慌失措;是机智果断,还是优柔寡断;是大胆勇敢,还是胆怯畏缩等。

(4)在经常性工作中,是严谨,还是松懈;是坚持到底,还是半途而废;是博采众议,还是刚愎自用;是坚定不移,还是摇摆不定等。

3. 性格的情绪特征

性格的情绪特征也表现为四个方面:

(1)在情绪的强度方面,有的学生情绪强烈,一经刺激就难以控制;有的则情绪微弱,很大的刺激都难以使他产生情绪反应。

(2)在情绪的稳定性方面,有的学生情绪容易起伏波动,忽高忽低变化大;有的则情绪深沉稳定,易于控制,不因小事乱大谋。

(3)在情绪的持续性方面,有的学生情绪活动持续时间长,往往给人留下深刻印象;有的活动持续时间短,常常是转瞬即逝,几乎留不下什么痕迹。

(4)主导心境方面,由于情绪活动的持续影响,常常构成人的某种心境,其中有积极的心境和消极的心境。欢乐愉快的心境常使人精神饱满,心情舒畅;抑郁低沉的心境常使人心烦意乱,忧郁不安,这对人的健康是不利的。

4. 性格的理智特征

性格的理智特征主要是指人的感知、记忆、思维、想象等认识过程中所表现出来的行为模式和态度特点。

(1)在观察事物的时候,有的学生仔细精确,能够保持观察判断的独立性;有的则粗糙模糊,且易受人暗示。

(2)在记忆方面,有的学生善于形象记忆,有的则善于抽象记忆;有的学生只善于材料的罗列,有的则长于对材料的整体把握。

(3)在思维方面,有的全面深刻,灵活细致,喜欢独立思考;有的则片面肤浅,粗枝大叶,借用别人的答案。

(二)学生性格的表现与差异

性格是一个人对客观现实的一种反映形式,每个人对现实的态度和行为方式总有其特定的表现模式。所以,观察一个学生的性格表现,主要应从三个方面着手:

1. 活动特点

外部活动是鉴别学生性格的主要形式。主要是指学生的工作、学习、劳动和文化娱乐等方面。有的学生喜欢交际,喜欢参加集体活动;有的学生爱好孤独,喜欢单独活动;有的学生在活动中喜欢充当领导角色,好为人师,喜欢指挥别人;有的学生喜欢追随别人,甘愿接受别人的指挥;有的学生勤勤恳恳,责任感强,做事坚持到底,给人以勤劳严谨的印象;有的学生则总是松松垮垮,敷衍了事,做事半途而废,在困难面前逃之夭夭,给人以懒惰不负责任的印象。

2. 语言特点

一个人说话的频率,说话的风格、方式和说话的态度常常在一定程度上反映其性格特点。例如,有的学生说话朴实、真诚、坦率,而有的学生说话曲折、委婉、故弄玄虚、装模作样,或巧于词令,卖弄自己;或工于心计,粉饰献媚。在生活中,有的学生健谈、有的寡言;在说话风格和方式上,有的学生很注意抑扬顿挫和语意的完整,有的则平铺直叙,没完没了;有的学生说话轻言细语或慢条斯理,有的则高声喧嚷或跟打连珠炮一样,令人难以领会;等等。

3. 表情特点

表情主要是指一个人的面部表情、动作表情、身段表情及衣着、服饰等的表现。这些表现常常能在一定程度上反映出一个人的性格特征。日常生活中，常常听到说某某人的面孔是"阴雨天"，某某人的面孔是"寒暑表"等。这说明一个人的外貌神态也可以反映出其不同的性格特征。

正是由于一个人的性格十分复杂，所以我们不能仅仅从一个学生的某些外貌表情判定其性格，而必须从方方面面、长时间加以分析，才能更好地在班级教育与管理中运用和发挥学生的性格优势。

（三）根据学生的性格差异，实施班级管理

学生的性格差异对班级管理工作具有一定的影响作用。在班级管理中，班主任必须切实注意学生的性格差异，并根据其差异状况开展班级工作。

1. 根据学生的性格差异，提出不同的努力目标

不同性格类型的人，其学习方式、理想和学习目标不一样。如性格内向的人适宜做研究性的工作；性格情感特征比较明显的人适宜从事表演性工作。在性格的立志特征方面，富于幻想的人，从事文艺创作一类的工作更易于出成果，等等。因此，班主任要在充分了解和把握学生性格特点的基础上，给学生指出学习上的发展优势，让他们朝着适合自己的目标前进。虽然对中小学生来说，不宜过早地确定其职业方向，但从因材施教的角度看，发挥学生主导性格优势，则可以最大限度地挖掘其潜力。

2. 根据学生的性格差异，选择不同的教育方法

对不同性格特征的学生，要采用不同的教育方法，因材施教，对症下药，以取得理想的教育效果。如对性格内向、孤僻的学生，因其自尊心较强，教师不要轻易指出其缺点，要采用耐心说服的方法，摆事实讲道理，以心换心，才有可能取得成效；否则，如果采取简单粗暴的教育方式，甚至挫伤其自尊心，必将适得其反。而对于外向型性格的学生则可以刚柔相济，注意引导。

3. 根据学生的性格差异，优化班委会和团队组织

在组建班委会和团队组织时，除了考虑能力、气质等外，还要考虑其成员的性格结构。一般来说，某一组织的几个成员，性格不能完全相似，否则组织氛围要么死气沉沉，要么活跃过分，不利于发挥其应有的作用。如果各种性格类型的人都有，组织内部相互取长补短，则有利于优化组合，提高工作效率。

三、学生的能力差异与管理

能力是顺利完成某种活动所必需的个性心理特征。它同人的活动密切联系着，并直接影响着活动的效果。学生的能力是多因素的复杂结构，通常可分为一般能力和特殊能力、优势能力和非优势能力。

一般能力又称为基本能力,通常是指那些在各种活动中都必须具备的能力,如记忆力、注意力、观察力、想象力等。一般能力也称为智力或智能。智能的核心往往是指人的逻辑思维能力。特殊能力是指在完成某项专业活动中所表现出来的能力,如数学能力、音乐能力、形象思维能力,如飞行员、打字员的特殊能力。

一个人有许多能力。在这些能力中,往往会相互结合成各种能力系统,通常是其中的某些能力居于主导地位,而另一些能力处于从属地位。那些占据主导地位的能力就被称为优势能力,而那些处于从属地位的能力被称为非优势能力。优势能力在学生的学习、工作和生活中占有重要地位。班级管理者应努力使学生的优势能力得到充分的发挥,使学生人尽其才,才尽其用。

(一)学生能力的个别差异

学生能力的个别差异,既有质的差异,也有量的差别。一般能力和特殊能力主要表现为质的差别;优势能力和非优势能力主要表现为量的差别。此外,学生的能力还存在着发展水平、表现早晚和能力类型等方面的差别。

1. 能力发展水平的个别差异

所谓能力发展水平的差异,即量的差异,主要是指同龄人之间的聪明和愚笨之分。心理学研究表明,世界人口的智力分布基本上呈正态分布,即"两头小、中间大"。属于中等智力的人数约占60%,而超常的天才人物和低常的愚笨人物仅占3%。

各种能力在发展速度上也不尽相同,有的能力发展较早,而有的能力发展得较晚。各种能力的衰退情况也不同。心理学的研究表明,各种能力的发展和衰退速度如表5-1所示。

表5-1　不同能力的平均发展水平

年龄(岁) 能力(%)	10～17	18～29	30～49	50～69	70～89
知觉	100	95	93	76	46
记忆	95	100	92	86	55
比较和判断	72	100	100	87	69
动作反应速度	88	100	97	92	71

(据麦尔斯的材料,100为最高水平)

由表5-1可以看出,知觉能力发展较早,但下降也早,其次是记忆能力,然后是思维能力,比较和判断能力在80岁时才开始迅速下降,动作及反应速度在18～29岁时发展达到高峰,在以后的年龄阶段中仍保持较高的水平。

2. 能力表现的早晚差异

能力表现的早晚差异,一般又称为"早期成就"或"大器晚成"。前者,我国古代就有 7 岁能诗的曹植,10 岁能赋的王勃等;在国外,据说贝多芬 7 岁举行音乐会,歌德 8 岁能阅读五国外文,近代史上,这些事例更是不胜枚举。后者,我国著名画家齐白石,到 40 岁后才表现出他的绘画才能;达尔文的《物种起源》是 50 多岁写成的。这些大器晚成的杰出人物,大都靠的是其后天的主观努力。因此,在日常的教育与管理活动中,班主任切忌对学生一棍子打死,而应着眼于学生的比较优势和发展潜力。

3. 能力的类型差异

所谓能力的类型差异,即质的差异,主要是指学生的知觉、思维和记忆等方面的差异。

知觉差异,主要是指学生在知觉方面有分析型、综合型和分析综合型的区别。分析型的学生,对事物的细节感知清晰,而对整体的感知较差,有好的分析能力;综合型的学生,对事物的整体感知较好,而对细节的感知较差,概括能力较强;分析综合型的学生则两种类型兼而有之。

记忆感知,主要是指学生在记忆方面有视觉型、听觉型、动觉型和综合型的区别。视觉型就是视觉的表象清晰;听觉型就是表象清晰,所谓“余音绕梁,三日不绝”即属此类;动觉型就是动作感受深刻,即所谓动作记忆;综合型就是各种记忆综合使用,效果较好。

思维差异,主要是指学生在思维方面具有抽象思维、形象思维、具体思维和逻辑思维的区别。另外,学生在思维的方法、速度上以及独立性和灵活性方面也有所不同。

了解学生的能力差异,对于班级有效管理具有重要意义。班级管理者只有掌握了学生的能力特点,才能做到因材施教,量才使用,充分发挥每一个学生的优势和潜质。例如,对于管理能力较强的学生,就可适当委任其担任班干部,利用其优势,发挥其特长,同时又便于班级管理。又如,某学生的数学计算能力较强,就可安排其为数学课代表,一方面对其是个鼓励,另一方面也是人尽其才。

(二)根据学生能力的差异,实施班级管理

1. 对能力水平高和能力发展较早的学生的管理

这类学生一般身心健康,情绪乐观稳定,知觉敏锐,不忽视事物的细微差别,思维能迅速从一个方面转向另一方面,概括力强,能恰当处理各种符号系统,具有较浓厚的学习兴趣和注意力集中等优点,为接受教育提供了有利条件。一般可通过跳级、丰富课程内容和实施特别教育的方法,加速学生能力的发展。

2. 对能力水平低和能力发展较晚的学生的管理

这类学生一般自我控制能力差,注意力易分散,对事物缺乏兴趣,学习能力差,知觉不够精细,分析综合协调不好,概括能力低,动手能力差。其中能力水平低主要是由于家族遗传或病理因素以及后天的环境和教育因素所致。能力发展较晚则主要是由于后天的教育条件不利所致。对于这部分学生,采取针对性强的特殊教育是能够促进其智力提高和能力发展的,如留级、特殊小组(弱智小组)和个别辅导等。

3. 根据能力差异,合理组织班级活动

一是在班级活动中,使每个学生在不同工作中找到与自己能力的"切合点"。无论何种工作,都需要与该工作性质相符合的某些特殊能力。这些特殊能力是指某些动作能力、言语能力、想象能力和判断能力等。不同工作所需要的特殊能力在种类和分量上都有差异。班主任要善于发现学生的特殊能力,并帮助学生在班级活动中发挥自己的特殊能力。

二是在不同质量的集体工作中注意不同能力类型学生的搭配。班主任要了解每个学生的能力状况和需完成的任务或活动所要求的智力水平以及是否要求具有某些特殊能力,据此合理分工,使活动顺利有效进行。

第二节　不同类型学生的教育与管理

一个班几十名学生,由于家庭环境、遗传素质、学习态度以及个性差异,特别是学生能力的不同,他们在德、智、体等方面都表现出不平衡性。从学生的学习和道德状况来看,一般可分为优等生、中等生和后进生三种。如果将这几十名学生在班级中的表现进行排队,大致都呈现出"两头小,中间大"的状态,即优秀生和后进生均占全班学生的少数,而处于中间状态的学生一般都占多数。根据"抓两头,促中间"的一般管理工作原则和经验,注重因材施教,抓好个别学生的教育,从而带动教育好大多数学生,是现代班级教育与管理的重要内容与常规做法。

一、优等生的培养与教育

所谓优等生,一般是指那些品学兼优,可以作为学生学习、仿效的好学生。这类学生大都具有比较远大的理想,良好的道德品质,相对较高的智力水平,浓厚的学习兴趣和独立学习、生活、工作的能力。他们在学习中尊师守纪,勤奋努力,学习目的明确,方法得当,自律性强,学业优良。他们一般是班集体的骨干,是班主任通过集体教育学生的主要依靠力量。但是,他们也有弱点:一是由于他们一般是在赞扬声中长大,有着较强的自尊心和自信心,容易产生"娇气"和"骄气",对荣誉特别敏感,听不进他人特别是同学的批评意见。如果不及时加以教育和引导,很容易转化为虚荣心,过多考虑个人得失,而不顾集体和他人利益。二是老师对他们的教育相对少一些,因此容易产生对己要求不严,自以为是,恃才傲物,争强好胜,目中无人,骄傲自大等倾向。三是由于他们出头露面的机会较多,成绩突出,易产生人际关系紧张和嫉妒心理。四是自我中心,盲目自信,等等。

"响鼓还须重锤敲","好花尤须细心浇"。优等生身上或多或少地存在着一些消极因素,因此,班主任应及时采取有效措施,把这种消极心理转化为积极向上的竞争意识。

1. 要克服"晕轮现象"

有的班主任认为,发现优等生的缺点比发现后进生的优点还难。这话不无道理。所以,班主任要坚持全面和发展的观点,不能只看优点不看缺点,甚至于优点掩盖缺点,而应注意从他们的某些优点掩盖下去发现某些不良倾向,既要肯定其长,也要指出不足,以便有针对性地进行教育,使之艰苦成长。

2. 要全面分析,坚持高标准、严要求

不能因为他们的学习成绩好而另眼看待,而应该消除其滋生特殊化和虚荣心的土壤,使之谦虚谨慎,戒骄戒躁,严于律己,在更高的起点上成长和进步。

3. 对优等生的批评和表扬都要注意分寸

既不能表扬过分,使之飘飘然,又不能加重惩罚,伤害其自尊心。对他们的缺点和错误的及时指出,既可以使他们扬长避短,又可以锻炼他们对批评的承受能力,使其胸怀更宽广。在对优等生的工作中,切忌因担心影响他们的情绪和形象而袒护他们的错误,否则是对学生不负责任的表现。

4. 夸他聪明不如夸他努力

心理学理论认为,聪明的学生(尤其是低年级的学生)不应因他们的智力和学习成绩而总是得到夸奖,因为这样做会使他们不能承受失败的打击。美国最近的研究表明,试图通过夸奖增强学生的自信可能事与愿违。夸奖学生的智力,而不是赞扬他们自尊自强的精神容易使他们产生自我失败感,而那些因努力学习而受到夸奖的学生失败时,会自认为是努力不够而造成的,则会更有可能"振作精神,继续努力"。

5. 教育优等生正确对待"鲜花"和"掌声",严于解剖自己

优等生一般生活在"鲜花"和"掌声"之中。这些"鲜花"和"掌声"往往会使他们不经意地逐步滋生自大自满的消极思想倾向,进而逐步迷失前进方向,丧失前进动力。因此,班主任应及时准确把握优等生的思想动态,采取多种方式教育优等生正确对待"鲜花"和"掌声",引导和帮助他们深入解剖自己的思想根源及其危害,促使他们进一步端正学习态度,以饱满的精神状态迎接明天的挑战。

二、教育和转化后进生

后进生一般是指那些在正常生理条件下,在班级中品行有不良表现,或品行和学习成绩等方面都暂时落后的学生。这些学生一般在一个班级中为数较少,但能量很大,对班集体的"破坏性"也大。他们常常打击讽刺要求上进的学生,给中间状态的学生以消极的影响,还在某种程度上妨碍教学秩序的正常进行,给班主任的教育与管理工作带来不少麻烦。一些后进生成了家庭的精神负担,有的甚至与社会上的不良分子纠集在一起,惹是生非。可以说,能否做好后进生的教育转化工作,不仅关系到学生个人的前途命运,还会影响到班级的进步、家庭的幸福和社会的安定。因此,教育和转化后进生,是指导和教育学生工作的重点内容之一,也是体现班主任教育智慧和能力的重要方面。

(一)后进生的心理特点

(1)畏惧。畏惧是对他施加限制和惩罚的人而言的,主要是家长和老师。行动上表现为老实,时刻提防你会对他怎么样,背后却是另外一套。

(2)冷漠。对老师绕道而行,对同学的积极良好行为不支持,对集体不关心、不热心,甚至对热心参加集体活动的同学采取打击讽刺的态度。

(3)敌视。他们一般不把老师和同学的批评、干预或惩罚当好意,不仅不接受,反而产生心理上的逆反、敌视心理。

(4)敬慕。对他们认为关心、同情、支持他们的人,常表现出特殊的好感和敬慕,甚至言听计从。

(5)亲密。对所谓的"友谊"、趣味相投的伙伴有特殊的亲密感。

(二)后进生心理的复杂性和两面性

(1)想做好事,但常因缺乏正确的道德认识而美丑难辨。

(2)想接受教育,但又对老师和家长心存戒备或疑惧。

(3)想学好,又旧习难改;想和错误决裂,又以义气为重,割不断旧情。

(4)外表傲慢,霸气十足,内心却又常常自卑、空虚,甚至自暴自弃。

(5)犯错时常显得满不在乎,却时有羞愧或惶惑。

(6)对好学生表现出鄙视、嘲讽,但暗地里却十分羡慕。

(7)稍有进步受到表扬时,内心会兴奋不已,但由于自制力和自觉性不高,往往又会反复,重犯错误。

后进生的不良品行或成绩不良,既有客观原因,又有自身主观原因。从客观上看,主要是社会和家庭环境的不良影响,如不良思潮的影响、坏人的教唆和引诱、家庭的不良影响或家庭教育的失误以及学校教育的不当等;从主观上看,主要有缺乏正确的道德意识,行为受个人欲望和不正当需求所驱使;意志薄弱,自制力差,缺乏毅力;受不良行为习惯的支配等。

后进生的这些心理特点和造成落后的复杂原因,实际上给班主任的教育工作增添了难度。所以,班主任没有深入细致地调查研究,不找出解决问题的恰当办法,不掌握教育和转化的技能技巧,是难以取得很好的教育效果的。

(三)教育转化后进生的思想方法与技能技巧

教育既是一门科学,也是一门艺术,而教育转化后进生则是这门艺术中的精华之一。班主任要做好这项工作,应注意以下几点:

1. 树立正确的教育观,以发展的观点看待后进生

只要有人群的地方,就会有先进和后进之别。后进并非完全是因为主观方面的原因造成,后进生也不是什么都后进,他们有优点,有特长,有闪光点,有极大的可塑性。班主任要坚信教育的力量,相信每个学生都有无限发展的可能性。通过正确的教育引导,每个后进生都是可以教育好的,甚至由后进变为先进。这样的实例可谓不胜枚举。这种正确坚定的教育观,可促使班主任以高度的社会责任感和满腔的工作热情去关心、爱护、教育每个后进生。

2. 要关心爱护后进生,密切师生关系

热爱、尊重和严格要求学生,是教师职业道德的核心内容。后进生一般都有这样或那样的缺点和不足,经常受到家长的训斥、教师的批评和班集体舆论的谴责。如果教师再对其冷落、指责、嘲讽,就更容易使学生在思想感情上与教师产生隔阂甚至对立。教育实践告诉我们,后进生往往对教师有着一种"敬而远之"的距离感,他们往往比较"心虚"、"敏感"、"有戒心"、"有敌意",常常主观地认为教师会轻视、厌弃甚至"迫害"自己,以致对真心关心他们的教师的苦口婆心的教育采取回避、沉默甚至对抗的态度,使师生之间竖起一道无形的心理屏障。在这种情况下,教师的教诲犹如"耳边风",教育不可能收到实效或收效甚微。甚至当这种教育被学生曲解时,还会导致师生关系的进一步恶化。一般来说,较为行之有效的办法,就是真诚地热爱和关心他们。教师要以真诚的爱去全面关心和帮助每一个后进生,让他们在生活和学习中亲身去体会教师的善意和真诚,赢得他们的尊重和信任,把教师当成自己的知心朋友而打开心灵的大门,真正感受到教师的可亲、可信和可敬,从而消除疑惧和对抗,达到"亲其师,信其道"的理想效果。

3. 要调查研究,找出症结,对症下药

后进生各有其特点,后进的程度和表现、形成的原因和问题的症结都各不相同。教师应该通过深入细致的调查研究,摸清情况,找出症结,对症下药;否则,凭主观臆断和推测,只会影响教育效果。例如,有一个学生,性格孤僻,沉默寡言,从不参加班集体活动,也不愿意接近老师和同学,班主任做了大量的教育工作都没有奏效。后来班主任经过调查,找到了问题的症结所在,原来这个学生从小失去了母亲,父亲又很少过问他的学习和生活,是患了"缺爱症"。

于是,班主任便利用清明节扫墓和过生日,让他去感受老师、同学和集体给予的温暖和爱,从而取得了理想的教育效果。

4. 要善寻优点,扬长避短

任何事物都是一分为二的。任何一个学生,都有其优点和长处,也有闪光的地方,也蕴藏着某些优点和长处,只是没被发现或不引人注目而已。教师就要辩证地对待后进生,善于发现和及时抓住他们身上表现出来的优点和长处,并予以鼓励。即使是微小的进步,也要及时予以肯定和表扬,使之得以充分发挥和不断巩固,从而充分调动后进生蕴含的巨大发展潜力,加速其转化过程;反之,如果总是消极地把眼睛盯在他们的缺点和错误上,动辄批评、处分乃至体罚,其最好的教育效果也只能是利用他们的恐惧心理,维持最低的教育标准。比如,有一个学生调皮不求上进,被公认为"淘气包",班主任了解到他喜欢美术,于是在成立班级黑板报编委会时,点名让他任小组长。在老师的鼓励下,他的自尊心和自信心受到了震动,从而一改旧态,逐渐开始进步。所以,高明的教师能从后进生的一些极端的表现中敏锐地看到他们期待的信任和尊重、关怀和温暖。不要戴"有色眼镜"去寻找他们身上的缺点,而要拿"放大镜"去努力寻找他们身上的"闪光点",并倍加珍惜,努力挖掘和培育。

5. 要根据学生的个别差异因材施教

由于年龄、个性以及事情的性质不同,后进生一般都表现出各自不同的显著特点。教师要针对他们的特点有的放矢,因材施教,采取多样而灵活的教育措施。比如,从年龄上说,年龄小的学生往往是由于不了解或不理解道德行为准则并出于好奇心而导致后进,对于他们给予信任并采用正面说理教育、活动指导、行为矫正的方法是比较合适的。对于年龄大的学生可以采取比较严厉的教育方法。如对于初犯而自尊心较强的学生可采用不公开的警告,对于一再重犯又不虚心接受意见的学生则可采用集体教育的方法,必要时还可以采用让其孤立的方法,使其感受到失去班集体信任的苦闷和焦虑,从而鞭策自己改正缺点和错误。

从学生的个性上说,对于自卑感较强的学生,班主任首要的是要善于发现和肯定他的优点,使之培养和树立起自尊心和自信心。对自尊心强,有能力又调皮的学生,要委以具体的工作,并提出严格要求,使之在实际锻炼中转变。对态度冷漠,有对立情绪的学生,要特别加以关心和亲近,动之以情。对迷恋某种不健康活动的学生,不能简单禁止,应因势利导,把他们的兴趣引导到正当方面。尤其对于学习、品行均落后的学生,除对他们加强思想教育外,还要采取措施培养他们的学习兴趣,提高他们的求知欲,指导他们改进学习方法,增强他们学好功课、取得进步的信心。

6. 要抓住转化的契机

一般说来,后进生意志薄弱,积重难返,但每个人并非事事差、时时差。教师要抓住有利时机促进转化。转化契机出现可能性较大的主要情况有:后进生长期受到冷漠和歧视,突然感到温暖时;长期遭受失败,偶尔取得成功时;偶尔受到某种启示,对自己的过失引起思考时;等等。班主任除了用心去发现这些契机外,还要根据契机形成的规律,积极创造条件,促使转化契机早日形成,以加速后进生的转化。

7. 要锻炼与诱因作斗争的意志力,巩固新的行为习惯

错误行动总是由内部错误观念和外部诱因引起的,因而要在注意改变内部观念的同时,控制不良诱因的影响以及培养与诱因作斗争的能力,并通过新的良好的行为习惯的形成与加强来矫正错误行为。班主任应该在学生形成新的行为动机和行为习惯的基础上,通过一定的考验方式,使学生得到锻炼,提高他们的意志力。这种锻炼必须要有适当监督。

8. 教育要持之以恒,反复抓,抓反复

由于外部各种不良诱因的影响和后进生自身意志薄弱,自制力差,辨别是非的能力低下,因此他们的进步时有反复。一些转变较好、表现较稳定的学生,有时会故态复萌;学生已经改正了的原来的缺点和错误,在新的条件下,又可能以新的形式表现出来。对此,班主任要以最大的耐心和恒心,冷静地帮助他们分析原因,进一步做深入细致的教育转化工作,切忌操之过急或灰心丧气。

一般说来,后进生在前进过程中出现的反复,并非过去错误的简单重复,而是从每次反复中都可以看到进步发展的因素。如有的后进生犯了错误后再出现反复时,即便是犯同样的错误,他也会深感内疚和不安,觉得自己辜负了老师的殷切希望,这时他对老师批评的态度也会发生变化,会感到心情沉痛、愧疚难过、甚至痛哭流涕。因此,班主任既要给予中肯的批评教育,又要注意保护已经调动起来的积极性,因势利导,促进转化。

例如,两个经常打架但已进步的学生,一次为争球又打了起来,之后来找班主任评理。班主任听完他们各自的辩白以后说:"你们打架是错误的,但与以前相比有所不同:第一,你们争的是篮球,说明你们有了正当爱好;第二,你们能中途停手,不像过去非打个你死我活才罢休;第三,你们主动找老师评理,说明愿意听从教育管理。这些都说明你们比以前进步了,只要继续努力,我相信一定会彻底改掉这个毛病的。"两个学生听后非常感动,相互承认了错误,满意地走了。从这个实例中,我们可以看出善于捕捉反复中的积极因素,鼓励学生进步的重要性。

资料夹 5-1

做好后进生转化工作的"三心"

1.诚心是促进教育者与后进生感情交流的桥梁。

2.信心是熔化"坚冰"的火焰。

3.恒心是根治后进生"旧病复发"的良药。

资料来源:韩振美,齐世伟."三心"必备:做好后进生转化工作.中国教育学刊,2009(8).

三、做好中等生的教育工作

中等生是指班级中在各方面表现都处于一般化的中间状态的学生,也就是介于优等生和后进生之间的学生。中等生在班级中占大多数,抓好中等生的教育,有着举足轻重的意义,可以大面积提高教育教学质量,既关系到班集体的形成与发展,也在某种意义上反映了一个班级的总体水平。

在班级教育与管理工作中,许多班主任往往把较多的精力放在对优等生的精心培养和对后进生的教育转化工作上,这是非常必要的。但是,在目前中小学的班主任工作中,普遍存在着对中等生的教育工作重视不够,给予中等生的关心不多,甚至没有的现象,究其原因,主要是因为对待中等生的一个普遍做法是"抓两头,带中间"。

令人担忧的是,很多班主任片面理解了"抓两头,带中间"的含义。他们为了树立先进,使全班的学生有学习的榜样,精心辅导和关心优等生,有时甚至护着他们;为了使全班学生能共同进步,班主任也会倾注大量的时间和心血在后进生身上,循循善诱,耐心转化后进生。但是,他们很少关心中等生的学习和生活,认为中等生不好也不坏,最让他们放心,所谓"抓两头,带中间"也就变成了"带而不问、带而不管、一带而过、不管不问"。

(一)中等生需要班主任的重视与教育

现实中,几乎所有的中等生对班主任忽视和冷落的态度都会在心理上受到不同程度的伤害,产生被遗忘、被抛弃的心理感受。长此以往,大多数中等生因为总是无法得到班主任的关心和鼓励,感受不到来自班主任对他们未来的信心和期待而变得失望甚至麻木,失去学习上适当的压力感和进步的动力,也就失去了成为优秀生的机会。更糟糕的是,中等生中有部分个性较为激烈的学生,就会产生一种自己不犯事决不会招来班主任的"青睐"的错误认识;甚至为了报复班主任对自己的忽视和对优秀生的偏心,他们自暴自弃,专门和班主任作对,逐渐沦为后进生。

中等生人数在班级中的比重最大,一般占整个班级人数的70%左右。同时，他们一般都具有很大的被动性、不稳定性等心理特点。这也要求班主任必须重视他们，因为如果忽视冷落他们，他们就极有可能沦为后进生；而如果"拉一拉"他们，他们就极有可能成为优秀生。因此，做好中等生的教育工作，能使后进生的面不再扩大，而优秀生的面就会越来越大，可谓事半功倍，何乐而不为！

不仅如此，做好中等生的教育工作还能对后进生和优秀生产生很大的触动作用，使后进生树立"我也能很快进步"的坚定信念，消除优秀生的优越感，使他们感受到竞争的压力和危机，更加严格要求自己。

（二）班主任要重视并做好中等生的促进工作

全面实施素质教育要求每一位班主任都要努力使班级中起点、行为不尽相同的学生都能获得最佳的发展。因此，班主任在重视后进生和优秀生培养的同时，也不要忽视对中等生的促进。

1. 要树立重视中等生工作的教育理念

心理学研究表明，如果学生长时间在一种没有矫正和强化的环境中学习和生活，他们中的大多数人就会失去动力和方向而出现错误。这就是说，如果中等生长时间被班主任忽视和冷落，尽管有极小部分会向优秀生转化，但大部分中等生会停滞不前或向后进生转化。如果班主任只把大量的精力放在后进生的转化和优秀生的培养上，就会失去对中等生的教育机会，影响他们的进步和全面提高。因此，班主任必须确立一个明确的教育理念，中等生的促进工作不容忽视，它与后进生的转化和优秀生的培养同等重要，甚至更为重要。

2. 要充分利用首因效应做好中等生的教育工作

心理学上的"首因效应"，也就是第一印象，指的是在与别人接触时，最初获得的信息对形成印象的影响最大。好的开始等于成功的一半。当一个班主任接手一个新班级后，请不要对学生急于进行排队，而应想方设法让学生一开始就明白，班主任对所有的学生都是公平的，不会因为某个学生差，就专门找他谈，也不会因为他默默无闻就不管不问。如班主任急于排队，就会自然而然地陷于"抓两头，带中间"的误区。

3. 要充分利用期望效应做好中等生的促进工作

心理学上的"期望效应"源自古希腊的一个美丽神话，塞浦路斯国王皮格马利翁用真挚的爱心感动上帝，赋予自己所深爱的一尊少女塑像以生命的奇迹。千百年来，它一直告诉人们，期望是可以创造奇迹的。美国著名心理学家罗森塔尔也用实验证明：在学校，教师对学生的期望的确可以创造奇迹，使学生获得前所未有的最佳、最迅速的发展。教育学上称之为"期望效应"或"暗含期望效应"。中等生的人数最多，班主任不可能像重视后进生和优秀生那样去"盯"着他们，但如果班主任善于利用"期望效应"，就能收到很好的效果。

4. 要通过提倡合作学习做好中等生的促进工作

合作学习理论原指在课堂教学中,按学生的不同特点进行数目不等的混合编组,让学生在合作中学习,在学习中合作。它最大的优点是能满足所有学生成就感的需要,有助于学生自信心的培养。班主任可以利用合作学习的理论在班级管理中想方设法为学生在课堂外进行合作学习提供外部条件,通过建立"中等生带后进生"等措施,使中等生得到被肯定的满足,从而有效促进他们不断进步。

5. 要通过协调好各任课教师的关系做好中等生的促进工作

许多教师往往只根据自己所教学科的成绩来判断学生的优劣。中等生因为成绩一般或某学科成绩较差,往往更容易因教师的片面观点而对他们失去信心,而教师的这种态度又很可能失去使他们转化为优秀生的机会。因此,班主任要加强与任课教师的沟通,协调任课教师之间的关系,及时通过任课教师全面了解学生,与任课教师一起共同做好中等生的促进工作。

6. 要通过少批评多表扬做好中等生的促进工作

心理学研究表明,满意或不舒适的程度越高,刺激反应就越加强或越减弱。表扬能强化学生的好行为,批评却会减弱学生的好行为。因此,班主任应尽量少批评多表扬,并且重在对他们努力的表扬上。中等生的表现平常甚至时好时差,但他们同样渴望老师的重视和表扬,渴望自己的成功和被赏识,所以,班主任应善于发现他们的闪光点,并及时予以表扬,使中等生在表扬中不断进步。

总之,班主任在工作中千万不能忘记中等生,不仅要"抓两头,带中间",更要把"抓两头,带中间"和"抓中间,促两头"的方法巧妙地结合起来,让全班学生全面发展,确保素质教育的真正实施。

第三节　培养学生个体的自我教育能力

素质教育与应试教育的最大区别,在于它打破了将教育限定在学生时代的传统,而将教育变成一种自觉的伴随一生的主要活动。因此,培养学生终身受用的自我教育能力就成了素质教育的主要特征之一,成了学校教育始终追求的目标和工作的着力点,也成了现代班主任工作的重要内容之一。对学生个体进行自我教育能力的培养,既对班主任提出了更高的要求,也是班主任教育学生是否成功的标志之一。

"自我教育是自己作为教育对象,有目的地培养自己优良思想品德,克服不良思想品德。建立在自我意识基础上,为形成良好品质而自觉进行的思想转化和行为控制,是道德修养上自觉能动性的表现。"①自我既是教育的主体,又是教育的客体。自我教育在教育体系中占有重要地位。苏联教育家苏霍姆林斯基说,"促进自我教育的教育才是真正的教育","对个人的教育离开自我教育是不可思议的"。因此,班主任必须强化学生的自我教育意识,积极引导学生学会自我教育。

一、自我教育在个体教育中起主导作用

唯物辩证法告诉我们,内因是变化的根据,外因是变化的条件,外因只有通过内因才起作用。再好的教育,没有受教育者自身的努力,也不会有好的效果。教育是外在教育和内在自我教育的统一——"教是为了不教"!温家宝同志指出:"所谓'教是为了不教',就是要培养学生'自我教育'和'自我管理'的能力。从这个意义上说,'自我教育'的理念在教育改革上具有重要意义。"这就如同大人开始抱着小孩、扶着和牵着小孩走路一样,目的是让他自己学着会走,会跑、会跳。通过外在教育,使学生养成自我教育的愿望和自我教育的能力,在明确家庭、学校、社会对自己正确要求的基础上,自我认识、自我评价、自我控制、自我锻炼、自我进取,形成良好的学习意识和优秀的思想道德品质。自我教育既是教育的结果,又是进一步教育的条件基础和内部动因。

学生在校外的表现,也说明了自我教育的重要性。有的学生在学校、在教师面前表现很好,但离开学校和教师时就判若两人,其原因是学校和教师的要求没有内化为他自己的需要和要求,没有进行自我教育,独自一人时就不能保证自己不做错事或坏事。只有促进自我教育的教育,才能解决这样一个困难问题。

"进行自我教育,应该从童年和少年时期,从 7 岁至 10 岁、11 岁时就开始教一个人学会自我管理,学会一定的本领,如果需要的话,学会'强迫自己'"。如果错过这个"最佳时期",就必然出现事倍功半的情况。因此,自我教育应适时进行。

二、自我教育的心理机制

自我意识的形成是自我教育的前提条件,自我教育的过程也是自我意识不断发展和完善的过程。

人的自我意识的形成过程,就是人的社会化过程。刚出生的婴儿没有自我意识,在其意识中,自身与周围的环境浑然一体。只有当意识发展到一定水平后,人的自我意识才开始出现。随着人们思维能力的提高,抽象思维能力不

---

① 顾明远.教育大辞典(第 1 卷).上海:上海教育出版社,1992:113.

断增强，人们才意识到，自己不仅仅具有一定的外显属性，而且还有一定的内隐属性。只有当人们逐渐能够认识到自己的社会价值，并能够根据社会的需要而主动调节自己的社会行为时，自我意识才开始趋于成熟。这一过程的完成往往要到人的青年时期。

自我意识的形成过程，也就是自我教育能力的培养过程。人的意识有一个独特的功能，它不仅能认识和反映客观世界，而且还能够把自我分为主体我（主我）和客体我（客我），把自我也作为认识和反映的对象，这就是人的自我意识。有了自我意识，个体才能对自身形成认识与评价。

自我意识主要来源于以下三个方面：

一是别人对自己是怎么评价的，即"人看我"，也就是库利的"镜中我"，把别人作为镜子来认识自我。这是自我意识产生的前提。

二是"我"是如何评价别人的评价的，即费孝通先生所说的"我看人看我"。

三是自己如何评价自己，这代表了自我意识的形成。它是在别人对自己的反映和自己对别人反映的认识基础上形成的，是对自己心理和行为活动的分析评判。人的自我意识正是在这样一个不断评价别人并进行自我评价的过程中形成和不断完善的。在这样一个不断反复的过程中，始终存在评价标准的问题，这就是一个人的价值观念。一般来说，用同一个标准来衡量自我与他人，是自我意识成熟的表现。

自我意识使人们能够不断进行自我认识、自我评价、自我反观、自我调节，这是自我教育的心理机制。自我意识的存在，使得自我教育成为可能。

资料夹 5-2

自我教育的方法——自我调节

自我调节，是指个体在心理和行为上的自我调节。通过积极主动的自我调节，以达到自我管理和自我教育的目的。运用自我调节这一方法的关键是教师创造条件，激发学生自我调节的内部动机，激发其集体荣誉感和责任感，并通过一定的实践活动，使这种自我调节的心理活动得到巩固和强化。自我调节的方法主要包括自我卷入法和补偿迁移法。

1. 自我卷入法，是指让学生个体在心理和行动上积极主动地投入某一活动的方法。在班级管理中，要充分发挥学生的主体作用，要让学生积极主动地参与管理。学生能否自我卷入是个关键因素。自我卷入的过程，也就是用积极因素克服消极因素的过程，就是自我教育和自我管理的过程。

2. 补偿迁移法。有的学生在成长过程中，受到了挫折之后，教师要及时引导他们寻求其他的积极的补偿，从而使其获得某种精神需要的满足。这种方法就是补偿迁移法。补偿迁移，是一种自我调节的重要表现形式，它可以使冷漠者热情,消沉者奋起,失望者勇进,扫去心头上沉重的乌云,看到前面的阳光。有些遭到失败的青年,正是缺乏这种自我调节的能力而苦闷、消沉,甚至颓废、绝望。在班级管理中,时时注意给失败者以力量,这是班主任的一项重要工作。

资料来源:李健民. 班主任工作心理学. 北京:学苑出版社,1989:240—241.

三、学生自我教育能力的培养

对于教育者来说,我们对教育对象所施行的一切教育影响,都有一个明确的目的——入脑、践行,就是说,也要变成学生们自己的认识、自己的观念、自己的情感、自己的意志,乃至自己的行动。真正的教育是能够引发和促进自我教育的教育,凡不能引发和促进自我教育的教育是形而上学的教育。因此,要积极引导学生进行自我教育,培养学生的自我教育能力。

1. 必须与美育相结合

没有对美好事物的热爱和追求,进行自我教育是很困难的。美育是自我教育的定向器和催化剂。学生要把社会、家长、教师的正确要求变为自己的奋斗目标,只有在学生能树立明确的是非观念,善于区别真伪、善恶、美丑,并有着对真、善、美的追求的愿望时,才有可能进行自我认识、自我评价、自我监督,坚持正确的思想言行,改正错误的思想言行。

自我教育是个体内心愉悦的过程。在学习中,要注意唤起学生对追求知识、认识事物、服从真理的喜悦感,让学生把学习看成是一种智力上乃至感情上的需要;从劳动中,能独立地进行工作,自觉地提出目标、克服困难,取得劳动成绩,在劳动成果中认识到自己的创造力和技艺的提高;在体育锻炼和生活中,克服自己的弱点,不断取得自己战胜自己的胜利。学生自我肯定的深刻程度与美感的体验程度是密切相关的。

教师对学生自我教育的指导,如果注意与美育结合进行,会收到事半功倍的效果。教师的表扬批评,在学生心目中会占有相当大的分量,一句话可能使学生奋起,一句话也可能使学生丧志。因为,学生自我教育的过程,是伴随着对真、善、美的追求和对获得成功的喜悦,是激励学生不断前进的重要动力。

2. 爱护学生的自尊心

苏霍姆林斯基认为,学生对教师越是尊重,对教师在道德上的教诲与关于如何进行自我教育的指导就越听得进去。因此,他强调,要小心得像对待一朵玫瑰花上颤动欲坠的露珠那样爱护学生的自尊心。

对学生大声音训斥和惩罚是自我教育的大敌。学生的大脑忙着接受训斥和惩罚的信息,就无暇静下心来对自己的错误行为进行思考。如经常大声呵斥学生,以罚代教,就可能使学生产生"抗药性":或者对教师产生怨恨、愤懑,甚至抵触情绪;或者习以为常,从而麻木不仁,无动于衷。

冷嘲热讽,挪揄挖苦,在集体中抖落学生的隐私和心事,最易伤害学生的自尊心,其严重后果往往甚于训斥和惩罚。

爱护学生的自尊心意味着信任每一个学生,真诚对待每一个学生并对学生寄予美好的期望。它还意味着尊重学生的独立人格。有关调查表明,学生喜欢的教师品质主要有"热爱、同情、尊重学生","耐心、温和、容易接近","对学生实事求是、严格要求"。可见,只有真诚地信任学生、尊重学生,温和接触学生心灵的教师,才能赢得学生的信赖,才能通过开诚布公的交流和沟通,启发学生进行自我教育。

3. 发扬民主,强化学生的自主意识

有些班主任往往满足于"家长式"的管理方式,满足于扮演"保姆"或"警察"的角色,往往是"管"字当头,这也管,那也管,于是使学生对班主任产生依赖心理,逐步形成不动脑的习惯,也就谈不上什么自我教育了。今天的学生有较强的自主意识,强调自尊自重和独立个性,不愿老是让老师和家长"抱着走"。这是学生自我意识的表现,是时代精神在学生身上的折射,也是引导他们进行自我教育的有利条件。班主任应发扬民主作风,尊重学生自主、自律、自治的要求,强化学生的主人翁意识,既做班集体的主人,又做自己的主人。

4. 引导学生在社会实践中认识自己、教育自己

魏书生认为,"真正的教育应当是引导学生进行自我教育","用孩子的心灵深处的能源,去照亮孩子的精神世界,显然是最节省能源的方法"。社会实践是学校联系社会、理论联系实际、认识转为行动的桥梁。学生的许多认识就是从他们的生活环境中、生活活动中得来的。通过社会实践,学生有了亲身的体验,对许多道理才能逐步理解,进而学习做人、学习做事、学会健体、学会求知、增长才干,自觉接受教育,确立正确的思想认识,提高自我教育能力,逐步养成他们正确的世界观和人生观。自我教育决不是"闭门思过"、"修身养性"。学校和班主任要根据学生特点组织形式多样、内容丰富的社会实践活动,尽量使每次活动都能引起学生浓厚的兴趣,给学生留下深刻的印象,使学生受到深刻的教育,有利于学生不断进步发展,充分发挥社会实践的育人功能。当然,学生参加的社会实践活动一定要有选择,要适合学生自我教育的需要,有利于学生的身心健康。

5. 磨炼意志,提高抗干扰能力

意志是自觉地确立目的,并根据目的来支配、调节自己的行动,克服各种困难,从而实现目的的心理活动。意志薄弱的人自我教育能力较差,较容易受外界各种因素的干扰。因此,在培养学生自我教育能力时,应提高学生的自我激励、自我控制和自我评价等能力,使之相互促进,共同提高,在实践中磨砺自己的意志,防止自我教育过程中出现反复和回归。具体做法如坚持写日记、制订执行课外阅读计划等。

值得注意的是,不同的学生的意志力是不同的,教育者要针对其不同个性采取有效措施指导行为训练,切忌一刀切或一锅煮;有些学生沉着、坚韧、持久,但经常缺乏主动性和果断性,对这类学生要着重启发他们的自觉积极性和提高他们的坚定性;有些学生积极、活跃、朝气蓬勃,但有时会产生轻率或鲁莽的行为,对这类学生要着重培养他们沉着和提高自控能力;有些学生热情、主动、果敢,但常常不能坚韧、持久,对这类学生要着重锻炼他们刻苦耐劳和坚强的毅力;还有些学生个性软弱、胆小怕事,易受暗示,对于这类学生要着重锻炼他们勇敢、果断的精神,增强他们的原则性。但是,提高学生的自我教育能力不是一蹴而就的事情,特别是社会中的各种现象会影响我们的学生,所以要培养学生识别真假、好坏的能力,注意培养免疫力。

许多优秀班主任在培养学生的自我教育能力方面进行了探索,取得了很好的效果。比如,一位优秀班主任采用五个步骤培养全班学生的自我教育能力。

第一步,帮助学生提高对自我教育的认识,让学生认识到自己生活在集体之中,自我教育与集体利益是一致的。教师的教育,别人的帮助,都是"外因"、"外力",而前进的关键在于自己的主动性、积极性,在于自己的"内因"。

第二步,采用多种方法激发学生的感情,使学生感到自我教育是一种幸福、一种快乐,而不是一件难受的事情。班主任为每一个学生创造自我教育取得点滴成功的机会,加以肯定和赞扬。

第三步,教给学生自我教育的方法,如自己制订进步计划,自己写缺点、错误的"病例",控制"三闲"(闲话、闲事、闲思),提高学习效率等,使学生真正学会进行自我教育并尝到甜头。

第四步,要求学生反复实践,逐步培养起自我教育的习惯。加强自我教育,不在乎一时一事,只有形成了习惯,天天如此,月月如此,常年如此,才是一个具有了自我教育能力的人,才能适应社会发展需要,早日成材。

第五步,在自我评价中强化自我教育。学生的自我评价,最初是在别人的评价影响下形成的。学生在彼此的行动中逐步产生了自我评价并自我改正,从而形成自我评价与自我教育之间的良性循环,增强学生的自我教育能力。

学生身上自我教育的"潜能"是很大的,这种潜能是否充分发挥出来,要看教育者能否以高超的、科学的工作艺术调动学生的积极性。这需要班主任树立新的学生观,研究学生的特点,尊重学生的人格,发扬民主作风,发挥学生的主动精神和创造精神。例如,让每个学生在集体中都有满意的角色地位;创造良好的班级环境,使每个学生都成为集体的主人;师生心理互换,增进互相的理解;运用激励的艺术,使每个学生都有昂奋的上进心理,等等。

可以看出,学生的自我教育是一个非常复杂的问题,也是一个十分重要的问题。素质教育的成败,班主任工作是否成功,在一定程度上决定于学生的自我教育。

第四节　材料阅读与思考

阅读下面两篇短文,读后思考有关问题。

一、"落选"风波[①]

(一) 背景

澜澜同学自认为平时各方面都不错,但在本学期班干部改选中落选了,她拒绝当小队长。大队部改选又没进入,于是她怀疑老师内定了其他的同学,回家时大发雷霆,认为老师偏心,公开竞选是骗人的,以后什么活动也不参加了。家长劝说无效,而且听了孩子的话,也有与孩子同样的想法。

(二) 分析原因

1. 家长文化水平较高,在家中对孩子也较民主,因此在不了解真相的情况下,认为受到了不公正的对待。

2. 孩子对自己的能力估计过高,觉得自己什么都好,别的同学不如自己。

3. 由于原来是中队委员,本学期一开始的竞选中却落选,拒绝当小队长受到了老师的批评,大队部落选等一系列事情对一个自认为不错的孩子来说确实是一个打击。

4. 孩子平时说话不多,有很多的想法也不与老师交流,形成心理上的压抑。

(三) 处理方式

1. 当家长来了解情况时,我介绍了中队选举和大队选举的情况,家长无话可说。

2. 站在孩子的立场,以"为了孩子好"为出发点,我和家长对这件事作了恳切的交谈。家长怕我找孩子谈,孩子会更不高兴,就说:"老师,我们统一说法,说别的孩子后来参加了补考。"还说:"给孩子一个挫折也好,今后的社会就是这样。"我说:"挫折教育是可行的,可以锻炼孩子的意志,但对孩子有误解的事情,就算挫折,也得明明白白,让他知道没入选的真正原因,不是因为老师的偏

---

① 应俊."落选"风波.载张延权.21世纪班主任工作案例.杭州:杭州出版社,2001:94—96.

心，老师对每位学生都是平等的。"

3. 运用教育心理学的有关知识，我诚恳的说："孩子不了解情况，产生了想法，并影响了师生的感情，这会影响他的心理健康成长，影响他的学习。如果我不去管他，让他去，最后对他很不利。我们班有五十几位学生，我必须对每位同学负责，让他们得到良好的发展。因此我必须和他沟通，恢复我们的师生情。当然还请你多多的配合，在家帮助说服教育。"家长也就没有像开始那样激动。

4. 我和澜澜的个别交流。我首先对这件事作了说明，又和她谈了些别的话，让她说说老师在他心中的形象怎样，努力拉近师生间的距离。

(四) 处理结果

事实证明，我的方法是有效的。几天后，这位孩子开朗起来了，又恢复了与其他孩子一样的与人一争高低的劲儿。

(五) 一点启示

这件事虽处理完了，但以后还可能出现类似的情况。这就要求我们老师在各种活动中，不管语言还是行为都应注意方法，不可让孩子和家长产生误会，影响工作。不仅仅这件事，其他事情也应尽可能民主，让孩子深深明白老师绝不偏心。对澜澜这样的孩子平时不能太"宠"，避免到时一点挫折都受不了。

思考与探讨：

在学校，大家一般对后进生管理较严，而对品学兼优的学生管理则有些放松。那些长期担任小干部的同学，时间长了容易滋生优越感；而在遇到挫折时，又容易片面分析问题，消极接受教训，觉得万事皆休，自暴自弃，逐渐失去进取的信心。这时候，老师要像对待荷叶上的露珠一样，小心翼翼地保护学生幼小的心灵。就像应老师那样，细心耐心地教育学生，并与家长取得联系，及时沟通，消除误会，重塑学生的自信心。通过阅读，你觉得本例中的应老师有哪些值得你学习和借鉴的地方？为了以后能够妥善处理类似问题，你应做好哪些准备？

二、学生座位自愿组合①

1985 年以来，我们班学生的座位，入学时，先按学生高矮排列，然后随着大家相互了解的加深，可以自愿组合。

组合有两个条件：第一，有利于学习；第二，要两厢情愿。

7 年前，有 3 个好朋友找到我，要求我给他们做分离手术。我问："为什么

---

① 魏书生.班主任工作漫谈.桂林：漓江出版社，1993：119—125（略有删节）

分开呢?"

"老师您没发现吗? 我们3个人都有懒病,凑在一起,相互传染,相互鼓舞,每个人的懒病都乘3倍,成立方地增长了。"

"怎么做分离手术呢?"

"您以后再发现我们在一起,就让我们写1000字的说明书;请您再跟全班同学说,号召全班同学帮帮我们的忙,监督我们。无论在家,在社会,在学校,只要发现我们在一起,就检举,我们保证感谢,保证有一次就写一次说明书。"3位懒学生争先恐后地说。

"但愿你们今后也能记得今天的话,别等以后反悔了,同学们检举,你们恩将仇报,反倒恨人家。"

"那哪能呢?"

"你们要这样想,虽然不在一起,还是好同学,还是好朋友,还要互相在心里鼓舞。为了对得起朋友,为了让朋友勤奋起来,就得暂时和朋友隔离。"

他们3人说话算话,好长时间不在一起,每人都找了勤奋的人作伴,后来都变得比较勤奋了。

我们班有个大闹将,一天晚间跟我商量:"老师,您让我到第二组第四桌去坐吧,我保证能改好爱说话的毛病。"

"为什么这座能治你的毛病呢?"

"那座的左邻是咱们班的学习尖子,右邻呢? 是最不爱说话的女同学,前面是张××,我和他合不来,平时基本见面不说话,后面是咱班的生活委员,我特别佩服他,他也能管住我,坐在这里,您说我和谁说话去。"

"那我得问问,左邻右舍同意不同意你去。"一商量,再加上我的劝说,他们同意了,这位闹将乐得蹦起来,过了两个多月,便基本改了自己好说闲话的毛病。

后进同学要换座,有时我帮着做工作;一般同学要换座,则要具备第二个条件:两厢情愿。

假设原来甲、乙两同学一桌,丙、丁两同学一桌,甲同学要换到丁同学的位置去,必须征得其他3个人的同意;乙同学同意甲离开自己和丁到自己座位来;丙同意丁离自己而去并愿意接收甲;丁则愿意离开丙又愿去和乙同桌。两厢情愿,跟我说一声,立即就可以换,有一个人不情愿也不行。愿意换的同学就去做工作,什么时候做通工作什么时候换,人家不通就不换。

引导学生从科学的角度研究人与人的组合,研究坐的位置,有利于使学生变得更理智,心胸更开阔。

随意调换座位并不是让大家都疏远后进同学,相反地,还提倡先进同学和后进同学坐一起,既提高了后进同学的成绩,也提高了先进同学帮助人、改变人的能力。

周继明同学是班长,临毕业前一年,他主动要求我不要把他和一位后进同学分开坐。他帮助这位同学已有两年了,为了这位同学的进步和班级的工作,周继明倾注了大量的时间和精力。我怕这些负担影响他个人的学习,便想给他减轻一些,找一位中等同学和他同桌。他知道了,恳切地说:"我和他已经同桌两年了,我们已经有了深厚的感情,互相理解,互相支持,互相帮助。为了支持我的工作,他改了贪玩的毛病,为班级做了大量好事,学习也有了进步。离毕业不到一年了,如果分开,我感到对不起他,也对不起班级。"我问:"你不怕影响自己的学习吗?""帮助他虽然失去了一些时间,但也使自己受到了锻炼,给他讲题时,我也加深了对问题的理解……"

也有时,两个看来是很好的朋友,经过商量成为同桌。起初挺好,但过了一段时间,两人一同来找我,请求分开。我没有发现她们两人坐在一起有什么不合适,不解地问:"你俩在一起不是挺好吗?"她们回答:"正因为我们挺好,好得过了分,彼此之间失去了互相制约的那部分作用,上课时,有时老师让讨论问题,我们便不由自主地谈点知心话。上自习也常常惦记我们下课后去玩什么,明知不对,又不好意思制止对方,也不好意思不迁就对方。这些细微的变化,别人不容易看出,只有我们自己才能感觉出来,再坐一段时间,我们的成绩肯定会下降。"我记得1988年那届学生临毕业前两个月的时间,先后有5对好朋友来找我做分离手术。

思考与探讨:

"学生座位自愿组合"实际上是给学生自我锻炼的机会。通过自我锻炼,学生的分析判断能力、自我教育能力、自我管理能力都会得到极大的提高。通过阅读并结合本章有关内容,你如何正确评价本案例的做法?如何教育学生正确处理"学习"与"座位"之间的关系?

【复习思考题】

1.结合有关理论,请你谈谈对"如何促进学生气质、性格和能力三者的和谐发展"这一问题的看法和建议。

2.通过学习有关理论,请你总结出对不同类型学生开展教育与管理工作的基本要求。

3.现在的学生大多是独生子女,是家庭中的"小太阳"。随着人们生活水平的不断提高,培养"小太阳"的自我教育能力显得十分重要而迫切。请你写一篇有关这方面工作的教育案例,并加以评析。

【拓展阅读】

1.萧枫,姜忠喆.学生人格教育.长春:吉林出版集团有限责任公司,2012.

本书从人格类型入手,对教师和学生的人格类型进行了划分,并结合大量实证研究和教学实践个案,提出了教师应如何巧妙地根据学生的心理类型,在教学的同时又针对类型差异,进行适应个别差异的教育和管理,以满足学生的需要来激发学生的学习兴趣,进而提高教学效率,使每个学生得到适合自己的发展。

2.编写组.班主任如何实现后进生的转换.北京:世界图书出版公司,2011.

本书根据班主任工作的实际需求,分门别类地对班主任的专业发展、班级管理、工作方法等方面进行了介绍,辅以一线教师的实践案例,为读者提供了丰富的参考资源。尤为可贵的是,本书注重时代性,研究和解决了一些当前教育情形下的新问题,可谓是班主任们新的宝典。

3.李晓文.学生自我发展之心理学探究.北京:教育科学出版社,2006.

本书运用综合发展心理学、临床心理学、教育学等多学科知识以及国内外相关的自我发展研究成果,并结合我国学生发展的实际情况,对自我发展的性质、规律和特征等问题进行了深入、细致的探讨,探讨了运用自我发展的契机和帮助学生成长的学习方法。

4.孙嘉卿.学生自我问题与教育方案.北京:中国轻工业出版社,2010.

本书试图解决一些伴随青少年自我发展出现的问题。虽然"自我发展"这个概念听上去很抽象,但当它表现在中小学生的一些具体行为上时却很具普遍性和代表性。本书所针对的问题都是教师日常教育教学中最常见的一些具有典型性的问题。

【本章主要参考文献】

[1]季诚钧.班主任工作技能训练.杭州:杭州大学出版社,1995.

[2]刘载荣.新编班主任工作教程.徐州:中国矿业大学出版社,2004.

[3]涂光辉.班主任工作技能.长沙:湖南师范大学出版社,2000.

[4]欧阳文珍,伍德勤.初中班主任.合肥:安徽大学出版社,1998.

[5]谭保斌.班主任学.长沙:湖南师范大学出版社,1998.

第六章 班会活动的设计和组织

⭐ 学习目标

● 了解班会活动的要求、内容和形式。
● 掌握主题班会的设计和组织方法。

班会活动是加强班级思想品德教育、促进师生交流沟通、提高班级凝聚力的重要途径。好的班会活动应是师生智慧和情感的结晶，是学生接受教育和自我教育的"黄金强档"。如何设计和组织好每一次班会活动，使班会活动主题鲜明、内容充实、形式活泼、富有意义、收效显著，是每一位班主任面临的一个重要课题。

第一节 班会活动的要求、内容和形式

班会活动是以班级为单位进行的集体活动，是班主任向学生进行思想、政治、道德教育的基本形式，是班主任组织、管理和培养班集体的重要途径，也是班集体教育影响学生个体，以及学生个体进行自我教育的一种行之有效的方式。班会活动对于增强学生民主意识、集体意识和主人翁责任感，培养独立工作能力，形成和巩固班级集体，促进每个学生个性的全面发展都有重要的作用。组织学生开展班会活动，是班主任的一项基本功。要取得班会活动的成效，关键在于班主任对班会活动的正确认识和精心设计。

一、组织班会活动的基本要求

组织班会活动没有死板的规则，这就把选择活动内容和形式的责任压到了班主任肩上，给班主任工作增加了难度，但也给班主任在工作中发挥创造性提供了广阔的天地。组织班会活动应做到以下几个基本要求：

（一）目标明确

组织班会活动，首先要有正确的目标，即明确为什么要搞这项活动，期望达到什么结果。学校里的一切活动都应有利于学生身心和谐健康地发展，增

强学生的能力和才干,有利于培养班级集体的自我教育和自我管理能力,增强集体的凝聚力,促进集体的形成、巩固和发展,这是总目标。此外,某项活动还应有其具体目标。如果目标模糊或错误,那就会为活动而活动,甚至产生负面作用,从而失去活动的意义。

(二)具有针对性、时代性和启迪性

班会活动应根据学生的年龄特征、知识水平和教育目的,有针对性地、有的放矢地选择活动内容和形式,从而使活动既具有时代特色,又适合学生的特点和需要。班主任要针对青少年学生的热点与困惑点,通过丰富多彩的集体活动,启迪和引导学生去探讨社会、人生和自我。这就要求班主任重视了解、研究学生,摸清学生的思想状况,洞察学生内心世界的情感需要,把握学生的特点和时代要求,紧扣学生的思想实际来选择活动的内容和形式,从而使班会活动有的放矢、不落俗套、充满生机、富有吸引力,具有针对性、时代性和启迪性,以达到理想的教育效果。如针对一个时期以来许多小学生玩"碰碰球"过度而严重影响教学的现象,有些学校简单地采取了"禁止"的办法。与此不同,我们有针对性地举行了一次主题班会,内容和过程大致如下:

(1)按一定规则进行玩"碰碰球"比赛,引导学生"玩也要玩出水平来"。

(2)开展想象运动:"碰碰球"像什么?引导学生从正面和侧面、静止和运动状态等多角度开展想象,培养学生思维的流畅性、灵活性、发散性、聚合性和创造性等多种品质。

(3)改进设想:"碰碰球"这一玩具还存在哪些缺点,让学生提出改进设想,并写出自己玩后的体会。其中一个学生说,这一玩具的最大缺点是"一带到学校里来玩就被老师批评"。那好,请你想出个办法来解决这一问题,如能否发明一个会做数学题的"碰碰球",或者可以测量物体长短甚至测量血压的"碰碰球"。这种玩具如果忘带了,反倒可能会遭老师的批评。

(4)正确处理学习与玩"碰碰球"之间的关系,引导和启迪学生不要因贪玩而影响了学习。

此外,有的初一班主任组织的"迈好青春第一步"、"高效率学习活动"等主题班会,也都有很强的针对性和启迪性。

(三)计划周密

"凡事预则立,不预则废"。班会活动切不可无计划,打乱仗,要周密计划,认真准备。首先,对每个学期的班会活动要有一个总的设计,把所有班会活动都纳入计划,要前后衔接,使各个活动组合成一个教育系列。其次,对每一次班会活动都要周密计划,精心设计,从活动内容、形式到地点、时间都要有细致周到的安排和组织。

班会活动要有充分准备。首先,要确定符合教育目的、能吸引青少年学生

的主题;其次,要选择好能表现主题、为学生喜闻乐见的丰富多彩的内容与形式;再次,要尽可能多地发动学生来进行准备。实际上,准备班会活动的过程就是教育、锻炼和提高学生的过程。如果每一个学生都积极地投入准备活动,激发出上进的热情,发挥自己的聪明才智,那么不仅能把班会活动搞得精彩,而且将使学生个人得到提高,班集体得到巩固和发展。

(四) 以学生为主体,充分发挥学生的主动性和创造性

班会活动是全班学生的共同活动,所以班主任要充分尊重和信任学生,善于发挥每个学生的积极性和特长,让学生在活动中有岗位、有职责,引导学生积极参加,充分发挥学生集体和个人的主动性、积极性、独立性和创造性,让每个学生大显身手,发挥特长,施展才能。在班会活动中,学生既是接受教育的客体,又是活动的主体。没有学生在活动中的主动性与创造性,班会活动就不能有效地开展。因此,教师的作用不是包办代替,而是当好参谋和导演。只有以学生为主体,让学生通过亲身的实践,才能增长智慧与才干,培养自主精神与自我教育能力。要注意两个问题:一是要把学生的主体作用贯穿于活动的全过程,从计划、设计、准备到活动、检查、评定,都要让学生参与;二是要调动每一个同学的活动积极性,让每个学生都能在班会活动中找到自己的位置并发挥作用。

(五) 活动内容的科学性、思想性、趣味性与形式的新颖、灵活、多样相结合

活动内容的科学性是指通过集体活动使学生扩大视野,开拓思路,激发求知欲,增长见识和才干;思想性是指班会活动要有利于学生身心健康与人格和谐发展,激励青少年奋发向上,有利于集体的健康发展;趣味性是指活动要使学生产生兴趣,创造一种欢乐、轻松、和谐的情境,使学生在潜移默化中受到教育和熏陶。

组织集体活动既要注意内容的科学性、思想性、趣味性,又要讲究形式的新颖、多样,做到两者的完美结合,这样才能提高班会活动的效果。春游是青少年学生喜爱的班会活动形式,但如果组织春游只着眼于让学生出去玩玩,对学生在玩的过程中表现出来的比阔气、乱花钱等不良倾向熟视无睹,那就会把"春游"变成"春忧";过生日既富有人情味又能满足学生增进友谊的心理需求,但如果偏离了健康的内容,也会使学生模仿成人社会的某些不正之风,搞吃吃喝喝、拉帮结派。

(六) 活动结束要进行自我总结和评价

检查和评价班会活动的成果和得失,是领导和组织班会活动的必要环节,也是学生自我教育的重要一环。班会活动是教育与自我教育相结合的有效形式,通过自我检查和评价,认真分析总结活动中的得失成败,不仅能及时巩固活动收获,而且能积累组织班会活动的正反面经验,有助于提高班级的工作能

力,帮助师生增长才干。

二、班会活动的内容与形式

班会活动的内容既可以是促进学生求知和智力发展的学习类活动和引导学生了解社会、增强公民意识的思想教育类活动,也可以是艺术审美活动、生活指导类活动、娱乐类活动或体育活动。班会活动内容的多样性决定了班会活动形式的多样化。组织班会活动要力求从学生的实际出发,密切结合学生的年龄特征和思想、知识、心理特点,做到既具有内容的思想教育性、针对性和开放性,又富有形式上的新颖性、多样性、艺术性和感染力。一般来说,班会活动既可以以故事会、报告会、专题讲座、演讲会、辩论会、讨论会和伦理座谈会等形式举行,又可以以歌舞表演、音乐欣赏、影剧评论、诗歌朗诵和小品相声等形式进行,还可以以体育技能竞赛、智力测验、科技发明制作和活动成果展览等形式举行,以及旅游、参观、访问和夏令营等形式进行。总之,班会活动形式越生动有趣,就越具有吸引力和说服力。

班会活动,一般有班务会、民主生活会和主题班会三种形式。

(一) 班务会

班务会是研究班务,引导全班同学对班级实行民主管理的例行班会。新班级建立了,或者新学期开始了,班级的奋斗目标、工作计划以及各种规章制度的制订或修订,需要发动全班同学酝酿、讨论和通过;班内干部的产生需要全班同学民主选举;班级有什么重大的决定和行动,需要全班统一思想;班内出现某种错误倾向,也需要通过全班同学的讨论、辩论,通过开展批评和自我批评来纠正。班务会一般在开学初、期中和期末各进行一次,它能吸引全班同学参与班集体的建设管理,能较充分地发挥班会的自我教育功能和协调功能。

班务会的主要特点是班主任引导学生经常及时地研究解决班级中的日常工作和问题,并通过它培养学生民主管理班集体的能力。

(二) 民主生活会

根据班级学生在学习、劳动、锻炼身体等日常活动中的表现和倾向,召开班级民主生活会,表扬涌现出的好人好事,指出或批评不良倾向,如有的学生扰乱秩序、不讲卫生、损坏公物、打人骂人等,组织全班学生开展议论,充分发扬民主,让大家在评议中明辨是非、善恶、美丑和荣辱,坚持真理,改正错误,进行自我教育,促进正确舆论的形成。通过正确舆论,扬善抑恶,扶正祛邪,伸张正义,抵制腐蚀。在评议的基础上,提出改进的意见和办法,推动班集体健康成长与发展。

民主生活会可以是定期的,也可以根据班级实际需要而不定期召开。其特点在于发扬民主,进行自我教育,形成正确的集体舆论,树立良好的班风。

(三) 主题班会

主题班会是根据学校培养目标或班级集体的建设和个体发展的需要来确立一个或几个教育课题——主题,并环绕主题开展活动的班会活动形式。

1. 主题班会的类型

主题班会又可分为两种类型。

(1)专题班会。这类班会一般是根据班内需要,为解决某一问题进行的。例如,针对班上某些同学学习方法死记硬背的情况,邀请老师和同学进行科学的学习方法指导和学习经验介绍,联系社会上或校内青少年犯罪事例请司法部门干部讲解法律知识等,都属于专题班会的范畴。这类班会通常采用报告、讲座、辩论会、演讲会、对话等形式,也可以模拟记者招待会的形式,使同学在明道理、辨是非的过程中受到深刻教育,是教育与自我教育相结合的好形式。

(2)综合性班会。所谓综合性,是指它包含了活动的系列化,活动形式的多样化及主题的多元化。这类班会往往是围绕一个或几个主题开展一次或一系列的活动。它不仅有突出的主题,而且活动形式也精心设计,别开生面,因此难度较大,准备时间也较长。它突出了学生的主体地位,熔教育性、知识性、趣味性于一炉,因此教育效果良好,深受同学欢迎。例如,江苏省泰州中学初一某班针对部分同学对学英语不感兴趣的情况,组织了《我和ABCD交朋友》的主题班会,以激发学生学英语的兴趣,树立学好英语的信心。班会以游戏形式进行,将26个英文字母写成彩色字母卡别在每个人胸前,扮成"字母人",由英语老师报单词,每报一个单词,就由"字母人"跑到教室中间站队排出单词。班会除了同学做拼单词的游戏外,还由班长简单介绍学外语的意义,英语课代表宣布活动规则以及介绍学英语的经验,班主任作活动小结,最后对正确排组单词次数多的同学(占全班人数二分之一)颁发奖品。综合性主题班会内容丰富,形式新颖多样,要大家齐心协力,分工合作才能搞好,它对培养学生独立工作能力,发展学生特长,促进个性全面发展有巨大作用。

2. 主题班会的具体活动的形式

主题班会的具体活动形式很多,经常采用的有模拟式主题班会、咨询式主题班会、文娱式主题班会、展览式主题班会和实践性主题班会等。

(1)模拟式主题班会。模拟式主题班会是指根据社会和班集体在一定时期的教育要求,通过设计、模仿某种具体的生活情境,组织学生扮演生活中的某种角色,让他们身临其境地感受到生活的丰富多彩和绚丽多姿,从中受到感染、启迪和教育的主题班会。其特点是情境性和模仿性强。如组织设计以"少年法庭""道德门诊""在公共汽车上""小邮局""小银行""一日班主任"等为主题的班会,引导学生通过模仿角色经历事件,从而丰富阅历和经验,增长知识和才干,逐步培养起适应社会和改造社会的能力。

(2)咨询式主题班会。所谓咨询,无非是你有问题,我来解答。咨询的作用就是解难释疑,当好参谋。咨询式主题班会有它特殊的内容,比如有些学生因成绩下降而困惑,因不能妥善处理同学关系而焦虑,因父母反目而伤心,因自己被人误解而痛苦,因找不到奋斗目标而彷徨……让他们把自己的问题以及对问题的感受讲出来,而处于被咨询者的某个人将针对他的问题予以解答和指导。

不过,咨询式主题班会有别于个别性的心理咨询活动。后者咨询的双方可以就更为个别性的私人问题作深入交谈;而前者一般适合于班级里带有共性的问题作双边式的探讨,如学习方法问题、处理人际关系问题、怎样尊敬老人问题、如何安排时间问题等。它的功能主要在于给学生以某方面的指点和疏导。

以培养健康心理、促进全面发展为目标而设计的咨询式主题班会,采用集体咨询和系统指导的方法,能收到"情绪意志健康化,思维方式现代化,人际关系和谐化"的效果。班主任针对学生思想实际,经常设计一些咨询式主题班会,让学生畅所欲言,还能逐渐培养学生的良好品质。

(3)文娱式主题班会。文娱式主题班会旨在调节学生过于紧张的生活节奏,松弛学生绷得太紧的大脑神经,丰富学生课余的精神生活,促进学生个性的全面发展。文娱式主题班会不追求纯教育性,但教育性的要素总是被包含并渗透在任何活动内容之中。举办文娱式主题班会,须注意寻找班集体课余生活的"热点"。此外,这种班会适宜于让学生来筹备。这对于培养他们的组织能力是一个很好的机会。从主题的确定、内容的设计、主持人的挑选,到准备道具、编写台词、美化环境,一切都让他们去操办,他们不仅乐意,还会焕发出极大的热情。

(4)展览式主题班会。展览式主题班会是借助于实物展出的方式,让学生得以互相了解、互相学习、互相激励的一种班会活动。

每个班级总有一批有着各种特长的学生:有的长书法,有的善刺绣,有的工丹青,有的专写作;还有一批有着各种爱好的学生:有的爱集邮,有的喜下棋……仔细观察,了解一下你的学生,就会发现:"呵,我的班级也是人才济济呀!"这是班主任工作的一个重要内容:发掘学生的特长,肯定每个人的才华,鼓励他们的自信心。这是青少年成长中极为重要的一环:让他们了解自己,发现自己,从而确定自己的发展方向,找到成才的道路。

展览式主题班会有这么几个特点:①准备阶段是一个较长的过程,展览的成功与否,关键在于准备的充分与否;②展览式主题班会可以不设主持人,每件作品本身已经说明了许多问题;③指导中小学生举办这类展览,宜从小处着手,如小建议、小发明、小设计、小制作、小改革,而不能一下子就梦想搞一个惊天动地的大发明。

(5)实践性主题班会。实践性主题班会是指组织学生接触社会,了解社会,以参加社会实践活动为主题组织的班会,其特点是具有较强的社会性和实践性。比如以"在希望的田野上""雷锋在我们的行列中""成功在于实践"等为主题组织班会,可促进学生把理论同实践结合起来,并在实践中培养应有的社会责任感和义务感。

此外,联谊式主题班会、竞赛式主题班会、演讲式主题班会等也是常用的主题班会形式。

第二节 主题班会的设计和组织

要使班会取得成功,达到预期的目标,关键是要加强对班会的设计和组织指导。由于主题班会是班会的主要形式,因而这里主要讨论主题班会的设计和组织。

组织指导主题班会,一般要经过选择并确定主题、精心设计方案、充分准备、实施活动和巩固成果等几个阶段。

一、选择并确定主题

主题班会的主题是教育活动的核心,好比一首乐曲的基调,它起着"定音"的作用。主题的选择和确定,通常可以根据教育计划和班集体的发展现状来进行,也可配合节日活动的需要来进行。题目要新颖巧妙,针对性强。班主任要深入了解学生,研究学生心灵变化的轨迹和趋向,从而使活动的主题更具针对性、目的性、思想性和典型性,使它具有鼓舞、激励和感召的教育作用,取得好的效果。一般而言,每个班级,按照其年级与学生年龄的不同、教育目的和教育内容的不同,班主任在制订班集体的教育计划时,总有一部分带有规律性的教育内容,比如,初一年级,对学生进行新集体形成的教育,要求每个同学融入新的班集体,并为新的集体作出贡献的教育,初二、初三年级也都有一些独特的教育任务。班主任可以根据各个年级独特的教育任务和本班学生的实际,来选择和确定主题班会的主题、内容和形式。资料夹 6-1 是我国著名班主任丁如许在长期实践和研究中制订的初中班级全程系列活动方案。

班会主题的选择和确定,必须遵循这样一些原则:

——主题必须具有鲜明的德育倾向;

——主题必须有助于班集体的建设与发展;

——主题必须围绕班级工作,在一个阶段内体现其重点或中心任务;

——主题必须有助于培养学生某一良好品质或有助于矫治学生某一不良

品质；

——主题必须能成为班集体在一个阶段内的行动口号；

——表现主题的语句必须是简洁、明确、生动、形象、富有号召力。

资料夹 6-1

初中班级全程系列活动目录

初一（上）：做合格的中学生

（1）当我迈进新校园时（新生谈进校体会）

（2）难忘啊！"黄金时代"（家长回忆中学时代）

（3）我是这样起步的（高年级优秀学生介绍）

（4）我在祖国怀抱里成长（诗歌朗诵会）

（5）我和 ABCD 交朋友（英语"拼单词"）

（6）我是家长小助手（家务劳动比赛）

（7）欢快的十分钟（小型、多样的体育比赛）

（8）方寸天地趣无穷（集邮知识讲座）

（9）学海初航品甘苦（学习心得交流）

（10）致敬，亲爱的老师（尊师活动）

初一（下）：当家乡的小主人

（1）请尝尝我们做的菜（自炊）

（2）小记者奔向四面八方（调查）

（3）请听我们的建议和呼声（献策）

（4）沿着历史的足迹前进（参观历史陈迹或博物馆）

（5）今日家乡在腾飞（信息交流）

（6）为了家乡，我愿……（一分钟演讲比赛）

（7）贡献我们的青春和热血（联谊）

（8）刻苦学习，为我家乡（学科竞赛）

（9）家乡蓝图任我描绘（访上级领导）

（10）家乡，请听我们的报告（新闻发布会）

初二（上）：迈好青春每一步

（1）青春，人生最宝贵的年华（青春期知识讲座）

（2）在平凡的岗位上建功立业（劳动模范报告）

（3）伟大的时代召唤着青年（家长与学生座谈）

（4）十四岁，奋飞的起点（介绍我心中的英雄）

（5）在建设祖国的行列中（访青年文明岗或农村专业户）

（6）青春在边陲闪光（与边防战士通信）

(7)最美好的青春乐章(音乐欣赏)

(8)练就强健的体魄(青春杯体育竞赛)

(9)爸爸妈妈,你们听我说(学生与家长谈心)

(10)十四岁,新的高度(14岁集体生日庆典)

初二(下):我为团旗添光辉

(1)团旗指引我成长(老共青团员作报告)

(2)怎样才能成为光荣的共青团员(论辩)

(3)用热血填写我们的志愿书(入团志愿书介绍)

(4)烈士墓前的深思(祭扫烈士墓)

(5)团旗在我心中飘扬(编报评比)

(6)在欢乐的"团员之家"(游艺)

(7)雷锋在我们的行列中(走向社会义务劳动)

(8)伴着青春的旋律前进(集体友谊舞)

(9)我们是光荣的后备队(入团宣誓)

(10)谱写我们的青春之歌(营火晚会)

初三(上):谱写人生新一页

(1)不朽的英名、壮丽的人生(讲故事比赛)

(2)成功在于实践(小发明、小实验、小制作、小考察、小论文成果介绍)

(3)我将这样对待生活(答辩)

(4)路,在我们脚下(班级演讲比赛)

(5)迈开步伐,走向远方(远足)

(6)我最敬仰的英雄们(剪报交流)

(7)我向教师进一言(与任课老师通信)

(8)钢铁是怎样炼成的(书评)

(9)我最喜爱的一句格言(格言交流)

(10)高歌新生活,立志献四化(看画赛歌)

初三(下):母校永在我心中

(1)一颗红心献祖国(家长寄语介绍)

(2)我为母校添春色(建校劳动)

(3)为母校争光的人们(与校友通信)

(4)温故知新话复习(学习经验交流)

(5)奋发努力硕果多(学习成果汇报)

(6)我为母校献一计(献计)

(7)学海无涯勤作舟(学科智力竞赛)

(8)在我成长的路上(征文)

（9）同窗情深共勉励（临别赠言）

（10）二十年后再相会（联欢）

资料来源：朱永新. 中国著名班主任德育思想录. 南京：江苏教育出版社，2004：55—57.

二、设计方案

主题确定后，要紧紧围绕主题，结合学生实际，对活动的内容、形式、时间、场地、方法等进行巧妙构思，精心设计。活动的全过程包括班会主持人的选拔培训、参与人员的确定、活动的顺序安排、讲话内容的准备、表演形式的选择和活动结果的总结反馈等，都应广泛发动学生，进行精心设计，认真准备，使设计方案得到补充、改进和完善。

一个春意融融的下午，班主任接待了一位家长的来访。二十年前，这位家长曾是该校的学生，如今，二十年过去了，他的儿子又成了该校的学生。有了这两层关系，班主任与家长的谈话就格外随便了。

穿过葡萄藤，有一株枝头开满白小花的夹竹桃，据老师说那株碗口大的夹竹桃的树龄也恰好二十年，"你在这儿读书的时候，至今仍给你留下深刻印象的事情，有吗？"

听了班主任的询问，这位如今已是高级工程师的家长略一深思，说道："有一堂班会课，至今还清晰地印在我的脑中。我还记得那堂班会的课题叫《毅力：成功的保证》。"仿佛盛开的夹竹桃打开了他记忆的阀门，接着，他绘声绘色地追叙起那堂班会的情景。

他说，那时候念高一，还不是很懂事，做事情常常虎头蛇尾，青少年的兴趣爱好又是那么广泛，于是像是更换衣服那样更换着自己的理想、志趣——一会儿收集邮票，想当集邮家；一会儿又拼命练毛笔字，想当书法家；在寒冬腊月还练过一阵子长跑……可是没有一件是坚持下来的，真可说是"三天打鱼，两天晒网"。当然许多同学都犯有同样的毛病。于是，班主任就设计了这么一堂班会，让大家懂得：做任何事情都要有毅力，因为"毅力是成功的保证"。班会上有几位同学发言，还请了校友来讲话……

"这些，都早已随着时间的流逝而淡忘了。"那位当工程师的家长停了停，接着说："唯有班会的最后一幕情景至今历历在目。因为课前我们已经知道，在这堂班会上，班主任老师要赠给我们一件礼物，于是大家兴趣盎然地盼着、猜着：老师赠给我们的该会是什么礼物？终于等到了，在同学们发言结束后，班主任——一位体态端庄消瘦的中年女教师，稳稳地从教室的后排走到了讲台前，把一只方形的木盒子郑重地放在讲台上。

"同学们的目光'唰'的一下全都落在了那木盒子上，涂着深红的漆，盖子

137

上装有铜质的古色古香的扣子,远远望去就像一只精致的首饰盒。'我赠送给同学们的礼物,就珍藏在这里。'说完,老师打开了盒盖,从里面拿出一包东西来,用一块红布裹着。这下更把我们迷惑住了,里面究竟是什么宝贝呢? 我们屏住呼吸,目不转睛地望着老师解开红布,却又露出里面的一层红纸,解开红纸,里面还有一个信封……我们张大嘴巴,见老师把信封高高举起,然后撕开一道口子,最后从里面拿出来的竟是一页白纸,白纸上有一行字,直到这时,老师才又说道:'这就是我赠给你们的礼物——一句曾使我受益匪浅的名言,也希望你们从中获得启迪。'她终于缓慢而有力地把写在纸上的一句名言念了出来:'恒心,通向成功的捷径!'"

"二十年过去了,许多课只留下一个朦胧的印象,唯有班会上老师赠送的礼物,在我的心灵上刻下了深深的痕迹。"这位家长最后说道。

是啊,教育就具有这样的力量,它能够震撼学生的心灵,也能够让学生在未来的一生中铭刻在心。看似平淡的一句名言警句,一旦进入学生的血液,化作他们的信念的一个组成部分,将会产生意想不到的教育效果。也许正是这句名言,二十年来一直在激励着那位学生家长,考上大学,成为工程师,并不断取得工作上的成就。而这一切,若从教育的角度探讨,是怎么获得的呢? 一句话:精心设计。

讲述上面的一则故事,是想说明:成功的班会设计,可以说是班主任教育艺术和教育素养的集中体现,因此,班会的设计,无论从主题的拟订,环境的渲染,还是在教育内容的选择上,都需要精心构思,引人入胜,让每一次班会的主题在学生的心灵中留下深深的痕迹。

三、准备工作

主题班会的准备工作,既是搞好班会活动的必要前提,又是学生们经受各种锻炼的教育过程。主题班会从主题的设计、确定,到班会的召开,期间有一个准备的过程。这个过程有的长,有的短。与班会的召开相比,班会的筹备过程同样富有教育意义。主题班会的教育效果实际上也往往是在过程中产生并形成的。主题班会的教育意义,不仅仅是为了"落实"某一个教育主题,它在整个筹备过程中,还能培养学生的认识能力和组织能力,培养每个学生围绕一项中心任务的参与能力和协同能力。至少,筹备过程本身就渗透了集体主义的教育。因此,在班会的准备阶段必须发动班集体每个成员,使他们关心、参与、投入到这项活动中。

通常主题班会的准备,可以分为物质准备和精神准备两个方面。

(一)物质准备工作

主要是把主题班会上要用的东西及时准备好。如会场上布置用的鲜花,表演中需要的道具、乐器、服装等均需要由专人筹备、保管、归还等。班主任要及时了解需用的物品，并帮助学生解决困难。在整个主题班会的准备过程中，要让每个学生人人有任务，人人有责任，人人参与准备。这样，学生通过亲自准备的实践过程，也就受到了极好的教育，真正使每个学生在亲自实践中得以锻炼才干。

(二)精神准备工作

主要是调动班干部和每个学生的主动性和积极性，使每个学生都自觉地投入到与主题班会有关的各项准备工作中去。各项准备工作的具体任务都要落实到干部、小组以及每个学生，并且要定时、定人地进行督促检查，务必做到准备充分、细致、严密、熟练。班主任既不能包办代替，或只作指令性的布置，又不能放手不管，放任自流，而是要善于启发引导，充分调动和发挥每个学生的主观能动性。有些准备工作，班主任还要亲自动手，督促检查，并及时帮助解决准备工作中的困难。

四、实施活动

实施活动是把主题班会的设计和准备变成行动，达到教育学生个体，以及自我教育的目的。为了使主题班会在实施活动中取得好的效果，必须注意：①作为"导演"的班主任要充分发挥学生的独立性、主动性和创造性，活动的全过程都让学生充当主角。②班主任要充分发挥主导作用，注意引导并要求每个学生紧紧围绕活动主题，用自己的语言来表达自己内心的所感、所思和所想。③班主任要当好"导演"，对活动的每个环节，有时甚至对活动的细节，都要仔细观察，给学生提出有益的建议和指导，妥善处理意外情况。

五、巩固成果

主题班会活动结束后，班主任要检查活动的教育效果，提出要求与措施，引导学生总结参加班会活动的收获与体会，把教育要求内化为学生自我教育和发展的需要，进而落实到实际行动上，做好巩固工作。同时，班主任要善于及时收集学生对活动的信息反馈，不断地总结经验教训，进一步把班会教育与平时教育紧密结合起来，将教育与活动引向深入。

资料夹 6-2

主题班会常见的六个误区

1. 题材跟风，缺乏创新精神。
2. 内容主观，代替学生思考。
3. 方法简单，沉溺于形式主义。

4. 角色错位,学生成为傀儡。

5. 目标功利,贪图一劳永逸。

6. 主题牵强,脱离生活实际。

资料来源:郑学志. 高中主题班会设计技巧与优秀案例. 北京:中国轻工业出版社,2013:16—19.

第三节 材料阅读与思考

好的班会范例很多,其活动主题、内容和形式也丰富多彩。下面介绍《蓝色的希望》和《青春花季,拒绝香烟》两则较为成功的班会,读后谈谈它们在设计和组织上的主要成功之处及对自己今后开展班会活动的启示。

一、蓝色的希望①

新学期,我接任了初一(1)班班主任。怎样才能在最短的时间内形成班集体呢? 根据以往的经验,我试着从激发同学们的自豪感和集体荣誉感入手。围绕这个想法,我精心设计了一次班会活动。

上课铃响了,像每次和新生见面一样,我总免不了激动。但我尽力保持镇定,微笑着走上讲台,用平缓亲切的语调向同学们问好:

"同学们,你们好! 从今天起,我们就要朝夕相处在一块儿了。在第一次班会上,我将送给大家一件礼物。"

"礼物?""真新鲜! 在班会上老师给同学送礼物?""是什么礼物呢?"

在孩子们的纷纷议论中,我打开了红绸裹住的小包,拿出一个镶有金边、绘着彩色图案的精致簿子,封面上写着几个鲜红的大字:"初一(1)班荣誉簿"。我双手捧着它,沿着过道绕教室走了一周,孩子们发出了"啧啧"的赞叹声。

"同学们,我虽然不是诗人,但喜欢用诗歌来表达自己的感情,请允许我献给你们一首诗,作为这本荣誉簿的题词吧!"

"老师,快念吧!"孩子们活跃了。

翻开扉页,上面写着一首小诗。望着一张张兴奋的面孔,我深情地朗诵道:

蓝色的希望,

我把它献给你们,

它默默地记下,

那属于你们的:

---

① 赖华强. 班主任工作案例教程. 广州:暨南大学出版社,2004:39.

蓝色的希望,

洁白的心灵,

火红的光点,

翠绿的青春,

金灿灿的硕果,

玫瑰色的人生。

鼓起远航的风帆吧,

向着五彩缤纷的前程飞奔!

孩子们屏住了呼吸,那一双双对未来充满希望的眼睛闪射着纯洁的光亮。我的心热了。

"希望,怎么是蓝色的呢?"有人问。"同学们,你们喜欢万里无云的天空吗? 蔚蓝色的天空,象征着我们的理想远大,希望美好。'洁白'象征着纯净、美好、高尚,就叫'洁白的心灵'。"

有几个孩子重复念着:

"蓝色的希望,

洁白的心灵。"

"对了,绿色,象征着旺盛的生命力,而你们不正处在这个翠绿色的、旺盛的年龄阶段么? 在人生的道路上,往往会有许多值得称赞的人和事,你们每做一件好事,都将是生命历程中的一个闪光点。在你们经过不懈的努力和追求之后,生活会回报你们,那就是秋天里金灿灿的硕果。到那时,人们会捧着玫瑰花来祝贺,称赞你们为人民作出了贡献。你们说,会有这一天吗?"

回答我的是孩子们跃跃欲试的神态。

"同学们,我为大家写下了第一页。后面的第一页由谁来写呢? 德、智、体几方面都优秀的同学可以来写'三好'栏;心灵手巧的同学可以来写'智慧'栏;为公办事的同学可以写'品德'栏;乐于助人的同学可以写'团结'栏;在学雷锋、学赖宁的活动中做出成绩的同学可以写'英雄的脚印'栏……同学们,争取吧! 看谁在这个簿子上留下的名字最多。"此时此刻,我和孩子们都沉浸在向往的激情中了。

"将来你们长大成人后,还能从我保留的荣誉簿上看到你留下的脚印。那时,或许你是机器旁的工人,或许你是手握钢枪的战士,或许你是碧空中银燕的驾驶者,或许你是自学成才的发明家。不管你在什么岗位上,当你看到自己在少年时代留下的脚印时,都一定会感到自豪,感到欣慰。"

"啪啪啪啪……"掌声经久不息。

在热烈的掌声中,我转身在黑板上奋力写下了几个大字:"荣誉属于你们——初一(1)班的同学们!"

"叮当,叮当……"在不知不觉中响起了下课的铃声。

一学年过去了,孩子们已经在荣誉簿上记下了一页又一页闪光的事迹,教室里整整齐齐挂着6张班集体在学校各项活动中赢得的奖状。每当我翻阅荣誉簿时,常常有孩子告诉我:

"陈老师,第一节班会课给我们留下的印象太深了。"

二、青春花季,拒绝香烟①(初中三年级)

(一) 班会背景

"吸烟有害健康",道理众所周知。可是,我们有部分中学生因为好奇,因为年幼不懂事,一边唱着"早起一支烟,舒坦大半天;饭后一支烟,赛过活神仙;睡前一支烟,梦里乐无边",一边吸起了香烟。有些同学认为吸烟是有风度的表现,是成熟的标志。有些同学根本没有仔细考虑过自己为什么要吸烟,看见别人抽了,他们也就跟着抽,至于有什么后果与危害,他们压根儿没有想过。因此,现在吸烟形成了这样一个怪现象:成年人烟民在逐渐减少,未成年人的烟民队伍却在壮大,这不能不说是一个令人担忧的社会现象。

其实,吸烟并不会让我们看起来成熟,更不会让我们获得成功。我们最好的、最受同学们喜欢的形象,不是吸烟时的模样,而是运动场上意气风发、英姿飒爽的形象,是竞赛场上沉着冷静、机智对答的形象,是课堂上认真听讲、积极思考的形象。为了向学生灌输这样的思想,我们设计了这次主题班会。

(二) 班会目的

让学生了解吸烟的危害性,让他们知道中小学生正处在长知识、长身体的重要人生阶段,应该远离一切不适宜于这一人生阶段的各种嗜好,其中也包括吸烟。同时号召广大未成年人积极行动起来,远离香烟,拒绝香烟,保护自己的身体健康。

(三) 班会准备

1. 搜集有关香烟方面的资料。

2. 分组排练歌舞、小品。

3. 准备好表演道具,可以用纸做。

(四) 活动纪实

主持人女:给大山种一首诗歌,给小鸟种一片欢乐。

主持人男:给白云种一份留恋,给阳光种一份柔和。

主持人合:青春花季,拒绝香烟。我们的主题班会"青春花季,拒绝香烟"现在正式开始!

---

① 郑学志. 中学主题班会设计与组织. 长沙:湖南师范大学出版社,2005:119—130.

主持人女:给河流种一片碧波,给大地种一份肥沃。

主持人男:给春天种一份生机,给祖国种一份祥和。

全班齐说:青春花季,拒绝香烟。

主持人女:青少年正处在人生的黄金时代,花样年华的我们天真活泼,有着强烈的求知欲,对生活中的新鲜事物充满了好奇,总是想去亲自尝试,弄个究竟,因此,难免受到社会上一些不良现象的影响。如吸烟,就是一个好奇的副产品。现在青少年吸烟问题已经成了一个不容忽视的社会问题。

主持人男:什么? 社会问题? 不就是吸支烟,有什么大不了的,犯得上这么大惊小怪,危言耸听! 我看抽烟的好处挺多,比如:困倦时提神,烦恼时顺气。人们常说"饭后一支烟,赛过活神仙","要想脑筋空,全靠烟来冲",不就是从实践中总结出来的吗? 我真不明白,你们为什么对香烟这么恨之入骨呢? 为什么要让青少年远离香烟呢?

主持人女:不明白? 没有关系,今天你认真听,仔细看,自然就会明白的。首先,让我们来听听香烟的自述吧。下面请欣赏小品《香烟的自述》。

1. 小品:《香烟的自述》

[学生 1 饰香烟烟雾。摇着帅旗上。]

独白:我是大名鼎鼎的香烟烟雾,我的成员众多,其中骁勇善战、威猛无比、能使人类患病的大将就多达 20 多位。看,我带来了我最宠爱的三位大将。

[学生 2 饰尼古丁,上。]

独白:我是尼古丁小姐,我的绝技是惯用"迷魂大法"。只需 7.5 秒,我就能到达烟民的大脑,使烟民感到一种轻柔愉快的感觉,这是让人们上瘾的秘密。我的杀伤力也了不得,1 支烟中的尼古丁可毒死一只老鼠。25 支烟中的尼古丁可毒死一头牛。40~60 毫克的尼古丁可毒死一个人。呵呵,为什么吸烟的人没有马上死去,那是因为 1 支烟的尼古丁含量只有 20 毫克,烟草类型不同也会有些差异,而且并不是 1 支烟中的尼古丁会被全部吸收。要是全部被吸收的话,哈哈,那他就倒霉啦!

[学生 3 饰烟焦油,上。]

独白:我是得到师傅真传的烟焦油。我由好几种毒素混合而成。在肺中我会浓缩成一种黏性物质,堵塞你的肺泡,阻碍你的呼吸。

[学生 4 饰一氧化碳,上。]

独白:我,一氧化碳,我的绝技是偷梁换柱。我能冒充氧气,偷偷登上血液循环的列车。当人的大脑细胞需要氧气时,才发现被我做了手脚。没有了充足的氧气,人类的大脑将会昏昏沉沉。

[学生 1 饰香烟烟雾,上。]

独白:哈哈,有了这些心爱的大将的辅佐,我对于登上"世界顶级杀手"的宝座充满了信心。亲爱的朋友,快点加入烟民的行列吧,只要你吸了烟,保管你的身体慢慢会有意想不到的疾病发生。

主持人男:哇,这么具有杀伤力,厉害,佩服,佩服。

主持人女:不知道吧!不过不知道也不怪你,因为你受伤害的部位在身体里面,你看不见它们。下面,我们看受害最深的肺是怎么说的。请欣赏小品表演《受伤的肺》。

2. 小品:《受伤的肺》

[学生1饰健康的肺甲,上。]

独白:我是一个肺,我主人是个健康活泼的学生,她清晨常到学校小树林下看书,还常常锻炼身体,远足登山,由此我获得了充足的氧气,你看我的体色多么红润健康。躺在温暖的胸怀里是多么的舒服啊!我真想放声歌唱:"我是一只小小、小小鸟……想要飞呀飞,飞到蓝天上去……"

[学生2饰病肺乙,上。]

肺乙:我就没你那么幸运了,我是一个伤痕累累的肺。我的主人是一个具有30年烟龄的老烟民,他每天要抽两包烟,大量的烟雾把我熏得黑黑的,我在勉强支撑着,如果他再继续伤害我,我将不得不和他挥泪告别了。

肺甲:他为什么要吸烟呢?

肺乙:不知道,反正他起床的第一件事情就是抽烟。不抽完第一支烟,绝对不穿衣服,害得我从清早开始就遭受委曲。现在,我的身上已经是伤痕累累了。

肺甲:有那么严重吗?

肺乙:有啊,由于他无节制地抽烟,已经把我们与氧气亲密接触的地方堵塞了。我感觉不到氧气甜蜜的味道,每天接触的就是那些黑色的烟雾。总有一天,那个可怕的肺癌啊、肺气肿啊、气管炎啊都会来的。我好可怕啊!我现在是每次睡觉,都要咳嗽好一阵子。可是就是这样,别人劝他不要吸烟了,你知道他怎么说?

肺甲:不知道。

肺乙:他说就是死了也要在棺材里放两包过瘾。唉,我多可怜啊。看来,我的前途很渺茫了。

肺甲:你怕什么,既使肺受到了损害,也还是有办法可想的。

肺乙[苦笑]:想办法?你不知道,一旦吸烟引起肺癌和肺气肿,肺泡气囊就会肿胀、破裂,肺吸收氧气和排出二氧化碳的能力就会大大降低,在极端的情况下,甚至要用气管切开术来维持病人的呼吸。具体的做法是,在病人气管上切开一个口,插入呼吸机,强行让空气进入病人的肺中。慢性支气管炎患者,在其气管中充满了黏稠的脓液状的阻塞物,使得他们痛苦地咳嗽,甚至呼吸困难。你说这样的日子好过吗?

肺甲:是啊,多可怕啊!那就告诉大家,青春花季,拒绝香烟吧!来,我带你去氧气医院看看。

主持人男:真是不听不知道,一听吓一跳。"听君一席话,胜读十年书"啊!

主持人女:是的,青春花季对于每一个人来说都是那样的难忘,既然拥有,为何不让她轰轰烈烈地度过呢?每个人都可以让她的花季充满春的气息,让她在星光斑斓里放歌,让她构成一幅幅美丽的画卷。既然这些都能做到,为何要让她变得像一潭绝望的死水,连清风也吹不起半点涟漪呢?

主持人男:我们的生活本是那样的美好,但是香烟,一种危害极大的物品,却在不断地残害着许许多多的青少年朋友。

主持人女:现在,请专家给我们讲一下吸烟的危害,大家掌声欢迎!

3. 专家讲吸烟的危害(略)

主持人男:这不是危言耸听的谎言,这是受害者对香烟的血泪控诉。

主持人女:我们的青春本应该是美好的,我们怎能忍受香烟对我们的侵蚀?

主持人男:同学们,让我们擦亮眼睛,青春花季,拒绝香烟吧!

主持人女:我们青少年正处于人生的黄金时光,花样年华的我们天真、活泼、单纯,对世界怀着巨大的好奇,有着强烈的求知欲,爸爸、妈妈的悉心爱护,为我们营造了一个充满阳光的成长环境,拒绝香烟,我们的生活就会多么幸福!下面请听小合唱《我们的生活多么幸福》。

4. 小合唱《我们的生活多么幸福》

主持人男:我们的生活多么幸福啊!是的,我们不能忘记吸烟对人类造成的危害!为了祖国的未来,为了民族的希望,我们有什么理由不好好学习呢?我们有什么理由去吸烟呢?

主持人女:是啊,这个世界上要是没有香烟该多好啊!

主持人男:其实这不能怪香烟本身啊,要怪只能够怪人。我告诉你,本来这个烟啊,还有一个美丽的故事在里边。可是现在的人只管吸烟,不知道当初烟产生的初衷了。

主持人女:故事?好听,我喜欢,你给我讲几个吧!

主持人男:好吧,我就讲讲烟的来源吧。很久以前,在一个风景如画的乡村里住着一对年轻夫妻,他们有一片土地和牧场,每天日出而作,日落而息,十分恩爱。几年后,他们有了一对粉妆玉琢般的女儿,有了成群的牛羊,仓库装满了谷物,生活丰足而平安。不幸的是,妻子患了不治之症,丈夫整日郁郁寡欢,寝食无味。妻子心痛了,便告诉他,在她死后,坟头上会长出一株阔叶草。在妻子死后,丈夫依着妻子的叮嘱,把坟头上的草叶卷成筒,吸上一口,觉得清香、爽口,使人心旷神怡,烦心顿消。丈夫知道,这是妻子在为他祈祷祝福,在为他消愁解闷……从此抽烟便普及开了。可惜的是,香烟流传到了今天,它已经没有当初的纯洁的含义了。

主持人女:是啊,现在的人们已经把它的意义丢掉了,因此它们就成了祸害人类的一个敌人。这也许是那对恩爱夫妻所没有预料到的吧。

主持人男:关于吸烟,还有很多有趣的故事呢!我不一一讲了,由我们的同学上来讲讲,如何?

主持人女:好啊,掌声有请——

5. 学生讲吸烟的故事(略)

主持人男:听了这么多香烟的趣事,回味无穷呀。过了"耳闻"瘾,现在该过"目睹"瘾了。下面请欣赏咱们班上的吸烟趣事。请小品演员上场。

6. 小品表演:《五根薯条》

[五个学生在厕所吸烟,被老师发现,班主任依次找他们五个人谈话。学生 A 上。]

老师:你吸烟了吗?

学生 A:吸……

老师:吸? 你是否知道这是违反校规、班规的,你回去好好想一想,为什么要这样?

学生 A 回去后和另外四个说:老师问你吸烟吗,你们都别承认,都说不吸,这事我自己担了。

[学生 B 上。]

老师:你吸烟吗?

学生 B:不吸。

老师[递过薯条]:那吃根薯条吧。[学生 B 自然地伸出两个指头……]

老师:不吸? 你看你拿薯条的动作。快回去好好反省,写份深刻的认识。

[学生 C 上。]

老师:吸烟吗?

学生 C:不吸。

老师:那吃根薯条吧。

[学生 C 小心地接过薯条,心中暗暗感激学生 B。幸好 B 早告诉了他,早有了准备。]

老师:不蘸点番茄酱吗?[学生 C 一不留神将酱蘸多了,便开始往碗里弹……]

老师:不吸? 烟灰弹得很熟练嘛。你这小子,先回去好好想想。

[学生 D 上。]

老师:吸烟吗?

学生 D:不吸。

老师:那吃根薯条吧。

学生 D:[吃完薯条已是汗流浃背]谢谢了。老师,要是没事的话我先回去了。

老师:你不给同学带根薯条去吃吗?

学生 D:谢谢老师。[说着把薯条顺手放在耳朵上。]

老师:唉,还说不吸烟。现在,看看自己吧。拿支笔,拿本本子,去写检查吧。

[学生 E 上。]

老师:吸烟吗?

学生 E:不吸。[然后接过老师递过来的薯条,安心放在上衣口袋里,学生 E 转身想走。]

老师[突然喊]:校长来了!

[这时,学生 E 慌忙把薯条从口袋里拿出来,放到地上使劲地踩。]

老师:这个动作还挺标准的呀。看你还敢不敢说假话了。你们都上来!

[学生 A、B、C、D、E 一齐上。]

老师:你们五人躲在厕所里抽烟,今天你们的谎话都被我识破了。烟里含有许多有害物质,对身体有很大危害。而且《中学生行为规范》第四条明确规定:中学生是不能吸烟的。你们知错不?

学生:老师,我们错了,以后再也不吸烟了。

主持人男:掌声鼓励我们的演员们。他们把偷偷吸烟者的动作表情表演得惟妙惟肖,真是精彩极了。

主持人女:我们要选择正确健康的生活方式,养成良好的行为习惯。只要我们选择了无烟的花季,我们将生活在阳光明媚、树林茂盛的春天,到处是鸟语,到处是花香。春天,春天就在我们的歌声里! 青春花季,因拒绝香烟而美丽!

主持人男:现在,请同学们用热烈的掌声请出我们吸烟的朋友进行自我解剖吧。

7. 烟民自我解剖(略)

8. 班长介绍如何尽快戒烟(略)

主持人男:听! 我们的誓言:

主持人合:走向健康! 走向明天! 走向未来!

主持人女:听! 我们的决心:

主持人合:让香烟远离,让健康永存!

主持人男:听,我们的口号是:珍惜光阴,共铸理想!

主持人女:我们的选择是:青春花季,拒绝香烟!

主持人合:青春花季因拒绝香烟而更美丽!天更蓝了,水更清了,鸟儿唱得更欢了,花儿开得更艳了!我们的明天会更美好!

9. 全班大合唱:《明天会更好》

主持人宣布班会结束。

(五)班会总结

召开了这次主题班会以后,我感受很深。劝阻青少年吸烟,净化环境确实很重要。要达到这个目的,不是一两句话能说到的,也不是一两次检讨能做得到的,关键在于,要让同学们从内心里清醒地认识到,吸烟确实有害健康,吸烟是慢性自杀,要让学生先"心动",然后再"行动",这样,就能收到事半功倍的好效果。

【复习思考题】

1. 了解一所小学或中学班级的具体情况,联系实际设计一个完整的主题班会活动方案。

2. 如果你是一名小学或中学班主任,请设计一份某学期或学段的班级系列活动方案。

【拓展阅读】

1. 朱永新.中国著名班主任德育思想录.南京:江苏教育出版社,2004.

本书收录了近十年来在中国德育探索方面做出过显著贡献的七位班主任的德育思想,他们是窦桂梅、丁如许、任小艾、李镇西、钱德仁、蒋自立和魏书生,其中丁如许老师的"让班级活动成为闪光的珍珠链"首创了中学班级全程系列活动,提出了班级活动的十大原则,对指导班级活动设计与组织具有重要价值。

2. 郑学志.高中主题班会设计技巧与优秀案例.北京:中国轻工业出版社,2013.

本书是全国著名班主任、班主任国培讲师郑学志倾力打造的一本高中主题班会设计指导书,系统阐述了高中主题班会的设计与组织技巧,介绍了21个完整的高中主题班会的优秀案例。

3. 丁如许.魅力班会课(小学卷、初中卷、高中卷).上海:华东师范大学出版社,2009.

班级活动如何设计与实施才能满足学生的需求?如何在班级活动的设计与组织实施中体现自主创新理念?班会课设计原则、基本方法、模式建构,以及在设计和实施中常见问题的分析与解决方法是什么？本书系分小学卷、初中卷和高中卷,分别以丰富的班会课案例作出了回答。每堂班会课都配有精彩的专家点评。

4.王一军,李伟平.班级活动设计与组织实施.北京:教育科学出版社,2007.

本书是在素质教育理念下,在新课程实践中,对班级活动实践的系统建构,具有鲜明的现实意义。全书主要内容有:素质教育实施中班级活动重建、班级活动的规划与方案设计、班级日常活动的创意设计、班级主题教育活动的设计与实施、班级文体活动的设计与实施、班级科技活动的设计与实施、班级读书活动的设计与实施、班级社会实践活动的设计与实施、班级心理辅导活动的设计与实施、班级活动组织与管理。

【本章主要参考文献】

[1]涂光辉,雷晓波.班主任工作技能.长沙:湖南师范大学出版社,2000.

[2]甘霖.班主任工作技能训练.上海:华东师范大学出版社,1995.

[3]赖华强.班主任工作案例教程.广州:暨南大学出版社,2004.

[4]郑学志.中学主题班会设计与组织.长沙:湖南师范大学出版社,2005.

[5]朱永新.中国著名班主任德育思想录.南京:江苏教育出版社,2004.

[6]郑学志.高中主题班会设计技巧与优秀案例.北京:中国轻工业出版社,2013.

[7]丁如许.魅力班会课(小学卷、初中卷、高中卷).上海:华东师范大学出版社,2009.

第七章　学习指导与操行评定

📖 学习目标

● 理解和掌握培养与激发学生学习动机、自我效能感的策略和方法。
● 能够结合具体学科指导学生科学运用学习的认知策略、元认知策略和资源管理策略。
● 进一步加深对操行评定价值作用的认识，掌握操行评定的基本结构、原则和撰写方法。

　　学习指导和操行评定是班级教育与管理中的一项重要工作。学习是学生的天职，作为班级教育与管理者，班主任的一个重要职责是与相关科任教师一起解决学生学习中的各种问题，指导学生掌握有效的学习策略，学会学习，改进学习方式。同时，班主任还要做好学生的操行评定，使操行评定有效地发挥评价的导向、诊断、激励和强化作用，帮助学生正确认识自己操行方面的进步和不足，促使他们总结经验教训，发扬优点，克服缺点和不足。

第一节　学生学习的指导

　　新课程要求转变"过于强调接受学习、死记硬背、机械训练"的学习方式，倡导以学生自主探究、互助合作、体验感悟为特点的学习方法。这就要求班主任必须懂得学习方法，研究学习方法，善于指导学生掌握有效学习的方法和策略，培养学生的学习能力。

一、培养和激发学生的学习动机

　　学习动机是直接推动人们学习的心理动因。只有当学生对学习活动具有强有力的正确的学习动机时，才能在学习中表现出高度自觉而主动的态度，才能以顽强的毅力去克服学习中所遇到的困难。因此，班主任要重视培养和激发学生的学习动机。

1. 帮助学生明确学习目的,树立远大抱负

研究表明,具有高抱负水平的学生,必然追求高学习目标,因而能激发强烈的学习动机;而低抱负水平的学生,追求的学习目标也低,其学习动机也一定是微弱的。因此,教师要通过运用历史上有志之士的故事、范例进行说理或组织讨论等,帮助学生树立崇高的理想和远大的抱负,培养高层次的成就需要。同时,帮助学生把远景目标与具体的近景目标结合起来,确立明确的学习目标,引导学生要既确立人生的远大志向,又要脚踏实地地努力学习。

2. 培养学生的学习兴趣

"知之者,不如好之者;好之者,不如乐之者。"兴趣和爱好是最好的老师。学习兴趣,是人们力求认识事物、获取知识技能或爱好某种活动的心理倾向,是学习动机的重要心理成分和从事学习活动的原动力。人们一旦对自己的学习内容发生兴趣,就会全身心投入,带着极大的学习热情去学习。教学中,教师可以通过建立良好的师生关系,创设问题情境,丰富教学材料和运用灵活多样的教学方法,让学生在努力学习后体验成功的快乐,通过角色扮演让学生体会到受到尊重的满足感和成功感,或充分利用已有学习兴趣的迁移等途径,帮助学生培养学习兴趣。

3. 帮助学生发展积极的自我概念和归因模式

自我概念意指个人对自己的看法和评价,它与学生学习的关系十分密切。如果学生把自己看成是失败者,那么,其就不会有努力学习的实际行动。因此,教师要帮助学生发展积极的自我概念。具体而言,应做好以下几方面工作:首先,教师对所有学生都应抱有较高的期望,使学生感受到教师对自己的理解、信任、接纳和热情的关注。其次,要善于发现和肯定学生的优点和长处,不使用破坏学生自我概念的语言和评论。研究表明,对学生抱有高期望和严要求,对其长处给予积极评价和确认,对其不足给予善意的引导、启发和恰当的批评,能够有效地激励学生内在的学习动机;相反,过多地批评、责骂和惩罚,则会破坏学生积极的自我观念。

与自我概念密切相关的是归因模式。归因理论告诉我们,学生能否进行正确有效的归因,或采取不同的归因倾向与模式,将会影响其学习动机的形成,并产生不同的学习行为。具体而言,如果学生将成功归因于自身的能力和努力这种因素,或将失败归因于自己努力不够,就会有助于学习动机的激发和培养;如果将失败归因于能力和智力这种自身不可控的因素,或将成功归因于偶然的外部因素,则会使他们丧失学习信心,表现出冷漠和听任失败的学习行为。因此,教师要了解学生的归因模式,对学生进行适当的归因训练,引导、帮助学生对学习成败进行积极的归因,消除消极的归因模式。

4. 运用奖评、竞赛、成功体验等方法激发学习动机

培养和激发学习动机的具体方法很多,教师可结合教学实际灵活运用。

(1)帮助学生设立经过努力可以达到的学习目标,创造多方面成功的机会,让他们通过个人或集体的努力,获得学习成功的体验,不断发现新的"自我",在心理上感受到学习成功的喜悦。

(2)正确运用表扬、奖励和批评。

(3)利用学习成果的反馈作用。研究表明,正确使用学习成果的反馈作用,可以激发学生学习的积极性和上进心。学生及时了解自己的学习结果,就可以进一步激发他们积极学习的动机,产生良好的学习愿望。

(4)适当开展竞赛。研究表明,在竞赛过程中,威信性动机或获得自我成就的需要更加强烈,学习兴趣和克服困难的毅力大增。因而,适当组织竞赛有助于学习动机的激发。

(5)利用已有动机进行迁移。动机迁移,是指把一种活动动机转移到另一种活动上来,或者把对这一科目的学习动机转移到另一科目的学习之中。在学生缺乏学习动力,没有明确学习目的的情况下,引导学生把从事其他活动的动机转移到学习活动中来,是一个行之有效的动机激发策略。

二、培养与激发学生学习的自我效能感

1. 利用成功体验提升效能

一般来说,当学生成功地完成一些自认为有一定困难的学习任务后,就会对学习产生信心,从而增强自我效能感;相反,过多失败的学习经历会降低自我效能感。这就要求教师要善于利用学生的成功体验来提高学生的自我效能感。为了让学生更多地体验到成功,有经验的教师经常采取三种做法:一是对某些学生尤其是差生降低成功的评判标准,在其取得了相对较小的成功时也及时给予鼓励;二是尽可能地发掘学生的长处,给学生充分展现自己长处的机会;三是为学生设置合适的学习目标,使设置的目标符合"最近发展区"的要求,或者把长期的、困难的目标分解成具体的、近期的、简单的目标,使学生在完成复杂学习任务的过程中看到自己的每一步进展,体验到学习的进步和成功。同时,教师还应引导和帮助学生自己设立目标,或者通过师生协商订立学习合同。不管何种方式,目标的设置要具体明确、渐进有序、难度适当。

2. 利用榜样提升效能

班杜拉认为,人的许多效能期望来源于观察他人的替代经验,榜样的行为表现是个体自身效能的一种重要参照,以榜样成就为中介的替代经验是影响自我效能评价的重要因素。当学习者看到与自己相当的示范者成功时,或当观察到与自己能力相似的同伴成功地完成某些学习任务时,就会替代性地转

化成对自己能力的认同,相信自己也有能力完成这项任务,从而增强自我效能感;相反,就会降低自我效能感。因此,为学生树立与其各方面情况相似的学习上进步的榜样,有助于学生自我效能感的提高。

3. 利用言语说服提升效能

班杜拉指出,建议、劝告、解释等言语说服方式是自我效能感评价的一个重要信息来源和提高自我效能感的重要途径。为了增强学生的自我效能感,必须改变他们的认知评价,让他们更为积极地看待自己的能力。为此,教师要对学生抱有积极的信念和态度,相信每个学生内心都蕴含着积极向上的愿望,都有可以开发的禀赋和才能,通过对学生积极、正面、发自内心的期望和言语反馈,结合具体教学实际对学生的学习进步给予适当的归因训练,培养学生积极的自我效能感。为了更好地通过言语说服来增强学生的学习效能感,教师应把言语说服与具体的学习策略指导及认知训练结合起来,一方面让学生相信自己有更强的能力,另一方面使学生实际看到自己更好的学习表现。

此外,人的生理和情绪唤醒状态也会影响人们对其个人效能的判断。因此,我们应该重视对学生生理和情绪的调节,增强学生的身体素质,让他们学会一些放松的技巧,培养学生乐观的情绪,从而使学生在面对困难和挑战时保持适度的情绪唤醒状态。实际上,自我效能感受到上述多种因素的综合影响,在实际教学中,教师应综合运用前面提到的各种方法。

三、加强学习的认知策略指导

(一)培养和训练学生的信息选择策略

信息选择是学习过程的重要环节,掌握和运用有效的信息选择策略是有效学习的必要条件。学生能否对有关学习内容给以选择性注意,能否预期重要的信息并保持高度的警觉,能否选择恰当的学习目标和有效的信息加工处理方法,都直接影响着学习的成败和效率的高低。因此,我们应重视对学生进行信息选择策略的培养与训练。[①]

1. 指导学生学会选择恰当的学习目标

学习目标是制约信息选择的重要因素,目标选择策略是信息选择策略的重要组成部分。因此,让学生学会选择目标应该成为信息选择策略的基础性工作。首先,要指导学生确立自己的学习总目标、阶段目标、课程目标和课时目标等目标,形成目标体系,以此发挥不同层次的目标在学习活动的不同阶段对信息选择的作用。其次,要指导学生根据反馈信息适时调整目标,用目标激励学习行为。再次,要指导学生学会选择达到目标的最恰当的手段。

---

① 刘电芝. 学习策略研究. 北京:人民教育出版社,2001:65—71.

2. 教给学生基本的信息选择技术

教给学生基本的信息选择技术是信息选择策略训练的重要内容。

(1)选择性划线技术。在重要信息下面划线或标着重号,有助于学生增强对重要信息或目标信息的敏感性。为了提高学习效率,划线应与眉批、脚注等结合起来。

(2)做笔记技术。记笔记有助于信息选择能力和学习成绩的提高。因此,教师要结合学科实际和具体的教学内容,指导学生掌握科学地做笔记的方法和技术。

(3)自我提问技术。引导学生就学习内容恰当开展自我提问,有助于对重要信息的选择和加工。所以教师应重视对学生进行自我提问技术的教学和指导。

(4)写提要技术。写提要技术既包括学习者用自己的话概括材料中主要内容的摘要,也包括概括全部学习材料或每段材料中心内容的大小标题,它们都有助于学生专注于主要信息上,提高学习效果。进行写提要技术训练,首先要教给学生基本的提要技术,如通过找出关键词句、省略不重要的细节信息、删除多余信息、画关系图等方法确定主要思想,其次,要通过运用"样板提要"等方式循序渐进地进行模仿练习。

3. 教给学生选择学习方法的策略

首先,要教会学生分析、了解自己学习的类型和特点,使他们意识到自己的认知过程、已有的知识基础、学习任务和目标,并据此选择自己恰当的学习方法;其次,教师在教学中要有意识地传授各种行之有效的学习方法,并在教学中有意识地进行学习方法的选择性策略练习,让学生能根据学习情境的变化,维持或变更学习方法的选择,根据学习进程,适时调节学习方法,最终达到能根据不同的学习情境,自觉选择最有效的学习方法。

4. 以问题为导向,引导学生对重要信息的注意

对学习中的重点、难点等内容,教师可以通过前置性问题的设计,引发学生对相关内容的注意。同时,也可通过问题类型的变化,引导学生注意的转换。教师若能采取各种有效的外部手段来引发、控制学生的注意,将会明显促进教学质量的提高。

(二)加强记忆策略的指导

掌握和灵活运用高效记忆的策略,有助于学生对知识快速、牢固的记忆,而记忆是学习的基础。只有巩固了旧知识,学习新知识才有基础。也只有巩固了知识,我们才能运用知识思考问题,解决问题。因此,为了促进学生有效学习,必须加强对学生进行记忆策略的教学和指导。具体而言,应指导学生注意以下几点:

1. 遵照意向律，提高识记心向

意向律是指识记的效果受识记有无意向和意向状况制约。识记的意向即识记的目的和意图。通常有意向的识记效果高于无意向的识记，有具体意向的识记效果高于笼统意向的识记。根据这一规律，在识记时我们应有强烈的记忆意识，明确记忆目标，要有强烈的记忆欲望并努力培养与该内容有关的兴趣，充分调动大脑的功能，达到增强记忆的效果。

2. 多种感官通道协同记忆

人的各种感觉如视觉、听觉、触觉、嗅觉和味觉等是通过不同的通道进入短时记忆的，各个感觉通道若能协同记忆同一内容，则有助于为短时记忆提供丰富的加工信息而使大脑皮层受到多方面的刺激，从而留下较深的印象。所以，要提高记忆效果，应该尽可能运用多种感觉通道协同记忆，使大脑皮层的视觉区、听觉区、嗅觉区、味觉区和动觉区等一齐兴奋起来，建立多渠道的暂时神经联系，这样在大脑皮层留下的"痕迹"就深，记忆就又快又牢。

3. 在理解的基础上进行记忆

一般来讲，理解基础上的记忆比机械的记忆效果要好。根据这一规律，学习时一定要加强理解，注意分析新旧知识的联系和内在逻辑。对于无意义的材料，可通过谐音、转义等加工方法，尽可能人为地赋予它一种意义，以便于记忆。

4. 依照组块律，加大信息量

组块律就是指识记信息的容量随组块容量的增大而增大。根据组块律扩大识记量，就必须将信息组块化，并根据个人的经验将孤立的项目尽量连接成较大的块。组块的"体积"越大，能够立刻记住的内容越多。同时，根据短时记忆的容量是 7±2 个组块的原理，我们应把识记材料按一般不超过 7 个组块的原则划分识记单元，然后一个单元一个单元地记。

5. 合理组织复习

首先，要及时复习。艾宾浩斯的遗忘曲线告诉我们，记忆的遗忘是先快后慢，先多后少。根据这个规律，要想巩固知识，就应该及时进行复习。其次，要集中复习和分散复习、集中记忆与分散记忆相结合。一般来说，内容较多、较难的材料，宜采用分散复习和记忆的方法，即把整体分成若干部分，一部分一部分地记，到各部分熟记后，再作整体记忆；而对内容较少、比较简单或短且整体性强的材料，则可采用集中的整体性复习和记忆的方法。根据记忆规律，在学习开始阶段，两次学习或复习的间隔时间要短些，次数要多些，以后间隔时间可长些，次数可少些。

6. 阅读与尝试回忆相结合

研究表明，机械地反复阅读或练习，记忆的效率并不高。如果把阅读和尝试回忆结合起来,记忆效果要好得多。所谓阅读与尝试回忆相结合,就是在学习一篇材料时,一边阅读,一边尝试背诵和回忆。这种方法之所以能提高记忆效果,是因为通过尝试回忆,充分调动了思维的积极性,建立了及时反馈的学习机制,知道哪些地方没记住,下次阅读时可以更有针对性,避免了反复阅读平均使用力量和被动接受知识的状况。

7. 适当过度学习

过度学习是在刚刚能背诵或回忆的基础上进一步学习。研究发现,学习内容的保持量随过度学习的增加而增加,但过度学习并非越多越好,一般来讲,保持效果既省时又省力的最佳过度学习率为 50%～100%。坚持过度学习,获得的知识记得更牢。

8. 在实践和练习中记忆

实践是最好的学习和记忆途径。在学习过程中,适当安排运用特定知识进行练习和实践活动,不仅能够加深对所学知识的理解,也是有效记忆知识的有效途径。

9. 对记忆内容作系统化、结构化的加工

在学习中,通过对记忆材料的观察、对比和分析,找出其具体的特征,或者通过对其进行归类、合并、概括、拟提纲等认知加工过程,把握其内在的结构和系统,使所记内容结构化、系统化,从而加深对知识的理解,提高记忆的效率。

10. 运用精制策略,掌握记忆方法

精制,又译精加工(elaboration),就是人们为了更好地理解和记住正在学习的东西而作的充实意义的添加、构建或者生发。简单地说,凡是把新学习的知识与已有知识有效联系起来,增加新知识的含义,使新知识合理化的加工就是精加工。它可以是逻辑上的推理,也可以是对信息的扩展与延伸,补充某些细节,进行某种类推或人为增加意义等。科学运用精加工策略,对高效获得知识,提高记忆效果,具有重要意义。精加工的具体策略和方法很多,其中有好多被人们称为记忆术。总结概括已有研究,比较常用的主要有联想记忆法、形象记忆法、谐音记忆法、歌诀记忆法、比较记忆法、归类记忆法、概括记忆法、纲要记忆法、自我提问技术、位置记忆法、笔记法、划线法、寻找知识之间的内在联系等方法。教师应指导学生根据记忆的内容、任务和学生的实际等情况灵活运用各种精制策略和记忆方法。为了提高学生的精加工水平,在教学中,教师要速度适当,给学生留有思考的余地与时间,随时注意新旧知识的联系,结合教学内容进行教学方法教学,适当介绍精加工的实例,并在必要时专门开设精加工策略训练课,对学生进行精加工训练。

(三) 加强组织策略的指导

当代学习理论认为,认知策略主要由复述策略、精加工策略和组织策略构成。因此,加强组织策略的指导是提高学生认知策略水平的重要途径。所谓组织策略,是把零碎的知识按照一定的逻辑、类别、结构组织起来,形成一个完整的知识系统的方法,是对信息深加工的一种重要形式。组织策略在形成知识结构的过程中有独特的作用,能有效地加强与提高对材料的记忆、理解与表述。组织策略的种类很多,概括起来主要有列提纲、列表格、作关系图等,恰当运用这些组织策略,有助于学生加深对知识的记忆和理解。教师在教学中应结合具体教学内容有意识地向学生传授组织策略的实施方法。

四、加强学习的元认知策略指导

元认知是个体对自身认知活动的认知,是个体所具有的关于自己思维和学习活动的认识,以及对自身认知过程进行计划、监控和调节的能力。它包括元认知知识、元认知体验和元认知监控这三种相互联系的成分。与此相联系,元认知策略则是元认知对认知活动进行调控时所用的方法和技术,其主要内容有计划策略、监控策略和调节策略三个部分。研究表明,元认知和元认知策略水平的高低直接影响着学生学习的效率和有效性程度。因此,提高元认知学习的意识性,加强对学生进行元认知策略的教学和指导,是提高教学有效性的重要途径。教学中加强元认知策略指导的方法主要有:

1. 丰富学生的元认知知识

学生的元认知水平与其拥有的元认知知识相关。因此,在教学中,教师除了对学生进行具体教学内容的传授外,还应结合学科知识教学向学生传授元认知知识,包括有关学习者本人特点方面的知识、有关教材特点和学习任务方面的知识、有关学习策略方面的知识等,有意识地帮助学生分析怎样根据自身和学习任务的特点科学选择学习策略和方法,引导学生把元认知知识应用到自己的学习中去,这样学生就能逐渐积累起关于元认知的知识。

2. 增强元认知体验

元认知体验是在一定学习情境中伴随认知活动而产生的认知和情感体验。因此,对元认知体验的培养,既要重“境”,要在具体的认知活动中进行,又要重“情”,重视情感的激发和培养。首先,要重视知识发生过程的教学,让学生在教学中亲自参与得出知识结论的全过程,活化和调动学生思维,并在这个过程中获得深刻的体验。其次,要根据“最近发展区”原理,在教学中给学生设置一定的难度和障碍。只有当学生经过一定的努力获得的学习成功,才能产生心理上的愉悦,从而增强学习的动力,进而取得更好的成绩。这里,应特别注意要注重调动学生的积极情绪,使教学在轻松愉快的气氛中进行,对差生的点滴进步,教师要敏锐地发现并适时鼓励,让他们也品尝到成功的喜悦,逐步克服对学习的畏难情绪,跟上教学的进度。

3. 加强元认知操作指导,提高元认知监控能力

元认知监控能力是指个体不断对自身的认知活动进行积极自觉的监视、控制和调节的能力。如个体根据自身情况采取有效学习策略,积极反馈、调节自身学习行为和学习态度,灵活运用学习方法等方面的能力。它是元认知能力的核心成分,是影响学生学习质量的一个重要因素。元认知监控主要包括计划、监视和调节这三个彼此联系的环节。所以,元认知监控能力的培养应抓住这三个环节展开。首先,学习活动前,教师要着重指导学生对活动作出切实可行的计划和安排,让学生明确学习的目标、对象和任务,并根据学习材料的特点、学习任务和自己的实际选择合适的学习策略。其次,在学习活动中,教师要指导学生排除内外干扰,不断实施自我监控,增强自我控制能力,在完成一定学习任务后及时进行反馈、修正、调整和反思评价。同时,要经常让学生开展认知"诊断"活动,掌握评价认知过程的技巧,逐步由教师帮助纠正认知偏差过渡到自己识别并纠正认知偏差。再次,在学习活动后,教师要着重培养和加强学生的自我评价意识,敦促学生及时地对自己的学习效果进行评价和反思,不断修正和调整学习计划和学习方法。要督促并指导学生对自己的学习状况及效果进行检查、反馈与评价,认真分析在学习中出现的错误和问题认真分析并及时纠正、补救。最后要督促学生深入反思和总结,一是积累以后类似场合能用的经验;二是汲取教训,以免再犯;三是考虑更好的策略以备今后选用。对学生认知监控能力的培养,要突出学生在教学中的主体性地位,发挥他们学习的主动性和积极性。在实践中,加强元认知操作指导和提高元认知监控能力的方法很多,概括起来常用的主要有以下几种:①加强课堂交流,增强学生对他人及自己认识过程的意识;②让学生每天记学习日记;③元认知提问和评价;④加强学习过程的管理。

资料夹 7-1

学法指导现场支招

学法指导所指的"学法"起码包括三方面的内容:一般学习方法、专业学习方法和学习的思维方法。每一学科都有自己专业的学习方法和特殊的思维方法。

在给一位朋友的孩子辅导功课时,我看到在他的课本上整洁又醒目地勾画了许多数学概念、公式,于是抽查其中一些,他竟然背得滚瓜烂熟,一字不差。可是作业中与这些概念相关的练习为什么还出错呢?交谈中发现,他对概念是一种机械记忆,并不完全理解,所以不能把题目和相应的概念联系起来去考虑,或者是概念与概念之间的关系没有理清楚,导致运用起来比较混乱。我们知道,数学是一个个概念的点阵,所有相关的、从属的概念需要在头脑中

形成一个网络,即建立一个数学的概念网,总概念中各相关概念是怎样发展的,头脑中要有一个清晰的脉络。例如,小学数学概念最集中的是倍数和因数这个单元,以整除的概念为基础,倍数和因数为主干,其余各概念都是派生出来的分支。我一边给这个孩子讲解和整理这些概念,一边用一棵大树形象地表示每个概念所处的位置及它们之间的关系,从而帮助他从不同的层面上来理解一个数学概念,在比较中从整体上理解各个概念。在后来的学习中,他也开始自觉主动地梳理单元内容或链接相关知识,在头脑中不断建构知识网络。这应该是一种基础的学习方法。

一位语文教师在讲《视死如归》一课时,需要理解"山峦"一词,就问学生怎样解释。学生提出字典上有两种意思:①小而尖的山;②连绵的山。教师表示不知道选用哪一个意思合适。学生们争论起来,教师看在眼里,发现学生并不问"为什么",也不会运用解决问题的方法。这时候教师需要对学生进行学法的指导,如"理解词语要用什么方法?——要根据上下文(语境)来具体解释。我们先来看看整个句子。"于是学生找出整个句子:"望着周围的山峦。"教师再问:"这个句子中哪个词语和'山峦'有联系,可以帮助理解'山峦'的意思呢?"这是指导的第二步——指导"联系"的方法。于是学生懂得把"周围"和"山峦"联系起来理解,自己得出结论。这还不够,教师还想让学生得到更多的方法训练,就请学生把眼光再放宽一点,看看文章还有没有具体描写"山峦"形象的句子,学生再找,在第四自然段有一句:"抬头望着北边那巍峨的大青山。大青山峰峦叠嶂,连绵起伏,在夜色中显得更加雄伟。"这一下结论就更加明显了,教师可以先总结"在上下文中联系相关词语解释重点词"的方法。但教师还想把这个方法训练到底,在上下文联系中挖掘深层次意义,便又问:"作者写这连绵的山有什么意义呢?"学生一看,是王若飞在面对敌人枪口的时候,两次望着"峰峦叠嶂、连绵起伏的山峦",于是教师要学生体会王若飞的心里在想些什么。其实在这里还可以用上面提出的方法:句子中就有"巍峨"、"雄伟"等词语,再扩展看全文,有"从容"、"镇静"等词语,看题目上,有"视死如归"的画龙点睛等。最后教师总结学习方法。以上过程中体现的就是一种专业的学习方法。

再有,许多学困生喜欢做计算题,简单,不易出错。但是除非按照运算法则、运算顺序循规蹈矩地进行,一旦碰到简便计算,他们还是比较头疼和费劲,看不出来能否简算,更谈不上如何简算。通常,我是分两步来指导学生确立解题思路的。

例如,$0.1+0.3+\cdots\cdots+0.9+0.11+0.13+0.15+\cdots\cdots+0.97+0.99$

先观察结构特点,是多个数连加的算式,通常会考虑运用加法交换律和结合律进行凑整;再分析它的数据特征,前面5个加数公差为0.2,后面的45个加数公差为 0.02。因此,我们可以将上式分成公差不同的两组分别进行等差数列求和。

当然,学好数学并不单是会解答几道题,数学的题目无穷,数学思想和方法才是解题的万能武器,更重要的是要学会运用数学知识,这样才能达到事半功倍的学习效果。在解决数学实际问题中,我们也要学习一些特定的思维方法:对一般复合应用题,坚持从条件求问题与从问题想条件,不断往复结合思考、探索;对求平均数问题要重视抓问句,由此找准被平分的总量和所平分的份数;相遇问题,要善于找速度和,并画行路示意图;归一问题和比例问题,要坚持摘录条件和问题列表分析;有些应用题,题目的形式不同,但它们的解题方法是一样的,如工程问题和相遇问题中的部分习题,题目的类型不同,但解题的算式是一样的。这些解题的方法和带规律的东西,需要同学们善于积累和总结才能切实掌握。

资料来源:吴樱花. 遭遇学困生——学困生的教育与转化技巧. 北京:中国轻工业出版社,2012:132－135.

五、加强学习的资源管理策略指导

(一)加强学习时间管理策略指导

要提高学习效率,就一定要学会对时间进行有效的管理和科学利用。为此,教师要指导学生掌握有效的时间管理策略。具体而言,应指导学生注意以下几点:

1. 整体规划,减少浪费

就是要把学习活动视为一个整体,对每月、每周或每天的时间进行通盘考虑、全面规划和系统部署,以提高学习的整体效应,减少时间浪费。首先,要增强学习时间的系统性,要求学生对自己所能掌握的时间,根据学习任务和自身特点,进行系统运筹,把要做的事和支出的时间用表列出,对学习任务的轻重缓急和主次进行排队。其次,要引导学生充分发挥时间的整体效应,重要的学习任务要尽量在整块时间内集中完成,以维持思维的连续性,提高学习效率。同时,还要充分利用零碎时间,将那些分散零碎的时间在整体计划的基础上,化零为整,使其发挥应有的作用。为了弄清学习过程中时间的使用情况,减少时间浪费,教师可以引导学生对自己的学习过程和作息习惯作一次分析检查,看看自己的一天是如何度过的,哪些时间还有潜力可挖,有多少时间是在做无用功。有位家长就是这样帮助自己女儿的。这位家长先将女儿在家里的活动都仔细记录下来,如起床多少分钟,吃饭多少分钟,上学多少分钟等等,结果发现大有潜力可挖。女儿在家长的帮助下,这样一项一项地进行管理,时间安排合理了,一天居然挤出了 40 多分钟的额外时间。

2. 抓住最佳时间,提高利用效率

心理学研究表明,每个人都有自己最佳、学习效率最高、做事效果最好的学习时间段。抓住最佳时间,提高利用效率,就是要求学习者充分利用最佳学习时间,最大限度地开发时间能源,提高时间的利用率,取得最佳的学习效果。首先,要抓住最佳学习时间。在不同时间内,人们的智力活跃程度、情绪状态和身体状况是不一的,因而不同时间的学习效率也存在着差异。因此,学习者要抓住每天、每周、每月中最佳的学习时间,在这段时间里安排重要和艰深的学习内容,在效率低的学习时间安排相对较易的内容或安排一些消遣性的文体娱乐活动。其次,要用好时间"生物钟"。研究发现,人的智力、体力和情绪等都存在着高低起伏的周期性节律现象,即"生物钟"。学习者按"生物钟"有规律地安排难易程度不同的学习内容和休息,能有效地帮助自己提高时间利用率。因此,教师要帮助学生明确自己整块的最佳学习时间段。研究表明,学生的最佳时间存在差异,有些人是"猫头鹰型"的,有些是"百灵鸟型"的,有些则是中午或下午型的。

3. 定时学习,交替轮作

条件反射原理告诉我们,在固定的时间学习固定的科目,有助于大脑相关部位的自主兴奋,从而取得更好的学习效果。因此,学生应养成定时学习的习惯,以提高学习效率。首先,要定时安排一天的学习时间。学习者应根据自己的实际,相对固定地安排自己一天学习、休息、睡眠和其他活动的时间。其次,要定时安排一天的学习内容。在一定的环境条件下,学习者在固定的时间学习同一科目内容,有助于大脑相应部位的自主兴奋,从而提高学习效果。此外,教师还要指导学生有节奏地间隔时间,把各种学习内容和活动轮作进行,从而提高学习效率。由于大脑经过长时间的相同刺激容易造成疲劳,所以使用一段时间后就应该让它休息或调整,以提高它的机能。学习过程中对不同学习内容、学习与活动、学习与休息实施合理科学的轮作,有助于消除大脑疲劳,提高学习效率。

(二)加强学习环境管理和信息资源利用策略的指导

学习总是在一定的环境中进行的。因此,需要对学习环境进行管理和优化,使之有利于学习。优化环境管理,教师应指导学生做好以下几方面工作:

1. 优化学校、家庭和人际环境

学校和家庭是学生学习的主要环境。因此,优化学习环境首先要营造一个和谐和充满生机的校园文化,轻松的、愉快的家庭氛围。有人通过对高考状元家庭的研究发现,高考状元的家庭或贫或富,但有一点是相似的,那就是大多十分祥和、民主、温暖。当然,环境总是不能离开人的。因此,教师还要指导学生善于调节师生关系、生生关系、母子父子关系等学习中的人际环境,这样才会使学生觉得环境可亲、可爱,从而有利于学习。

2. 注意选择和保持良好的学习环境

教师要指导学生选择和保持良好的学习环境,如学习时要注意室内良好的通风,保证室内空气新鲜;要在明亮的光线下学习,不要在月光、昏暗的灯光以及在直射的阳光下看书;白天学习应多用自然采光,要注意保持窗户玻璃的清洁;尽量避免噪声干扰;选择合适的桌椅高度,端正坐势,不要胸靠桌子,眼与书本保持30~35厘米的距离,等等。

3. 有效地利用信息资源

信息是一种重要的学习资源。在学习活动中信息既是我们学习的重要内容,同时又是达成学习目标的重要工具。信息的载体是多种多样的,各类图书资料、计算机软件、光盘、图片资料等,教师应引导学生认识信息对学习的意义,了解各类信息的特点,教给学生获得信息的方法和途径,使学生能根据学习任务主动地去获得各类信息。

(三) 科学用脑,提高学习效率

大脑是最重要的学习资源,科学开发和利用大脑,是提高学习效率的前提。脑科学研究告诉我们,学习时注意以下几点,有利于大脑功能的充分发挥。

1. 各种感官协同并用

大脑的不同区域分工细致,执行着不同的任务,构成许多不同的功能中枢,学习时各种感官若能协同进行,就能拓宽神经通路,调动各个神经中枢的积极性,从而提高学习效率。如果学习时只使用单一的感觉器官和大脑的部分区域功能,而把大部分区域功能闲置起来,这不仅造成脑资源的浪费,而且也会影响学习的效率。

2. 注意劳逸结合

首先,要科学地安排学习和休息时间。每次持续学习的时间不宜过长,学习一段时间后,就要适当休息。休息有安静休息和积极性休息两种方式。睡眠是最基本的休息方式,对消除疲劳、促进记忆、减少遗忘等有重要作用。学生一定要保证足够的睡眠时间,科学睡眠,提高睡眠质量。除善于休息外,还要注意合理作息,使生活有一定的规律性,形成良好的习惯。如把每天的活动安排成一个大体固定的作息时间表,到时该干什么就干什么,形成习惯,就可以事半功倍,减轻大脑负担,有利于大脑和身体的健康。生活杂乱无章,容易产生疲劳感。其次,要动静交替。大脑皮层各个区域经常交换着进行学习,能有效防止大脑某一区域的疲劳。因此,不同性质的学习内容互相轮换,动静配合,可以使大脑皮层保持长时间的工作能力,有效发挥各个区域的功能。

3. 合理营养,饮食卫生

大脑在工作时间需要氧和能量,如果没有及时的营养供给,没有足够的、合理的能量补充,要完成极复杂的功能活动是不可能的。所以,一定要保证大脑各种所需营养的供给,定时、合理地吃好一日三餐,同时还应注意饮食卫生。

4. 开发右脑,挖掘大脑潜能

大脑有无限的潜力,我们应通过勤于用脑、勤于动手、开发右脑的途径,充分挖掘大脑的潜力。

5. 保持良好的情绪状态

良好的情绪,能使大脑处于兴奋状态,促使人去积极地思考和成功地解决问题。因此,科学用脑,必须学会控制和调节自己的情绪,使其始终保持良好的状态,促进学习效率的提高。

第二节　学生的操行评定

操行是指学生的思想、学习、劳动、体育锻炼等各个方面的表现。操行评定就是对学生一学期(或一学年)的思想品德及各个方面的发展变化情况的评价。它是学校德育工作的一个重要组成部分,也是班主任对学生进行教育管理的一个重要环节。科学地对学生进行操行评定,可以扬善祛邪,培养学生的思想道德品质,激励学生不断奋发向上。

一、操行评定的作用

(一) 有利于学生全面正确地认识和评价自己,有督促鼓励作用

通过操行评定,可使学生看到自己的进步和不足,进一步明确自己努力的方向。学生既是教育的客体,又是教育的主体,对学生进行教育,必须调动其内在的积极性,即调动和培养学生自我教育的能力。通过评定,督促他们对照有关规定和要求,回顾自己在品德方面的表现,自我反省,认真总结经验教训。这样,就可以督促鼓励学生发扬优点、克服缺点,不断进步。也可以使优秀生戒骄戒躁,激励他们向更高的目标前进;使中等生看到自己的不足,奋起直追,迎头赶上;使后进生感到有压力,也有希望,必须从现在做起,切实改正,抬起头来扎扎实实努力追赶。

(二) 有利于班主任、教师和学校全面检查和改进工作

对学校来说,从学生的操行评语中可以了解学校前一阶段教育工作的情况,诸如德育为首是否落实? 各项教育措施的实施哪些成功,哪些不足? 原因何在? 然后可以研究进一步改进工作的办法。对于班主任来说,可以较具体、全面地了解班级中每个学生的情况,看看班级工作哪些方面做对了,做好了,

教育效果是否显著,哪些方面做错了,失败了,从而可以及时总结经验教训,不断改进工作,推动班级各项工作的顺利开展。对于今后高一级的教师和学校来说,它是学生材料的重要组成部分,为他们进一步了解、教育和培养学生提供了重要的依据。

(三) 有利于家长了解子女在学校的表现,更好地配合学校教育

学校定期地对学生的操行进行考核评价,并及时与家长进行联系和沟通,可使家长较全面地了解子女在学校的表现情况,如学习是否有进步,思想心理状况怎样,行为规范如何,等等,从而更好地配合学校加强家庭教育。

资料夹 7-2

成长报告里的评语

唐文国

刚从学校毕业的我,初入教坛时,心里既快乐又紧张。白天跟一群孩子待在一起,晚上睡觉做梦时脑子里还不停地显现出一张张学生的笑脸……

每天我总是充满信心和热情走上讲台:对每一位学生友好,给学生微笑,用柔和的声音和学生们说话,常常利用课外活动时间给他们读文章、讲故事,和他们谈心……

但是,有时候我却明显地感受到:有些学生好像并不太领我的情。

课堂上,他们的纪律特别不好,有时乱糟糟的安静不下来,有大声的争吵,有刁难的问题,有不怀好意的笑声。尤其是王纳,上课讲话,离开座位,扔东西,和同学吵架,毫无顾忌。有一次当我讲完了某一疑点后,他竟然恶作剧地举手说听不懂,问他哪儿听不懂,他说都听不懂。放学后,我把他留下来,只是想给他补课,可他竟然没留下,回家了。

这一切,都让刚工作的我心情烦躁。

我带的那个班很快就成了学校出名的差班。学生们的成绩糟糕,家长和任课教师的意见大,校长为此找我谈了几次话。我满腔的工作热情几乎被浇了个透心凉,对自己很失望,但仍然给自己鼓劲决定放手一搏。

暑期长假开始的前一天,我照例会给学生发放本学期的成长报告,那上面会有老师对学生这学期的总结评语。

这天,教室里气氛很沉闷。走进教室,学生们也没有像平时那样吵闹,似乎心里都在静静地想着发放成长报告的事——"不知道老师会怎么评价自己呢?"

环顾整个教室,坐在第一排的王纳平时一向很调皮,今天也安安静静坐在一边,似乎心里也在琢磨:"成长报告是要拿回家去,要家长亲自签字的……"

每位同学听我念到名字时都上来拿成长报告。王纳是最后一个拿到的。

当他低着头飞快地接过报告时,眼睛偷偷向上瞅了我一眼。我面带微笑,心里想:王纳平时你这么调皮,这个时候也知道怕了啊!

终于,我依次给学生们发放完了成长报告。

没过多久,我看见整个班上的同学都露出了开心的笑脸。不时地听到当中有一些同学在相互地窃窃私语:"这是真的吗?""我从不知道唐老师会注意到我这个!""我不知道老师竟然会这么喜欢我!"……

其实,我在成长报告上并没有挑剔、严厉的措辞,只是把每一个学生独具个性的闪光点记录在上面。甚至于在王纳的成长报告上,我也没有过多的指责。希望他能明白,能感悟……

我是这样给王纳写的:"你这个'小家伙'可真是让我欢喜让我忧。我喜欢你打破砂锅问到底的精神,喜欢你是个天生的乐天派,喜欢你在课堂上总是能带着大家的思路到一个奇异的地方,也喜欢你一到台前就是边说边舞的模样。因此不管你在撞伤同学时,在捉弄同学时,在拖拉作业时,我都期待着你的变化。可是你的'多动症'和上课时非要自己发言的架势令老师担忧。如果你能学会和大家和睦相处、互相帮助、真诚团结,让人欣赏你的机敏,你的亮点;如果再积极地让谦让和宽容在自己心中成长,敢于把他人放在心中更重要的位置,你会是一个更加可爱的孩子。那时你就可以自豪地说:'我是个男子汉!'让我们一起努力,好吗?"

下课后,我走出了教室。没走出几步,听见有学生在后面叫我,回头一看是王纳。他走到我跟前,说道:"唐老师,请您等一下。"

我停了下来,微笑着注视着他。

这时我发现王纳的脸飞起了红霞,对着我恭恭敬敬做了个九十度鞠躬:"谢谢您,唐老师!"说完,便飞快转身跑了。我站在那儿发呆了几秒,笑了。我仿佛看到了一丝希望:希望你能真正明白老师的意图,快快成长懂事吧!

果然,从那以后,王纳变了,从课堂上的口不择言到如今的学会倾听,学会合作,学会思考,似乎只费了一昼夜的工夫。当然,课堂也就更安静了。

资料来源:徐学福,房慧.名师讲述如何提升学生自主学习能力.重庆:西南师范大学出版社,2008:57—59.

二、操行评定的结构

操行评定的基本内容应以学生守则、学生日常行为规范、学校德育大纲和国家有关操行评定的文件为依据,重点考查学生某个时期、一学期或一学年来在课内外、校内外的各方面表现,重点是学生的思想品德、学习、劳动、纪律等方面的表现。操行评定的结构主要包括"操行评语"和"操行等级"两个部分。

（一）操行评语

操行评语是班主任用书面语言对学生的操行所作出的评定。对学生操行评定,分为经常性和定期性两种。经常性的评定,是对学生日常生活中的表现,综合各方面的意见,做出现阶段比较全面的评价。定期性评定是指在学期末或学年末对每个学生的操行进行系统的、详细的、全面的评定,并且写出评语,填入手册,发给学生,通知家长。

（二）操行等级

根据学生在思想、学习、纪律、卫生、劳动、文体活动等方面的表现情况,其操行可分别评为优秀、良好、及格、不及格四个等级。

优秀:对评定内容的诸方面都做得好,或某些方面有突出好的表现。

良好:对评定内容的诸方面基本能做到。

及格:对评定内容的诸方面基本能做到,但在某些方面做得不好,有严重缺点,或有较大错误,但已改正。

不及格:对评定内容规定的大部分不能做到,或在某些方面有严重错误,或有违法和有轻微犯罪行为,且不能接受教育,无改正表现。

对于不及格等级的评定,班主任应提交教导处或校长室研究,慎重对待。

三、操行评定的原则

（一）客观性原则

即在评定时必须按照统一的评价标准,尊重客观事实,实事求是地反映和评价学生的操行状况。尽可能地克服亲疏关系、个人感情、印刻现象、近因现象等因素的影响,要以认真负责的态度,尽可能多地掌握学生的第一手材料,争取评出学生的个性和特点,避免评语空洞、公式化的现象。

（二）教育性原则

即不只是把评定过程看成是某种目的,而要把它看成是对学生进行教育的过程和手段。学生德、智、体各方面都处于发展变化之中,不论是"优秀生"或"落后生"都有可能向好或坏两个方向变化,因而要看到他们过去的优点和缺点,更要看到他们现在的表现,要看到他们发展、变化的趋势,不以静止、僵化的观点评定学生。要把评定工作作为下一轮工作的起点,从评语中要体现教师的期望和对学生平等、无私、广博的爱。

（三）激励性原则

操行评定应充满师爱和期望,具有激励性。有爱才有教育,感受到爱才能愉快地接受教育。在评语中要注入师情,透出爱心,充满期望,让学生看到的是希望,得到的是前进的动力。为此,在评定时,要多正面表扬学生的优点和长处,多看到学生身上的积极因素,把肯定性评价与否定性评价结合起来,但以肯定性评价为主。特别是对于后进生,更要尽量去发现他们身上的"闪光点",使评定成为教育学生和学生自我教育的重要方式。

(四) 个体性原则

在评定时,要写出每个学生的个性,突出每个学生的特点。一份好的评定,能使旁观者"见字如见其人"。如果只注意泛泛的全面评价,每个学生的评语都大同小异,千人一面,评价就失去了它应有的作用。一般来说,现在班主任给学生写评语,都是从思想政治、道德品质、学习态度、文明礼貌等方面评价学生的优缺点。这种评价是必要的,但必须注意避免格式单调、内容雷同、千人一面,缺乏针对性等弊端,应该在内容上具体细致,不仅要体现出学生在各方面表现程度上的差别,而且要反映出学生的个性特点。因此,教师既要对学生进行全面的评价,又要抓住学生的特点进行评价,以保证评价的深刻性和准确性。

(五) 整体性原则

从内容上说,要对学生德、智、体各方面情况进行整体的评定,不以偏概全;从时间上说,要反映学生本学期或学年的综合表现,不搞先入为主或"舍远求近";从空间上说,要尽可能地反映学生课内课外、校内校外各方面的情况,不以点代面。为此,班主任应尽可能地通过多种途径,全面地收集、积累学生的有关材料,在评定中尽可能全面地反映学生各方面的优缺点,反映其发展变化的状况。当然,强调整体性,并不是说要平均用力,而是要在整体把握的基础上突出重点,分清主次。

(六) 民主性原则

在评定时,班主任要充分发挥学生、任课教师、学校领导、家长等各方面人员的作用,不搞主观武断和一手包办。尽管班主任与学生接触较多,对学生有较全面的了解,但毕竟时间、精力和活动范围有限,不可能对所有学生在各种时间、场合的表现都完全了解,因而在评定时,班主任要主动征求家长、科任教师、学生干部等各类人员的意见,尤其要发挥学生自评和学生集体互评的作用。这是保证评定结果客观、全面、准确的一个重要条件,也是培养学生民主精神、自我教育能力的有效手段。

四、操行评语的写作

(一) 操行评语写作中存在的常见弊端

长期以来,很多班主任仅把操行评定当作一项任务来应付,评定时消极被动,敷衍塞责,三言两语搪塞过去。个别教师甚至请学生代写,只求完成任务,不思教育效果。加之有些班主任自身文化素质差、期末事情多等原因,致使操行评定中普通存在以下几种弊端:

第一，公式化、缺乏艺术性。操行评语采用"思想＋学习＋期望"、"先德后智再体美"、"优点、缺点加希望"的机械格式，"八股调"、"三段式"千篇一律，平淡无味，老生常谈，评语缺乏新意，激不起学生的兴趣，达不到教育目的。

第二，大众化、缺乏激励性。操行评定用语缺少变化，缺乏具有振奋性和激励性的语句，更缺乏时代气息。上学期与这学期差不多，去年和今年差不多，看不出变化、发展。

第三，脸谱化、缺乏针对性。评语未能体现出每个学生的个性特征，千人一面，万评一语，"放之人人而皆可"。由于平时对学生缺乏观察、了解，觉得这个学生和那个学生差不多，写不出个性化的内容，只是用"团结学生"、"遵守纪律"等常用几个词来搪塞。更有甚者，有些班主任只是先把全班学生的优缺点和希望罗列为若干条，再打印出来从中勾出几条作为该生的操行评语发给学生。

第四，公文化、缺乏情感性。大凡这类评语，开头便是"该生本学期以来，如何如何……"一个"该生"拉开了师生之间的情感距离。

第五，主观化、缺乏客观性。操行评定只凭班主任独自"发挥"，由于受个人成见等心理因素影响，评语往往有失公正，使学生产生抵触情绪，出现负面影响。

由于操行评定存在着上述种种弊端，致使其难以发挥激励学生、改进工作的应有作用。正如有人所说，目前的操行评语是"教师写起来没劲，学生看起来乏味，家长读起来无奈"。因此，在大力推进素质教育的今天，必须革除传统操行评定中存在的种种弊端，使之充分发挥教育学生的巨大作用。

（二）撰写操行评语应注意的几个问题

1. 语言的艺术性

评语能否起到教育学生的作用在很大程度上取决于教师的语言艺术。评语中的语言要体现以下特点：

（1）人称亲切。传统的评语往往以"该生"相称。翻开学生的评语，几乎千篇一律都是该生如何如何，给人以一种冷冰冰的感觉。为了发挥评语的作用，应把传统的"该生"改为第二人称的"你"，必要时也可把"我"放进评语之中。这样，学生在看评语时就会觉得犹如在和教师倾心交谈。这有利于引起师生的感情共鸣，从而达到教育学生的目的。

（2）表扬生动。肯定学生的优点和成绩，激励学生不断地进步，是操行评语的重要内容。在表达这部分内容的时候，要注意运用生动、活泼的语言去感染学生，使之产生长久的激励作用。比如给一个工作认真负责的劳动委员写的评语，不要出现诸如"热爱劳动、工作积极"等空洞的话语，可以这样写："每次看到劳动后疲惫的你，我都不禁油然生起一种对伟大而普通劳动者的崇敬之情。"

（3）批评委婉。撰写操行评语的时候,应该恰当地指出学生的缺点和存在问题,既要让学生认识到自己的缺点和不足,又不能伤害学生的自尊心。我们要注意语言的技巧,尽量地用委婉、含蓄而不失幽默的语言进行批评。下面是给一位重理轻文的男生的评语:"头脑聪明,意志坚强且自信自尊,数理化一直学得很好。其实对于文科的学习,只要高度重视,肯花功夫,一定也能学得像理科一样棒的!"再如有一位叫小静的女孩子,平时做事轻率,不加思考,以至于经常做错事。针对这一点,班主任利用她的名字"小静"二字给她写了如下评语:"在人生的道路上若常小静片刻,自己的天空会更加高远……"

2. 语言的针对性

传统的评语有一个弱点就是面面俱到,看起来似乎很全面,实际上没有哪一方面能给人留下深刻的印象。我们在写评语时,一定要突出学生的个性特点和本学期的突出表现,抓住学生的闪光点,这样才有利于指导学生正确地认识自己,写出来的评语也才能真正做到恰如其分。例如,对于一个活泼开朗却因缺乏自控能力而不太受同学们欢迎的学生,可以这样写:"天真好动,在各项活动中表现都很积极,但有时不注意方式方法,缺乏冷静的思考,以至于常使大家误会,如果能注意这一点,你会更受同学们的尊重。"短短几句话正中要害,易引起学生心灵的震动。

3. 变"粗制"为"细琢",增加评语的动情效应

操行评语要做到亲切、诚挚、新鲜,使学生易于接受,便于师生情感交流,引起学生良好的心理反应,产生一种积极的动情效应。这方面,以下几种写作技巧可供参考:

（1）赞美长处,引起学生成功的体验。学生最喜欢的评语大多是那些自己的特长或进步被老师肯定欣赏的评语。老师对学生的长处写得越细,学生印象就越深。有位老师这样赞赏学生:"你曾默默地拾起楼梯上的纸片,你曾悄悄地倒掉袋子里的垃圾,你曾主动地帮助同学修好了桌椅,你曾亲自把生病的同学送到了家里……外表朴实的你有一颗金子般的心灵。老师以你为荣!"这样的操行评语贴近学生生活、富有个性,它会勾起学生美好的回忆,学生一旦发现自己点点滴滴都被老师所关注,就会更加努力,更加自信。这就为教育创造了一个最佳时机。

（2）理解宽容,引起学生信任的体验。特别是在对后进生的评语中,对他们的缺点、失误持理解宽容的态度,便于引起学生的内心震动,使他们对老师产生信任感和亲切感。有位老师是这样对待落后学生的:老师非常理解你,每次拿到批阅好的试卷时,你总是用铅笔盒遮住卷上的成绩,抬不起头。你不必自责,你确实已经尽了很大的努力,尽到努力本身也是一种成绩,何况你一次比一次进步呢！放下包袱吧，奋发努力定会迎来更大的进步。

（3）推心置腹，引起学生反思的体验。对学生的缺点和不足，不能隐瞒，应明确而又委婉、推心置腹地提出来，使学生体味到你的真诚，认识到自己的问题。有位老师给一位四年级学生这样写道："松颖，你犹如一汪清水，清澈见底，为人光明磊落，快人快语，但你经常对同学过分严厉，这难免使同学生厌，使自己孤立，你能否学会赞美别人，宽待别人，克制自己，不要因小事而与同学争吵。到那时，你会觉得天空是那样蓝，心情是那样好，同学是那样亲。"

（4）鼓励进步，引起学生自信的体验。对个别自卑和退步明显的学生，可抓住其细微的闪光点，加以肯定，增强其自信心。有位老师这样写给一位自卑、胆小的三年级男学生："在众多的手臂中，老师惊喜地发现了你举起的手臂，虽然还有些犹豫；在众多的发言中，终于听到了你的声音，尽管还有些微弱。你终于战胜了过去的你，你是我班的骄傲！希望你继续努力，像你的同桌那样，该出手时就出手，手臂再举直些，声音再响亮些，你定会成为一个真正的男子汉。"

（5）体贴入微，引起学生关爱的体验。性格内向、腼腆的学生，平时经常遭受的是冷落，也引不起班主任关注，这类学生的操行评语往往较难写。一位老师从细微处入手，让其感受到老师关注的目光："老师已经知道了一切。爸爸妈妈分开过了，你也不必难过，你就安心地跟奶奶过吧！其实爸妈也还是爱你的。除了爸妈，老师和同学会更加爱你，暑假想与你一起玩、一起学习的同学不是很多吗？让这个阴影在你的脑子中抹去吧，你应该比别人更坚强、更出色！"

（6）亲切交谈，引起学生平等的体验。在操行评语撰写中，如果老师能把学生当成自己的朋友，真正尊重学生，与学生交谈式地对话，教育效果会更好。如："你是一个聪明爽快、热情活泼的好孩子，经常是'未见其人，先闻其声'。学习中，你专心听讲，成绩优秀；生活中，你关心集体，乐于助人。自从上次我们在教室前走廊谈心以后，我就一直把你当作我的知心朋友，希望你也能这样想。从今以后，我要帮助你改掉做事粗心马虎这个毛病。希望你取得更优异的成绩，让我这位朋友也光彩光彩。"

（7）赠送格言警句，蕴含教育期望。评语结尾，班主任可针对学生的情况赠送一则名人格言或警言诗句，以示对学生的希望和要求。一些富有哲理、耐人寻味的语句能使学生深思默想，久而不忘，比那些不着边际的"空洞"希望要有效得多。如有位老师给一个喜好空想却不肯脚踏实地学习的学生在评语的结尾写道："当你拥有的时候，你并不知道珍惜，一旦失去了，你就会知道它的可贵。岁月不居，时节如流，只有把握住现在，才是你最明智的选择。"

总之，对学生进行操行评定既是一项很有意义的工作，又是一件十分繁重而复杂的事情。它一方面有赖于班主任正确的教育思想、教育观念的指导；另一方面班主任还必须在教育实践中探索、创造、研究交流艺术，加强写作实践，这样才能使写出的评语产生最佳的教育效果。

第三节 材料阅读与思考

在班级教育与管理中，怎样开展学习指导和操行评定，人们已经积累了丰富的经验。下面三份材料，一份介绍了一位母亲指导孩子学习的实例，另两份分别介绍了一位小学和一位中学班主任是怎样通过评语改革来促进学生发展的，读后都使人颇有启发。

一、要重视对学生作业过程的指导和管理[①]

质量较高的作业设计好后，其价值还是潜在的。只有通过学生主动积极的作业过程，才能提高学生的能力和素质，达到作业的目的。因此，要提高作业的有效性，必须重视对学生作业过程的指导和管理。下面这个例子在这方面颇有启发：有位母亲，看着自己三年级的孩子每天被作业压低了头十分心急，再这样下去如何面对今后的学习呢？于是开始观察孩子作业的过程。结果发现，自己孩子写字的速度太慢，究其原因，一是边写作业边想其他的事，不够专心；二是橡皮用得太多，影响速度；三是看一个字写一笔，有的生字甚至看一笔写一笔，思维不连贯。因此，尽管他一进家门就写作业，不看电视，不玩玩具，少了许多乐趣，还是觉得时间很紧。找到了原因，母亲就开始和孩子谈心。母亲问孩子："别的同学是不是也很晚才能做完作业？""有的是，有的不是。""你怎么知道的？""我问过。上次的作业，最快的同学15分钟就做完了，我用了30分钟，有的同学比我还慢。""你想不想写快点？写完作业你就有时间做自己想做的事了。""想，可我认真写了还是写不快。""妈妈帮你好吗？""那好吧。"为了让孩子集中精力做作业，不走神，母子俩一起整理书桌：把课外书放在书柜里，暂时不用的课本放在书桌上方的格子里。每天写完作业，书桌上什么都不留。第二天放学回家，把所有要完成的作业放在左边桌角，按记事本要求一样样地完成作业。做完的放在右边。收拾第二天的用具时再按记事本检查一遍。有了一个好的环境，就可以开始做作业了。他们从语文字词下手，生字要看一个字、记一个字、写一个字。写词、抄书作业要记住一个词、一个句子再写，尽量避免看一笔写一笔，同时要保证写的字尽量规范，少用橡皮，这样既便于记忆，又能提高书写速度。规矩有了，好习惯是逐步养成的。开始，母亲

---

① 宋秋前. 有效教学的理念与实施策略. 杭州：浙江大学出版社，2007：209.

在旁边监督提醒。几天后,母亲买来了定时器,每次作业前先估计一下需要多少时间,用定时器定时,孩子要在规定时间内完成相应的作业。再往后,孩子自己利用定时器做作业,可以安排中间休息,比如定 10 分钟玩玩具,铃一响,时间到了,就要继续写作业。这样做的目的是防止孩子控制不住自己,玩的时间太长。经过一个月的实践和反复,孩子做作业的时间慢慢缩短了,自由活动时间增多了,学习效率提高了。

二、我是怎样给小学生写评语的[①]

评语是老师对学生在一个学期中表现好坏的评定,是对孩子提出希望的勉励之词,虽然只是短短几行,寥寥数语,但意义非凡。

几十年来,我国评语一贯是一优点、二缺点、三希望,一个评语可以同时给几个人用,反映不出学生的个性,人们看惯了、听惯了那千篇一律的评语,对它失去了兴趣,评语也就失去了它应有的作用。

针对这种情况,我对写评语进行了一个小小的改革,打破了传统的严肃的训导形式,从学生的个性特点出发,用语富有感情色彩,这样就形成了一种俨然谈话式的评语。例如,我在一个学生的评语中写道:"作为一班之长,你的所作所为正像你的名字一样纯洁,没掺杂一点私心杂念。你视集体的利益高于一切。正是因为这些,你受到老师、同学们的赞扬。'六·一'联欢会上的一把刀,练得如此洒脱,把你的性格表现得淋漓尽致。作为老师,作为你的大朋友,我要告诉你光有这些是远远不够的,你还应具有踏实的学风。愿你今后刻苦学习,取得优异成绩,做一个赖宁式的好少年。"这一评语竟收到了意想不到的效果。在孩子妈妈的单位流传一时,并引起小小的争论。孩子的爸爸、妈妈非常高兴,他们表示今后要更加支持老师的工作。最高兴的是莫过于这个女孩子,她让父母读了一遍又一遍,还自己反复阅读,她没想到老师这么了解自己,就像一个大朋友和自己闲谈一样。

后来我对写评语又进行了一点改革,就是写完评语之后,先念给学生听,征求他们的意见。

我们班有一个学生,父母对他的教育比较失败,导致他学习跟不上,纪律也非常涣散,在班上是一个后进生。爸爸、妈妈的打骂对他来说已是家常便饭,老师的批评也不过是耳边风。他身上似乎已没有一点可夸奖的地方了。但是我想,作为一个老师,不能只盯着他的短处,而看不到他的长处,每一个人都有自己的闪光点,都有尊严,有自尊心。于是,我主动和他交朋友,闲谈,补

---

① 韩桂新.我是怎样给小学生写评语的.见:赖华强.班主任工作案例教程.广州:暨南大学出版社,2004:143.

偿他所缺少的东西。渐渐地,孩子向我敞开了他的内心世界,使我又看到了他的另一面。于是在评语中我这样写道:"别人说你是没有自尊心的学生,我要说你是一个自尊心极强的孩子。你用你的眼睛来看世界,用你幼小的心去评价好、坏、美、丑,你比谁都分得清。你是一个坚强的孩子,但会在老师亲切的话语中落下泪水。为了集体荣誉,你练习跳舞,拉住自己的母亲不顾夏日的炎热跳了一遍又一遍,是那么认真。如果你对学习也像你练习跳舞一样,你会是一个出类拔萃的学生,对吗?愿你早日成为一个优秀少先队员。"

当我将评语读给他听时,我看到他含着泪使劲地把头低下去……我成功了。我知道他受感动了。他感到了老师的爱,胜似母亲的爱。他一句话也说不出,但此时真是无声胜有声啊!

由此看来,学生注重的并不是热爱劳动、尊敬老师等几句话,而是注重自己在老师心中的地位。作为老师,我们应善于发现他们的长处,与他们交朋友,特别是后进生。老师应该让每一个学生都能抬起头来走路!

三、评语传情招[①]

我们班主任在工作中千万不可忽视给学生写评语的作用。我想,每位班主任都要给学生写评语,而一般评语总是甲、乙、丙、丁几个方面,1、2、3、4几条;几十个同学往往也是大同小异,有的是1、2、3、4,有的是2、3、4、1,还有的是4、3、2、1,颠过来倒过去,就是那么几句话,老师硬着头皮写,学生往往不屑一顾,难以激起感情的波涛,因此很难达到预期效果。对这种弊端,我早就深恶痛绝了,十几年前我就进行了评语改革。我的评语有很强的针对性,饱含感情。学生看了我写的评语,心头发烫,心跳加快,撞击出感情的火花,从而焕发出刻苦学习的劲头。有一年,我带的是普通班,班内的学生大多学习成绩差,缺乏自信心,于是我在这方面大做文章。

王军是班长,品学兼优。我给他写的评语是这样的——王军同学:祝贺你再次被评为三好学生,祝贺你在学习上所取得的成绩,祝贺你的作品在《天津青年报》上发表。我班之所以成为区级优秀班集体,在各方面取得了一定成绩,都是与你这个班长的努力分不开的。我相信你一定会实现升入高校进一步深造的理想。希望你在参加党章学习小组后,用更高的标准要求自己,坚定为共产主义事业奋斗终生的决心。

赵国强是个聪明但不够勤奋的学生,我给他写的评语是——赵国强同学:你那正派朴实的作风给我留下了深刻的印象。你的头脑是聪明的(这实在令人羡慕),如果在勤奋上再下番功夫,我相信你的成绩一定会直线上升。一刻千金,

---

①　张万详.班主任工作创新艺术100招.南京:江苏教育出版社,2002:191.

时不我待！请抓紧时间，奋力拼搏吧！再次感谢你对班级建设付出的艰辛。

周立强朴实老实，就是缺乏大志，于是我给他写了这样一条评语——周立强同学：你为人正派，作风朴实，工作任劳任怨。担任小组长能身先士卒，不辞劳苦，这一切都给人留下了难忘的印象。而且你在文明礼貌、遵守纪律方面的表现也是突出的。青年时期是黄金时期，青春在理想中闪光，在奋斗中延伸。若今后在学习中更刻苦更勤奋，那就会实现闪光，实现延伸，高奏胜利凯歌。

王钺是个双差生，但进步显著，我的评语是——王钺同学：每当看到你为老师天天打开水的忙碌身影，每当看到你在课堂上认真思考的神态，每当看到你在班内做好事的时候，我就感到高兴和惊喜。祝贺你进入高中以来的进步，希望看到你更大的进步，盼望你在学习方面取得丰硕成果，也预祝你在高三参加青年的先进组织——共青团。

……

写评语，不是目的，只是手段，是为了帮助同学们总结经验找出不足以便扬长避短，明确发展方向不断前进的。如果班主任是硬着头皮编写，学生是硬着头皮去看，甚至束之高阁，连一眼也不看，那么评语岂不是多此一举了吗？教育要改革，评语也要改革。要用感情的笔墨去写，写得让学生喜闻乐见。评语应该能够成为拨动学生心灵的琴弦，应该成为感人肺腑的诗篇。

【复习思考题】

1. 某校初二(1)班，有些学生的英语成绩出现明显的落后现象。这些学生普遍认为自己英语学习差的主要原因是单词背不出，记忆能力差。对之，班主任老师不是简单地说服学生"你能行"，而是先组织了一次英语成绩优、差生"背无意义音节比赛"的班会。比赛结果表明，两组学生背诵无意义音节的平均成绩相差无几。接着，班主任老师让英语成绩差的同学思考这一结果说明什么？经过思考，学生从事实中感悟到自己英语成绩差的原因并非"记忆能力差"，而是学习方法不当，认知基础出现了问题。这时，班主任老师又让英语老师和英语成绩好的同学介绍了学习英语的方法，并与英语老师共同研究怎样改进教学，使英语教学适合这部分同学的学习需要。经过一段时间的努力，原来英语成绩差的同学成绩有了显著的进步。

试分析这位班主任老师运用的学习指导策略和方法。如果你是这个班的班主任老师，又将如何指导这些英语成绩落后的学生？

2. 下面是一份典型的不良评语。阅读这一评语，分析其存在的缺陷，并对之进行改写，最后集体讨论交流改写后的评语。

"该生缺乏远大理想，思想散漫且无组织纪律，平时经常借故迟到早退，上课经常插嘴，下课打打闹闹，校运会上冒名替跑，班级活动中经常'帮倒忙'，作业不认真,偏科现象严重,除数学、体育外,其他科目成绩低下。长此下去,恐将来难有作为,望家长严加管教。"

【拓展阅读】

1. 徐学福,房慧. 名师讲述如何提升学生自主学习能力. 重庆:西南师范大学出版社,2008.

本书主要从唤醒自我、回归生活、巧用策略、自我管理等方面介绍了提升学生自主学习能力的策略方法。在写作上,本书采用了通俗的创作方法,每条"讲述"包括"案例自述"、"教学反思"、"教学延伸"和"专家点评"等内容,把先进的教育理念和方法融入有趣的情境。经典的案例,情境式的叙述,流畅的语言,充满感情的评述,发人深省的剖析,娓娓道来,深入浅出,让教师更充分地领会先进、有效的教育方法。

2. 刘俊,周德兴. 藏在评语里的教学智慧——名师最能点拨学生的教学艺术. 南京:江苏教育出版社,2012.

评语,不仅只是操行评语,也是教师教学中激励和引导学生的重要方式。本书以大量的实践研究为基础,收集了激励性评语、提示性评语、点醒式评语、激趣式评语等 20 种教学评语,展示了名师以评语滋养课堂教学、促进学生有效学习和健康成长的教学艺术和智慧。

3. 吴樱花. 遭遇学困生——学困生的教育与转化技巧. 北京:中国轻工业出版社,2012.

本书结合国内外的大量研究,通过许多来自中小学教育一线的真实案例,向读者介绍了教育与转化学困生应有的态度和方法。全书具有以下三个特点:第一,充满对学困生的人文关怀。第二,实践指导价值突出。最常见的学习困难类型、最具典型性的教育案例,加上详细阐述的教育招数、各具特色的个人反思和专家点评,尽显该书的启发和借鉴意义。第三,立意高远。本书作者强调,对于学困生教育要讲究技巧,又要追求"无技巧",即忘记教育技巧,这是教育的最高境界,也是教育的终极目的。

【本章主要参考文献】

[1]杨光,陈梦稀. 班级管理概论. 合肥:安徽大学出版社,1998.

[2]宋秋前. 有效教学的理念与实施策略. 杭州:浙江大学出版社,2007.

[3]张万祥. 班主任工作创新艺术 100 招. 南京:江苏教育出版社,2002.

[4]涂光辉. 班主任工作技能. 长沙:湖南师范大学出版社,2000.

[5]甘霖. 班主任工作技能训练. 上海:华东师范大学出版社,1995.

[6]周立言,王朝晖. 谈学生操行评语改革. 新华文摘,1999(6):163.

第八章 偶发事件处理与 问题行为矫正

学习目标

● 了解偶发事件的特点和正确处理偶发事件的意义。
● 掌握处理偶发事件的基本要求和主要方法。
● 了解问题行为的概念和主要成因。
● 掌握问题行为的主要矫正策略。

在班级教育与管理中,教师常常会遇到一些学生的问题行为和意想不到的偶发事件。正确处理偶发事件和有效矫正问题行为是教师面临的一项重要日常任务,对学生健康成长和发展具有重要意义。

第一节 偶发事件的处理

在班级教育与管理中,由于学生及环境的多样复杂性,经常会发生一些始料不及的突发性事件,诸如吵架斗殴、丢失偷窃、逃学辍学、顶撞老师等,这些突如其来的非正常性事件,我们称之为偶发事件或突发事件。班级偶发事件形成和发生的原因多种多样,既有学校教育失当、社会环境不良等外部原因,也有学生思想认识的局限、心理矛盾冲突等自身的原因。正确处理和解决这些偶发事件,是教师进行日常班级教育与管理的重要课题。

一、偶发事件的特点

偶发事件的表现形式多种多样,五花八门,发生的原因、性质和涉及的范围等也有差异。从性质上讲,有的是纪律性的,有的是伤害性的;从动机上讲,有的是有意的,有的是无意的;从发生场合看,有的在课堂之内,有的在课堂之外。把纷繁杂乱的偶发事件进行归纳,大致可以分为由学生引起的偶发事件、由教师引起的偶发事件及由外界干扰引起的偶发事件三种类型。偶发事件主要有以下几个显著特点：

（1）偶然性和偶尔性。在班级教育与管理中，常常会遇到一些由意想不到的主客观因素导致的偶发事件。这件事发生在谁身上，什么时候发生，发生在什么场合，往往带有一定的偶然性，有时甚至完全是一种偶合，事先很难预料。同时，这类事件往往只是偶尔发生，不会经常遇到，相对地说，出现的频率要比常规管理中遇到的问题低得多。

（2）突发性。偶发事件总是在突然之间发生的，并往往在极短时间内由起事直达高潮而完成其全过程。人们在开始时不易发觉，有的一经发现已是事件的结果，只能作事后的处理。偶发事件往往和社会上的重大事件、学生家庭的重大变故或学生本人的意外境遇联系在一起，也往往发生在新老班主任、新老任课教师交接班的时候，往往是在教师缺乏足够的思想准备的情况下突然发生的。

（3）紧迫性。偶发事件大多是人们想不到的事件或是突然发生的紧急情况，这就要求班主任当机立断，迅速作出反应，在最短的时间里解决"怎么办"的问题，以灵活应变的能力，临场机敏地应付处理，快速地运用语言和行动来平息事态或抑制事态的发展。否则，"战火"越烧越旺，矛盾越来越大，问题越来越复杂，后果也就越来越严重。只有抓住时机，才能因势利导，如果不能及时地妥善处理，就会产生负面效应。

（4）危害性。偶发事件多为有害事件，事件发生可能危害学生的身体、心理健康；可能扰乱班级、学校甚至社会秩序，尤其是一些恶性事件，其危害性更大。如某班组织学生骑自行车春游，由于准备匆忙，组织又不严密，在出发没走完4千米时，一位女同学在下坡时因车速过快，心慌意乱，前轮碰上别人的后轮，摔了下来，别人受轻伤，自己遭骨折，一场偶然事故发生了。班主任慌忙把这学生送往医院，其他学生都感到大煞风景，春游活动中途夭折。

（5）多样性。偶发事件还表现出多样性的特点。同是偶发事件，但事件的性质和具体情况不一定相同。从地点上来说，有的发生在校内，有的发生在校外；从相互关系来说，有的发生在班内同学之间，有的发生在师生之间；从事件的性质上看，有的是恶性事件，有的则是一般偶发事件；从事件的影响面来看，有的是整体问题，有的是局部问题，还有的则是个别问题。因此，可以说偶发事件的处理过程，是检验和锻炼班主任综合能力的过程。

（6）特殊性。偶发事件是一种特殊的遭遇、特殊的矛盾，往往不能依靠常规的方法解决问题，需要班主任运用高度的教育机智加以特殊的处理，处理偶发事件对班主任的教育机智来说正是最严峻的考验。

二、正确处理偶发事件的意义

正确处理偶发事件具有重要的现实意义,它不仅能保证教学工作的正常进行,而且偶发事件往往成为教育的契机,对学生和班集体起着教育作用。由于事出偶然,没有预先的思想准备,也往往没有充裕的时间仔细思考处理的对策,因而偶发事件往往都是些棘手的事件。正因为如此,从处理偶发事件的水平最容易看出一个人的办事能力、教育机智、理论修养和思想水平。偶发事件处理得好,可以迅速有效地平息事端,化干戈为玉帛,变坏事为好事,能有效地提高教师威信,增进师生间的了解和感情。而一旦处理不当,则极易使事态激化,导致师生矛盾冲突,甚至发生难以挽救的恶性事件,损坏教师形象,伤害学生身心。可以说,正确认识和处理偶发事件是教师的一项基本功,它能使教师更稳健、更牢靠地站立于讲台,或有效地防止偶发事件的发生,或把偶发事件消灭于萌芽之中,或机智灵活地处理解决,从而使教育工作有条不紊地按预定计划进行,并在教育中达到良好的教育效果。

(一)正确处理偶发事件是教育学生的良机

偶发事件往往成为教育的契机,抓住这一机会进行教育常常能产生积极的效应,收到意想不到的效果。偶发事件的当事者和同这一事件有关的学生,往往会产生一种强烈的心理需求,受到一种强烈的刺激,心理暂时失去平衡,思想矛盾特别尖锐,这样就形成了思想品德发展的一个"燃点",成为实施德育的有利时机。

被誉为"中国当代教育家"的霍懋征老师讲过这样一个故事:她在北京第二小学任教时,一次,她班上一个男生拿了同桌的钢笔。霍老师知道后抓住这一事件进行教育。她没有责难,也没有声色俱厉地批评,而是自己掏钱买了一支笔送给这位学生,并说:"我知道你喜欢钢笔,这支笔就送给你。我也知道人家的东西你肯定不会要,趁别人不注意,你一定会送回去的。"霍老师宽容理解式的教育深深感化了这个学生。几十年后,这位学生带着自己的孩子来看老师,一进门就跪在霍老师面前对孩子说:"没有霍老师,就没有你爸爸的今天。"

某教师刚任某初二乱班的班主任。该班淘气鬼搞恶作剧,在地上用西瓜皮设置陷阱,使老师摔了个四仰八叉,并引起哄堂大笑。该教师不是大发雷霆暴跳如雷,而是灵机一动,语重心长地说:"同学们,这就是我给你们上的第一课:一个人可能摔倒,但他仍然可以再站起来!"那笑声早已消逝,教室里出奇的静。顿了顿,这位教师又借题发挥说:"在人生道路上,不会没有崎岖,跌倒在所难免。跌倒并不意味着失败。从哪里跌倒,就从哪里站起来,勇敢地走下去,你就会获得成功。"在动情的话语中,全班鸦雀无声,接着是一阵热烈而持久的掌声。那几个搞恶作剧的淘气鬼也不好意思地鼓起了掌。老师的一席话打开了学生的心扉,经过反复努力,这个班旧貌变新颜,甩掉了"乱班"的帽子。

(二)正确处理偶发事件,有助于教师威信的树立

正确处理偶发事件,最能表现教师高度的教育机智。教师在处理偶发事件中表现出来的高度的理智感、责任感和巧妙的教育艺术,能使学生感受到教师炽热的心肠和闪光的智慧,感到教师的人格之美。这一切能转化为一种灵魂的感化力量,增强学生对教师的人格信赖。

例如,某调皮大王为了试试新来的班主任厉害不厉害,故意交上一本破烂不堪的作业本,里面没有作业的内容,只有一些嘲弄教师的话:"谁看我的作业本,谁就是我的儿……"班主任在后面写道:"请将作业补上,有什么困难我愿意帮助你,因为我是你的老师。"调皮大王终于认错了。又如,某班需要面粉打浆糊,征求同学谁愿意为班级带点面粉来。有人喊道:"我家揭不开锅了。"教室里哄堂大笑之后一片安静,等着挨训吧!班主任对那个学生说:"放学后你不要回家。"大家紧张地等待下文,老师却微笑着说:"反正你家揭不开锅了,到我家去吃饭,饿坏了你,我们可心疼呀。"听完这话大家如释重负,欢笑起来。某学生满头大汗地跑进教室,但已经迟到了,全班同学哄堂大笑。班主任不失时机地说:"大家不要笑,他跑得满头大汗说明他根本不愿迟到,还有进取心,让我们为他的进取心鼓鼓劲吧!"话音刚落,一片掌声,这位同学又羞愧又感动,从此再也不迟到了。

有位姓韩的优秀教师曾介绍过自己初登教坛的一段经历[①]。那年,她刚从教育学院毕业,被分配到一所中学任一个差班的班主任。开学第一天,韩老师走上讲台,对大家说"我的名字是这样三个字……"说着,韩老师把手伸向讲台上那个带盖的木制粉笔盒,想拿出一根粉笔在黑板上板书。谁知一揭开盒盖,里面竟趴着一只硕大的癞蛤蟆!此时,教室里鸦雀无声,50多双眼睛紧紧地盯着那个粉笔盒。韩老师的脑子在飞快地运转着。她马上想到,这是学生们想给自己一个"下马威",一旦癞蛤蟆跳出来在桌上一蹦,全班就会爆发出一片轰笑,而自己也会陷入极为难堪的境地。思虑及此,韩老师迅速镇定了一下自己的情绪,然后壮着胆儿一把抓住了癞蛤蟆。把它抓在手中后,才感到它并不像自己想象的那么可怕。当韩老师把癞蛤蟆举起来时,全班学生都惊呆了。这时,韩老师忽然又发现粉笔盒里还附有一张纸条,上面写着:"老师,你刚来,没有什么东西好孝敬你,就送你一只癞蛤蟆吧,请笑纳!"韩老师微微一笑,说:"如此看来,这是大家给我的见面礼啊。"教室里一片寂静。"好吧,我就谢谢大家了!"说着韩老师向下面微微鞠了一躬,"今天,我们的第一课就从这癞蛤蟆说起。癞蛤蟆学名叫蟾蜍,它没有声囊,所以不会叫;它身上这些小疙瘩里面

---

① 魏薇,路书红,王红艳,张萍. 中外教育经典案例评析. 济南:山东人民出版社,2005:38.

储藏着一种白色毒液,叫蟾酥,是用来抵御敌害的;此外,蟾酥还可以用来制成中药,有强心、镇痛和止血的作用。传说月亮上有蟾蜍,所以我国古代诗文常用它来比喻月亮,例如,'蟾宫'就是月亮,'蟾光'就是指月光。有一条成语叫'蟾宫折桂',意思是到月宫去折取桂枝,人们常用以比喻科举时代考试被录取……你们注意看蟾蜍的皮肤,它是由绿、黄、黑三种颜色混合而成的,很像是军队战士穿的迷彩服。这是在千百年的生存竞争中形成的一种适应。适应既是一种本能,也是必需的。人在进入社会后同样需要适应,需要学会生存的本领,也就是各种技能。学习各种技能,首先要有科学文化知识作为基础。现在,你们正处于中学阶段,正是打基础的时候。我的任务呢,就是帮助你们打好这个基础。今天,你们送我一只癞蛤蟆,明天我要送你们一车财富,那就是知识……"下面不知是谁带头鼓起掌来,骤然间掌声四起,响了很久很久。

以上这些教师通过对偶发事件的正确处理,不仅教育了学生,也为自己在学生心目中树立了良好的形象和威望。

(三)偶发事件处理不当,后果堪忧

在处理偶发事件时,教师的任何疏忽和失职都可能产生消极的连锁反应,给往后的工作增加困难和障碍。能否正确处理偶发事件,不仅是能否抓住教育时机取得良好教育效果的问题,而且是产生正面效应还是负面效应的问题。因此,每个教师都必须学会正确地处理偶发事件。

例如,一位物理教师上物理实验课,内容是关于电路串联、并联问题。全班 50 名学生兴致勃勃地走进实验室,每两人一组开始实验,突然,一道强光闪过,学生一阵惊呼,原来,两个"调皮鬼"将邻桌的四节电池收过来,在一条线路上连接了六节电池,将小灯泡烧坏了。这种"胆大妄为"的行为,使年轻的物理老师勃然大怒,当即停止实验,将全班学生召回教室,上一堂"训话课",惩罚两名"肇事者"以后不准参加实验,而且每人要赔偿 6 只小灯泡。这里,教师如能根据实际情况,灵活应变,调查一下学生"闯祸"的原因,仔细分析这次烧坏灯泡事件背后的积极因素,也许不会出现那样尴尬的局面。事后,当问这两个学生为什么要那么做时,他们的回答是:"我们想看看用 6 节电池连接一只灯泡会出现什么结果。"如果那位物理老师调整一下教学程序,顺便插入一点关于额定功率等学生将要接触到的新知识,即使是起一点"节目预告"的作用,那也会引起学生多大的好奇心和求知欲啊!说不定这两名"胆大妄为"者还会得到"有创新精神"的表扬呢。

又如,有一学生偷偷地把一条豆虫带进教室,放在同桌女生的书包内。上课了,那位同桌掀开书包掏书,摸到软软的豆虫,便"嗷"的一声,像触电一样跳了起来。当老师弄清是那位五官不端的学生干的时,便脸色铁青,失去自控地用手指着那个同学狠狠地说:"照你那样子,嘴歪眼斜心不正,净出坏点子……"一言既出，严重刺伤了那位同学的自尊心，他一赌气离开了教室，出逃月余，有关部门花了很大精力才把他找回来。实际上，在上述两个例子中，如果我们的教师能遇变不惊，镇定自若，认真对待，巧妙应变，灵活处理，这些课堂偶发事件是可以化弊为利、因势利导的。

三、处理偶发事件的基本要求

班级偶发事件一旦发生，必须运用恰当的方式加以制止，防止事态扩大，并采取灵活、有效的方法，妥善地予以解决。处理班级偶发事件，没有固定的模式可以套用，应因人、因时、因事而定。许多班主任在这方面积累了大量的成功经验，对我们很有启发。班主任在处理学生中出现的偶发事件时，要注意以下几点。

（一）沉着冷静，果断谨慎

处理偶发事件是一项细致敏感的工作，切忌急躁冲动，感情用事，必须做到沉着冷静，判断要正确，感情要克制，行动要果断，处置要谨慎。该"热处理"的，趁热打铁，当机立断，迅速处理，决不拖延；该"冷处理"的，暂时冷冻，不急于表态处理，待时机成熟时再逐步加以处理。如果班主任一见到或听到个别学生犯了错误，便火从心起，或训斥、或辱骂、或体罚学生，那就容易伤害学生的自尊心和人格，使学生产生对立情绪。一般而言，在处理急性重大突发事件时，如学生持械斗殴、突发疾病以及发生人身安全事故等，教师应当机立断，立即作出决断，采取有效的紧急措施，控制事态的发展，达到釜底抽薪的效果。而对于易受感情冲动影响和需作调查反省的偶发事件则可采取"冷处理"的方法。

"冷处理"是我国许多优秀班主任在长期教育实践中总结的一个行之有效的处理学生偶发事件的办法。所谓"冷处理"，是指在偶发事件发生后，当当事人双方正处在气头上时，如果不是非立即处理不可的事，就不要急于求成地去处理，而是先放一放，缓一缓，让双方自己消消气，待心平气和后再处理。在气头上处理问题，免不了会使用过激的言辞，甚至会采取粗暴的行为动作，结果是不仅不能解决问题，相反还会激化矛盾；在心平气和的状态下处理问题，讲究处理技巧，耐心听取当事人的辩解，实事求是客观公正地进行处理，才会在行为上不失教师的身份，使当事人容易接受和认同。总之，"冷处理"不失为一种高明的处理突发事件的方法。有经验的班主任在处理某些突发事件时，能够保持清醒、冷静的头脑，极力控制住自己的感情，压住自己的火气，以柔克刚，使火药味浓的局面发生急转，对立双方很快走到一起，达成谅解。

有的班主任在实践中总结了处理偶发事件的冷静"灭火"三法，使偶发事件不再"发"。其一是制怒"灭火"，避其锋芒。学生制造事端不分时间和场合，使你难以预料,不是一肚子气,就是一腔怒火。而要处理好偶发事件,恰恰需要制怒"灭火"。因为一气一怒,就会失控,只有冷静对待才会"计上心来"。在处理偶发事件时,不但自己要首先制怒"灭火",同时也要在学生怒气冲冲时,为其"灭火",只有这样才能达到预期目的。其二是柔情"灭火",情理疏导。当学生执著一念的时候,都颇有些"刚气"。特别是他有意制造事端之时,更为甚。如果班主任去批评他,正落入"圈套",不是"顶牛",就是两败俱伤。最好的办法就是"未成曲调先有情",以关怀学生的柔情,"灭"掉学生的怒"火",使之自愧而改正错误。其三是以冷"灭火",因势利导。教师以冷处理的方式处理偶发事件,并善于从偶发事件中捕捉学生的"闪光点",发现现场积极因素,因势利导,从而使偶发事件成为"后进生"转变的契机。

总之,偶发事件由于发生突然、出乎意料,其发生的原因和发展过程班主任常常不了解。因此,班主任必须本着严肃认真的态度,深入细致地了解原因,弄清事实真相,然后再根据不同情况作出处理,而不要在不了解情况或没有作详细调查之前,就武断地批评指责或断下结论,否则不但问题得不到真正的解决,有时还可能造成其他不良后果。

(二)教亦多术,随机应变

处理班级偶发事件不同于做一般性的工作,需要班主任具备高超的教育艺术和机智。教亦多术,随机应变,是指在处理突发事件时,要根据事件的性质和事态的变化发展情况,灵活地采取措施进行诱导处理。偶发事件形形色色,多种多样,事件本身的性质、大小、严重程度,以及当事人的年龄和个性特点各不相同,事件的起因和表现形式及产生的后果都不一样,而且事件又处于动态发展之中,不断随内、外因素作用的变化而变化。因此,班主任在处理的方式、方法和措施上,都应根据具体情况作出调整。只有采取有针对性的、灵活的措施,才能化险为夷,达到解决问题、教育学生的目的。

一次,一位教师在课堂上朗读学生的优秀作文。刚读完,一位同学"刷"地举起手说:"这篇文章是抄来的!"全班哗然,并把目光投向了那位抄袭作文的同学。那位同学羞愧得低下了头。这时这位教师经过短暂的思考,说道:"同学们,这篇文章写得好不好?""好是好,可是……""我问的是这篇文章写得好不好,不管其他。""太好了。""那就请同学们谈谈这篇文章好在哪里。请发言的同学到讲台上来说。"一位、两位、三位……共有八位同学发言。大家高度评价了这篇文章。看到同学们注意力已经顺利转移,教师便接着问:"同学们,这样好的文章我以前读得不多,可能是同学们读得也不多。以后多给同学们推荐一些优秀的文章,在班上宣读,你们以为如何?""太好了!"众口一词。"那么,对今天第一个给我们推荐优秀文章的同学,大家说应该怎么办?""谢谢!""非常感谢!"同学们似乎一下子明白了老师的用意,齐声欢呼。"从今天开始,每周推荐一篇优秀作文,全班同学轮流推荐。可以拿原文来读,也可以抄到自己的作文本上。不过,抄写的时候别忘记注明作者和出处。"同学们会心地笑了。那位抄袭作文的同学也舒心地笑了,从笑声中可以看出她已认识了自己的错误。从那以后,这个班级每周便有了一次推荐优秀文章并宣读的惯例,一直坚持到他们毕业。学生阅读了大量的课外作品,丰富了知识,开阔了视野。这是一个意外的收获。试想,如果当时这位教师把那位抄袭作文的同学叫起来询问一下,并把她批评一顿,也许是应该的,但会给那位同学造成很大的精神压力,她从此就抬不起头来。

偶发事件发生了,班主任要根据现场和各种线索,迅速作出分析和决断,找到解决问题的方式。对有的事,需要班主任迅速果断、挺身而出,决不能畏畏缩缩。如学生中发生斗殴事件,无论发生在校内还是校外,班主任知道后,首先要立刻采取措施,及时制止。对有的偶发事件,则要求班主任能沉住气,不急于表态,以免造成主观臆断而出差错。如学生中发生的失窃事件,班主任不可鲁莽地决定搞什么"全班搜查",也不可乱猜疑。对有的事件可以正面诱导,晓之以理,示之以规,直接解决。有的则需要采取迂回的方式,从侧疏通,攻破堡垒;有的可以先扬后抑,先肯定当事人行为中的某些"闪光点",再指出其行为的失当之处;有的可声东击西,先转移人们的注意力,经缜密的观察、调查、分析,使真相初显端倪,抓住有利的时机,再单刀直入。

如全国优秀班主任吴续智老师发现本班教室门的锁眼经常被人塞进火柴杆。经调查分析,初步断定是外班两名曾被他批评过的学生所为。一天,中午放学后,吴老师躲在暗处观察,12 点多钟,有两名学生径直到他班的门前,站了一下就走了,过来一看,果然锁眼里又塞进了火柴杆。当时,吴老师气愤之极,想立刻报告学校给予处分,转念一想,还是自己来的好。于是,他走进那两个学生的教室,笑着说:"请你俩出来,我有点事。"那两个学生的脸变了色,认为这下可完了。吴老师却笑着说:"我请你俩帮帮忙,把锁眼里的火柴杆抠出来,你们看,不然会影响同学们上课,是不是?"两个学生只好自作自受地帮他抠。吴老师趁机说:"干这种事,既损人又不利己,多缺德呀。准是哪个受过我批评的小子干的。我发现你俩天天来得挺早,能不能帮我看看门?"两位学生脸胀得通红,连忙答应。事后,吴老师又与这两位学生的班主任联系,有意表扬他们协助老师管理教室门锁的事。从此,再没有出现锁被火柴杆堵的事。而且,这两位学生见到吴老师就主动打招呼,非常有礼貌。

(三)公平民主,教育引导

公平民主是处理好偶发事件的有效策略和基本原则。"公平"主要体现在处理学生与学生之间的矛盾冲突时,如处理学生干部和一般学生、男生和女生、高干子弟和普通家庭子弟、"三好生"和"后进生"之间发生的冲突,班主任必须以事实为依据，秉公办事，不偏袒干部和优生，也不歧视"差生"，不以老眼光看人。"民主"一方面表现在当教师与学生发生冲突时，教师要注意师生的人格平等，不为维护自身的"权威"而以势压人、以力制人；另一方面表现在寻求事件的处理办法时，不搞主观武断，要征求学生和其他有关人员的意见，相信他们解决问题的能力和独到的见解。

教育引导是教育目的的内在要求在处理偶发事件中的具体体现。处理偶发事件不只是为了息事宁人，教师处理偶发事件的过程和结果都能对学生产生不同性质、不同程度的影响，因此，教师必须本着教育学生、促进班级工作和学生身心健康发展的目的处理偶发事件。教师要把处理偶发事件看成是一次了解情况、教育引导学生的契机，在处理过程中，要善于根据学生的年龄心理特征和不同学生的性格、气质特点，运用一定的教育方式进行巧妙的引导，使一时冲动的情绪或矛盾得以缓解，要善于从不良事件中找出学生的闪光点，帮助学生分析问题、寻找解决问题的办法，进而再通过正面教育，促使学生提高认识，改正错误。只有这样，才能真正把偶发事件处理好。

一天，全国优秀班主任丁榕老师发现王芳同学没来上课，便去她家看她。来到王芳家，她姥姥说王芳一大早就与一个男同学去上学了，手里好像还拿着一张什么票。会不会是上电影院去了呢？于是，丁老师便来到附近电影院门口张望、寻找。突然，发现王芳正在和三个男青年有说有笑地往电影院里走去。是马上告诉家长，还是马上回学校找校领导汇报？要不索性坐地等候"捉拿归案"？丁老师反复思考着，最后这些想法都被否定了。丁老师想，在突发性矛盾发生的时候，要充分发挥教师的教育机智，抓住有利的教育时机，如果能让学生说出实话，思想教育就算成功了一半。于是，凭着多年班主任的工作经验，丁老师第二次登上了王芳同学的家门。屋内，正听王芳的姥姥在问："你今天上学了吗？""上啦。""你几点到学校的？""按时到的。"王芳满不在乎地回答如流。姥姥声音变了："你再说，几点到的……"在这火药味正浓的紧要关头，丁老师推门而入，笑着迎了上去，对姥姥说："姥姥，您看，您别着急呀！早上是我看错了座位，本想早一点儿来给您打个招呼，可是我有课，您看还是来晚了，让您着急了。从您家出去，我又回学校看了，她正坐在位子上上课。""是吗？您走后，我越琢磨越不对，早上有个同学来送了一张票。""噢，那张票，我也问清了，是明天下午球赛的票……"王芳同学被这突如其来的戏剧性的解围弄糊涂了，她怎么也不能相信，站在自己面前的竟是班主任丁老师。是啊！她怎么也不会想到，一贯认真、诚实、受大家尊敬和爱戴的老师今天竟为自己编了一套"瞎话"。是丁老师在说谎吗？是丁老师不为人师表吗？不，决不是！丁老师是在挽救一颗受伤的心。丁老师笑着告别了家长，冒着小雨向学校走去。"丁老师，丁老师——您等等——"丁老师停下脚步，回头望去，王芳同学正迎面跑来,她深情地把雨衣披在了丁老师身上。这个从不服输的、性格倔强的孩子,今天竟伏在丁老师的肩上哭了,她哭得很伤心。在雨中,王芳向丁老师讲述着一切……为了达到良好的教育效果,丁老师让"瞎话"发挥了独特的教育功效。这种"瞎话"便成了一种非常巧妙的教育艺术,为学生的进步铺设了改正缺点的台阶。

当年陶行知任育才学校的校长时,有一天看到一位男生欲用砖头砸同学,就将其制止,并责令其到校长室。等陶行知回到办公室,见男生已在等他。陶行知掏出一块糖果递给他:"这是奖励你的,因为你比我按时来了。"接着又掏出一块糖给男生:"这也是奖给你的,我不让你打人,你立刻住手了,说明很尊重我。"男生将信将疑地接过糖果。陶行知又说:"据我了解,你打同学是因为他欺负女生,说明你有正义感。"陶行知遂掏出第三块糖给他。这时男生哭了:"校长,我错了,同学再不对,我也不能采取这种方式。"陶行知又拿出第四块糖说:"你已认错,再奖你一块,我的糖分完了,我们的谈话也该结束了。"学生打架的偶发事件成为陶行知教育引导学生的契机。

(四) 总结经验,预防为主

班主任对待偶发事件的正确态度应是预防为主、防微杜渐,尽量把具有消极破坏作用的偶发事件消灭在萌芽状态。偶发事件虽说是偶然的,但却有它的必然性,因而它的发生是有规律可循的。为此,对偶发事件的处理,不能浮于表面,而应在巩固处理效果的基础上,对偶发事件的规律性加以研究,不断总结经验,从中吸取教训;从偶然性中找出必然性,找出工作中存在的缺点和不足,提出切实可行的改进措施,主动出击,从而将偶发事件消灭在萌芽状态,把偶发事件及其消极作用减少到最低程度,或防止今后再发生类似事件。

浙江省某重点中学有两位班主任,某年春天,A班班主任支持该班学生骑自行车春游的要求,B班班主任怕学生发生车祸,出于安全考虑,不同意本班学生骑自行车春游的要求。A班班主任研究了可能引起车祸的种种因素,向学生明确提出要求:①全班学生必须自始至终严格遵守纪律,保持队形,不能拉下一辆车;②领头和压后的学生,必须是骑车技术、耐力都较好并肯帮助人的;③车速不能太快,要照顾部分体弱和技术较差的学生;④在容易发生车祸的地段,必须遵照领队者的意见,下车推行。经大家讨论,赞同和保证执行后,班主任还与班干部在确定的路线,事前先骑车巡视一趟,用粉笔做好规定推车段的标志,然后用笔记下,回来再向学生交代。班主任又组织学生干部逐个检查学生的骑车技术,对较差者安排互助的学生,搞好练习等。经过认真细致的准备后,春游那天,大家兴高采烈,严格遵守各项规定,秩序井然,这次春游活动取得了很好的效果。在同一天,B班班主任在学生一再纠缠下,勉强地答应了学生的要求,B班学生在准备仓促的情况下出发了,一位刚学会骑自行车不久的女学生被同学们远远地抛在了后面。迎面开来一辆大卡车，这位女生眼一花、腿一软，栽倒在地，被卡车的后轮碾成重伤。车祸偏偏发生在班主任最害怕车祸的 B 班！难道这完全是出于偶然吗？

为了预防因学生品德不良或其他问题行为引起的偶发事件，班主任除了平时加强对学生的思想品德教育以外，还应重视对学生问题行为和心理病态的研究。学生的问题行为有外向型和内向型两大类。一般班主任对逃学、打架等外向型不良倾向比较重视。其实，内向型的心理病态对学生造成的损害更为严重。经验告诉我们，说谎、出走，甚至自杀等现象都可能发生在有内向型问题倾向的学生身上。班主任必须全面关心学生，关心每一个学生，不能在班级学生中存在被遗忘的角落。

第二节　问题行为的矫正

在班级教育与管理中，学生常常产生干扰教学正常进行的各种行为。有的学生与教师长期对抗，在课堂里违抗纪律，无故旷课或以各种借口逃学；有的学生则过度焦虑，情绪不稳定，长期抑郁，极度羞怯，甚至做白日梦；也有的学生无法自制，频繁地产生与教学不相干的动作，注意力无法集中，等等。所有这些干扰课堂教学正常进行的行为都是课堂问题行为。课堂问题行为会干扰和影响课堂教学的顺利进行，既妨碍学生本人的学习，也妨碍他人的学习，所以如何预防和矫正课堂问题行为，一直是班级教育与管理的一个重要课题。

一、什么是问题行为

问题行为又称偏离行为，是指那些阻碍学生身心健康发展，或是给家庭、学校、社会带来不良后果的行为。常见的学生问题行为主要表现在以下几个方面：①学习方面的问题行为，如无故缺课，作业考试作弊，逃学、厌学、弃学等行为。②品德方面的问题行为，主要指不能遵照社会行为准则或群体行为规范的越轨行为。如说谎、偷窃、不守纪律、行为粗暴、争吵好斗、欺侮同学等，③情绪、性格方面的问题行为，主要表现为情绪极不稳定、情感对立与不良性格，如敏感、多疑、过度焦虑等。④脑功能障碍和病理性问题行为，如多动症、抽动症、感觉统合失调、睡眠失调、白日梦、歇斯底里行为等。研究表明，问题行为在课堂中具有普遍性。1971 年，艾伦等人对 116 个男女学生进行追踪研究，结果发现三分之一以上的学生曾经发生过问题行为。我国一些研究者则认为有问题行为的高中学生约占半数，而初中学生则占 70%。[1]

---

[1]　杨心德.中学课堂教学管理心理.杭州:杭州大学出版社,1993:113.

对一个学生行为是否属于问题行为的判断,教师要持慎重态度,要注意以下两点:①比较学生所表现的行为与该年龄段的正常发展行为。两种行为进行比较,如果学生表现的行为与该年龄段的正常行为表现差距较大,或者有与社会要求不相适应的某些行为,才是问题行为。②分析学生所表现的行为,是偶然性的还是经常性的。只有那些在学生行为中经常表现出来的,比较稳定的,扰乱性较大的行为,才是问题行为。

人们从不同维度对问题行为进行了分类。杭州大学心理学系吕静教授将问题行为分为行为不足、行为过度和行为不当三类。① 所谓行为不足,包括人们所期望的行为很少发生和从不发生,如沉默寡言等;所谓行为过度,主要是某一类行为发生太多,如经常侵犯他人;所谓行为不适,是指人们期望的行为在不适宜的情境下发生,但在适宜的情境下却不发生,如在课堂里放声大笑。而美国心理学家奎伊等人则把学生的课堂问题行为分为人格型、行为型和情绪型三种。人格型的问题行为多少带有神经质的特征,常常表现出退缩行为,如有的学生在课堂里忧心忡忡,十分害怕教师提问和批评。行为型的问题行为主要具有对抗性、攻击性或破坏性等特征。如有的学生尖声怪叫,吵嚷起哄,欺侮同学。情绪型的问题行为是指由学生过度焦虑、过度紧张、情绪多变而导致社会障碍的那些课堂问题行为,如有的学生感情淡漠,态度忸怩,胆小怕事,情绪抑郁,注意无法集中。也有人认为,问题行为主要可分为反社会性的问题行为和非社会性的问题行为。反社会性的问题行为是指违反社会规范的行为,这类行为多给社会或他人带来不良后果。非社会性的问题行为,是指虽不对社会或他人造成危害,但有害于个人身心健康,影响个人从事正常社会活动的行为。还有人认为,问题行为一般可以分为心理性的问题行为与品德性的问题行为两大类。这些分类为我们认识问题行为提供了多维视角。

二、问题行为的成因

学生问题行为的成因极为复杂,既有外在的社会环境、学校教育的因素,也与学生本人生理、心理的内在因素有关。问题行为通常是内因和外因相互作用的结果。

1. 社会环境的不良影响

青少年生活在一定的社会环境中,环境潜移默化地影响着他们,好的社会环境会陶冶他们的情操,引导他们向健康的方向发展;坏的社会环境会腐蚀青少年的灵魂,把他们引向犯罪的道路。使青少年产生问题行为的不良社会环境主要表现在以下几个方面:一是不良社会风气的影响。社会上存在的说假

---

① 杨心德.中学课堂教学管理心理.杭州:杭州大学出版社,1993:114.

话、吹大牛、摆大谱等歪风以及极端个人主义、拜金主义、错误的甚至反动的政治观点都会对青少年产生不良的影响,污染学生的心灵。学生如果不能明辨是非,不能抵制这种歪风和思想,就很容易误入歧途,沾染不良风气。二是不良伙伴的影响。青少年由于道德认识水平低,分不清是非、善恶、美丑,抗拒诱惑的能力不强,识别能力也有待发展,因此很容易受社会上一些坏人、坏伴的诱惑,跟坏学坏。据调查,在少年犯中,就有一半人是受教唆而走上犯罪的。学生伙伴的不良影响也会导致问题行为的产生和加剧。三是不健康文化的腐蚀。大众传媒中散播的黄色的、暴力的、消极的内容对学生的诱惑、毒害是十分惊人的,如淫秽书刊、音像制品、武侠小说、赌博游戏等,都对学生产生极其恶劣的影响和腐蚀作用。

2. 家庭环境和教育的不良影响

家庭是孩子生活的重要环境,父母是孩子的第一任教师。家庭教育的好坏直接影响孩子的健康成长。家庭环境和教育的不良影响主要表现在下面两个方面:

(1)家庭结构不良。家庭结构尤其是家庭的关系结构对学生行为影响极大。有的家庭结构被破坏,如父母双亡或父母分居等,造成家庭关系不完整、不正常或破裂,从而影响学生心理的发展与品德行为的表现。我国一项调查表明,50 名青少年罪犯中,父母离异或非自然缺损的约占 40%。苏联研究人员调查后发现,54.7%的违法犯罪少年缺父或母。日本在全国范围内调查违法青少年家庭,发现父母丧离的占 50%以上。

(2)家庭教育不良。家庭的不良教育以及家庭成员的不良思想习惯、不轨言行和犯罪行为,都会对学生产生潜移默化的不良影响。在家庭教育中,有些父母不重视对子女思想品德的教育,他们对子女重养轻教,重智轻德;有的父母因忙于生计,对子女的学习、生活等方面的表现不闻不问,任其自然;有些家长不懂得如何教育子女,他们或对子女娇惯溺爱,纵容放任,或简单粗暴,求全责备;有些家长本身素质较差,道德观念、文化素养及行为习惯起不到言传身教的作用。这些都可能导致学生问题行为的产生。

3. 学校教育不当

学校教育中一些不正确的,甚至错误的措施、态度和方法也是学生产生问题行为的一个原因。学校教育不当主要表现为:①有的学校没有把学生的品德教育摆在应有的位置,往往重智轻德。②有的教师不关心、尊重和了解学生,对学生教育的方法简单、粗暴,动辄训斥甚至体罚学生,忽视学生的年龄和心理特征。或放松要求,放任自流;或忽视学生的心理需要,采用成人化的教育方式和教育要求对待学生,缺乏针对性,一般化的教育多,个别、生动、细致的教育少,不能吸引学生,造成教育效果不佳,甚至产生逆反心理和沉重的挫折感。③还有的教师自身道德不良,缺乏修养,其言行不能为人师表,缺乏表率和榜样的作用,从而在潜移默化中对学生的心理和行为产生了消极的影响。④学校办学指导思想不正确。有的学校片面追求升学率思想严重,搞题海战术,考试过分频繁,学生学习负担过重,从而引起学生过分的心理紧张,加重了学生的问题行为。

4. 学生自身原因

学生问题行为的产生,除了社会环境、学校教育、家庭影响等外部原因,还有复杂的内部原因。内部原因中除了生理或遗传方面外,学生产生问题行为的原因主要有以下几个方面:①个性社会化过程迟缓,社会成熟度低,对学校、社会适应不良。一些学生的道德认识与行为水平相对落后,认识水平低下,冲动性强,需要结构不良,低级需要占绝对优势。②从小形成的某些性格弱点可能导致问题行为。③学生情绪障碍往往演变为问题行为,如喜怒无常,时冷时热。④学生的挫折心理和生活经历中的精神创伤往往会诱发问题行为的发生。⑤病态人格往往导致问题行为。

三、问题行为的矫正策略

班主任要正确全面地分析学生问题行为产生的原因,了解学生成长的历史、家庭教育情况和对学生性格特点进行必要的心理测验,然后采取适当的教育措施,进行综合治理,把矫正学生问题行为与思想品德教育结合起来,指导学生树立正确的人生观和对人、对事、对己的正确态度,达到良好的教育效果。具体说来,班主任必须采取以下措施:

(一)正确理解问题行为的性质

在实际教学中,一些教师由于缺乏对问题行为性质的正确认识,把妨碍教学过程的问题行为简单化地视为学生故意捣乱,于是设法用命令、惩罚或责备的方式加以制止,效果自然不佳。事实上,绝大多数学生课堂问题行为的性质并不像我们想象的那么严重,而仅仅是这个时期学生身心特点在课堂教学中的逻辑反映。为了有效矫正学生的问题行为,准确理解问题行为的性质,必须对与问题行为有关的年龄和能力变量作出综合分析和理解。

1. 行为的年龄差异

在理解和处理课堂问题行为时,教师应把学生的年龄作为重要变量加以考虑。我们发现,在小学低年级,许多问题行为是由于学生还不了解合理的行事方式或教师对他们的期望和要求过高造成的;有时他们虽然对此有所了解,但由于年龄太小还无力作出教师所期望的行为。这些学生不懂得如何等待轮到自己发言、有礼貌地提出要求或保持安静和停止喋喋不休的争论,并无故意烦扰其他同学和教师的企图。但是,对于年龄较大的中小学生而言,问题行为就很可能是由于一时的遗忘、难以自控或故意的破坏,而很少可能是对既定制度的无知或缺乏作出某种期待行为的能力。然而,即使对于年龄较大的学生而言,我们仍然需要检查是否已把行为规则讲得十分清楚,是否把有关交往的技能很好地授予了学生。总之,教师应根据学生的年龄差异对其行为的性质和动机作出合理的分析和归属。

(1)学生对教师的要求和期望的性质随年龄的增长而变化。如果教师能满足学生随年龄增长而发展的这种需要和期望,那么课堂中的问题行为就大为减少,反之亦然。

(2)学生间相互关系的性质随年龄增长而变化。一般而言,初中教师肯定要比小学教师较多地遇到因班级小团体间的矛盾所产生的问题。

(3)学生对在同学面前的地位和威信的需要,随着年龄的增长而提高。学生总希望得到师生的赞美。如果教师企图在班级同学面前羞辱他们,则会使他们感到极为痛恨。

(4)随着年龄的增长,学生对成人行为的要求逐渐提高。因此,教师还要注意教育方法,以免好心反而引起课堂问题行为。

(5)学生注意力集中的时间随年龄增长而延长。因此,优秀教师总是努力确保教学方法适合于该年龄发展阶段儿童的认知水平,以避免由于学生开始变得厌烦和注意不能集中而引发的课堂问题行为。

(6)儿童的大脑对机体的调节功能随年龄的增长而变化。如初中生由于大脑神经对机体活动的调节功能赶不上身体的增长,因而动作往往显得不够协调,给人以"笨手笨脚"之感;同时初中生由于性激素的分泌,影响到脑垂体的功能,使兴奋过程相对强于抑制过程,因而常使他们的情感反应不稳定、自控能力差。这也是导致所谓"初二乱班多"的重要原因。教师对问题行为性质的分析,必须考虑这一点。

总之,各年龄阶段的儿童对教师提出了特殊的教学要求,成功矫治课堂问题行为的关键在于对形成儿童问题行为的因素的真正理解,并在此基础上采取引导和控制问题行为的最优策略。

2. 行为的能力差异

课堂问题行为的性质不仅与年龄变量有关,而且也与学生的能力水平有关。与年龄差异一样,对导致不同能力水平的学生的问题行为性质变化的主要方面作出概括是有益的。

(1)不同能力水平的学生的学习动机常有显著差异。学术能力强的学生常常把目前的学习与未来的职业目标联系起来,在学习动机方面对学校常常具有一种积极的态度,并与学校的目标和精神价值保持一致。对于这种学生,只要他们确信学习内容有助于他们实现长远的职业目标,那么即使学习内容较为枯燥,也会努力学习。相比之下,学术能力较差的学生,则常常消极地看待学校,缺乏把学习与未来职业联系起来的动机,认为学校中开展的许多活动都是浪费时间,因而他们常把注意力集中于与他们固有兴趣相一致或同他们校外活动明显有关的内容上。因此,教师教学内容的选择对顺利引导和有效控制不同学习能力水平的学生的课堂行为具有重要意义。如果教学内容的选择不考虑不同能力水平的学生的最近发展区和学习动机水平,那么课堂控制问题就会明显增加。

(2)不同能力水平的学生对教师的个性,如忍耐性和同情心,提出了不同的要求。所有学生在富有忍耐性和同情心的教师的帮助下都能学得更好。然而,学习迟缓者唯有与这样的教师在一起时才能达到把握学习的状态。我们通过调查证实,一个对学生的学习困难缺乏忍耐、同情和帮助的教师,不但会使这些困难积重难返,而且还会导致教学的失败和与学生的疏远,从而使课堂控制变得更加艰难。这里教师应该注意,有些学生学习迟缓的原因常常不在于他们上课不认真或故意不想听,而是由于教师对教学内容的呈现方式对他们来说过难了,或者学习的内容中包括了他们还未理解的概念和知识。因此,教师应以同情和理解的心理耐心帮助他们克服学习中的困难。只有对学生"不想听"的原因作出科学的分析和理解,课堂控制才能富有成效。

(3)不同能力水平的学生的学习成败标准应有差异。对学生而言,没有什么比学习上的不断失败更感沮丧和令人失望了,也没有什么比这更可能导致课堂控制中的问题行为了。我们发现,经常失败的学生很可能把责备的目标转向教师和学校,对学校和教师产生强烈的对抗情绪,以维护自尊的心理。因此,教师应认真研究每个学生在自己所教学科中的"最近发展区",并由此确立不同的学习成功标准,使不同发展水平的学生都能体验到学业成功的乐趣,因为成功的学习体验和兴趣乃是减少破坏性行为发生的一个关键因素。一旦学生在自己独特的难度水平上获得了学业的成功和对学习的信心,产生了积极的学习态度,那么教师就能激发起学生更高的学习志向,引导他们向新的学习目标迈进。

此外,为了准确理解学生问题行为的性质,还应充分考虑不同发展阶段学生的一般身心特征和学生的性别、家庭经济地位以及文化环境等各种行为变量。

(二)正确对待和处理不同性质的问题行为

一般说来,学生的课堂行为可以区分为积极的、中性的和消极的三种性质。积极的课堂行为指与课堂教学目标相一致的行为;消极的课堂行为是指既影响自身学习又明显干扰他人学习的行为,如顶撞老师、闹事起哄等。中性的课堂行为是指只影响自身学习,但基本上不影响他人学习的课堂行为,如有些同学静坐在座位上却不听课。在课堂管理中,教师对不同性质的行为应采取不同的管理策略,强化积极行为,抑制消极行为,转化中性行为。这里,值得教师特别注意的是,虽然中性行为和消极行为都属课堂问题行为,但它们的性质不同,教师应用不同的态度和方法进行处理。对于消极课堂行为,由于其对课堂教学具有明显的破坏作用,教师应以同情、理解而又坚定不移的态度,根据具体情况运用有效方法和策略及时予以制止。但必须注意,教师不可采用体罚、责骂、讽刺挖苦、赶出教室或不准回家等方法处理消极课堂行为,因为这种处理方法造成的结果常常是师生情感对立、关系紧张,使问题行为更加严重。对于中性问题行为,由于其基本不影响他人学习,因此教师处理这类问题行为的基本原则是不能由此影响正常的教学过程而扩大中性行为的消极后果。

处理中性课堂行为的方法主要有以下几种:第一,信号暗示。当学生发生中性问题行为时,教师可及时给予信号,或两眼凝视有问题行为的学生,或突然暂停讲课,都会使有问题行为的学生获得教师在注意他的信息,促使他纠正问题行为。第二,邻近控制。为使传递的信息更加迅速有效,教师可利用巡视课堂的机会,一边讲课,一边走近有问题行为的学生,或轻拍其肩,抚摸其头,轻声警告,及时加以控制。第三,课堂提问。教师发现中性问题行为后,自然地中断教学内容,针对刚才讲课内容,面向全班学生提出问题,让全班学生思考,然后指名,让有问题行为学生或其邻座回答。第四,课后谈话,弄清原因。

有的教师在课堂里常常采用体罚、责骂、讽刺挖苦、罚站、赶出教室或不准回家等方法处理消极的课堂行为,结果常常造成师生对立,师生关系紧张而课堂问题行为还是接二连三地发生。教师处理消极课堂问题行为的基本态度应该是理解、同情而又坚定不移。一般说,把消极的课堂行为直接转变为积极的课堂行为,是比较困难的。有经验的教师往往先设法把消极的课堂行为转变为中性的课堂行为,然后再将中性的课堂行为转变为积极的课堂行为。

(三) 恰当运用问题行为的矫正技术

行为矫正技术,主要是根据学习原理来处理问题行为,从而引起行为改变。

1. 认知矫正法

心理学关于个体行为模式的研究表明,包括需要和动机在内的整个认知系统是产生问题行为的内在动因。因此,要控制课堂问题行为,首先必须提高学生的认知水平,进行认知矫正。

(1)激发学习动机和兴趣,增强行为动机态度系统的正向力量。期望动机理论告诉我们,动机强度=估计成功的概率×成功的诱因价值。若动机抱负水平越高,则学习劲头越足,课堂问题行为越少。因此,教师要动态调控教学难易程度,使每个学生在经过一定的努力之后都能获得成功的喜悦和教师的鼓励,从而增强进一步学习的动机,减少课堂问题行为。

(2)发展积极的控制点和自我控制模式。控制点是指人们对影响自己生活与命运的各种因素的看法。学生的控制点可分为内部控制和外部控制两种类型。具有外部控制特征的学生认为自己受命运和他人的摆布,成功与否主要由外部因素决定;具有内部控制特征的学生认为自己所从事的活动和活动结果是由自身的内部因素决定的。控制点作为一种强有力的人格特征,主要通过影响学生的成就动机,影响学生对待任务的态度和行为方式,从而影响学生的学习。与控制点密切相关的是归因模式。实践表明,学生不同归因模式将产生不同的课堂行为。如果学生将成功归因于努力这种可控因素,就会信心百倍,并预期今后再次获胜;如果将失败归因于如能力这种不可控的因素,则可能表现出冷漠和听任失败的态度,导致师生关系紧张和互不信任,进而产生课堂问题行为。因此,发展学生积极的控制点和自我控制模式,形成正确的自我概念和自尊态度是改善课堂管理的有效途径。

(3)教师认知的自我矫正。有些课堂控制问题与教师对学生的认识偏差有关,是教师对学生行为动机的错误估计和对学生不良的自我实现预言造成的。因此,教师应深入了解学生,加强教师认知的自我矫正,消除对学生的片面认识和成见,根据学生的实际作出评价,努力使自己的认知符合学生的实际情况,这样就可能消除有些潜伏的课堂问题行为。

2. 行为强化矫正法

行为强化矫正法与认知矫正法并不存在必然的矛盾,它们之间的区别只是前者强调行为的外部表现而后者强调行为的心理状态。在课堂控制中应把两者结合起来运用。运用行为强化矫正法矫正问题行为,具体步骤如下:

(1)客观地对课堂进行观察,认真详细记录某个需要行为矫正的学生在课堂中表现出来的破坏性行为和教师对这种行为的具体反应。

(2)按同样格式记录在同样的教学环境中发生的符合课堂规则的行为及教师对这种行为的具体反应。

(3)对上述两个记录进行认真的分析研究,找出学生行为与教师反应间的特定模式,查明教师反应与学生两种不同行为间的关系及教师自己行为所产生的强化作用的性质。

(4)矫正不良行为。教师进一步对产生破坏性行为的背景进行分析研究,并连续记录几天中某个不良行为发生的背景、时间和频率。通过这样的分析研究,就能弄清引发不良行为的具体因素,并采取相应的改善措施,达到行为矫正的目的。

3. 环境陶冶法

通过学生生活的环境,对学生进行潜移默化的教育影响,从而矫正问题行为的方法称为环境陶冶法。学校教育中的环境包括自然环境、语言环境、人际关系环境和校风、班风等。优美的学校环境,不仅能给学生以赏心悦目、优雅舒适之感,而且能使他们产生热爱生活、奋发向上之情,养成保护环境、爱护花木、讲究卫生的道德品质。生动的语言环境,能使学生得到深刻的情绪体验,把他们的情感带入一种非常美好的境地,从而陶冶他们的道德情感。和谐的人际关系环境,如师生之间的互尊互爱,同学之间的互帮互学,生活中的真诚相待、友好相处等,能使学生产生一种积极健康的心理状态,使他们轻松愉快,有利于学生形成讲文明、讲礼貌、尊敬师长、友爱同学的优良品质。总之,环境有教育的因素,也有自发影响的因素,两者都影响人的发展。

4. 其他行为矫正技术

(1)塑造。所谓"塑造",是指诱导学生的目标行为,并通过逐步提高奖励标准等措施使之巩固下来的技术。这里的"目标行为"是指与问题行为有本质差异的、取代问题行为的新行为。具体办法是将目标行为分解为许多个有逻辑联系的小步骤的具体行为,然后训练学生逐个掌握,直到最后能准确、连贯地外显整个目标行为。

(2)消退。消退是指废除可以使问题行为维持下去的一切强化刺激,从而减少这类行为出现频率的矫正技术。具体办法是安排相应的条件,以至停止强化问题行为,并开始强化目标行为。学生的问题行为往往是在他周围的人不知不觉的强化下形成的。例如,有的孩子当要求得不到满足时就在地上打滚,他这样做的目的是要引起父母的注意,并满足他的要求。如果父母赶紧跑过去,并把他抱起来,这个孩子的打滚就得到了强化并巩固下来,以后再遇到他不满意的事情时,他就会依法炮制,久而久之,习惯成自然,家长对他越来越无法控制。消退技术与此相反,当孩子打滚时,家长应不予理睬,装作毫无所知。而当他不打滚时,却给他必要的关怀和注意,如抚摸、游戏等。时间一长,孩子打滚的频率就会逐渐降低。

(3)刺激控制。刺激控制是通过控制刺激或诱因而控制问题行为的矫正技术。学生出现的问题行为大多是由相应的刺激引起的。这类刺激往往与问题行为有紧密联系,甚至于有的刺激与问题行为形成了条件反射。因此,有效地控制刺激或诱因,可以使问题行为出现的频率下降。可以采取以下措施来控制诱因:消除刺激,即消除学生所处环境中诱发问题行为的刺激;回避刺激,即让学生不与容易引发问题行为的刺激接触,使之脱离这种环境;替代刺激,即用一种受学生欢迎的能够引发积极行为的刺激代替诱发问题行为的刺激,逐步使引发问题行为的刺激的力量弱化。

（4）模仿疗法。这是基于观察学习的原理,通过观察学习来增加、获得良好行为,减少、消除不良行为的一种行为矫正方法。例如,某儿童极端害怕与人交往,于是采用了录像、现场模仿及参与模仿的方法予以治疗。首先,给他看有关儿童之间友爱相处的图片及故事,然后,让他实际观看人与人之间相处的现实情景,再让他自己逐步由简单到复杂分阶段地参与各种社交活动。开始,示范者参与其他儿童的活动,仅让患者陪同,并要求他观察示范者的行为;然后,要求患儿一起参加一些带有比赛性质的游戏,让患儿与其他儿童一起共享游戏的欢乐;之后,示范者逐步退出,鼓励患者一个人与其他儿童一起游戏。一定时间后儿童的交往障碍得以克服。

（四）协调社会和家庭教育力量,建立全方位的教育网络

问题行为的预防和矫正必须取得社会和家长的支持与配合。如果学生问题行为的产生是受到不良朋友的影响,那就必须让学生断绝与不良朋友的来往;如果是因为家庭气氛不和谐造成学生的问题行为,那就应该教育家长创造和睦的家庭气氛;如果是因为家长教育不当,班主任就得指导家庭教育,使父母掌握正确的教育方法。只有找出问题行为产生的外部原因,才能为矫正工作创造良好的外部条件,这是矫正工作取得成效的必要条件。

资料夹 8-1

唤醒孩子迷失的心
——网瘾行为的教育矫治

陈奇,出生于一个再婚家庭,父母都没有什么文化,并且长期在外打工。陈奇从小就由奶奶抚养。奶奶什么事都顺着他,要什么有什么,因此就变成了一个"自由人"。在他很小的时候,父母就给他买了一台电脑,刚开始是为了视频,后来,他学会并迷恋了上网、玩游戏。

去年开学第二天,他竟然没来上课,与他家人联系,说是早就来上学了。我们估计他又去网吧了,于是分头去找,终于在一家网吧找到了他。

首先,我尽快约到了他的父母,同他们交流孩子的情况并让他们明白缺少父母关爱的孩子往往会造成人格缺陷。陈奇的母亲答应留在家里。我与他的母亲约定:每天上学放学由她接送孩子,以控制孩子的时间,然后把家里的电脑联网,让孩子定期在家上网,逐步减少上网的次数和时间。

其次,我经常找陈奇谈心,与他建立朋友关系,与他谈网络,谈理想,逐渐消除他的逆反心理,让他对我无话不谈。然后我指导他正确上网,看一些网上的新闻、评论等,引导他多关注时事。有时在网上与他聊天,逐渐渗透上网成瘾将导致的许多恶果。

再次,通过班级活动帮助他转移兴趣。让陈奇在班级活动中担任一些重

要的角色,比如担任报纸版面的设计、互助小组的组长等,让他逐渐对学校、对班级有兴趣,通过班级各项活动提高他的个人品位,转移他的注意力。

最后,用强大的爱心和耐力唤醒陈奇迷失的心。不歧视他,不粗暴地对待他,对他的一丁点儿进步都及时表扬,不抛弃,不放弃。有一天,因为母亲限制了他的上网时间,他把母亲推翻在地,他母亲哭着给我打电话。我去陈奇家并把他领到我家,苦口婆心地与他谈话,终于使他认识到了自身的错误,并主动向母亲道了歉。

通过一年半的疏导和管理,陈奇的思想发生了很大的转变:上课能认真听课了,不像以前那样上课就画卡通人物;也能认真完成作业了,有时还与同学研讨学习问题;上课能向老师发问了。有了学习的积极性,现在他上网的次数大大减少了,也就双休日上一上网,大都是在看有意义的内容。由于他不再沉迷于网络,精神好了,脸色也好看多了,身体也升高长胖了。

但是,陈奇对网络仍然依依不舍。于是,我与他约定:在升入初三时彻底放弃网络,全身心地投入学习中去,争取多学些知识,为将来成为一位优秀的IT人才打下良好的基础。

我为陈奇的转变而高兴,我也相信经过我们共同的努力,陈奇迷失的心一定会归正,我也在期待着那一天的早日到来。

资料来源:彭兴顺,蔡润圃.问题学生教育指导.北京:中国轻工业出版社,2012:130—132.

第三节　材料阅读与思考

偶发事件与问题行为有着密切而复杂的联系。有时,一桩偶发事件就是一个问题行为,或者一个问题行为就是一桩偶发事件;有时,一桩偶发事件可能是由某个问题行为引发产生的;有时偶发事件与问题行为却没有任何联系,且有着明显的区别。在实际工作中,教师应有的放矢、针对性地进行偶发事件处理和问题行为的矫正工作。下面是三则有关偶发事件处理和问题行为矫正的实例,请你读后思考有关问题。

一、宽容让我如此美丽[①]

苏霍姆林斯基曾经说过:"有时宽容引起的道德震动比惩罚更强烈。"对此,我深有感触。

一次上语文课,"蔺相如"正和"秦王"为了和氏璧针锋相对,两位同学声情

---

① 张燕.宽容让我如此美丽.见:孟繁华.赏识你的学生.海口:海南出版社,2004:245.

并茂的朗读吸引了其他同学的注意,也使我心情愉快。我含笑地环视着这些可爱的孩子,忽然,我的眼睛定格在刘益身上:咦?此时的刘益正在一张纸上匆忙地写着什么呢?我走近他。也正是这时,"蔺相如"和"秦王"都圆满地完成了我交给的朗读任务,神色得意地坐了下去,等待着我的表扬。刘益也抬起了头,并且看到了正走近他的我,一愣,又似乎立刻回过神来,赶忙将桌上的纸条揉成团捏紧并且往嘴里送,又觉不妥,复又捏紧在手上。这个孩子的一连串动作使我十分惊愕,因为我相信当时我的表情仍然是微笑的,是什么让他反应如此强烈?我很奇怪。

"把纸条给我。"我和气地说。刘益看了我一眼开始用力撕那纸团,一下子又撕不开,急得涨红了脸。"把纸条给我吧。"我仍然和气地说。刘益又看了我一眼,终于犹豫地把纸团放在了我手上。我铺开一看,只见上面龙飞凤舞地写着:"张叶,上次我送你的笔好用吗?如果不好用就扔了,下次我买两支一样的,你我一人一支。"旁边还画着一颗心,当然心上还插着一支丘比特之箭。我哑然失笑:这孩子……怎么办?批评?责备?不过,男孩子跟女孩子之间本来是相互吸引的,让他自生自灭吧……正在思忖中,调皮鬼任镇却在一旁喊着:"老师,念给我们大家听听吧。"一些同学立刻附和。我清楚地看到刘益狠狠地白了任镇一眼后便低下了头。"好啊!"我说,"刘益写了一首诗:百川东到海,何时复西归?少壮不努力,老大徒伤悲。"刘益满腹狐疑地看了我一眼。我继续说:"刘益不惜花费课上的时间来告诫自己要努力学习,这难道不是一种自相矛盾吗?"我声音里表现出的责备让所有的学生沉默。但我还是看到了刘益感激的眼神。

第二天,我收到了刘益的纸条,上面工工整整地写着:"敬爱的张老师,您读的诗我记住了,您说的话我也明白了,我以后一定要好好学习,不让您失望。张老师,您是我最尊敬的老师。"

之后,刘益跟张叶之间风平浪静,再也没有什么异常,倒是刘益这孩子更愿意跟我接近了,也常把心事讲给我听。我常想:当时,我要是如实地读出他纸条上所写的内容,这个孩子说不定会恨我,他也必然会在很长一段时间里成为其他同学取笑的对象,说不定他会逆反,说不定会因此而自卑、堕落……我庆幸我选择了另外一种方法并且获得了他的尊敬。

此后不久,我的父亲旧病复发,后来终于离开了我们。在那些昏天黑地的日子里,我感到十分的痛苦和颓丧,悲伤毫不留情地写在了脸上。同学们纷纷在周记中劝我要爱惜身体,寻找快乐。而刘益的周记让我尤其难忘:"人总会生老病死的,老师您别太伤心了。每次看到您没精打采地讲课,我们都感到十分难过。要知道,微笑中的张老师是最漂亮的。"我当然知道自己并不是最漂亮的,也许,是宽容让我变得美丽。我想,作为一名教师,能够得到一个学生真正的关心、热爱和尊敬,是多么幸福。读完刘益的周记,我泪流满面。

思考与探讨:

你认为这个教师的做法怎么样? 如果你的学生有类似的情况,你有更好的处理方法吗?

二、第一百支粉笔①

我有一件珍贵的收藏品,小心地用绸布包着,然后用一只精美的木盒装起来,放在家中最安全的地方。

那时,我在班里是有名的混混儿,常常半夜外出打台球,看录像,白天则在课堂上睡觉,无所事事,学业几乎荒废。我交的朋友也很滥,一次为了能有一笔请社会上的哥们看电影的钱,我铤而走险,在深夜12点偷校园里的自行车,恰好被巡夜的保安当场捉住。他们马上通知我的老师,并且要送我去派出所,这时我才感觉到"罪责不轻",心中很是惧怕起来。

老师来了,他向保安询问了情况,然后请保安不要送我去派出所,希望这事由他来处理。缘于老师在学校很有威望,于是保安同意了。

深夜,老师把我带到办公室,久久不说话,我深深地埋着头,好一会儿,老师拉开抽屉,拿出一盒粉笔。

"过来,看看这是什么?"老师终于开口了。

"粉笔。"我胆怯的回答,不知老师如何处置我。

"对,是粉笔,现在你拿起一支,举过你的头顶。"老师对我说。

"干什么?"我不解地问道。

"先不要问那么多,按我说的去做。"

我想我是犯了法的学生,只有按老师的要求去做,于是从盒里抽出一支粉笔,举过了头顶,只是这样举着,老师又不再发话了,过了很长时间。

"松开你的手指!"沉闷中老师发话了。

我的大脑几乎有些麻木,机械地执行着老师的指令,只听"啪"的一声,雪白的粉笔掉在地上,摔成了三截。看着脚下的碎粉笔,我显得不知所措,还没回过神来,老师又说:"再拿一支,举起来,然后松开手。"

我还是机械地重复着老师的指令,脚底下又多了几截碎粉笔。

"接着这样做下去!"老师还是这样说。

"为什么?"我迷惑地问道。

"接着做下去,你也许能有所体会。"

三支、四支、五支、六支……

---

① 魏薇,路书红,王红艳,张萍. 中外教育经典案例评析. 济南:山东人民出版社,2005:30.

粉笔盒里的粉笔越来越少,地上的碎粉笔越来越多,白刷刷地发着暗暗的光。当我抽出最后一支粉笔,举过头顶,刚要松开手,让这支粉笔去经历碎裂的命运时,突然,我脑海中闪出一个念头,心间有被疏通的感觉,牢牢地抓住了这第一百支粉笔,对老师说,"我不摔了,我知道你的心思。"

"说说看,你悟到了什么?"

"老师,你把粉笔比作了我,让我自己好好把握住,不然的话就会断作两半,甚至粉身碎骨……"

"好小子,你总算明白了。是啊,人生的价值,何尝不是这样一支脆而净的粉笔呢,如果把握不好,一旦落地摔碎,如何能复原? 南风啊,你做错了一件事,虽然不至于粉身碎骨,但若不小心地去把握自己,后果也是不堪设想呀,知道吗,老师就是想用这一盒粉笔的代价让你明白这个道理呀。"

"老师,知道了。"看着这一地的碎粉笔头,我第一次信了老师的话,而且是坚信,"老师,第一百支粉笔我不能再摔了,我一定把它小心地收起来,成为我人生旅程上的警示牌,好吗?""是呀,人生时时需要警示,愿这最后一支粉笔,能让你在人生的路上少些摔倒的经历,收起来吧。"老师的话里充满了爱意和期待。

从此,我小心地收起这支粉笔,先是放在一个专用的文具盒里,用碎纸屑围起来,一直完好无损地收藏到学业完成。

如今,经历了多年商海沉浮和官场历练的我,人生早已变得丰富和睿智。曾经抛弃了许多,也拥有了许多,但时刻系于心间,给我启迪和警戒的一件宝物,就是那支至今还完好无损的粉笔。

思考与探讨:

人的成长不是一帆风顺的。在这个案例中,我们为这个教师博大宽广的胸怀和高超的教育艺术而深深地感动。这位老师用了100支粉笔的代价换回了学生的良心发现,引导学生进行自我教育,改过迁善,从而铺就了学生阳光明媚的人生。通过阅读这个故事,你认为应该怎样理解和对待学生的错误和过失?

三、暂借分数①

这年,我带的班里有个叫李钟立的学生,入学以来考试总是不及格。各科老师都很着急,给他补课,下了不少功夫,可是一考试他还是"闯红灯"。作为班主任,我心里急得更是火烧火燎。原因很简单,他就是玩心太重,而且玩心不改。为刺激他,我决定试一试网开一面的方法。一次单元测验,李钟立应得

---

① 张万详.班主任工作创新艺术100招.南京:江苏教育出版社,2002:57.

56分,我却在试卷上写了个大大的"66"。李钟立紧跟着我走进办公室,小声对我说:"老师,我算了几遍,都是56分,卷子上却是66分,您把分加错了。"我故作惊讶地说:"不会错吧? 让我再算算。"我装做十分认真的样子又算了一遍,然后说:"钟立同学真是个诚实的好学生。你的品行不是66分,而是100分。好啦! 这个成绩不动了。这10分,老师不要了。要不,就算借给你的。不过,下个单元测验时,你可要还给我呀!"钟立暗暗地想:这是升入初中以来,第一次"得的"及格分。这10分可不寻常,这是帮我"及了格"的10分,是令人对我刮目相看的10分。我下次一定把账还上,要不太对不起老师了。他随即郑重其事地给我鞠了个躬。这10分产生了压力,也产生了巨大的动力。他再不敢昏天黑地地玩了,上课专心听讲,下课认真完成作业。第二单元测验后,李钟立拿着试卷兴冲冲地找到我,兴奋难抑地说:"老师,我来'还分'。您看,我得了76分,还您10分,还可以得66分。"我高兴地拍着他的肩膀说:"世上无难事,只要肯登攀。66分、76分,何足挂齿。以后,你一定会得86分、96分、100分。你一定会成功,老师相信你!"从此他步入了良性循环的轨道。

还有一次,石岩同学在单元验收时得了98分。我清楚他的成绩属中下等,得个80分就到头了。他的同桌李辉却是个学习尖子,这次单元验收是100分。很显然,石岩是偷看偷抄了李辉的试卷。弄清了原委后,开始我十分恼火。考试作弊自欺欺人,我对之深恶痛绝,真想把石岩叫来,劈头盖脸地训斥一顿。我冷静地思考了一下,又觉得不妥:那样做司空见惯,恐怕在他意料之内,所以疗效不会大;不如故作糊涂、将错就错,来个出奇制胜,或许效果更好。于是我把他叫来,请他坐下,又端了杯水递给他。石岩喝了口水,奇怪地问:"这水怎么这么甜?"我笑着说:"我放了三勺白糖,还能不甜? 看你得了98分,我比喝了糖水还甜。你的进步这么快,已经名列前茅,老师祝贺你,所以调了这杯糖水犒劳你。"石岩的脸刷的一下红了,不好意思地要解释什么:"老师,这98分……"我知道他要说什么,立即打断他的话头:"是的,这98分得之不易,而要想保住就更难了,来日方长啊!"然后,又话中有话地暗示他:"我相信通过实实在在的拼搏,石岩同学会得到更多的实实在在的98分,乃至100分!"石岩不好再说什么,心里嘀咕开了:我只有下次再考98分,才能证明这次不是作弊得来的,以后可得加倍努力了。我从他的眼神看出他的心理活动,我相信他一定能成功。果然,这以后他的成绩稳步上升,后来进入了班级前5名。我真为自己采用正确的策略,巧妙地进行转化所取得的成功而暗暗地高兴了一段时间。

思考与探讨:

对于一个真正懂得教育的教师来说,分数不仅是评价学生的一种手段,更是向学生传递期望、希冀和认同的一个途径。本例中,"借分"治愈了"玩心太重"的痼疾,带来了努力学习的丰厚"利息";对学生作弊成绩的宽容和"祝贺"不但使学生认识了作弊的错误,还促进了成绩的稳步上升。通过阅读这个案例,你认为教师应具有怎样的分数观,又该怎样处理学生考试作弊和偷改分数之类的事件。

【复习思考题】

1.偶发事件有哪些特点?处理偶发事件应遵循哪些基本要求?

2.班主任李老师正在召开班会,讲得津津有味,学生也聚精会神地听。忽然,一只麻雀飞进教室,学生注意力转向麻雀,且有些骚动,课无法正常进行。请你为李老师出主意处理好这一偶发事件。

3.结合教学见习、实习等活动,调查中小学生课堂问题行为的类型、数量和成因,并针对性地提出矫正的方法和策略。

【拓展阅读】

1.彭兴顺,蔡润圃.问题学生教育指导.北京:中国轻工业出版社,2012.

在我们的学校,总有一些学生有着这样或者那样的问题,他们有的行为习惯不好,有的学习兴趣淡薄,有的情绪持续低落……我们常常称之为"问题学生"。问题行为矫正与"问题学生"教育密切相关,甚至常常合二为一。本书分如何教育习惯不良的学生、如何教育厌学的学生、如何教育网瘾学生等十二个话题对"问题学生"的教育指导作了生动的阐述。

2.陈筱洁.初中生常见心理问题及疏导.广州:暨南大学出版社,2006.

初中时期是个特殊的时期,从小学走向高中的这几步路,远不是旁观者看来那么顺利。三年里,初中生的心中,也许正经历着形形色色的风风雨雨。本书向大家讲述了初中生在心理发展的道路上常见的一些心理问题,以及相应的处理对策,值得广大教育工作者和关心初中生成长的家长一读。

3.王晓春.问题学生诊疗手册.上海:华东师范大学出版社,2006.

在中小学,几乎每个班都有几个问题学生,他们是"麻烦制造者",拖班级后腿者。班主任往往要把一半甚至更多的精力花在他们身上,然而收效甚微。本书第一章主要阐述了问题学生诊疗的基本思路;第二章是专题研究,主要分纪律问题、学习问题、心理和品德问题等专题开展诊疗;第三章阐述了"校园专家"的培养。本书是一本为教师提供教育智慧的书。

【本章主要参考文献】

[1]杨心德.中学课堂教学管理心理.杭州:杭州大学出版社,1993.
[2]宋秋前.教学缺失与矫治策略.贵阳:贵州人民出版社,2002.

［3］丁榕.班级管理科学与艺术——我的班主任情.北京：人民教育出版社，2004.

［4］季诚钧.班主任工作技能训练.杭州：杭州大学出版社，1995.

［5］甘霖.班主任工作技能训练.上海：华东师范大学出版社，1995.

第九章　心理健康和青春期教育

☆ 学习目标

● 了解中学生心理健康的一般特点和影响因素。
● 掌握青春期心理健康教育的一般策略。

《中共中央关于进一步加强和改进学校德育工作的若干意见》指出："要积极开展青春期卫生教育,通过多种方式对不同年龄层次的学生进行心理健康教育和指导,帮助学生提高心理素质、健全人格,增强承受挫折、适应环境的能力。"作为教师,尤其是班主任,必须充分重视学生心理健康和青春期教育,并把这项工作渗透到班级管理工作的一切环节中去。

第一节　中学生的心理健康教育

心理健康是指一种持续的、良好的心理状态,人在这种状态下能对外界表现出有效适应,乐观向上,创造性地学习和工作,尽可能发挥自己的潜能。心理健康教育是一种旨在提高全体学生的心理素质,促使学生智力发展、情绪稳定、人格健全、行为协调、人际和谐的教育行为。随着社会的进步和发展,素质教育的全面推进,心理健康教育已成为学校教育中不可或缺的重要内容。

一、中学生心理的一般特点

1. 过渡性与动荡性

中学初期(少年期)是一个半幼稚、半成熟时期,是独立性、依赖性、自觉性和幼稚性矛盾冲突时期;中学后期(青年初期)是一个逐步趋向成熟,独立走向社会的准备时期,总体呈现过渡的性质。此时学生个体的心理品质、个性倾向均不稳定,对事物的认知、情感、意志水平都表现出一种起伏多变的不完善的动荡状态。

2. 敏感性和冲动性

中学生往往对新生事物敏感,思维活跃但容易偏激、冲动。敏感是认识能力发展的表现,冲动是感情和意志发展不成熟的反映。他们有表达意见的强烈愿望,对一些事物已经有自己的是非判断,但自身的思维发展、认识水平远不能达到这种程度,有时候会提出不恰当的过激之词。在进行社会交往的时候,他们主观上希望自己有责任感、有能力,可以把事情做好,但客观上困于社会知识和生活经验的不足,在思想和行为上盲目性较大,往往难以较好地控制自己的情感和行为,有时鲁莽行事,摆脱不了偏激、摇摆和脆弱的局限,带有明显的冲动性和孩子气,这些给他们的心理发展造成积极或消极的影响。

3. 闭锁性和开放性

中学阶段,学生们开始面对生理剧变,包括体型变化、心肺发育成熟、体能增强、中枢神经发展日趋完善、第二性征发育等。这对青春期个体的心理发育带来重大影响,情感动荡需要适当的释放来获得平衡。他们渴望他人和自己一样彼此敞开心扉来相待,与同龄人(特别是与异性)、与父母平等交往,能述说和被倾听。由于学生们的认识能力、自控能力日渐发展,这种内心动荡被压抑,表面显得平静,他们常以为找不到合适的倾诉对象,逐渐表现出"闭锁性"的特点,时时面对内心情感要求释放与外部表露趋向内隐的矛盾。他们对待外界的人或事总是持一种逆反心理,表现为对抗、不服从或者有意违抗父母长辈或教师的要求,有时还会表现为熟视无睹,漠不关心。这种矛盾心理如果不被理解和适当处理,可能造成青少年的误解和感情上的隔阂,进而影响情绪表现和社会适应,一些青春期的常见心理障碍与此发展有关。正确认识这一对矛盾对青春期的心理健康教育有举足轻重的作用。

4. 多变性和可塑性

中学生思想活跃,求知欲旺盛,但总体上辨别能力低,自控能力差,社会阅历浅,知识水平低,实践经验少,道德评价能力差,常常是积极和消极因素并存,思想、情感、兴趣、爱好、性格不稳定,容易发生变化,这也表现为明显的可塑性。这种多变性和可塑性,正是对他们进行教育的重要依据。

5. 独立性和幼稚性

个体的自我意识在中学初期进入了快速发展的阶段,他们积极探索自我,独立意识显著增强,不再完全依赖父母或者师长,不再简单模仿和认同成人的举止,这是青少年心理走向成熟的重要标志。青少年的自觉性和自制性也得到了加强,渴望社会把他们看作大人,不愿受父母过多的照顾或干预,试图在平等的基础上重建与父母或其他成人的关系。他们自认已经成熟,因而在一些行为活动、思维认识、社会交往等方面努力表现出"成人"的样式。但他们思维水平发展不完善,概括、推理、分析能力等依然比较片面而幼稚。事实上,他们也不具备真正独立自主的经济基础和物质条件,所以常常碰壁,不得不再次从父母、师长那里寻找解决问题的方法、途径或帮助,迫使他们再去面对成人的力量和权威。一言以概之,心理断乳的他们很想摆脱成人的羁绊,但在诸多复杂的矛盾、困惑面前需要成人在精神上的理解、支持和保护。是否能正确面对自我意识迅猛增长和社会成熟相对缓慢这一矛盾,以及由此造成的情绪上的困扰和适应障碍,对于维护学生的心理健康、促进情绪稳定和心态平衡具有重要意义。

二、中学生的心理健康目标

美国心理学家哈维格斯特(R. J. Havighurst,1952)研究后指出,心理健康的含义总体上反映在两大方面:个体内部心理过程的和谐一致,与外部环境适应良好的心理状态。此后心理学家们积极关注和深入研究,产生了关于心理健康的诸多观点,但在核心理念上大致都与哈维格斯特比较相似。

世界卫生组织(WHO)对心理健康定义为身体健康、精神健康、社会适应良好。精神健康,不仅是指没有精神障碍,更是指一种健康状况。在这种状况下,每个人能认识到自己的潜力,能应付正常的生活压力,有成效地从事工作,并对社区做出贡献。世卫组织官方网站提出了心理健康的十大标准:①有充分的安全感;②充分了解自己,对自己的能力做出恰如其分的判断;③与外界环境保持接触;④生活目标切合实际;⑤保持个性完整和和谐;⑥具有一定的学习能力;⑦保持良好的人际关系;⑧能适当表达和控制自己的情绪;⑨有限度地发挥自己的才能与兴趣爱好;⑩在不违背社会道德规范的情况下,个人的基本需要得到一定程度的满足。

根据已有的理论研究和各项实践探索,对中学生心理健康的总体目标上可以做如此表述:主观幸福,内在和谐,自我期望合理,与社会环境相适应,理想我和现实我能协调统一,能有效践行自己的社会功能,逐步实现个人潜能的开发。具体可以描述为:

目标一:情绪稳定,有安全感。他们对待生活和学习乐观、热情,抱着乐趣和美好期待,在追求各类目标的过程中往往有较多的肯定体验,有满足感,不会过度惧怕失败。

目标二:认识自我,悦纳自我。他们自尊自信,有进取的人生观,能正视自己的优点和不足,对自己的个性和能力能做出合适的判断,并不断完善自我,完善人格。

目标三:自我学习,生活自立。他们能对学习抱着强烈的求知欲望,主动克服困难,精力充沛,勤学好问,喜欢探索。意志坚定,热爱生活,日常生活起居能力符合年龄特征,自己的事情自己做,在日常生活中寻找希望和快乐。

目标四:人际和谐,接纳他人。良好的人际交往是维护心理健康的重要条件。他们能自然地与老师、同学交往,常表现出如共情、友善、信任、尊敬、理解等积极的行为模式来解决问题,猜疑、嫉妒、敌意、攻击等一些消极态度和行为尽可能少。

目标五:适应环境,应对合理,耐挫性良好。他们能以一种坦然、开放的态度对外界保持良好的接触,反应敏捷,开始有自己的独立意见和意志行为,及时获取反馈信息,能适时调整自己并主动适应环境。有自己的目标和计划,有承受挫折的能力。

目标六:社会功能协调统一。他们能意识到自己是多重社会身份的统一体,学做一个好孩子、好学生、好同学和未来的社会公民,他们的各种行为符合自身的年龄特征,不至于过于幼稚、依赖或者过于老成,在遵循社会规范、伦理道德的情况下满足自己的需要。

三、中学生的心理问题

心理问题,也被称为心理失衡,是心理活动中出现的轻度创伤,是由不良刺激引起的心理异常现象。心理问题不存在器质性的病理变化。现实生活、学习压力等情境因素会诱发导致学生内心冲突,通常有偶发性、暂时性,会给个体带来不良情绪和行为反应,严重时对中学生的日常生活、学习和社会功能都有一定程度的消极影响甚至是伤害,带来痛苦的体验。

(一) 心理问题的常见分类

按照心理问题复杂程度的不同,中学生的心理问题可以分为三类。

1. 发展性心理问题

发展性心理问题主要出现于这一类学生:他们心理总体健康、身心发展正常,但心理素质有待完善,通常个体不能正确地自我认知,不认同自己的能力,这是成长中的常见问题。解决的重点在于帮助个体学习合理认知,提高心理素质,健全人格,成为适应现代社会的合格学生。

2. 适应性心理问题

适应性心理问题主要出现于这一类学生:他们身心发展正常,在某个阶段表现出有一定的心理或行为问题,这通常是个体与环境不能协调一致带来的心理困扰。解决的重点在于个体能够不断地调整自我,合理认知和行为矫正等,在现实环境中维持一种良好状态。适应本身就是一种动态的平衡。

3. 障碍性心理健康问题

这一类学生数量最少,但问题情况最为复杂。学生个体持久地感受到主观痛苦,一般持续时间为 6 个月以上,人际关系不良,有社会功能受损,通常伴随有各种不良情绪和反常的特殊行为,例如出现对抗甚至敌对现象等。

(二) 中学生常见的心理问题

对心理问题最恰当的理解是将其界定为一个从心理健康到心理疾病的连

续体。正常和异常总是相对的,连续体的一端定义为最佳的心理健康行为,另一端定义为最差的心理健康行为。若是心理健康状态由最佳端向最差端发展,那就意味着中间逐渐增加了各种不适应的行为(图 9-1)。

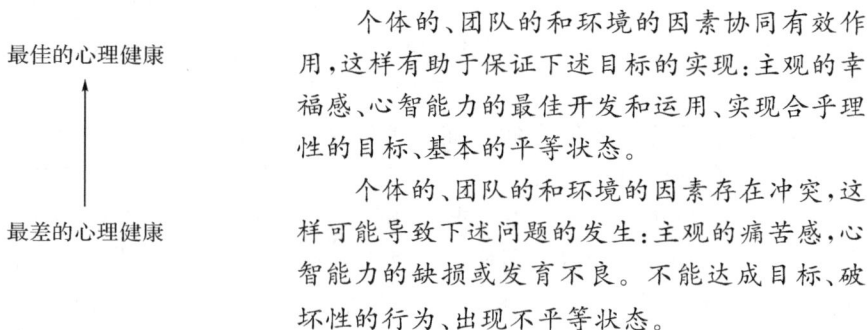

最佳的心理健康

最差的心理健康

个体的、团队的和环境的因素协同有效作用,这样有助于保证下述目标的实现:主观的幸福感、心智能力的最佳开发和运用、实现合乎理性的目标、基本的平等状态。

个体的、团队的和环境的因素存在冲突,这样可能导致下述问题的发生:主观的痛苦感,心智能力的缺损或发育不良。不能达成目标、破坏性的行为、出现不平等状态。

图 9-1　心理健康状态的发展

中学生群体中较为常见的心理问题如下。

1. 焦虑障碍

每个人都可能体会到焦虑或恐惧,但对某些人来说,焦虑是一个问题,会干扰处理日常生活的能力,影响了生活、学习的乐趣。据估计,将近 25% 的成年人曾经在某个阶段表现出不同程度焦虑障碍的特征性症状(Kessler et al., 1994)。这里主要介绍焦虑症、恐惧症等。

焦虑症　一种神经官能症,表现为持续的忧虑、不安、担心和恐慌,伴随有明显的运动性不安和躯体上的不舒服。临床上可以分为急性和慢性两种,即惊恐发作和广泛性焦虑障碍。有这类问题的学生在个性方面大多表现为胆小怕事,犹豫不决,对新环境适应能力差。考试焦虑是中学生群体常见的心理问题,他们常常会提及这样的一些表现:一想到考试就心跳加速,每次复习无法集中精神,拿到考卷更是头冒冷汗,甚至大脑一片空白。这就是典型的焦虑症状,严重者需要寻求专业的帮助。

强迫症　一种神经官能症,以反复出现强迫观念和强迫动作为基本特征。强迫症在精神科问诊个体中约占 0.1%～0.46%,在一般人口中约占 0.05%,在 30 岁以前发生,男性多于女性。神经活动类型强而不均衡型的个体身上易发生,他们常常急躁好胜、自制能力差、胆小怕事、缺乏自信,遇事十分谨慎,反复检查,总希望达到尽善尽美,在别人面前拘谨,对自己过分克制,要求严格,墨守成规,兴趣和爱好不多,对具体事物注意不够,对未来的事情容易担忧,学习认真但主动性往往不强,加上某些强烈的客观诱因,导致此类问题的发生。

厌学症　目前各种学习心理障碍中最为常见,中学生患病率最高。厌学症是指学生消极对待学习活动的行为反应模式,主要表现为学生对学习认识存在偏差,社会、学校、家庭等外部环境的不良影响也起消极的强化推动作用。情感上消极对待学习,行为上主动远离学习。他们往往学习目的不明确,对学习失去兴趣;不认真听课,不完成作业,怕考试,长时间受到社会的偏见、家长的漠视、教师的批评、同学的歧视。他们在学习中无法满足成功的愿望,生活中自觉无人理解关怀,失败乏味,逐渐形成学习无价值、自己是"差生"等观念,讨厌学校,旷课逃学;严重者一提到学习就恶心、头昏、脾气暴躁,甚至会歇斯底里。

神经性厌食症和神经性贪食症 神经性厌食症(anorexia nervosa,AN)及神经性贪食症(bulimia nervosa,BN)是以古怪的进食状态为特点的常见综合征。某些青少年对躯体形象苛求"以瘦为美",采取拒食、导吐、腹泻方法减少体重,出现极度营养不良、消瘦、闭经甚至死亡。AN 患者严格地控制食物的摄取,是一种本人有意引发和维持的,以节食造成食欲减退,体重减轻,甚至厌食为特征的进食障碍。BN 患者则失去对进食的控制,以至于以拒食、导吐来补偿。神经性厌食症常引起营养不良,代谢和内分泌障碍及躯体功能紊乱。这种症状的产生主要与心理因素有关,并不是消化系统器质性疾病引起的。此病的发病年龄为 10~30 岁,多数为 15~23 岁。女性患者高于男性约为 10~20 倍。神经性厌食症的发病率会因为社会风气和生活方式变化而出现大幅增减。急性精神创伤或心情持续抑郁,都可能在一定条件下诱发此病。

2. 心境障碍

神经性抑郁症 以情绪异常低落为突出表现。自觉心情压抑、沮丧、忧伤、苦闷,对日常活动兴趣显著减退;感到生活无意义,对前途感觉悲观、失望,沉思不愉快的往事或遇事总往坏处想;自觉懒散无力、精神不振、思维迟钝、反应缓慢,对学习、工作缺乏信心;自我评价降低,夸大自己的缺点,自卑自责,对赞扬、鼓励无相应的情绪反应;不愿主动与他人交往,但是被动接触良好。

躁郁症精神障碍 主要由心理创伤、高度紧张等引发。以相对持久的情绪高涨、易激惹或情绪低落为主要特征,可伴有相应思维及行为改变,具有反复发作、自行缓解的特点。根据发作时表现,可分为躁狂型和抑郁型和躁狂抑郁型。暴躁时打人损物,自我伤害,抑郁时不做任何事情,两种病态有时单一出现,有时交替出现。

3. 人格障碍

偏执型人格障碍 他们对他人表现出一贯的不信任,会从无害的环境中找出不愉快的含义,认为朋友、同学总会有一天对他们不忠诚。

表演型人格障碍 他们总希望自己是注意焦点,甚至会做一些不合时宜的行为来争取成为注意的中心,容易感情用事,对很小的事件也会做出过分情绪化的反应。

反社会人格障碍 他们的行为模式是会持久地缺乏责任心,不遵守规则、违反社会规范,藐视他人的权利,不会觉得羞耻或者后悔,具体表现为扰乱课堂秩序、参加打架斗殴、离家出走、成为不良少年群体成员。

4. 青春期精神分裂症

精神科最常见、最严重的心理疾病之一,病因未明。核心症状是感知、思维、情感、意志和行为等多方面的障碍,以精神活动紊乱、不协调或脱离现实为特征。患者逐渐表现为孤僻、情感不稳定,追究一些荒谬无意义的问题,或发表空洞议论。随病情发展,联想障碍、情感障碍明显,精神活动全面紊乱,思维松散破裂、古怪,言语不连贯,行为不能自控,难以理解,恶作剧以及轻浮为多见。

(三) 心理问题产生的原因

青少年心理健康问题产生的影响因素复杂,是个体自身内部因素(如遗传、个性特征等)和外在因素(如社会环境等)相互作用的结果。

1. 遗传因素

研究表明个体心理机能如性格、智力、情绪、能力等都与遗传有关。亲代遗传基因有缺陷;母亲孕期的情绪、营养及药物与子代后天的心理健康有关;母亲分娩时的年龄、分娩过程中的早产、难产和窒息等都会直接影响子代的心理健康。母亲的分娩年龄太大或太小也影响子女的心理健康。

2. 疾病或外伤

大脑神经系统、内分泌系统和感觉器官的疾病、外伤和缺陷可能引起心理疾病或心理异常,如脑瘤、癫痫等;由内外伤、手术、药物等造成的损伤引起暂时性或长久性的精神障碍,具体表现为心智功能减退、幻觉、妄想及攻击性行为等。

3. 认知因素

中学生对自己的身体素质和生理发育和心理发展特点往往缺乏正确的、综合的认识,情感和理智发展得不平衡,人格发展得不完善,直接影响心理健康。由于过分注重结果,体会不到学习的乐趣,学习负担过重,陷入痛苦的青少年屡见不鲜。有些青少年承受不了学习带来的心理压力,有时会表现出异乎寻常的反抗情绪,形成家庭暴力,有极个别甚至消极自杀。

4. 家庭因素

家庭因素主要涉及不良教育方式和家庭环境的影响。在生活上,家长无原则地溺爱和袒护,缺乏严格的管理制度。在学习上,家长抱着较高的期望,采取简单、粗暴的压制教育模式。两者的强烈反差容易导致学生不解父母的行为,质疑父母的动机。父母自身工作忙碌、不和、离异、家庭暴力、亲人亡故等都可能造成学生心理障碍。

5. 教育误区

学校教育思想不端正,升学的压力导致"应试教育"依然存在,以学生成绩论教师"英雄",决定教师的考核。因而某些教师不惜采取过激措施,挤牙膏似地"挤出"学生的辉煌成绩,致使那些不适应学校教育模式或者学业成绩不良的落后生,因规范刻板的课堂、过重的课业负担和各种频繁的考试,倍感头痛和万分厌烦,对自己失去信心,厌学情绪强烈。加之有些老师处事武断,不良个性、教学风格和工作方法使学生的自尊心进一步受伤害,产生强烈的反抗心理,直接影响身心健康。

6. 社会因素

当下处在经济发展、社会改革时期,存在着各种思想意识。不良的意识形态和道德观念及社会风气对中学生的心灵同样有潜移默化的负面作用。不良分子不仅自己作案犯罪,而且常常欺骗、诱使和教唆少数青少年做坏事,使意志不坚定者心灵受到毒害,沾染上恶习,影响身心健康。

四、开展中学生心理健康教育的方法

对学生的心理健康教育不能孤立进行,应该渗透到学校教育、教学和管理工作中,寓于学生的各项活动中,同时要把家庭、社会教育力量结合起来,多角度、多层次培养学生的心理素质。班集体是学生心理健康教育最重要的环境之一,班主任则是学生心理健康教育最主要的维护者、协调者和沟通者。因此,班主任工作必须掌握开展学生心理健康教育的方法。

(一)常规教育中渗透心理健康教育意识

对青少年学生的心理健康教育要结合人生观教育、理想教育、道德教育、法制教育来进行,彼此相互促进,相互渗透。积极引导学生明确人生价值,树立正确的道德观、世界观和远大理想,加强意志的锻炼,顺应学生的心理规律来进行有的放矢的教育,是实施心理健康教育的基础。

如心理健康教育与教学相结合。教学活动以教师为主导,以学生主体的心理过程为基础,因此,教师可以通过不同的教学途径,变换多种教学方法,在传授知识、训练技能的同时,培养学生的心理素质。再如,心理健康教育与学校道德教育结合。道德教育培养学生各种良好的心理品质和意识倾向,特别是要培养道德意识倾向性(道德动机、道德信念等)和道德心理品质(道德认识、道德情感、道德意志等),心理健康教育方法是可以和德育相互促进的。又如,可以通过社会实践活动(社会调查、社会服务等)、科学技术活动、体育锻炼等走向社会,有助于学生形成勇敢、坚强等优秀的心理品质。

(二)引导学生自我调适

学生心理发展过程中出现这样或那样的非积极因素和动向是正常的,也是能预料的,关键在于班主任能否及时发现,引导学生主动调节心理和行为。随着身体的快速发展变化,他们开始把视线移向自己的形象、能力、性格等精神活动,以及他人的评价。自我心理的构建是人格完善的基础,学生的自我心理教育是以自我调适为核心,包括自我意识、自我评价、自尊自信、挫折应对等。因此,班主任要在学生"发现自我"的关键时刻,帮助其建立起"自我同一性",避免角色混乱。如果心理危机得到满意解决,个体将形成健康人格。

班主任指导学生正确认识青春期心理的特点和规律,通过多种形式的自我心理健康教育活动促成学生的自我心理保健,如"我的自画像""自我激励""我不愉快以后……"等。活动中,学生学会理性地调节情绪,积极有效地开展人际交往,不断提高自己对社会环境的适应能力、心理活动的协调能力和心理康复能力。对自我心理发展有偏差者,则宜以个别咨询等方式加以"矫正"。

1. 增强学生对学习的适应性

调动学习主体性。主体性的发挥是学生保持好的学习状态,取得良好学习成绩的根本保证。主体作用被抑制是中学生学习压力过大的主要原因之一。学习内容的相对复杂,学习目的的异常明确,师长要求的更为严格、甚至苛刻,都是影响中学生学习主体作用发挥的重要原因。引导学生积极主动地设置学习目标、安排学习节奏、调整学习内容、丰富学习形式等都是调动学习主体性行之有效的办法。

体验学习满足感。满足感、成功体验是培养学生浓厚的学习兴趣,激发学生学习潜能,增强学生学习动力的内在因素。极少体验成功或缺乏学习满足感的学生很容易产生学习的疲倦感,表现出厌学、逃学等行为。班主任要善于发掘和捕捉学生学习过程中的变化,哪怕是一点点的进步,或者是非学科学习的成绩,诸如演讲、书法、绘画、体育、社会实践等方面的进步,都视为难能可贵的学习成绩加以表扬、表彰或鼓励,以培养其学习的满足感。

排除学习的恐惧感。中学生既有对未知领域渴求探索、渴求把握的学习热情,又有对未知世界不可预测的恐惧感,常常表现为对新的课文、章节、学习方式等无意识的排斥,对日益频繁、渐趋重要的考察或考试的畏惧。班主任老师要通过对掌握新知的热情的激发、保持或维护,对考察或考试的形式、内容、意义和价值的引导,排除学生对学习或考试的恐惧。

培养良好的学习习惯。学习绩效的优异与否,除智力因素的制约外,非智力因素更是起着决定性作用。班主任老师要利用课程教学、德育工作、心育活动对学生的学习习惯加以培养,着力解决中学生学习时间的安排、学习节奏的调控与学习过程的处理等方法和技巧问题,以提高学生学习效率。

2. 调适自我意识

正确评价自我。正确评价自我,才能找到自己与父母、老师、社会的契合点。学生知识水平处于"半罐水"状态,情感发育处于"半成熟"状态,理智提升处于"准独立"状态,既有人格形成的"脱缰"要求,又有争创"宽松"环境的抗争意念,"自我"的准确定位往往迷失于学业的长进、心智的发育和情感的丰富之中。班主任要洞悉表里,适时引导学生正确评价自己。

学会归因。现代学生已习惯于为自己开脱,习惯于将责任推卸于人,习惯于保全自己的怨天尤人。对成长过程中所遇问题的成因,他们通常只从客观上去寻找,既没有深入分析问题、找准原因和识别主次的能力,更没有转化矛盾、解决问题的实际行动。班主任应引导他们运用唯物辩证法的理论,多维度地分析问题,找准影响成长的具体原因,加以甄别,抓住问题本质。

提高自制能力。自制是心理成熟的重要标志之一。学生已经具有一定的自制能力,但在背景复杂的时候仍易于冲动,并且视之为耿直、豪爽,明明知其不能为而为之,事过即知酿成大错,这显然是缺乏自制能力的表现。

(三)针对学生实际开展心理健康辅导

学生心理健康需要教师传授普及相关的心理知识、释疑各种心理现象和问题,以便学生对日常心理行为进行有效地理解。班主任可以结合切身体验,加强健康知识的宣传,对不同年龄层次的学生进行心理健康教育和指导,帮助学生提高心理素质,健全人格,增强承受挫折、适应环境的能力,对有心理障碍的学生及早发现和建议专业咨询,可预防恶性事件的发生。

1. 心理预防

通过班主任常规的心理健康教育工作,指导安排学生生活节奏,劳逸结合,引导学生情绪情感良好发展,防止意外事故的发生,控制可能导致学生心理疾病产生的因素。

2. 心理诊断

依据一定的心理学理论,使用心理学的方法和工具,对群体或个体的心理状态、心理行为、心理发展环境等进行描述、分析、判断和评估,并提出矫正措施和发展策略。

3. 心理咨询

创设静谧的环境和融洽的氛围,构建良好的人际关系,采用面谈的办法对学生实施心理疏通、引导,提出切实可行的建议和心理保健策略,以改变其态度和行为,情况复杂者建议去专业机构进行咨询与治疗。

班主任需要明确学生的心理问题不等同于学生的思想问题,因此,在对学生进行辅导时,要遵循心理辅导的原则,坚持"客观、中立、保密"的态度,通过和学生共同分析、探究,给学生提出走出心理困境的建议。班主任在对学生进行心理辅导时,要多注意倾听,有的心理问题,学生倾诉出来就已经解决了,不需班主任赘言。尤其值得注意的是,当学生心理问题比较严重,或已超越了班主任解决能力的范畴时,要介绍学生去找专业的心理医生。

第二节　中学生的青春期教育

　　青春期教育是社会主义精神文明建设和对学生进行素质教育的重要组成部分。党和国家一直十分重视学生的青春期教育工作。原国家教委于 1988 年及 1996 年相继颁布关于开展和加强中学生青春期教育的通知。1992 年 1 月实施的《中华人民共和国未成年人保护法》第三章第十三条规定"学校应当全面贯彻国家的教育方针,对未成年人进行德、智、体、劳以及社会生活指导和青春期教育",表明了进行青春期教育应成为学校应尽的法定义务。2001 年 2 月 9 日第九届全国人民代表大会常务委员会会议通过的《中华人民共和国人口与计划生育法》第十三条明确规定:学校应当在学生中,以符合受教育者特征的适当方式,有计划地开展生理卫生教育、青春期教育或者性健康教育。因此,青春期教育是保护青少年健康成长的需要,也是提高民族素质的重要措施。

一、青春期教育的必要性

　　青春期是人生观、道德观形成的关键时期,青春期教育成为学校教育和家庭教育的必要环节。

　　首先,因传统观念的长期束缚造成社会、学校、家庭对青少年进行性知识教育的障碍。人的性本能是每个人在青春期时逐渐发育形成的。步入青春期的中学生,此时身体上各器官和性机能发育已逐渐成熟。可以说以性成熟为标志的青春期在不断提前,而学生个体对相关知识的了解是匮乏的。大多数成人对中学生的性心理问题还是处于回避状态,把性视为禁区,甚至把性与丑恶、下流相联系,只要是谈到性问题,不管是什么内容都会遭到回避,就像是"羞答答的玫瑰只适合静悄悄地开"。其实,性的发育是自然的生理现象,不能回避。

　　其次,由于学生群体自身的社会阅历浅,思维分析能力、判断能力都比较差,加之缺乏两性社会道德规范方面的知识,不少学生因性问题而困惑、疑虑和苦恼,如果缺乏理性的性教育,可能误入歧途,做出令自己和身边所有人后悔莫及的傻事或错事。

　　再次,家庭对性知识教育一直表现出较大的封闭性。对于子女的青春期教育,很多家长要么抱着"无师自通"的态度,知识不讲也知道;要么采取"鸵鸟政策",长大了自然就懂了;要么采取比较严厉的态度,发现苗头立即扼杀于摇篮中。越是被禁锢的内容往往也越是被人们所的向往的,这种生物欲求与社会规范发生冲突,缺乏正确诱导和自我调节能力的学生会陷入焦虑之中。

最后,社会开放程度越来越高,获取信息的途径多种多样,鱼龙混杂、良莠不齐的海量信息铺天盖地,尤其是来自网络的资源,同时网络监管不给力,要指望中学生自己能独立分清是非实属不易。各种形式、内容的性信息促使他们自觉或不自觉地对成人的恋爱行为产生好奇,并加以关注和简单模仿,致使问题变复杂。近些年,我国青少年罪犯性犯罪所占的比重上升,且日趋低龄化。一项来自131名青少年罪犯的调查结果显示,36.1%是性犯罪,女少年犯的性犯罪比例高达90%。

在发达国家和地区,如美国、日本、中国香港、中国台湾等,人们特别重视对中小学生进行性教育。1991年美国卫生、教育和性学方面专家精心制定了学校性教育大纲,美国学校卫生协会出版了《综合性学校健康教育中的性教育》,比较系统地论述了从幼儿园到中学的性教育内容及教育方法。瑞典在政府的建议下于1942年开始性教育,1956年提出义务化性教育,1977年推出教师用性教育用书,重视青少年性教育,提供性问题咨询和保健服务。日本心理学家曾提出:"青少年时期是性意识、性成熟、性行为激烈而迅速的形成时期。在这个时期,如不加强性教育,不仅会影响良好和社会风尚和社会秩序的形成,还会影响美满的家庭中异性关系的建立。"曾有青少年犯罪行为的研究表明:13岁是青少年劣迹出现的高峰时期,16岁是青少年犯罪的高峰年龄。这也亟需学校和家庭加强对青少年进行青春期教育,促成青少年掌握性知识,成为真正具有现代文明的积极的社会主义公民,这关系到和谐社会的建设。

二、青春期身心发展的具体表现

青春期的生物基础就是性的逐渐成熟。这一时期是决定人一生的体格、体质、个性和智力等发展的关键时期。因此,学校和家长应注意观察学生细微变化,重视学生青春期心理健康教育。

(一)青春期生理发展的表现

一般说来,青少年从10~12岁开始进入青春发育期。中学生处在从青春发育期向青年期过渡阶段,是人体生长发育的第二个高峰,生长迅速,生理上会发生一系列的变化。正确认识这一时期的生理特点有助于避免产生不必要的担忧与心理压力。

其一,身体外形剧烈变化,身高体重、胸围、头围、肩宽、骨盆等都在迅速增长。身高增长速度显著,青春发育期之前,平均每年长高3~5厘米,在青春期,每年以6~8厘米,甚至10~11厘米的速度增长,男性少年更为明显。肌肉随骨骼的增长而发达起来,肌肉比重加大,体重每年增加5~6千克,突出的可能增加8~10千克。男生力量增强;女生脂肪增多,显得柔美。

其二,身体内部各器官、神经系统的功能迅速增强并逐步趋向成熟,为中学生心理的逐渐成熟提供物质前提和可能。青春期学生的心脏重量增加到出生时的 12～14 倍。12 岁时脑重已达 1400 克,接近成人,脑细胞内部结构和功能逐渐发育完善,内分泌系统日趋完善,使脑的兴奋性增加,接受和传递信息以及对事物的反应能力加强。

其三,青少年的性发育成熟,其特征包括性腺、性器官、第二性征的发育和性功能的具备。人体生殖系统的发育是最迟的,进入青春期后,第一性征开始发育,第二性征出现和具备性功能,促成中学生成熟意识的觉醒,同时为个体带来许多问题,诸如异性交往和性心理。第二性征是男女形态特征变化,具体表现为男女生在身材、体态、相貌和声音等性别上的差异,如男子长胡须、女子乳房发育等。

营养在青春发育中起着重要作用。营养缺乏会推迟性发育,甚至造成发育障碍。因此,青春发育期的男女青少年应保证充分的营养,注意热量的补充,尤其注意适量脂肪的摄入,保证生长发育的需要。以女生为例,专家研究证实,女生体内脂肪量达一定程度时,才开始有月经初潮。在青春发育早期(女生月经初潮前 2～3 年)即应贮备一些营养素,需要纠正挑食、偏食的习惯,尤其纠正"怕胖而节食"的念头,否则热量、蛋白质、脂肪摄入不足,可能导致面色无华,乳房发育较小而平坦,没有青春期女孩的朝气蓬勃。严重营养不良,伴有极度消瘦的女生还容易出现月经推迟、闭经等疾病,影响身体的正常发育。

(二)青春期心理发展的表现

这个时期常被称为过渡期,发展极其复杂,充满矛盾,又被称为困难期和危机期,主要特点是属于一个半成熟的时期,是独立性和依赖性、自觉性和幼稚性错综复杂的时期。

美国心理学家斯坦利·霍尔(Granville Stanley Hall)根据他对西方社会青年的研究,率先于 1904 年在两卷本的《青春期》一书中提出了著名的"青春期危机"理论。霍尔从"个体发生概括了种系发生"的复演论的角度出发,认为青春期象征着人类一个动荡的过渡阶段。青春期的出现是一种"新的诞生",意味着个人心理形态的突变和危机。沿着霍尔的思路,斯普兰格把青春期誉为"第二次诞生",而霍林沃思更是形象地把青春期喻为"心理断乳"。

1.认知方面

中学生的感知能力、观察能力在目的性、持久性、精确性和概括性上有显著发展。中学生注意的自觉性和保持注意的习惯逐渐形成,注意品质进一步增强。记忆发展可达到一生的黄金时期。理解记忆能力随年级增高不断上升,机械记忆的比重逐渐减少,抽象记忆的发展呈稳定增长趋势,想象记忆的发展则有所下降。思维能力从需要具体、直观的感性经验支持的抽象思维,向根据理论来进行逻辑思维的抽象思维发展。初中阶段,思维的独立性、批判性、自觉性有显著增长,容易产生片面性和表面性,高中阶段向思维的深刻性、组织性发展。想象的有意性迅速增长,创造性成分逐渐增加,现实性提高。中学生已经掌握本族语言的语法结构,语言表达日趋准确、生动优美,口头语言和书写语言都达到了一定的修养水平。

2. 情感发展

中学生情绪强烈,充满热情和激情,活泼向上,富有朝气。情感两极化,这与中学生主客观矛盾增多、青春期生理发育有关。情感内容的社会性越来越深刻,道德感、理智感、美感的内容日益丰富,自我调节能力进一步发展。友谊感日渐增强,两性爱情开始萌芽,处理不当容易造成教育过程中的危机。

3. 意志发展

学生行为的目的性不断提高,对外界的依赖性有所下降,能根据目的任务做出意志决定。克服困难的毅力水平与自身责任感、集体舆论的约束力相关。轻率、冲动的现象仍存在,需要引导发展果断性和自制力。教育者需要在调节情感的过程中培养学生的意志良好品质。

4. 个性发展

学生自我意识发展迅速,逐渐接近成熟,突出表现在"成人感"上,强烈要求独立自主,开始意识到自己和别人的精神世界和个性品质,表现出有自我教育的要求,在调解、支配自己行为方面的独立性、自觉性有很大增长,但自我评价和调节能力不高,需要积极引导。从中学生个性心理特征的发展来看,集中反映在性格品质的发展上。在良好环境和教育的影响下,社会化的积极结果在学生性格的发展上反映明显,中学阶段的重要任务之一是促进中学生个性品质健康发展。

5. 性意识萌发

性意识出现是青春期典型的心理特点。随着性意识的出现,学生的性格、兴趣、爱好等也相应发生一定的变化。种种发端于心理学的青春期理论都强调着同一个主题,即遗传决定的生理因素引起了人的心理反应,因此青春期的特征具有生物学的普遍性。生理上的急剧变化冲击着心理的发展,使身心发展在这个阶段失去平衡。青少年自身性器官逐渐成熟,性功能产生,对自己和异性身体的变化不仅十分敏感和重视,而且出现好奇和不安,随之产生对性知识的探知欲望,这种本能促使性意识的萌发和发展。性生理迅速发展,性心理相对幼稚,在社会意识的影响下内心向往异性之间的吸引和交往,如喜欢接近异性,喜欢在异性面前表现自己,甚至出现朦胧的恋爱念头等。有些个体表面上表现出异性之间的故意疏远或排斥,有些个体则出现了向异性同学递字条、约会、山盟海誓等冲动性异性交往现象。但由于学校、家长和社会舆论的约束、限制，特别是教育因素，使青少年在情感和性的认识上存在着既非常渴求又不能表现的矛盾状态。

中学生发展是一个不平衡过程，并依赖于诸多因素共同作用，能比较自觉地完成学习任务，但控制情感、自我监督的能力不高。中学生的成熟水平存在很大的个体差异，有的已有稳固而丰富的学习兴趣，有的不求甚解，有的贪玩，迷恋于游戏、活动，有的已开始有意识地为实现自己的理想而努力。此外，青春期个体常常成就感与挫折感交替。成绩良好就会享受超越一般的优越感和成就感，激情满怀；一旦失败可能会产生自暴自弃的挫折感，低落沮丧。父母和教师应注意对这一现象的引导，使他们能顺利地度过青春期。

三、青春期教育的原则和技巧

青少年心理素质关系着国家和民族的未来，加强青春期教育是时代的要求。如何面对学生众多的心理问题，如何有效地预防、干预和矫正各种心理障碍，如何切实提高学生的心理素质，已成为全社会关心的大问题。

（一）青春期教育原则

1. 正确认识，正面疏导

两千多年的封建意识的影响下，性问题一直是个禁区。我们面临着性愚昧和性泛滥同时存在的挑战，需正确开展性教育，以科学观念引导社会群体。首先，教师要抛开传统陈腐思想的影响，打破教学中的"性禁区"。结合学生实际，端正他们的学习态度，使他们认识到生殖系统和其他系统一样，是人体的一个重要组成部分。性知识是科学知识，不应该回避，解除学生的思想障碍，破除那种对有关性知识的讲授和学习感到难堪的观念。溯本求源，青春期的骚动大多与性意识的萌发有关。青春期性教育不是消除或者开放性本能，而是促成性教育更加社会化、文明化，引导中学生对社会负责，接受社会的教育和制约。

青春期教育往往涉及个体最敏感、最隐秘领域，教育者须将着眼点置于培养上。教育者有针对性地向男女学生分别讲解有关性的生理卫生常识和心理卫生知识，注意方式方法，不能神秘化，正确对待性萌动带来的问题，引导学生摆脱心理困境，丰富学生的精神生活，培养学生对学科的浓厚兴趣，鼓励学生参加各种文体活动，充实生活。

2. 适时、适度、适当，预防为主

"适时、适度、适当"三原则是在1988年8月由国家教委、国家计生委联合发出的《关于在中学开展青春期教育的通知》中指出的，要求学校充分认识青春期教育的重要性和必要性。"适时"是指教师对学生的性生理、性心理、性道

德教育必须抓准时机、及时进行。教师可以结合生理课、道德品质课等适时教育。"适度",应从"度"字出发,性教育的"度"是一种教育艺术,做到要因人因时因地而异。给学生讲授性知识的程度深浅要把握好。教师应考虑学生年龄特征和基础知识水平确定授课的主题、内容要点和教学方法,要讲究分寸,注重教育艺术,防止过度、过粗。性心理教育讲授既不能"禁",也不能"滥"。"适当",要注意四个"当"。一是时间适当。这是一个选择时间的问题,就是选什么时间好,这就需要教育者时常留心同学的身心发展。二是观念适当。根据不同民族特征、文化习俗和思想观念来开展教育。三是教学内容适当。要做到既亲切,又严肃,还要关心、理解和尊重学生,对不同年级、不同年龄和不同性别的学生采取相应适当的教育方法。四是人员适当。一般教学人员应是对青春期教育感兴趣的、品德健全的和关心同学的。同时教育时注意对男女生应分开教育,这样学生对自身的成熟有正确认知和充分思想准备,提高心理适应能力,尽可能理智调控自己的情绪波动。总之,应做到预防为先,教育及时。

3."三位一体",综合教育

这是指学校、家庭和社会三方相互配合,协调一致。学校教育有很多种,如课堂教育、讲座教育、宣传教育等,但对班主任来说,班主任一定要有为学生服务的观念,留心观察,善于捕捉学生的一些反常的现象,经过深入调查,确切了解到学生心灵的秘密之后对学生的问题给予保密。同时班主任、任课教师密切配合,需要学校各个部门齐抓共管。家庭教育要开放思想,对子女在青春期给予更多的关怀,帮助孩子度过青春期。社会对学生青春期教育进行宣传,改变传统思想,为青少年立法,保护其权益。总之,只有学校、家庭、社会三方面互相配合,互相支持,形成一股协调一致的教育"合力",才能达到理想的教育效果。

(二)青春期教育的技巧

青春期教育突出强调学生是发展中的个体,尊重他们的个性和需求,致力于健全人格的培养,采取多种形式的教育手段,提高学生的心理品质,促进素质教育。

1.渗透于校园的日常活动

学校应重视学生的身心健康,班主任帮助学生树立正确的人生观,正确评价自己。苏霍姆林斯基说:我们的任务就在于要在学生性本能刚刚觉醒之际就使他们的理智做好充分准备。利用班会,让学生畅谈人生,关注个体的生涯规划。开设心理健康教育课,阶段性地进行青春期的心理、性道德观念、友谊和爱情、法制观念及科学人生观等方面的教育。开展阅读青春期教育方面的书籍,参观青春期教育方面的展览等主题活动,邀请公安、司法部门定期给学生开设有关法制知识的讲座,正确处理青少年"早恋"和防止青少年犯罪。

举办青春期性心理教育专题讲座应注意集中和分散相结合。青春期心理讲座时,可充分利用学校的现代化教育手段集中并直观地对学生进行教育。青春期生理讲座时可以考虑男女生分开进行,了解性生理发育和性意识发展的规律。女生讲座的重点放在经期卫生,男生讲座的重点放在遗精现象和手淫恶习;破除落后和愚昧的性观念,消除不必要的焦虑和迷惑,破除对性行为的神秘感。

2. 渗透于课堂教学

教育者,尤其是班主任对学生全方位的关注和指导,提倡多元价值观,杜绝将成绩作为唯一标准来衡量学生,允许学生有差异性,教师对后进生不能思维定势,应像寻觅火种和开采金矿一样努力挖掘闪光点,热情鼓励中等生和后进生参与课堂,大胆发言,体验成功的快乐,增强自信和积极进取意识,千方百计地帮助他们排除进步过程中的障碍。班主任必须正确地比较和评价学生,争取客观公正,多进行鼓励性和肯定性评价,提高学生解决问题和适应新环境和自强自主的能力。

3. 引导的技巧

班主任需要留意并分析男女生交往的外在表象,辨识性觉醒与性朦胧,辨识"怀春"和"早恋"。性觉醒是性开始成熟的标志,带有很大的理性成分,是自觉的。性朦胧是性萌动的外在表现,是感性、无心的。"怀春"是性渐趋成熟的反映,是一种正常的健康的生理、心理现象,13岁后的女生,14岁后的男生,心理上都可能出现;"早恋"则属于一种不合适的失控行为。由于受性萌动的刺激和社会大环境的影响,男女生都想要寻找心理慰籍,渴望异性朋友。异性之间的好感、爱慕出于无心,并非自觉追求性的爱抚,更不是追求终生伴侣。教师要细心观察,对学生的异常行为和不良的行为习惯采取正确的引导方法,切记不要简单粗暴,要和风细雨,"动之以情、晓之以理",打开他们心灵的窗户。班主任要允许学生正常交往、友好相处,满足学生的社会性需要,创造一个健康宽松的男女生交往的环境,引导学生在集体活动中进行正常的交往和感情交流,建立对异性的正常态度和纯真友谊,把握交往分寸。在这样的异性交往环境中,性能量得以置换和释放,从而促进身心健康发展。

4. 疏导的技巧

大禹治水,一改其父"以壅塞而阻水"的方法,以疏通河道,宣泄洪流为主,经过十三年的努力,"劳神焦思,泽行路宿","以蘑洪水",终使"洪波安息","水患大治"。同样是治水,功过不在于水,而在治水之人。这对班主任正确疏导青春期的情感萌动具有深刻的启示。班主任应帮助学生正确认识性觉醒和性意识,通过学习和正常的交往来转移、升华性压抑和性紧张,达到疏导、调节和控制的作用,同时开展适合学生身心特征的多种活动以有利于性适应的发展。

任何事情都具有两面性,若能以积极的一面为契机,引导学生正确认识自己的情感变化,进而学会把握、升华情感,或许就会取得更大的教育效果。所以,讲究方式,尊重人格,促进学生心理的成熟,就变得非常关键。沉迷于恋爱的学生往往是家教严谨专制、父母感情不好、气氛紧张或单亲家庭,他们在家庭中沟通不良,得不到应有的温暖、理解与支持,实质上是寻求情感上的一种补偿。这就需要教育者在日常的学习与生活中给予学生足够的关怀、理解与温暖,使他们的情感得以满足。

总之,对青少年进行青春期教育,是素质教育的要求,更是青少年"身"和"心"全面健康发展的要求。通过青春期教育,培养学生形成自尊、自爱和自强的高尚情操。

第三节　材料阅读与思考

青春期教育往往涉及一个人生活和思想中最隐秘、最敏感的领域,是一项细致而复杂的教育工作。根据一项对我国大城市青少年的追踪调查研究发现,对青春期教育开展的具体内容来说,已经发生了相当多的变化(表 9-1)。

表 9-1　青少年接受过的青春期教育(%)[①]

年份	性生理知识		生命的诞生		青春期心理		男女交往方式		友谊与恋爱		人口与计划生育		性病		晚婚晚恋		性道德	
	男	女	男	女	男	女	男	女	男	女	男	女	男	女	男	女	男	女
1989	27.3		9.6		30.3		7.6		8.8		10.5		1.1		—		4.8	
1999	64.2		39.5		84.1		40.6		34.3		33.3		9.3		11.8		12.8	
2004	58.2	49.2	45.3	43.0	74.3	84.2	35.2	34.3	30.0	30.8	33.5	25.6	19.4	7.9	16.0	5.8	24.5	7.6

青春期个体开始恋爱,是对性意识明晰和体验的结果,也是青少年生理与心理趋向成熟的标志之一,西方社会心理学家称之为"青春期恋爱",在我国通常被称为中学生的早恋。该现象不容忽视,是青春期教育的重点,一直是学校教育和家庭教育的难题,所以本节对此做重点分析和探讨。青春期恋爱,是未成年学生把对异性的好感用恋爱的方式来表现的一种心理活动形式。家长和老师不宜轻易把涉及性的问题都看成道德问题,应有意识地开展异性学生正常交往的活动,让他们在健康的活动中建立同学情谊,淡化彼此对异性的过度好奇心,更稳妥地把握自己的情感,顺利度过青春期。

---

① 杨雄.青春期与性——中国大城市青少年性意识性行为跟踪研究[D],上海:上海大学,2005:86.

　　班主任老师对学生初萌情愫的表现,既不能粗暴压制,又不能放任不管,而是必须掌握学生心理发展的特点与规律,理解学生需要的变化,善于以各种方式来触动学生,通过诚心和爱心、恒心,进行耐心细致地说服教育,引导学生学会用理智来驾驭感情,摆脱困境,并要注意保护学生的自尊心。

一、与心仪对象的交往

　　心理学研究表明,学会与异性交往,达成异质社交性是青春期最重要的社会化目标之一。按照人类心理社会发展的自然进程,一个正常人从初中开始就需要学习建立异性友谊,因此与异性交往并非是"长大以后"的事。

　　青少年的性心理发展中,大约半数的青少年到青春期有了自己心目中特别喜欢的异性。那么他们与自己心目中特别喜欢的异性的关系又是怎样的呢？在性行为上有何表现？从青少年与心仪异性的关系来看,青少年的行为总体还是比较理智,其中绝大部分青少年与特别喜欢的异性的关系只停留在单相思的层面,还未向对方表白。从统计数据上看,"未流露"的比例在 1989、1999 和 2004 年基本持平,都在 70％以上。总体来说,情感取向、行为模式基本稳定(表 9-2)。

表 9-2　青少年与心仪、喜欢对象的关系(%)[①]

年份	未流露		约会		接吻		爱抚		性交	
	男	女	男	女	男	女	男	女	男	女
1989	71.8	76.47	15.28	13.57	5.9	2.26	3.13	0.90	1.39	3.18
1999	78.46	82.8	15.35	10.37	3.96	1.26	1.49	5.44	0.74	0.13
2004	72.9	83.4	14.7	9.1	7.6	4.2	2.2	1.7	2.7	1.6

　　调查发现,青春期个体以多种途径接触到不同程度的性内容,他们对于性内容的敏感度有所下降,大部分青少年能保持平和的情绪。2004 年,男女青少年在看影视中描写谈情说爱情节时的心理反应为情绪平和,分别为 74.4％和 82.0％,比 1999 年的 63.56％和 77.70％分别提高了 10.84％和 4.3％;心理反应为"冲动"的比例则分别下降了 11.42％和 5.41％。这种性敏感度下降、性代偿行为减少的趋势也体现在青少年对书刊中两性关系描写的态度和对影视中接吻、拥抱情节的态度上(图 9-2、表 9-3)。

---

　　① 杨雄.青春期与性——中国大城市青少年性意识性行为跟踪研究[D],上海:上海大学,2005:64.

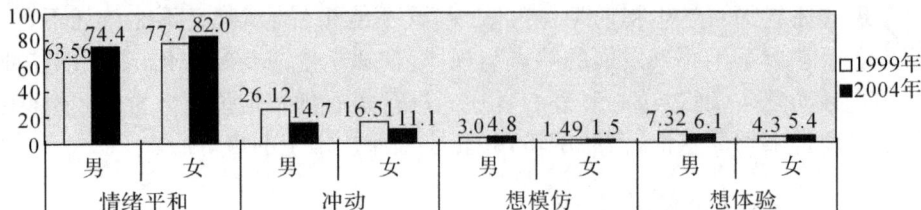

图 9-2　青少年看影视作品"谈情说爱"镜头时的反应(%)①

表 9-3　青少年对影视中接吻、拥抱情节的态度(%)②

年份	非常喜欢看		比较直观看		无所谓		有些害羞		有些讨厌		讨厌	
	男	女	男	女	男	女	男	女	男	女	男	女
1999	2.63		5.38		59.14		17.10		9.84		5.91	
2004	6.7	2.1	8.4	4.0	60.3	54.6	9.2	16.7	7.1	12.3	8.3	10.3

二、中学生作文有"雷区"③

将自己的失恋写进作文,自以为文笔优美,情感真挚,却被老师批为"内容不健康"。"作文写什么才算健康?难道非要赞扬伟人、赞扬老师?"近日,广州一名中学生在某论坛上提出的这一困惑引起了不少中学生的共鸣。

如何对待学生在作文中"谈情说爱",在老师们看来是个棘手的难题。一篇好作文就是心灵的表白,是情感的张扬。但大家对"爱情作文"非常敏感,这样的文章就算文笔优美,也被认为立意不高,贴上可读性差的审美标签。据报道,有些地方中考看到爱情作文一般都不会给高分,理由是"思想内容"不过关。很显然,各种爱情主题依然是青春期教育的雷区。

排斥"爱情作文"多数是教师们的"好心",但不能无视孩子认知、审美、价值观等的发展。这也反映出教育缺失人本精神,过分强调语文教学的工具性和思想性,没有使人文性得到真正的解放和落实。如果教育不能走进学生心灵,就可能使学生对真情作文产生逆反心理,最终损失的还是教育本身。

教育工作者需要敢于探索,对"爱情作文"多一些包容,多营造自由的成长氛围和精神环境,不能屡屡出现"爱情作文就是低俗"这种简单粗暴的判断。新课改将情感态度和价值观教育纳入语文教学的目标,上海初三语文教材就

---

①②杨雄.青春期与性——中国大城市青少年性意识性行为跟踪研究[D].上海:上海大学,2005:61,62.

③　雷泓霈.中学生作文能否冲破爱情禁区.中国教育报,2008(8).标题为作者所加,内容有所改编。

极好地消化了该指导思想,将该册第二单元的主题定为"爱情如歌",收录3篇爱情文章、4首爱情诗歌,目标是丰富学生的情感世界,提升他们纯朴健康的爱情观,体现了教育的人文特性。如此,语文教育距离健康、理性和美好的境界就不会遥远。

思考与探讨:

近年来,中学生"恋爱"的情况比较突出,不论是重点中学还是一般中学都有发生,表现出年龄渐小、人数渐多、程度渐深、形式复杂的趋势。这一问题已引起学校、家庭和社会的普遍关注。作为班主任更有责任教育、帮助学生处理好这个问题。

青春期恋爱情况较为复杂。与成年人的爱情相比,早恋难以持久,缺乏理智,是不成熟的选择,同时充满了幻想和冲动,在遇到波折时易产生偏激行为,如殉情、恶性报复、离家出走、患忧郁症,甚至自暴自弃等。据有关部门抽样调查,我国初中学生约有15%、高中学生约有19%发生早恋行为;不完全统计表明13~17岁中学生中,大约有30%的人承认有关系密切的异性朋友。

总结早青春期恋爱的行为方式,可分为三种类型。

(1)模仿游戏型:多为初一年龄段的少年,属于"情窦初开"者。这种"恋爱"行为纯属模仿性,且带有游戏的性质。他们的行为并非由性欲所推动,主要是模仿其他人的一些"求爱"方式以满足自己那股好奇心,有点随心所欲。这种早恋现象甚至在小学高年级已出现。有家长提及,小学五年级的女儿曾在文具盒中偶然发现一张纸条,上面写着"我喜欢你",但没有署名。女儿知道是后排座位的男同学写的,次日,她把写着"我不喜欢你"的字条偷偷地放进他的铅笔盒里,既不署名也不称呼。这还只是属于有好感。

(2)天真幼稚型:多为初二、初三年龄段的少年。他们的性发育已开始成熟,有性的欲望,也有探究性的渴求。尽管"我爱你"可以随口而出,但不了解爱的内涵。异性间的接触由一种亲近欲所驱使,而许多人又把对异性的好感视为爱情。他们还不会认真考虑为什么要恋爱以及恋爱会给自己带来什么后果,选择恋爱对象也带有相当的盲目性,并不能专一、排他。

(3)认真初恋型:多见于初三至高中年龄段的青少年。一般求爱目标已能集中在某个人身上。恋爱双方常常出自对对方的学业优异、体魄健壮或容貌秀美、性情温和的倾慕,或双方爱好相近,志趣相投。他们常常憧憬着未来的事业、未来的幸福生活。恋爱是会考虑婚姻,但他们还不能理解恋爱和婚姻的内涵,也不清楚彼此的社会责任和义务。虽是"认真初恋",也可能是幸福的学霸组合,但没有达到成熟阶段,未来变数很大。

原因

青春期恋爱之所以发生,一个重要的因素是孩子缺乏足够的情感关注,缺乏与父母、师长在心理上的沟通。现在的孩子大多是独生子女,很多家长只注重孩子物质方面的需求,很少跟孩子进行心理和感情沟通。孩子对异性同学有好感或关系密切,是一种宣泄情感的需要。

现在的青少年普遍早熟,相应的教育没有及时跟上。由于社会伦理道德的约束和对性教育的神秘化,常会导致青少年的心理冲突。越是被禁锢约束越是向往之。同时,部分青少年缺乏责任心,他们很难理性感知恋爱关系甚至两性关系,虚荣心作怪,觉得恋爱是时尚。

不确定性和危害性

青春期恋爱对中学生的学习通常都有严重影响,对中学生的身心健康不利。首先是直接影响了学习。据许多教师观察,恋爱中的男女学生情绪都不稳定,听课注意力不集中,个人正常学习秩序遭到破坏,一般都会成绩下降。其次,早恋对青少年的心理成长极为不利。中学生的身心发展并不同步,虽然他们生理上具备了恋爱的条件,但在心理上却远远没有具备。处于早恋旋涡中的学生忐忑不安、敏感脆弱,既想接触又怕被人发现,愉悦和恐惧并存,加上怕遭到家长和老师的责备,他们不敢随便告诉别人,自身又缺乏处理和平衡这种感情的能力,从而背上严重的思想包袱,压力可能造成性格上的缺陷和发展障碍,同时也有碍于智力发展。再次是影响了青少年的身体健康。中学生情感好冲动,自制力差,在伦理道德的判断上还不成熟,容易发生意想不到的行为,这种潜在的危险对身体发育不利。

态度

广大优秀教育工作者的成功经验主要是理解、尊重、指导和宽容。

理解。班主任必须懂得学生身心发展的规律,理解学生所产生的感情和需要。要设身处地地从学生角度去看他们的各种言行和情感。平等地与学生推心置腹地交谈,让学生体会到班主任是理解他们、关心他们、爱护他们,甚至为他们未来的生活和幸福着想的。班主任要正确地指点中学生什么感情和需要是可以理解和允许的,什么是可以或应该提倡的,又有什么是错误的,必须反对的。同时还要掌握学生的思想热点,进行有针对性的教育,使国家社会的要求,教育者的期望和心愿,内化为学生自身的需要。

尊重。班主任要尊重学生的人格、感情和隐私。对于学生中出现情爱方面这样那样的问题,切忌简单粗暴、一味指责。不能动辄训斥,吓唬威胁,一般不宜当众点名批评。由于性心理活动是一个人心灵中最深沉、最神秘的一角,遇上矛盾往往斗争激烈,有时一瞬间的思想变化会影响终生。在这种情况下,自尊心是一个人的重要平衡力量。因此班主任要真诚尊重学生,启发和保护学生的自尊、自爱和自重,不搞“扩大化”或“屈打成招”。不任意挑明朦胧的感情,对于学生个人生活中不宜公开或不愿为他人所知的个人隐私,班主任即使得知了也不外泄，不传播。这是尊重学生人格的重要表现，也是取得学生信赖，有利于引导和教育的重要条件。

指导。细致、耐心、个别地指导学生正确处理异性间的友情，帮助学生划分友情与爱情的界限。懂得性道德和社会责任、义务，指导学生有理智地克制自己，减少单独的异性交往，帮助他们回到班集体，按社会要求端正自己的行为。

宽容。中学生的犯错可能是生理心理的冲动没有调节好，与道德观念、法制观念淡薄、自控力差有关，班主任的理解和宽容会有更大的教育意义。追究错误事实的时候要实事求是，留有余地，通情达理，讲求科学性，不说过头话。

对策

中学生恋爱现象的出现，离不开社会、家庭因素和心理因素。因此，解决学生早恋问题应从心理、思想入手，做好预防和疏导。

1.熟悉并掌握青春期学生的身心发展特点。青春期性心理健康教育的对象是青春期群体，他们性成熟前移，社会成熟滞后，而性意识正处在加速发展中，明显表现出生理、心理、社会三方面成熟的不同步。

2.指导学生提高自我心理修养。通过训练和教导帮助青少年对自己建立科学的认识，并在自身的发展变化中始终能做到较好地悦纳自己，如接受自己的优势和不足，以及自信培养、良好自我形象建立。

3.加强性心理的自我认识和教育。对性心理的自我认识，一般是缺乏准备的。性烦恼是由于性意识觉醒之后，青少年的生理需求不能被社会行为规范所接受而导致的。性困惑是青少年对自身性发育、性成熟的生理变化产生的一种神奇感及探索心理。社会总认为"性是不好的"，出现对性的消极评价和过度的性压抑。开展科学的性心理健康教育，改变传统性观念，给予学生正确的性健康教育。

4.建立良好的性道德观。青春期性心理健康即是生理、心理、伦理等性的诸方面健康发展的集成。教育不能停留在性知识的传播上，还要传递给学生正确的性观念，培养健康的生活方式，建立良好的性道德观，教会他们学会选择，学会自尊、自律和自爱，使自己的行为符合社会的道德规范。

5.突出与家庭、学校、社会三大渠道密切配合的关系。建立良好的亲子关系、师生关系；组织学生开展丰富多彩的学习活动、文体活动和实践活动，把时间、精力放到其中。在活动中引导正常的人际交往，尤其是有效的异性交往，遵循必要的道德规范、礼仪方式，培养关心尊重、团结互助的良好班风，为学生提供一个良好的心理氛围，感受班级的温暖，而不是寻找并沉溺于个人情感。

6.正面疏导。一旦发现班级里出现早恋迹象，应有充分的思想准备，不视为洪水猛兽，也不放任自流，深入了解具体早恋学生的年龄特征、个性特点和思想状况、家庭背景等,正确找到早恋的各种原因,有的放矢地采取相应的教育措施。本着爱护、尊重的原则,避免简单粗暴,应推心置腹,和他们一起分析自己为什么想恋爱、早恋对身心的利弊、怎样不被伤害的方法,如"冷冻"爱情、转移兴趣、升华感情等。有针对地在全班开展青春期主题教育,树立正确的学习目的和远大的理想抱负。

【复习思考题】

1.结合中学生的社会热点问题,试分析中学生心理的一般特点和常见的心理问题。

2.结合实例,试分析开展青春期教育的原则和技巧,尤其是寻找心理健康教育的基本方法。

【拓展阅读】

林崇德,董奇. 师生心理成长丛书:中学生心理健康教育. 北京:中国轻工业出版社,2008

学校心理健康教育工作是教育工作的重要组成部分,全体教师参与学生心理健康教育才能把这一工作落到实处,真正使心理健康教育和学校的各项工作融为一体。推荐丛书中的《中学生心理健康教育》全体教师用书和心理教师用书两本。该丛书采用了诸多生动例子来摆事实,讲道理,遵循"智力正常是基础,关系协调是关键,情绪状态是表现,人格完善是结果"的内在逻辑结构编写,是中学教师或心理健康辅导员的重要教学参考,科学实用,生动活泼。

【本章主要参考文献】

[1]郑日昌,陈永胜. 学校心理咨询. 北京:人民教育出版社,1997.

[2]甘霖. 班主任工作技能训练. 上海:华东师范大学出版社,2006.

[3]季诚钧. 班主任工作技能训练. 杭州:杭州大学出版社,1995.

[4]丁榕. 班级管理科学与艺术——我的班主任情. 北京:人民教育出版社,2004.

[5]李学农. 班级管理. 北京:高等教育出版社,2004.

[6]Richard Gerrig, Philip Zimbardo. 心理学与生活(第 16 版). 王垒,王甦等译. 北京:人民邮电出版社,2010.

第十章　教育力量的协调

学习目标

● 了解班主任与任课老师、家长的协调方法。

● 掌握班主任以教育合力来创设和谐班级人际的策略。

教育力量指学校、家庭、社会等各方教育有机联系与相互促进所形成的影响学生成长的力量。在诸多教育力量中,学校教育起着主导作用。而落实到学校教育内部,班主任则起着关键作用。在校内,班主任把各科任课教师、学校各级教育组织联系起来,形成促进学生成长的校内教育合力;在校外,班主任代表学校,起着沟通学校教育与社会、家庭教育的桥梁作用。

第一节　班主任与任课教师的协调

在学校里,学生接触最多的除了班主任,就是任课教师。班级教师集体就是以班主任为核心,由全体任课教师组成的教师统一体,有统一教育教学的要求,承担各自的教学工作,参与班主任班级管理,彼此尊重信任、团结协作、密切配合,把国家教育要求转化为班级共同奋斗的目标,促进学生全面发展。班主任并非是班级教师集体的"小组长",因为他们之间并不存在领导与被领导的关系,也没有学术上的联系,只有班级管理方面的联系,也许用"协调者"来说明班主任与任课老师之间的关系更为恰当。

一、协调任课教师工作的重要性

(一)有利于协调教师人际关系,建设和谐团队

学校在教师人员调配时,不仅考虑到教师教学能力、业务水平的强弱等问题,还应该注意该班级教师个性特点,尽力使一个班级的教师团队形成良好的人际结构。

在确定该班级的班主任后,任课老师的调配最好与班主任沟通一下,及时交流教师之间的信息,彼此尊重、理解、信任和关心。对于刚走上讲坛,经验不

足的新手教师更需要班主任的支持和鼓励,有助于他们进步。班级任课教师间人际关系的好坏,不仅对学生是潜移默化的示范,而且会直接影响教育教学的效果。大家对教育方针有一致的理解,对教育教学的原则、方法有统一的认识,有共同的学生观,有良好的师德修养,甚至志趣、爱好和作风也较投合,为了教好一个班级的学生,能适时调整自己的教学行为,使之符合共同的教育教学目标,有助于形成整体的教育力量,集体凝聚力高。

(二)有利于统一校内教育渠道

任课教师对学生的教育影响深刻,不仅体现在某一课程上,他们的言语、行为以及管理方式都会对学生起导向作用。他们对社会现象、对工作和对人生的态度,通过课堂内外的接触相处,通过日常对学生的表扬、批评,影响着学生品德、人格的养成。师德高尚、精于业务、勤于职守的任课教师,在学生的心目中享有很高的地位,他们良好的言行可以增强班主任工作的正向力。可是,有些时候由于任课教师对任课班级学生的思想品质、学习动机等实际情况不够了解,或认识存在偏颇,这就使他们的教育教学工作带有一定的盲目性,不仅结合教学活动进行的德育工作缺少针对性,而且师生之间也可能缺乏信任感。因此,班主任做好与任课教师的协调工作,有利于统一校内各种教育力量的影响,使各种教育渠道的教育力量形成最大的合力。

(三)有利于调动任课教师的积极性

教师工作的绩效不仅取决于其自身的业务水平和工作能力,也取决于他的工作态度和积极性等因素。例如,任课教师在某一班级神采飞扬,情绪饱满,而到另一平行班上同样的课则懈怠明显,教学效果不佳。一个责任心强的班主任可以恰如其分地从中协调,把任课教师的积极性调动起来。

任课教师队伍建设的核心是通过满足教师的需要,引导他们产生合乎学校需要的工作行为。教师认为自己工作的价值越大,其工作积极性也越高;对自己的能力作出正确评价,他就能在工作中发挥主动性和创造性,就会具有高度的责任感、事业心,就会取得令人满意的工作成绩。简言之,任课教师往往需要教学取得成功,赢得学生尊敬。卢梭曾在《爱弥尔》中提到:"在敢于担当培养一个人的重任之前,你自己是否造就成了一个人,你自己是否成为了学生推崇的模范?"班主任应该协助任课教师搞好教学工作,鼓励任课教师关注、并适时适度参与班级管理,在班级中形成尊师爱生的风气,树立任课教师的威信,一个有特色的积极和谐的教师集体将促进学生成长。

(四)有利于班级管理效能最优化

班主任和任课教师由于所处的位置不同,对一些问题的看法和所采取的教育措施有所分歧。例如,任课教师在课堂纪律紊乱、教学效果差时,可能不是去反思自身,而强调客观条件的不足,归咎于班主任管理不严,班风不正;班主任则公开或私下对任课教师的课堂教学评头论足。班主任正确地看待自己和任课教师之间的分歧,并做出及时应对,这有助于班级管理效能的最优化。

二、班主任如何做好与任课教师的协调工作

(一)让任课教师了解班级学生

开学之前向任课教师做班级情况的综合性介绍,包括学生基本情况,班级工作计划,班级学习、纪律总体表现,班干部队伍,特殊学生等,为任课教师制订学科教学计划提供信息。教学过程中,班主任还可以分别向各任课教师介绍学生的个别情况,方便任课教师的因材施教。

定期开展阶段性的任课教师会议,班主任向任课教师介绍每一阶段的教学工作反馈,以及下一步工作计划,听取任课教师对学生情况的反映和对班级工作的意见。各任课教师之间互通情况,对学生和班级进行集体诊断,形成综合意见。师生沟通顺畅,尽可能避免不必要的矛盾。

(二)让班级学生熟悉任课教师

教育家加里宁曾说:"教师的世界观,他的品性,他的生活,他对每一现象的态度,都会这样那样地影响全体学生。如果教师很有威信的话,那么,这个教师的影响就会在某些学生身上留下痕迹。"教师的一言一行对学生有着深刻而久远的影响。所以,教师应不断提高自身的修养,严于律己,博学多才,积极进取,通过自己良好的思想、个性、才能、情感和意志去影响学生,塑造学生。

每一位任课教师都有独特的教学风格,是其教学思想和教学艺术的综合表现。有的严谨治学,思维缜密;有的言语风趣,幽默感强;有的严厉,不善交际;有的温和,循循善诱。教师之间相互包容,还有互补的一面。班主任应该向全班学生介绍每位教师的情况,让学生在课前对任课教师的教学特长、教学习惯、教学风格、以往教学成果和工作年限有个大概了解,有利于双方尽快地相互适应。对于刚走上工作岗位的教师,班主任更要强调学生尊重他们付出的努力。

各学科教师既不关心班级学生整体素质的提高,也不关心其他学科的教学状况,以为只要自己的学科教得好就算功德圆满,是不合适的;班主任只注意树立个人威信的行为也是不合适的。让学生熟悉任课教师,对教师队伍有所期待,对教学效果产生不同程度的影响,对学生心理品质的发展也有潜移默化的效果。

(三)协助任课教师完成教学任务

为保证学生主动学习和健康成长,班主任要与各科教师协商,合理规定各门学科的作业量,统筹安排学生的自习辅导以及各科考试。班级课程一般由教导处(教务处)统一编排,如果某一任课教师需要临时变更,要及时落实。除

此之外,班主任还应当与任课教师共同分析学生成绩,询问并讨论教学中遇到的问题,抓紧自习课的管理。这些都是为任课教师圆满完成教学任务做实事。

(四)让任课教师参与班级管理

班主任应该经常听取任课教师对班级工作的意见,根据班级整体和个别情况的反映,制订远景规划,商量确定阶段性目标以及具体的工作方案和方法。任课教师的工作渗透于班级管理中。他们的教学内容、方法多元化,学习策略多样,进而增强学生学习的信心,减少学习障碍。在教学活动实施中,善用赞美,强化学生的学习兴趣,激发学科方面的热情。同时,任课教师的奖赏与惩罚应该与班主任的班级管理计划内容相契合,这样班级常规可以被反复强化。

班上的重要活动,应主动请各科教师参加并予以指导。经常邀请任课老师参加班级的一些活动,如班团活动、总结会等,特别注意要邀请一些有专长的任课教师指导学生开展文艺、科技和体育活动。在课外活动中,任课教师就是班主任的有力支持者,也是学生最佳的指导者。在课外活动中有助于学生巩固知识,锻炼思维,发展个性,增强师生的直接联系。

(五)促进学生尊重任课教师,融洽师生关系

班主任在班级经营及教学过程中重视班级任课老师间的团结,创建良好的教师人际关系,自觉维护任课老师在学生中的威信,应经常主动与任课老师沟通,了解班级学生的情况。班主任召开由任课教师和学生共同参加的师生座谈会,相较于班会和教师工作会议,通过师生面对面交流,可以创设一个轻松氛围,尽可能保证师生间的信息交流准确和全面,还能促成双方的相互了解,沟通感情,形成尊师爱生的积极风气。

班主任一旦发现学生有不尊重任课教师的现象,必须严肃处理,决不让其蔓延。班主任可以设计相关活动使学生了解各科教师工作的辛苦,培养和增进学生与各科教师之间的亲近感,提高各科教师的威信,使"教"与"学"双方有一种良好的感情基础,同时使任课教师产生任课的愉悦感和满足感,在彼此尊重的前提下,师生关系融洽。

(六)个别谈心,协助任课教师处理冲突

由于教育教学过程中师生矛盾的客观存在,冲突难免。中学生处在青春期这一特殊阶段,身心急剧变化造成其自主意识增强、情绪不稳定、自控能力较差和逆反心理明显;而中学教师普遍存在工作强度高、自身压力大等现象。这些原因造成了中学阶段是师生冲突的高发期。儿童教育家陈鹤琴先生的《家庭教育》一书强调教育学生"积极的鼓励比消极的刺激好得多",班主任如果发现任课教师教学以及管理方式、管理作风上存在一定的问题,比较可行的选择是以诚恳的态度通过个别谈心,互相交换意见。

　　一次,有位上讲坛不久的年轻数学老师正在上课,这个班的数学课纪律不怎么好,一直让他很头痛。突然,从一个男生的抽屉里飞出一个纸团,眼尖的学生都"哗"地叫起来。他非常生气,决定借机干预一下班级的纪律问题,快步走到那个抛纸团的学生旁边,严厉地说:"你为什么上课乱抛纸?你看你现在对全班纪律造成了影响!"这个学生说:"纸团不是我抛的。"他更生气了:"做了错事还不肯承认。我明明看见纸团是由你这儿被抛出去的,还想抵赖?"这个学生也发起了脾气,出言顶撞:"我说不是我就不是我。"班级这下更加乱了,老师想把他叫到办公室处理,却叫不动。吵声引来了隔壁办公室的班主任,将学生带出了课室。课后任课老师了解到那纸团确实不是该生抛的,但他觉得这只是一件小事而已,无所谓。这件事过去了较长时间,但后来他逐渐意识到,这个同学由原来的开朗、积极变得安静起来,上课不发言,眼光不愿与他对视,下课也不愿打招呼,单元考试成绩明显下滑。

　　班主任了解后,主动找数学教师谈心。班主任耐心列举了该同学出现的一系列反常现象,指出了他"不作为"伤害了学生的自尊心,打击了学生的学习积极性,并针对数学课的课堂纪律问题提出了积极的意见和建议。最后,数学教师接受了班主任的观点。解铃还需系铃人,数学老师在全班同学面前诚恳地向学生道了歉,并坦率地表明了自己当时的想法,学生触动很深,也主动表示了自己也有不对之处,在学习上迎头赶上。数学老师的诚恳也赢得了其他同学的尊重,课堂纪律有所好转。

第二节　班主任与家长的协调

　　班主任和家长沟通,也被称为亲师沟通,是班级管理的重要一环,良好的沟通能有效协调班级与家庭彼此之间的教育影响。亲师关系有助于联结教师、学校和家长资源,涉及教学理念能否落实,教学活动能否顺畅,教师能否将家长对学校教育的疑问由阻力变为助力。班主任要积极运用家长的社会资源,使之成为班级教学活动的有力支持。

一、建立班主任和家长之间良好关系的重要性

(一)有助于提高学生学习效果

　　家长和教师是学生成长过程中的重要他人。家长参与学生的学习,可使学生感受到父母的关怀和关注,激励学校生活中的学习动机与兴趣。同时父母适时教育、指导会让学生感受到父母的重视与参与,减少学生学习上的障碍。教师则可以有时间关注其他方面的工作,提高学生学习效率。

（二）有助于班主任、家长和学生共同成长

教师与家长有了更多的沟通机会，感受到家长的期待、重视和热忱，有助于教师自身拓展视野，充实知识，促进专业成长。与此同时，家长通过参与学校教育活动，对学校的教育目标、课程教材、环境设备，甚至教学理念有深入了解，就能与学校教育相配合，增进教养知识和改善亲子关系。家长和子女接触时间增加，有利于了解孩子在班级中的行为表现和人际关系，给予子女适当期望，从而促进学生的成长。

（三）有助于增进学校与家长的良好关系

良好的亲师关系有助于学校教育目标的达成。学校接纳家长，了解家长期望，澄清家长对学校的可能误解。家长通过参与学校教育活动了解学校办学方针及各项教育活动的意义所在。

总之，班主任工作是一项具有创造性、长期性、复杂性的示范性工作。班主任只有摆正与学生家长之间的关系，才能赢得家长的尊重、理解和合作，在学校教育与家庭教育间建立和谐、有序的联系，促使两者相辅相成，共同完成培养学生的教育目标。

二、班主任与家长协调的方法

（一）家长会

家长会是广泛联系家长、解决普遍性问题、吸引家长参与学校教育的重要方式。家长会的主要特点是班主任能在较短的时间内与大多数家长取得沟通，接触面广，效率高，如果有需要，则事先可以寄资料给家长作为参考。

1. 家长会的时间选择

（1）学期初。这个时间的家长会主题主要涉及向学生家长介绍学校和班级在本学期的教学计划、教育教改设想以及向学生家长提出的具体要求。该次会议能够将学校教育方针、教育目的与家长的愿望达成一个统一体，明确各自的工作，保证学校教育工作取得良好成绩。

（2）学期中。期中考试后举行的家长会具有承上启下的作用，一方面向学生家长汇报前半学期的教育情况以及反馈学生各方面的成绩和表现，可以向家长征求意见；另一方面是就下半学期教学与家长共同探讨，寻求对策。

（3）学期末。主要向学生家长汇报本学期学校和班级工作的完成情况，学生取得的成绩，需要改进的地方，在假期中家长应协助学生安排好假期生活与学习。

2. 家长会的规模和形式

从家长会规模上说，比较灵活。就涉及的范围而言，家长会既可以是全校的，也可以是班级的；就涉及的内容而言，既可以是全校性的，如为取得全体学

生家长的支持而召开,也可以是就某些专门性或特殊性的问题,有代表地选择部分学生家长、班主任和任课教师参加,共同探讨,寻求问题的解决。

从形式上说,根据家长会的具体内容有所侧重,主要分为以下几种:

(1)交流式。主要由学校领导或班主任同家长一起参加,大家就教育教学工作问题共同讨论,相互交流。由于交流式是互动性的,往往就某一方面或某几个方面的问题,学校(包括班主任)和家长一起探讨,每个参加者须充分发表各自的意见,因此参加人数不宜过多。这样的家长会实效性强、直观性强,很受家长们的欢迎。

(2)讲座式。讲座式家长会就是由学校领导或班主任,或有关专家以一个主题对家长进行辅导。家长与讲座者是面对面坐着的。讲座者切忌照本宣科,要多引些实例,语言幽默一些,目光多与家长们交流一些,这样就避免了讲座式家长会枯燥的特点。

(3)汇报式。学校或班主任为向学生家长汇报学校或班级教育工作取得的成绩而举行的全校性或全班性的家长会。

(4)表演式。表演式家长会是指采用演唱、讲故事、舞蹈、乐器等表演形式来让家长了解学生。因此这种家长会比较活泼、轻松。这样的家长会可以使家长对同龄段孩子的现状有一定的了解,也发现自己孩子身上存在的差距和不足,还可以对教师平时的工作有所了解。而对于学生来讲,这是一次锻炼自我、挑战自我的机会。

(5)网络式。网络式家长会是一种既节约时间又有趣味的新型家长会,即通过建立班级网页刊登班级情况、班干部简介、班会计划、班级优秀作文等,也可进入孩子的个人主页查看孩子的学习成绩、班主任评价、同学评价等,可以在网上给班主任留言。我国一些中学已开始采用这一形式,如湖北黄石第十六中学。

3. 家长会的召开

家长会召开之前根据学校教育教学工作的实际,确定会议主题和内容,客观地分析现状,确定主要收集、交流哪些方面的信息,共同解决哪些问题,并明确工作分工,如入学新生适应主题、期末考试动员会等。

家长会主题由相关教师共同探讨,根据情况构思提纲,准备翔实的家长会讲演稿,请专门老师负责主持,确保不在会议上过度随意说话,或说错话。会前组织学生开展讨论表达对此次会议主题的关注和意见,并承担家长会中的部分任务,让学生参与到这个活动中来,尽可能减少他们对家长可能收到不利信息的困扰和担心。家长会并非例行公事,虽然每年都有些相似,但依然要强调新主题、新形式,不能唤起他人老调重弹的乏味感觉。如果只是马虎行事,匆忙开会,主题不定,会上就只能是面面俱到地泛泛而谈,"船到桥头直不了"

就狼狈了。这样的家长会丝毫解决不了问题，只是空耗家长的时间。

一般在会前两周印发开会邀请书（见表10-1），通知中要简要通报会议目的、内容、时间、地点等，落实家长能否到会，并附学生家长对学校工作的意见、建议栏。会前一周收回。此举目的在于使学生家长做好充分准备，提前收集部分信息。

表 10-1　家长会邀请书和家长反馈单

家长会邀请书

尊敬的＿＿＿＿＿＿家长：

　　您好！

　　为加强学校与家庭的紧密联系，汇报学校一年来的教育教学工作及您的孩子在校情况，我校定于××月××日（星期六）上午 9：00 召开全校各年级学生家长会，共同关注孩子们的成长。

　　请您到时来校指导。地点为您的孩子所在班级教室。

　　感谢您对我们学校工作的支持！

班主任　×××
××××年××月××日

家长反馈单

尊敬的家长：

　　为了促进您的孩子健康快乐成长，欢迎您在此部分空白处留下您对学校、我们班级或者此次家长会的宝贵意见和建议。

　　再次感谢您的理解和配合！

家长（签名）：
学生（签名）：

家长会正式开始前注意布置会场环境，突出主题，安排专门学生负责家长的迎送，这对保证会议取得良好效果有重要作用。班主任事先安排座位，准备家长签到簿，让家长感受到重视。分类整理展示学生的各科学习成果及作品。家长通过自己孩子作品的展示，了解班主任在班级经营中的用心。会议过程中对家长热情、尊重，认真接待，要求中肯，是会议取得成功并激发家长参会积极性的重要条件。家长参加会议，最想了解的是孩子的学习和日常表现情况及家庭教育的经验。教师可以提前选定一些"典型家长"，总结成功的育子经验,提高家长参与度。

家长会结束后,以教学班为单位,收集整理学生家长的书面意见、建议,归类分析,更客观地确定需要沟通解决的问题。重视家长会后的动态,这对保持家长会的持久影响力有重要作用。

成功的家长会最大的特点是双向交流。校方主管和班主任老师把学校和班级情况向家长汇报,并把校方和班级的下一步工作计划告知家长,邀请家长配合学校做好教育工作;同时听取、合理采纳家长对学校各项工作的建议。家长同样抱着主人翁的精神,支持、配合学校的工作,积极、主动提出各种有效的意见和建议,使教育教学计划更趋完善。

(二) 家访

家访是指班主任代表学校对学生家庭所进行的具有教育性质的访问。社会日新月异的变化直接影响家庭教育,学校需要协调校方与家庭的教育步调。家访是联结家庭和学校的重要纽带,是增进家校关系、师生关系的重要桥梁,是提高学校教育和家庭教育水平的重要途径,是切实提高学校服务意识,促进师德师风建设的重要手段。

班主任要认真对待家访工作,积极家访。家访可以使家校之间互通有无,全面了解学生在学校和家庭的表现,有助于对学生思想行为做出正确的预测。班主任向家长介绍科学的家教理论和方法,既要强调家庭教育的重要性,又要让家长意识到教育并非单方面的事,只有形成合力,才能有的放矢进行教育,挖掘学生的最大潜力。

1. 家访的种类

(1)一般性家访。一般性家访是在开学初或班主任接新班时必须做的一项工作。其内容包括了解学生的家庭情况,学生家长的文化水平,对待子女的态度和教育方法,家长为子女提供的家庭教育条件,学生的课余生活、个性特征;向学生家长介绍学生在校的基本表现,学生所在班级的基本情况。通过这种形式的家访,使得班主任和学生家长对双方各自的情况有一大概的了解,互通教育信息,为以后的工作打好基础。一般性家访切忌形式化,也忌应付了事,而应善于观察、善于思考、善于同家长建立融洽的关系,并将每个家庭的特点记录在案以备后用。

(2)沟通性家访。班主任登门拜访学生家庭,同学生家长促膝谈心,交流如何教育、了解不同代人的看法,调整学生同家长的情感,为学生创造一个良好的家庭人际关系尽到自己的责任。当学生家庭在教育学生上出现不良的教育观或不正确的教育方法,影响了学生的健康成长时,班主任应及时做好纠正家长教育观、教育方法等方面错误的工作,以便统一学校和家庭教育的要求,提高家长的教育素质,促进学生成长。

(3)目的性家访。这是在一般性家访基础上有针对性的家访,适用于在校园生活过程中少数遇上特殊情况的学生。内容主要是和家长就其子女的特殊表现或问题相互交流信息,共同商讨协同教育的方式和方法。

①表扬型家访。学生有了学习上或思想上的进步,取得了特别突出的成绩时,班主任及时家访,向家长作恰如其分的汇报,给学生和家长以热情的鼓励,尤其关注后进生的明显改变,促进个体去谋求更多的积极变化。

②慰问型家访。班主任代表学校和班级对学生和家人表示慰问,并帮助解决一些力所能及的问题。这能增进班主任同学生、家长的情感,赢得学生及家长的认同感和归属感。往往在学生本人发生意外(如疾病、受伤等),或由于学生家庭发生重大变化(如亲人离世、家庭投资失败等)对学生造成很大影响时,班主任及时的家访,有助于学生摆脱困境,振作精神投入学习。

③防微杜渐型家访。当学生思想上、行为上出现异常征兆或已经出现了一些不良的行为时,为了取得家长的配合,及时家访,运用委婉的语言,向学生家长通报学生正在发生的异常变化,提醒家长给予注意,并且同学生家长共同商讨教育对策。

④纠正不良家庭教育型家访。这是指当学生家庭出现不良的教育观或不正确的教育方法,影响了学生的健康成长时,班主任需要及时做好纠正工作,以便统一学校和家庭教育的要求,提高家长的教育素质,促进学生成长。

2. 家访应注意的问题

班主任需与学生和家长事先约定,认真准备家访主题,避免家访目的的功利性和内容的空洞性。可以单独家访,也可以与相关的任课教师或学生干部一起前往。每一次家访应做好记录。

(1)重视班主任的家访能力。家访目的就是建立家校联系,互通信息,协同家校教育效果,重点是了解学生。家访是一个人际交往的过程,突出言语表达能力,善用言谈策略创造一种和谐的谈话气氛,态度诚挚,言辞恳切,讲究技巧,深入浅出,不能盛气凌人、损人自尊,同时也强调善于倾听。班主任要重视提高自己家访的能力。班主任在学生心目中树立威信,有利于在学生家长心目中提高影响力。老师和家长的地位是平等的,只有这样家长才会向你敞开心扉。

(2)家访必须突出主题。每一次家访需要主题明确,不宜面面俱到,泛泛而谈;宜胸有成竹,有针对性地展开。班主任对学生在校期间的思想品德、学习、纪律等表现情况须采用适当的方式实事求是地告诉家长,既能表现出对孩子的关心和了解,又能促进家长去关心、了解孩子的校园生活。班主任借助家访了解学生在家的表现,接受家长反馈,并对家长做好家庭教育进行指导。双方对学生在家和在校出现的各种问题,共同探讨最佳的教育方法。

（3）家访一定要注意方法。尊重学生家长，以家长容易接受的方式进行家访。家访过程中应该做到有礼、有节，尊重家长对子女的教养方式。现实生活中家长类型各有差异，班主任确定谈话策略，态度热忱，不计较个别家长对教师的偏见，绝不允许与家长吵架，应以为人师表的行为和风范，争取家长对学校工作的支持。班主任重视家长的意见，虚心接受好的意见和建议，及时反映给学校领导。家长若因不了解学校实际而提出偏激或不正确的意见，要加以诚恳耐心的解释，让家长给予理解和谅解，注重家访的实际效果。

（4）当事学生需要在场。教师反映的情况须真实、客观，要注意保护学生的自尊心和积极性，对学生的评价应以鼓励、肯定为主，家长、教师、学生在一种温和、平等、轻松的气氛中"三方对话"，使学生接受教育，既可增强师生之间的信任，消除不必要的疑虑，给学生表达的机会，又有利于消除消极因素，保证意见的准确性和教育措施的切实性，起到教育的效果。

（5）把握家访时间。家访之前巧选时间，全面考虑学生的表现、家长的作息，以及双方可能产生的心理，选取最佳的家访时间。不适合在学生犯了错误之后马上进行家访，这难免让学生联想到告状，容易引起家长简单粗暴地对待孩子，也可能导致孩子与家长、班主任的对立。家访过程之中达成目标之后，适时告辞，不宜冗长拖沓。

（6）不宜接受家长礼物。在家访时对学生父母赠送礼品的行为应予以婉拒，更不要借家访之名托家长办事，这不仅违背了师德，也容易引起家长的负面感受。

（三）家长参观日

家长参观日，主要目的是促进教师与家长之间的感情，让家长了解子女在学校的学习生活，让教师了解家长对学校的期望。班主任要充分准备相关材料，展示学生作品，请家长来参观教学。如日本学校几乎每年都安排有三天的家长参观日。

班主任必须事先将座位安排好，准备家长签到簿，让家长感受到重视，落实家长出席情况。分类整理展示学生的各科学业成果及作品。家长通过子女作品的展示，了解班主任在班级经营中的用心良苦。

（四）家长委员会

家长委员会是指由学校领导、班主任组织、学生家长组成的指导家庭教育并协调学校教育关系，充分调动家庭教育力量的群众性组织，是学校教育同家庭教育保持密切联系的纽带。

家长委员会成员一般由学生家长推举产生，也可以由学校物色推选候选人，经学生家长选举或协商产生，能够代表家长的共同意愿。成员不宜多，要求对教育事业关心、有一定的教育能力和经验、愿意为学生家长服务。主要职责:①发挥桥梁作用,协助学校和班主任做好家长工作,及时反馈意见;②做好参谋工作,为改进班级和学校各方教育工作出谋划策,争取社会各方支持;③协助学校或班主任搞好校外教育工作;④协助家长,提高家长的家庭教育能力。

(五) 家长学校

这是学校为了把家庭教育的正确指导思想、科学知识和方法传授给家长,促使家教科学化,由学校举办、学生家长参加的学习和研究家庭教育的机构,是学校同家庭密切联系的重要形式。

家长学校的主要任务是有针对性地、系统地对家长讲授正确的教育理论、思想,以及家庭教育的规律、原则和方法,让学生家长了解学生的年龄特征和心理发展规律,探讨家庭教育问题、新生入学适应问题、农村中学生择业问题等。

第三节　班主任与班级人际关系的协调

人际关系是个体与个体、个体与群体相互交往的结果,是个体进入社会,参与社会群体活动时发生的最为重要的社会关系。班级人际关系直接影响着教学质量,影响着学生个体心理和行为的改变。良好的师生关系和同学关系能增强班集体的团结,有利于改善集体的心理氛围,有利于班集体的形成和巩固。同时,良好的人际关系也有利于提高学生的认知水平,促进教学活动和学生个性的健康成长。

一、班级人际关系特点

(一)学生之间人际关系特点

学生关系或同伴关系,是指在学生之间进行交往和相互作用的基础上建立起来的特定关系,它是班级中最微妙和复杂的关系。如果在班级中还存在着不同类型的非正式群体,这些小群体形成的原因、作用将对班级人际关系有明显的影响。

学生关系一般表现为友好型。学生之间具有互相接近、互相信任、亲密融洽和富有吸引力的关系。这种友好关系既有积极健康的友好关系,也有消极的、不健康的友好关系,同时这种关系表现出从浅到深的不同程度。

有部分学生关系表现为疏远型。在集体生活中既不主动与人交往,也不回应别人的交往;在情绪上少有积极体验,也少有消极体验。当此类学生遇到人际交往问题时,由于得不到及时的指导与帮助,会产生带有自我保护性质的闭锁心理。有的学生自我安慰,认为作为学生,只要把自己学习搞好就行了,其余的都可以不理不问,他们往往埋头于书本之中,学习成绩优良、孤傲、目空一切,整日在自我的小圈子里转;还有的学生因为学习基础、家庭环境等因素的影响,学习成绩较差,害怕与同学相处,害怕谈论自己的学习,总以为人们都在用鄙视的眼光看自己,与同学交往减少,活动减少,不愿发言,也提不起精神,成为班级的旁观者,游离于同辈群体之外。

有的学生不但不被选择,还可能被多数人排斥,陷于孤立的状况。少数学生关系还可能表现为对立型,学生之间彼此不融洽、反感、嫉妒。一些处在不良社会环境、家庭环境中的学生由于个人价值无法在学校、家庭中得到实现,自我需求不能被满足,对学校生活十分厌倦,因此,产生了对他人的对抗心理,违反与年龄相符的社会规范和准则,如逃学、斗殴、说谎、偷窃、抽烟等现象均有可能在人际关系不良的学生中出现。

(二)师生之间人际关系特点

师生关系是在师生互动过程中形成和发展起来的,教师占主导地位,教师通过师生互动过程对学生产生影响。教师与学生的关系是由浅入深不断变化和发展的,故既可能向好的纵深方向发展,形成浓厚的师生情谊,也可能发生逆向转换,形成情绪对立。

安徽师范大学吴玲和郭孝文老师认为,教学过程中的师生人际关系大体存在和谐型、无原则型、漠然型和紧张型四种。

和谐型的师生关系表现为教师对学生热情、尊重,学生对教师信任、敬重和爱戴;教学气氛生动活泼,师生关系民主和谐。

无原则型的人际关系表现为教师过分迁就,该严不严,该管不管,甚至有意迎合学生(如评卷宽松);学生对教师则曲意奉迎、刻意讨好,从而使纯洁的师生关系变为利害关系。这种关系短期内似乎亲密和谐,但时间一长,教师容易失去威信。"其身正,不令其行,其身不正,虽令不行",教学效果可能如一盘散沙。

漠然型的师生人际关系表现为教师无视建立良好师生关系的重要性,教学缺乏热情,只管教,不管学,对学生不冷不热,不闻不问,对学生的缺点错误也是漠然处之;学生对教师则表现为不亲、不热、不恨,"敬"而远之,教学效果平常。

紧张型的师生关系教师多自我中心,对学生主要依靠强制手段,方法简单粗暴,动辄训斥;学生对教师心怀不满,行为多抗拒或不合作;师生情绪对立,关系紧张,教学气氛沉闷、压抑,学生容易厌学。

二、影响班级人际关系的因素

(一)学生个性因素

个性差异是指个体在内在身心结构和外在行为习惯上所表现出来的相对稳定而又不同于他人的个性特征。校园里几乎每个学生都可能遇到对自身发展不利的事件,可能诱发各种问题,但大部分学生能够适应。敏感、怀疑、偏执、嫉妒、易激怒、依赖、怯懦等是导致人际关系不良的常见人格弱点。这些人格发展缺陷不仅妨碍学生良好地适应学校、家庭、社会,造成学生与环境关系的失调,还会制造更多导致关系不良的刺激源,而学生自己又难以有效地抵御这些刺激,产生种种不良的情绪和行为,进而影响班级人际关系。

(二)家庭因素

家庭教育方式不当和父母应激方式异常会导致子女人际关系不良。20世纪 90 年代中期以来,城市中学生的生源状况发生了较大的变化,几乎都为独生子女,单亲、父母离异家庭的子女增加,且下岗、双下岗职工家庭的子女增加。一些家长对子女过分保护,尤其是独生子女,对其幼年的一些偏离行为予以正强化,造成子女从小习惯于以不良的方式应付刺激,如哭闹、毁物、任性、逃避、依赖等,这往往也是造成后来人际关系不良的根源之一。家庭中亲子关系失调,家长对子女不理解、不尊重、冷漠、过分地严格限制,期望值过高等,会使子女对家庭产生失望、厌倦、对立和无助感,不能把家庭作为应付不良刺激的支持源。

(三)学校因素

学校教育方式对班级人际关系影响很大。学习压力增大,考试失败,同学、师生间有矛盾,异性交往困扰等,部分学生总感觉得不到老师和学校的支持和信任,他们受到的训斥、谴责、否定的机会要比获得鼓励、支持、肯定的机会多。一些教师对成绩下降或犯错误的学生批评多,对其挫败情绪给予理解、支持、抚慰很少。极少数教师还可能带着恨铁不成钢的情绪在班级中孤立、讽刺表现不良的学生,这往往成为班级人际关系不良的直接原因。

(四)冲突和应对不良

冲突是现代组织的一个重要特征,班级也不例外。是否存在冲突是一个知觉问题。如果人们没有意识到冲突,则常常会认为冲突不存在。冲突定义为一种过程,这种过程肇始于一方感觉到另一方对自己关心的事情产生消极影响或将要产生消极影响,即另一方试图满足自身需要使一方受到挫折时的社会心理。在学校班集体里,由于各个同学的认识水平、文化背景及个性均有差异,在交往活动中难免出现不一致的情况,从而引发矛盾冲突。处于青春期前后的学生自我意识极强,好胜、自尊、冲动、情绪化的特点更为冲突提供了条件。班级人际交往的冲突是多类型的,大致可分为角色冲突、利益冲突、干群冲突、名誉冲突等。如班级的奖惩制度,受惩罚者会有怨言,受奖励者也容易遭到他人的嫉妒甚至攻击。如极端自我中心的人,往往为达到自己的目的而不惜损害他人利益;独断专行的人,总是听不得别人的不同意见等,这些均会不同程度地影响班级人际关系。

学生应对方式的缺陷也是导致学生人际关系不良的原因之一。在对应激(压力)的适应过程中,与这一适应直接有关的心理活动可定义为应对。学生往往不能以正确的方式对待冲突,并逐渐习得固定的不良的反应模式,具体表现为夸大刺激强度,紧张、退缩、依赖或对立,不能有效表达自己的情感和思想,不善于利用家庭、学校支持系统,有无助感又不寻求帮助,甚至拒绝帮助。

三、创设和谐的班级人际关系

(一) 创设和谐的师生关系

师生关系是教师与学生在教育活动过程中为完成一定的教学任务,以"教"和"学"为中介而形成的一种特殊的社会关系。和谐的师生关系表现为教师对学生热爱和关心,学生对教师的尊重、信服。和谐师生关系促成良好的人际关系,可增强学生的学习动机,提高教学效果,同时有利于形成凝聚力,对学生的成长有很大的作用,也能使班级产生轻松气氛,使师生心情舒畅。有资料表明:一个人的学生时代,与老师在一起的时间超过与父母相处时间的两倍,而老师的人际交往,则有 80% 是与学生的交往。这样朝夕相伴的生活,如果没有师生之间的良好人际关系,班主任工作就难以达到好的效果。

1. 理解关爱的知己意识

树立正确的学生观来指导班级工作。教师要得到学生的信任,就要悉心了解学生,努力使自己与各种性格的学生打成一片,逐步架起师生之间心灵相通的桥梁。学生需要理解,否则教育无从见效。一个学生头痛趴在桌子上,老师及时留意,把开水和温暖送到;一个学生出了小错,老师在身边单独提醒而不在全班批评;一个学生上课自觉守纪,老师报以赞许的微笑。这些小事,都会使师生关系融洽,在学生心目中产生对你的尊敬、感激之情。

教师要与学生交朋友,必须尊重学生,教师对学生的爱还包含严格要求。培养和保护学生的自尊心,对待犯错误的学生不能粗暴生硬,不顾方式方法,否则会损伤学生的自尊心。有些班主任老师整天对学生苦口婆心,却引起学生逆反心理,以致出现了班级气氛紧张,老师一张口,学生就故意对着干的现象。因此,只有理解学生,才能把握住学生的思想脉搏,才能让学生对你敞开心扉。比如学生犯了错误,他自己已经知道错了,班主任就无需再进行指责性批评,一个暗示的眼神,往往比批评更有效。一味批评训斥,就会把他们推向故意与你"作对"的一面。何时何地,选用何种情境,教育效果也截然不同。在工作中教师要努力做到宽容待人,在教法上则要宽严相济。

2. 民主平等的管理意识

现代教育思想认为,现在的师生关系是新型师生关系。在班集体中班主任是导演,学生是班级管理的主角。然而,事实是大部分班主任在一个人唱班级管理的独角戏——制定班规,确立班委,实施管理,仍处于权威地位。这种不平等的师生关系,使学生的个体积极性没有调动起来。要平等交往,关键要互相尊重,互相理解,不仅要讲究地位对等、价值对等,还要讲究情感的对等性,因此班主任应开放自己的权力,用民主的方法教育和管理学生。让学生发挥主动精神,真正成为教学教育的主体。

教师赋予学生权利,由学生民主选举班中的班干部,相信学生的判断力。在不同时期,应引导学生自我教育机制,培养学生的主人翁精神和参与意识。教师要放下"架子",主动与学生接触,定期师生谈心,在班上形成民主气氛,创造开展批评和自我批评的民主条件,这不仅能树立良好的班风,同时也促进了同学间、师生间误会与隔阂的消除,增进感情上的沟通与交流。

(二) 创设和谐的学生关系

学生之间的人际交往不仅能及时沟通思想,发展能力,丰富知识、经验,增进感情,还能化解分歧和冲突,团结协助,共同进步。同学之间的交往是保持心理平衡的手段,学生间良好的人际关系可满足学生交往的需要,有利于发展友谊,提高安全感,且能培养同情心和合作精神,能使学生健康地成长。学生之间的交往可以形成强大的凝聚力,有助于班集体的形成和发展。

1. 确定班级共同目标

学生的集体主义思想,是在丰富多彩的集体活动中产生的,是在生动教育情境的感染下、正解舆论的影响下形成的。因而,应当重视使活动成为集体评价的对象,激发学生的自尊感、友谊感和集体荣誉感,使每个学生自觉自愿地融于集体中,逐步养成关心他人、关心集体的好习惯。

班级的每一个成员为达到共同目标而努力,在努力的过程中可以促进班级成员的团队精神,加强同学之间的相互了解,建立多层次的人际关系,体现班级成员的社会价值,调整不良的人际关系。

2. 情境中指导学生交往

班主任要重视学生的交往,帮助他们建立良好的人际关系。特别是那些适应不良的学生,要善于为他们在班集体或周围环境中创造信任和欢迎他们的心理气氛,吸引他们参加各种集体活动。增加他们与同学友好交往的机会,并坚决制止嘲笑、挖苦、讽刺等不良行为,同时也要为他们寻找合适的场合,使他们独特的才能有施展的空间,以利于提高他们在同伴中的地位和自信。

指导学生间的正常交往,掌握人际交往的技巧。交往过程中,不仅仅外表魅力、态度的相似性、需要的互补性、情感的相悦性等人际间的吸引,时空上的接近和交往的频率对人际关系的形成也有十分重要的影响。再次,要注意交往的态度和行为,懂得宽容、克制,懂得照顾别人的利益和需求。合理利用学校与家庭两大支持系统。学校为学生创造机会,安排活动让其自我表现。对学习困难的学生,应请有关教师给予具体指导;与家庭有关的,给家长以必要的指导,争取家长配合,改变家庭环境,促进学生健康成长。

班主任鼓励学生寻找合适的方式宣泄消极情绪,帮助他们理清思路;对他们因困难而反复出现的心理动摇和消极情绪予以理解,并分析进展情况,激发勇气和增强信心。班主任指导学生开展"学会宽容"、"学会换位思考"、"学会合作"等演讲比赛并辅助班会等活动,借助角色扮演、小组讨论等方式,精心设计各种教育情境,触动学生情感的交融,达到相互体验,从而合理表达情绪,改善人际关系,建立正确有效的应对方式。

3. 冲突中协调人际关系

班主任一般希望自己的班级和睦相处,关系融洽,少发生或不发生冲突。因此,一旦出现冲突,往往会从校规班纪、班级团结、同学友爱等各个角度来说明冲突的不合理,采取强制手段来压制冲突的发生,对产生冲突的学生从重从严处理,以防止新的冲突发生。但事实上冲突有助于建设一个高绩效的班集体,帮助学生学会在冲突中协调人际关系是非常重要的。

学生在交往中,如果彼此没有冲突,一团和气,情感纽带是很脆弱的;相反,在经历适度冲突体验后,双方通过协调达成共识而建立起来的感情更加稳固。在缺乏活力的班级中,班主任应该有意识地引导学生为达成目标展开竞争,在竞争中逐步学会正确处理人际冲突,掌握与人相处的基本准则,这对学生未来进入充满挑战的社会,正确有效地协调人际关系,具有极深远的意义。

对于班级人际交往冲突,不能一味地用规章制度进行压制,应该运用现代组织理论辩证地分析冲突,既承认冲突的破坏性,又看到冲突的不可避免性和建设性,在遵循教育规律、了解学生心理特点的基础上,从积极的方向加以疏导和转化。这样,在集体中建立这种和谐的人际氛围,使师生之间、同学之间的关系和睦融洽,有效地调动每个学生的积极性,消除学生中诸多不健康的心理因素,在班集体中形成一种协调的人际关系,进而使学生的个性得以充分发挥,主体性得到增强。

第四节　材料阅读与思考

家访,特别是上门家访,一直是家校沟通最重要的渠道。家访的目的是得到家长的配合,是学校教育的延伸和补充,也是老师、家长感情沟通的一条重要途径,一条温情纽带。

调查统计显示:欢迎老师上门家访的家长占 46.8%,不太欢迎的占 41.5%,不欢迎的占 11.7%。赞同上门家访的教师占 43.4%,不大赞同的占 20.7%,反对的占 35%。希望老师上门家访的学生占 27.9%,反对的占 72%(其中初中生占 91%)。在 1319 份有效问卷中,赞同电子家访取代上门家访的占 39.6%,赞同两者同时存在的占 31.3%,反对电子家访的占 29.1%。这些数据表明上门家访在今天明显遭遇尴尬。我们应怎样打量和反思家访的实效性?

一、家访,不仅要走进家庭,更要走进心灵[①]

上海闸北区 123 所学校联合举办"万名教师进万家"活动,号召班主任和任课教师到学生家里实地考察学生的生活环境。几乎同时,上海、南京、广州、合肥等市的一些学校流行"电子家访",老师向家长公布各自的电子邮箱或 QQ 号码,方便家长与老师在网上沟通。南京更是开通教育网络"一线通",全力打造家校互动平台。

上门家访和电子家访,到底谁更受欢迎?

王老师的态度:

现在的老师对上门家访普遍感觉进退两难。我以为这方式已经过时了,有什么急事需要联系,打个电话也能解决问题,再说还有每学期的家长会,老师和家长一样可以当面交流。

去年中考前,为了联合家长共同给考生创造一个和谐的备考环境,学校要求各班班主任到每个学生家里家访一次。那一段真的很辛苦,下班后要跑三四家,在每家待上一小时左右,每天都半夜才回来。表面上家长们都热情接待,但我看得出他们内心并不十分欢迎。刘晓(化名)是班里的学习尖子,看得出她父母对家庭教育很自信,认为女儿考高中是自己的事,学校只是竞争的场所。我能感觉主人特别强调个人隐私,业余时间不愿被打扰——我觉得自己成了不速之客。上门家访是件吃力不讨好的事。

还有更尴尬的时候,个别老师收受家长礼物,搞得我们去家访都有了嫌疑,家长误以为家访是为了上门索礼,或者变相收礼似的。我有被人看扁的感觉,不舒服。

---

① 周俊. 家访:不拘形式,注重实效——中小学家访制度与方法案例研究. 教书育人,2005(9). 题目系编者所加

李老师的态度：

用网络、手机联系，在我们这里根本行不通，因为学生家里没有这些现代化设备，甚至电话都不能保证。上门家访，在我们这样的贫困地区不是可有可无的，而是被赋予了很重要的意义，如果没有家访，整个教学活动都要受到很大的影响。我差不多每周都要去家访。首要任务是保证生源，说服家长让孩子继续上学。其次是收缴学费，这让我和家长都很尴尬，好像我们是来"收租子"的。学生家里都很穷，孩子常常为交不起学费而辍学，因此，收学费是相当敏感的工作。每当这个时候，我都明显感到自己很受尊重，但不受欢迎，而我能做的，是尽量不当着学生的面收学费，贫困人家的孩子，自尊心都特别强。第三项任务是给学生补课，不按时到校上课的学生太多了。

家长吴女士的态度：

我们是打工的。孩子念书不容易，我们挣钱不容易，现在的家是暂租的房子，在偏僻小巷，平常回家很晚，又没有放假的时候。如果老师来家访，会很不好找，就算找到了，家里连个坐的地方都没有，不知老师会不会笑话我们？大人失了脸面也就算了，我怕家里太寒酸，让孩子在学校里抬不起头。还好，老师还从来没有家访过。

家长张先生的态度：

我的生意很忙，平时在家的时间不多，即使回到家，也想不再被打扰。我儿子的成绩不是很好，老师如果上门，多半没什么好事。我感谢老师敬业，可也想着老师千万别来我家！不是反感老师，而是老师不来说明我儿子这一段时间没有出现"情况"，我也省心。不是我不关心，我会经常主动与班主任电话沟通，问问孩子的表现，汇报孩子在家的情况。就算是好传统，也要与时俱进哪，要是总使用烽火台传递紧急军情，岂不是太老套了？

家长朱女士的态度：

电子家访跟上门家访比，效果差远了。对我们普通工人来说，上网太麻烦。老师来家访，耽误了休息时间，还要自己贴车费。就凭这一点敬业精神，我想绝大部分家长对老师是充满感激的。有什么好的教育方法和孩子在校在家的各种表现，不是电话里几句话能说清的，当面能谈得更充分，还能互相启发，取长补短。有时候，尤其是孩子青春期的情绪异常……电话里说不清楚。因此，我赞成上门家访。电话联系当然也欢迎，但那是应急方式。

二、山东肥城教师家访先备课[①]

寒假以来,山东省肥城市教育局在全市广大干部教师中发起了"千名教师访万户,师生情谊传万家"活动,拒不完全统计,全市教师家访达 42000 多户。肥城市教育局启动这一活动,主要是为进一步完善学校、家庭、社会三位一体的教育网络,形成对学生全方面了解,全员化管理,全方位育人的格局。这次家访对象涵盖各级各类学校(幼儿园)学生,侧重于贫困生、单亲生、留守子女、学困生、身体或心理有疾患的学生以及在该市就读的外籍学生。

家访前,各学校都对教师进行了培训,明确家访活动的目的、意义、家访内容、方式方法、注意事项以及应该达到的效果等。要求家访数量不低于班级人数的四分之一,其余的必须电话访问到位;要注重方式方法,采取"探望性家访"、"鼓励性家访"、"开导性家访"、"帮扶式家访"等多种方法,进一步提高家访质量;要注重针对性,对不同学段、不同情况的学生要采取不同的访问形式;要特别注意保护学生的自尊心和积极性,多鼓励、多赞赏、多倾听、多探讨,创设和谐氛围,切忌告状式家访。各位老师都以书面的形式,对每个学生的优点、潜力、兴趣、爱好、个性、特长、思想、心理等给家长进行一一表述,从关心、爱护和鼓励学生的角度出发,实事求是地反映学生在学校的学习、生活、纪律和思想品德等情况,让家长真实、全面了解学生在校的表现。家访时,积极宣传教育法律法规,宣传新时期家庭教育观念、教育方法,通报学校发展和所教学生在校的表现情况,仔细了解学生家庭情况,耐心与家长共商提高其子女学习能力和养成良好行为习惯的方法措施。

通过家访,老师们深入了解了学生在家的思想状况、家庭状况、成长环境、在家表现、学习习惯和生活习惯等,让学生学有信心、学有目标、学有方法,激发起家长培养孩子的信心和热情,赢得对教育的理解和支持。家长们纷纷表示,老师们的上门家访是今年收到的最好礼物,他们将密切配合学校教育,切实把孩子培养成对社会有用的人。

思考和探讨:

同样是家访,在家长心里有着不同的评价。很显然,学校如果将家访只是当做一种形式,大家都不太喜欢。湖北武汉市的部分中小学启动了"网上家访行动"计划,规定老师必须每周给每个家长发邮件,对家长的每一封邮件都要及时回复,学校还针对青春期学生疑惑多、心理压力大等特点,要求老师将自己的 QQ 号告诉学生,允许学生在网上隐藏身份与老师聊天,倾听他们的心里

---

① 孙松波.山东肥城教师家访先备课.中国教育报,2010-04-21.

话，帮他们解决问题。具现代特色的新型家校沟通方式很受年轻家长的欢迎，相比较之下，传统的上门家访遭遇尴尬。

原因

教师和家长对家访都存在一定的错误认知。家访功能异化，教师完成家访主要是为了完成任务或提高学校满意率；家长则简单地把家访视为告状。

现代家长隐私保护意识增强。城市家长平时工作压力大，休息时间希望能很放松，不被打扰和干扰心情；农村家庭家长普遍外出打工，家里常唱"空城计"，多数的年长老人只能勉强照顾孩子，在沟通方面有很多的不方便。与此同时，校讯通、QQ、BBS、短信、微信等现代通信手段方便、易行、快捷，受到年轻家长的认同，家长更希望能用这些方式来完成。

态度

上门家访有着独特的优势。通过面对面的沟通交流，教师和家长更能够在随和、宽松的气氛中进行感情的交流，深入地讨论教育方法的细节、孩子的表现，获得大量的信息。家访既体现了对学生以及家长的尊重和关怀，又可以使老师了解不同的家庭，锻炼交际能力和沟通能力，同时有助于家长掌握更科学有效的家庭教育方法。

电子家访并不能完全替代教师与家长的实地交流，只是多了跟家长联络的一种方式。尽管现在老师和家长联系的方式多样化，但教师到学生家里登门拜访，亲切又亲密，这样才能更好地拉近老师和学生以及家长之间的心理距离。尤其是有些"特殊学生"，老师通过家访实地了解，有助于打开学生的"心结"。从这个意义上说，上门家访具有不可替代性，可以预计，上门家访将仍然是中小学家访的主要形式。如北京市宣武区教委要求各校班主任每年至少要走访一次，一年级新生家庭必须 100% 进行上门家访。

对策

1. 家访应采取灵活的形式，注重实效。教育行政部门和学校不宜硬性对教师家访的次数和形式进行规定，更不宜单纯以上门家访的次数来作为教师考核的条件，否则就会出现"走过场"式的家访。

2. 家访要因人因事制宜。像简单的信息交流可以通过其他形式进行沟通，如采用告家长书、家校联系手册、电话等。如浙江省临安锦城二中的校长就经常采取给家长写亲笔书信的方式来进行家校沟通，取得了很好的效果。有条件的地区或学校也可采用电子邮件或 BBS 等现代网络手段。

3. 采用良好的家访策略，提高家访实效，发挥家访作用。

首先，家访前要明确家访目的，确定谈话主题，做好充分的准备工作，事先设计好问题，带着问题家访。事前就是否接受家访、愿接受何种形式家访征求学生家长的意见。对被家访的学生的具体情况要有清晰的了解，不至于在家访的过程中手足无措,使家长产生教师对自己的孩子关心太少、家访只是形式而已的想法。另外还要有充分的思想准备,如何针对心态层次不同的家长进行交谈。

其次,要尊重学生,特别是那些学习成绩较差、平时表现不太好的学生。坚持学生本人在场,实行家长、老师、学生"多边会谈"。打开家访局面从表扬优点开始,向家长汇报时要诚恳地指出他们在学校的点滴进步,而不是数落学生;如果有问题,要告诉学生"知错能改",使学生和家长都能增强信心。

再次,家访中坦诚谦和,语气亲切,注意谈话技巧,鼓励赞赏、多倾听、留有余地。家访要考虑到完全不同风格的家长和完全不同生活质量的家庭环境,适当应对。家访中可能会遇到一些家长,他们娇惯子女,还会对老师蛮不讲理。教师应不使自己陷入进退两难的境地,若真的话不投机就适时告辞,另择他法交流。

4.精心选择家访时机,提前预约。不宜在家庭用餐时间家访,不宜在学生刚犯错的时候上门家访。家访时间适度。

5.婉言谢绝家长的任何馈赠。

家访过程中,教师的言谈举止、衣着打扮,都要与自己的身份相符。教师是人类灵魂的工程师,处处为人师表。家访,不仅仅是走进家庭,更重要的是走进心灵。

学生们需要父母、师长来帮助他们一起了解自己是什么样的人,能成为怎样的人。对他们来说,培养对自己的信心需要听到或者无意中听到对他们的积极评价。可是,对于许多父母、师长来说,指出孩子的错误远比指出他们的优点要容易得多。所以一定要记住,如果我们希望孩子在成长的过程中对自己有信心,我们就需要利用每个机会强调他们积极的一面,避免使用贬低性言辞。

【复习思考题】

1.家长会不仅方便家长了解子女在校学习、生活的现状,同时也是学校尤其是班主任了解学生在家情况的一个重要窗口。请你设计一次主题新颖、形式活泼生动的家长会。

2.材料:初中男生,郑某,成绩常常是班级倒数前三名,每次考试几乎没有一门功课能及格。上课常迟到早退,课堂上乱说话,和老师顶撞等也很平常。不只是成绩的问题,郑某的性格还特别犟,比如说冬天天气很冷要关窗,他却偏不肯,哪怕自己受冻,也不让别人暖和。同学说:"在上课时,他不好好听课,就会吵身边的同学,自己不想听,别人也别想听。"郑某的另一些行为则接近违法犯罪边缘。郑某的四名同班同学称:"他常常说自己表哥怎么厉害,向小学和低年级学生要钱,数额每次都在几十元左右,反正对方有多少他就拿多少。他这样敲诈不是一次两次了。"家庭经济条件差,郑某父亲对孩子并不关心,甚至打骂郑某和郑某母亲。

请设计一次家访的具体方案,以帮助郑某转变学习态度和日常行为,并使家长认清教育孩子的意义和责任。

3.结合本书介绍过的各种教育研究方法,设计一项针对班级人际关系的调查方案,并提出多方合作的具体对策。

【拓展阅读】

1.林进材.班级经营,上海:华东师范大学出版社,2006.

本书的特色在于贴近教室现场,理论结合实际,分享了班级经营中的重要事项,班级经营内涵和处方性策略、班级领导的理论与策略、班级辅导的策略与运用、班级时间的管理与运用、校园危机的处理与管理等,尤其是亲师沟通的理论与实践等内容,特别值得参考学习。

2.刘令军.打造初中卓越班级的40个策略(万千教育).北京:中国轻工业出版社,2014.

本书结合实际一线的教学经验,将管理学理论、心理学理论与大量的教育实例相结合,详细阐释了成就卓越班级的40个策略,对于初中班主任有效地经营班级具有重要的借鉴和指导意义。

3.熊华生.班级管理智慧案例精选.上海:华东师范大学出版社,2011.

本书是《班主任之友》杂志近年来刊登的有关班主任管理艺术的文章结集。《班级管理智慧案例精选》对治班理念、班级文化建设、班干部选拔、日常管理等各方面对班主任工作进行解析,是一本班主任管理智慧手册。用大量优秀班主任的实践经验、研究反思,为广大班主任的成长提供理论支持和榜样引领。

4.韩东才.班主任基本功——班级管理的基本技能.广州:暨南大学出版社,2009.

本书运用大量故事,精辟地阐述了班主任班级常规管理基本功、班级活动设计与组织基本功、主题班会设计与组织基本功、班主任人际沟通基本功、班集体建设基本功等在班级管理实践中的运用,具有科学指导性和使用操作性。班主任对学生素质的全面发展影响作用重大,是对学生学会生活、学会学习、学会做人和学会做事最具影响力的教育者和指导者。本书在加强班主任专业基本功的修炼,发挥班主任促进学生身心健康成长方面有积极的作用。

【本章主要参考文献】

［1］林进材.班级经营,上海:华东师范大学出版社,2006.

［2］甘霖.班主任工作技能训练,上海:华东师范大学出版社,2006.

［3］李学农.班级管理,北京:高等教育出版社,2004.

［4］季诚钧.班主任工作技能训练,杭州:杭州大学出版社,1995.

［5］丁榕.班级管理科学与艺术——我的班主任情,北京:人民教育出版社,2004.

［6］[美]海姆·G.吉诺特著.孩子,把你的手给我——与孩子实现真正有效沟通的方法.张雪兰译.北京:京华出版社,2004.

第十一章 课堂的有效管理

⭐ **学习目标**

● 了解当前课堂管理中存在的主要问题。

● 掌握有效课堂管理的基本策略和当代课堂管理的变革走向。

● 结合中小学课堂教学实际,运用有效沟通等技能改进课堂管理。

课堂管理是班级教育与管理的重要内容,课堂管理是否有效,直接影响着学生的成长和发展。因此,班级教育与管理必须重视对课堂有效管理的研究。本章主要分析当前课堂管理中存在的问题,并提出有效课堂管理的基本策略和变革走向。

第一节 当前课堂管理中存在的主要问题

长期以来,在课堂教学改革中,人们强调较多的是教师对学科知识的深刻理解和对教学方法的恰当运用,而对同样会影响课堂教学质量的课堂管理问题却鲜有关注,从而导致了有些教师课堂管理行为的失控和低效。因此,揭示课堂管理中存在的种种缺陷,并在此基础上作出针对性的矫治和变革,对提高课堂教学效率和质量,完善班级教育与管理,具有重要意义。当前课堂管理中存在的缺陷主要有以下几个方面。

一、婆妈唠叨、效率低下

据我们对 543 名高二学生的调查,有 38% 的学生认为,"婆妈唠叨、效率低下"是当前课堂管理中存在的最严重问题,约有 25% 的课堂教学需要教师中途至少停止教学两次,以强调或处理纪律问题,方能确保教学顺利进行。有的教师在自己的教学受到学生干扰时,为了控制课堂秩序,常常不顾问题行为的性质和种类,动辄中断正常教学过程,对学生违反课堂纪律的现象或问题行为,进行冗长、频繁的训斥,甚至不惜花费整堂课的时间去进行所谓的"思想教育"。由于唠叨过度,学生因厌烦而产生逆反心理,导致不仅老问题未能解决,反而产生了新的课堂管理问题和"病原体传染效应",增长了学生对纪律的淡漠和厌烦情绪,也使自己成了一个失败的管理者。

二、批评惩罚多、鼓励关怀少

有些教师管学生如管犯人,面对学生的纪律和问题行为,往往首先想到的是批评和惩罚,课堂管理呈现出批评惩罚多、鼓励关怀少的整体景象。

(1)课堂管理缺乏支持性的气氛。有些教师常以学生难以接受的命令、指挥、威胁、训戒等方式教育学生,努力创设的常常不是支持型的气氛,而是对抗型、防卫型的气氛。在这种课堂中,师生间、生生间常常处于互相对立、抗衡和逆反的互动中。

(2)教师管理学生的言语方式简单粗暴、缺乏鼓励性。我们调查发现,在教师对学生课堂错答的反应中,消极否定性评价是积极鼓励性评价的4.4倍,对纪律不良的典型反应是板着脸喊道"吵什么!都学好啦?"之类的训斥和威胁,教师的课堂引导语言也常是"不要讲话了"之类的消极性语言,而从正面引导、鼓励、塑造学生行为的积极性语言则较少受到重视,从而使课堂管理蒙上了人文关怀失落的阴影。

(3)不顾时间、环境和自己的批评会对学生造成怎样的心理效应,随意批评、惩罚学生。我们在听课中亲历了这样一幕:一天下午,初二某班学生正在做眼保健操。突然,班主任从教室后门进来,拉住后排一男生的耳朵,恶狠狠地责问:"你猜你考几分?霉也倒死了!猪脑袋!"这时,前排同学纷纷回头观望,窃笑声弥漫课堂。接着,教师又拉住前排一同学的耳朵:"你也不用笑,同样的猪脑袋,你猜你考几分?"这番恶语只是一次公开批判的序幕,上课开始,教师面对全班对这几位同学的批评正式展开了。这种教育的结果是可想而知的。

三、偏爱与偏见

在课堂教学中,有些教师对学生不能一视同仁,而是亲近一部分,疏远一部分;喜欢一部分,厌恶一部分;放纵一部分,歧视一部分。把学生依据自己的爱憎标准划分为不同的等级和类型,不能公正客观地评价和对待学生。同样的行为由差生做出,受惩罚的可能更大,由优生做出则能轻易地得到教师的谅解。而且,有些教师不期望也不相信差生在学业上会有较大的长进,甚至对他们的进步持否定与怀疑态度。教师的这种偏爱和偏见不但影响了师生关系、生生关系的健康发展,也为课堂问题行为的产生设下了内源的诱因。

四、体罚和心理虐待

在课堂管理中,有的教师缺乏法制观念,说什么"鞭子本性竹,不打书不读""不打不成材,一打分数来",随意对学生进行体罚和心理虐待,其影响之坏、后果之严重,令人震惊。体罚和心理虐待不仅违法,而且也不能使学生心悦诚服,调动自我教育的积极因素,反而容易使他们产生一种戒备、敌意、执拗的对立情绪,恶化课堂纪律。

五、课堂管理应变能力差

在课堂教学中,有些教师不能根据变化的情况,灵活调整原有的计划、程序和策略,课堂管理呈现出机械刻板、应变能力缺失的特征。如一刘姓四年级学生,因在学习关于刘少奇的一篇文章时小声对别的同学说自己是刘少奇的孙子,引起同学窃笑,于是被教师罚在办公室写了一个下午的检讨。其实,对这类问题行为,只要灵活善意地作些引导、处置,巧妙应变,是可以化弊为利、因势利导的。教师这种动辄让学生"停课检讨"的处罚方式,不但严重影响了学生的后续学习,也于课堂问题行为的矫治毫无益处。

六、领导方式失偏

其表现主要有:

(1)领导方式专制、放任。有些教师无视学生的课堂纪律和接受情况,上课照本宣科,单方面地完成教学任务,而当课堂纪律发展到使其无法向学生讲授知识时,又对破坏纪律的学生采用拳打脚踢、粗言谩骂等专断甚至非法的管理手段。例如,某教师在上英语课时,让优秀学生坐在前排,差生一律坐在后面,只要差生不大声发出响声影响前排学生的学习,教师一切听凭自然,不加干涉。而当他们的违纪行为影响了前排学生学习时,教师则采用拉出去、打巴掌等非法手段,令学生顺从听话。这样的事例在有些学校的课堂中时有可见,其性质极为恶劣。

(2)不能根据学生的发展阶段和变化的教学实际,采取动态优化的领导方式。从某种意义上讲,各种领导方式各有长短,在一定条件下都可采用,其关键是教师应根据课堂组织的发展状况决定自己领导方式的"民主"、"放任"和"专制"的程度,并形成自己的课堂领导方式与课堂情境的动态平衡结构。一般而言,在集体发展水平较低或低年级学生中,课堂管理的"专制"成分可适当多些;随着学生年龄的增大和年级的升高,"民主"的成分应逐渐增加;随着学生自我纪律和学习能力的进一步发展,管理中的"放任"成分也可适当增加,以培养学生真正成为一个自我管理的人。但是,从实际情况看,教师很少有这种动态优化的管理思想和行为,课堂管理权变缺乏。

(3)主观武断、情绪激动。有些教师,对学生纪律不良问题,不是进行全面客观的原因分析,而是动辄主观武断地责骂处罚学生,甚至情绪激动地发泄私情,从而使师生关系趋于恶化。

七、任务中心的管理风格

根据管理科学的"四分图"理论,教师的课堂管理风格依其对完成教学任务和促进课堂人际关系改善的重视程度,可分为低关心学生、低关心任务的放任型,低关心学生、高关心任务的任务型,高关心学生、高关心任务的综合型,低关心任务、高关心学生的关系型四种。一般而言,除放任型外,我们很难说哪一种风格绝对好些,一切以具体教学情况灵活决定关心学生与关心教学任务的综合平衡。但是,审视目前中小学的课堂教学,其管理风格多是任务型的,教师始终把注意的中心放在提高学生的文化成绩和考分上,从而导致了对学生多种需要和人际关系的普遍忽视。事实上,儿童的课堂需要是多层次的,既有学习知识的需要,也有个性发展和人际关怀的需要,如果教师过于注重知识学习而忽略了儿童各种需要的整体实现,就会给儿童带来许多消极的情感体验,造成课堂管理问题的产生。

八、课堂教学中的管理主义倾向

在现实教学中,有些教师和学校把课堂管理活动绝对化,以单调、生硬、死板的"管理"取代耐心、细致、深入的"教育",把课堂管理手段本身变成了管理的目的。例如,我们在某小学调查中发现,每当下课铃响后,佩戴袖章的学生干部手拿纪律记录本,站在教室屋檐下警惕地注视着企图跨出教室门口去操场活动的学生。原来,该校规定,学生下课后不准走出屋檐,只准在教室内静息,违者一律由班干部记录在案,扣操行分。据说,这是该校吸取邻近一所学校学生课间活动时发生意外伤害的教训而采取的一项改革措施。这种为管理而管理的管理主义倾向,已经成为有些学校教学管理中一个突出的问题。

九、教学偏差

良好的教学是课堂管理最有效的途径,纪律问题常常是教师教学不当引起的。从教学视角分析课堂管理的缺失,其表现主要有:

(1)教学的深度、坡度、密度、速度失控,从而造成大量的课堂管理问题;

(2)教学设计不能充分考虑学生的能力和兴趣,从一种教学活动过渡到另一种教学活动时不够自然顺利;

(3)课堂教学缺乏明确的规则和程序,因而不能保持课堂秩序和活力;

(4)教师不能创立良好的课堂教学环境和气氛,师生间缺乏情感共鸣,从而增加了课堂管理的不利因素。

第二节 有效课堂管理的基本策略

随着新一轮课改的不断深入,课堂教学"活"了,"动"了,传统的课堂秩序和管理也因此注入了新的内涵和形态。但是,在这新旧课堂教学的转型过程中,也出现了部分教师放弃课堂管理和秩序的现象,使缺失规则的课堂教学走向了秩序混乱的极端:多了热闹,少了安静;多了自主,少了秩序;多了涣散,少了专心。针对当前课堂管理中存在的主要问题,下面就有效课堂管理的基本策略作些阐述,以期为新一轮课改的有效实施提供有益的借鉴。

一、创建积极课堂环境,满足学生心理需要

积极的课堂环境与学生纪律之间有着密切联系,许多课堂管理问题与教师能否创建积极的课堂环境从而满足学生的心理需要有关。教学实践也表明,正是由于课堂环境不能满足学生的心理需要,造成了学生消极的学习态度,以及惹是生非或畏缩不前的行为。总结国内外有关研究成果和实践经验,创建积极课堂环境,满足学生需求,应注意以下几点:

(1)分析学生需要满足情况,弄清问题行为产生的环境原因。学生的行为,包括违纪行为,都受其内在需要的驱动,是学生尝试满足某种需要的结果,学生的问题行为主要是由于课堂环境不能满足其归属、认同和爱的需要造成的。因此,我们必须通过观察、调查等方法深入分析现行课堂环境对学生需要的满足情况,识别学生问题行为的类型和原因,切实理解学生个体心理和学习需要,从而为针对性地创建积极课堂环境创造必要的前提。

(2)树立以人为本的理念。以人为本是当代课堂管理的核心理念和根本尺度。在课堂教学中,以人为本,就是一切从学生出发,以学生的发展和需要为本,尊重学生的个体差异和独特体验,切实做到理解人、尊重人、关爱人、激励人。

(3)营造人性化的积极课堂环境和氛围,满足学生的心理需要。人性化的课堂环境和氛围是以人为本课堂教学的潜在课程,是有效课堂管理的基础。为此,教师要做到以下几点:第一,通过对学生情感、意见和内在反应的真诚尊重、关注、接纳和移情理解,营造人性化的课堂心理氛围,满足学生情绪安全感。第二,通过情感化的教学、科学设置建设性的课堂环境、提高教学艺术水平、建立和谐民主的师生关系等途径,营造人性化的课堂教学氛围。第三,建立自然、和谐的教学生态。课堂管理要重视班级社会、心理和生理环境建设,努力创建在情感上互相支持、教学上积极参与、师生互动中相互关注的课堂微观生态系统。

（4）接纳学生，努力满足学生的归属需要。归属感是一个强大的动力因素，而接纳是最有效的激发方式之一，它能有效提高学生的自尊、适应及其他健康品质。

（5）帮助学生树立学习自信心，满足学生的自信需要。教师所说的每一句话、做的每一件事、表现出来的每一种态度都应注意要对学生产生积极的影响，帮助学生形成良好的自我印象，不能打击学生的自信心。

（6）培养学生选择和履行职责的能力，满足学生有关权力和自由的需要。许多学生都渴望承担责任、自治和独立，同时也想拥有与老师共享管理课堂的权力。因此，教师要通过为学生提供选择，与学生一起制定课堂规范，以及让学生进行自我评价等方法满足学生有关权力和自由的需要。

二、运用有效沟通技能，改进交流方式

当代课堂管理理论认为，健康的交流方式和有效的沟通技能不但有助于增进师生间的关系和有效地实现教学目标，也是有效课堂管理的重要策略。在课堂管理中运用有效沟通技能，应注意以下几点：

1. 要善于倾听

教师的倾听体现着对学生的接纳和重视。在所有能让学生感到被接纳和重视的事件中，"倾听"最为重要。倾听是表达尊重的标志，是满足学生被接纳、受重视以及安全感需求的最重要途径。通过教师的倾听，可以使学生感受到自己的价值。心理咨询实践表明，仅仅让受询者说出与他的生活挫折有关的内心感受就可能治好他的心理疾苦。因此，教师要善于掌握倾听的艺术和技巧，并把这些技巧应用于与学生的交流中。这不但会改善师生关系，帮助学生解决问题，并且能够有效培养学生的自尊心理。

2. 合理运用肢体语言

课堂管理的肢体语言理论认为，合理运用肢体语言有助于课堂秩序的建立。

（1）眼神接触。眼神接触是课堂上师生最常用和最有效的交流形式，通过训练，教师不仅要能自然地注视每一个学生，而且要能读懂每一个学生的要求和反应，传达自己对学生的评价及对整个教室情境的把握，预防学生不良行为的发生。

（2）身体接近。对课堂上违纪的学生，教师的言语批评既会中断教学活动，又可能引起学生的反感。在大多数情况下，教师只需走近他（她），或轻轻地拍一下，什么也不必说，就能使其端正行为。

（3）身体姿势和面部表情。身体姿势和面部表情是肢体语言的重要部分，在交流中传达着许多重要的信息。因此，教师在调控学生课堂行为的过程中，

应尽可能利用身体姿势和面部表情辅佐说话。

3. 恰当反馈与赞扬

给学生提供具体、清晰、恰当和具有激励性的反馈是一个重要的沟通技能。这里,教师应正确把握反馈多少、对谁反馈、反馈什么等几个问题。目前,许多教师的反馈存在着不够明确、批评多和鼓励少等缺点。有关研究表明,要使给学生的反馈(表扬)成为有效的鼓励因素,应该具有如下三个特点:①情景性。不要随便滥用表扬,表扬必须紧跟在良好的行为之后。②具体性。赞扬应针对某个特别要强化的行为。③可信性。赞扬应因人而异,可信有据。同时,在课堂管理中,教师应尽量使用"我信息",如"作为教师,我对你上课看小说的行为感到不尽满意",向学生传达出教师对问题情境的感受和对学生正当行为的要求,避免"你信息",如"你太懒惰,你如果不改进,你将一无是处"这类引发学生反感的标记性言辞,与学生进行平等交流。同时,在沟通中还要注意"对事不对人"。例如,教师可以说"我喜欢你,但是我不喜欢你现在做的事情",但不能说"你真是不可救药","我讨厌你"。

4. 正面诱导

教师对待学生的行为方式可分为有意负面诱导、无意负面诱导、无意正面诱导和有意正面诱导这四种类型。所谓正面诱导,是对一类信息的总称——无论是语言的还是非语言的,正式的还是非正式的——即传递给学生说他们是负责任的、有能力的、有价值的信息。相反,负面诱导则是指向学生传递说他们是不负责任的、没有能力的、没有价值的信息。例如,在期末考试周前一天,有位学生要求教师辅导,教师对该生说:"别担心,反正你从来就没通过考试。"这种讽刺的话恰好表现出了教师无意的负面诱导。教师应通过各种途径对学生进行正面诱导。比如在门口与学生打招呼,表示非常高兴见到学生,夸奖学生的学业等。正面诱导除了能形成学生的积极态度和良好的师生关系外,还有助于矫正学生的不良行为。有个原本以强迫纪律约束学生的校长做过这样的实验:挑选12个有行为问题的学生,将他们分为3组,每组4人。3组学生轮流每天到他的办公室,互相谈论昨天有什么良好的行为,还应有什么良好的行为,以及成人能提供什么帮助等问题。每天大约讨论4分钟,结束后,校长与学生们握手告别。结果,这些学生在按时上课、完成作业、认真学习等行为上有了很大进步。从此,这位校长决定改变对待学生的方式。

三、坚持健康课堂管理思想,实施健康课堂纪律

近年来,国外在课堂管理中特别强调"健康课堂管理"的思想。所谓健康课堂管理,就是通过为每个学生营造一种以相互信任和尊重为基础的愉快、健康、高效的课堂氛围,激发学生自强、自尊、自立的心理,促进学生心理、社会多

层面的安康,从而使学生在课内外过一种健康、幸福和有意义的生活。为了实施健康课堂管理,教师应掌握健康有效的纪律实施技巧。

1. 实施健康纪律模式,通过激发动机控制课堂

课堂纪律的实施模式主要可区分为专制型、放纵型和健康型三种模式。专制型模式要求强制而无视尊重,放纵型模式注重尊重而放弃强制,而健康型纪律实施模式则力图在强制与尊重之间找到恰当的平衡。在健康型模式下,教师不是指挥家,而是在解决问题的过程中指导学生的行为,告诉学生行为的限度和可以被接受的选择,让学生学会对自己的行为或活动负责。此外,教师还要重视动机激发在课堂管理中的作用。威森斯(Waysons,1988)对500所纪律形象良好的学校进行了调查,研究这些学校防止暴力和冲突的方法。他发现,这些学校在控制课堂纪律方面的共同特点是,将教育重点放在如何预防不良行为的发生上,而不是强调如何实施惩罚;强调问题的解决而不是只注重表面现象。格尔特兰德(Giltiland)研究后指出,在课堂控制中,动机与兴趣激发所起的作用约占95%,而纪律约束只起5%的作用。因此,激发学生学习动机是解决纪律问题的最好办法。

2. 有的放矢地矫治不同误设的目标行为

作为拥有强烈归属欲望的社会生物,学生的所有行为都表现出要求被接纳和被重视的愿望。当课堂环境不能满足这些需要时,学生就会将自己的行为引向寻求关注、寻求权力、寻求报复、规避失败或表现无能等错误的目标,错误地选择各类违纪行为来满足归属等普遍的心理需要。针对学生的错误目标及相关行为,当代课堂管理目标导向理论认为,教师不能简单地采用惩罚的方法,而应运用行为本身所产生的自然后果使学生从经验中体验到行为和后果之间的关系,进而养成自律的良好行为,发展正确的自我概念。其具体实施步骤如下:

(1)确认错误目标。学生的不良行为是错误目标导致的,所以教师应通过观察和分析学生的行为特点来确定学生错误目标的具体类型。

(2)分析错误目标。教师确认错误目标后,应直接和学生讨论、分析错误目标中的错误逻辑,然后通过沟通,帮助学生认清自己错误行为产生的根源。

(3)改进错误目标,引发建设性行为。发现学生的错误目标并找出错误的根源后,教师切忌使用惩罚或强行禁止的方法,应通过鼓励的方式引发学生的建设性行为,帮助学生通过自己的成就获得他人的尊重与重视。如果教师对学生的错误行为不断指责和惩罚,只会增强学生的无价值感,甚至引发报复行为。

3. 积极鼓励引导,恰当使用惩罚

针对课堂管理中存在批评惩罚多、鼓励关怀少的现状,教师应坚持积极鼓励引导、恰当使用惩罚的教育原则。心理学研究表明，在课堂管理中，奖励的矫治作用远远大于惩罚，教师通过鼓励理想行为去纠正和克服不良行为的效果要比对不良行为实施过度的惩罚要好。因为，奖励加强行为，增强行为发生的可能性，并逐渐巩固起来成为牢固的良好习惯；而惩罚则只能减弱行为，缺乏积极的正面引导作用，容易造成学生的恐惧心理，影响师生间的融洽交往。积极鼓励引导，恰当使用惩罚，在具体实施中应注意以下几点：

第一，关怀鼓励为主。"数子十过，不如奖子一长。"因此，作为教师，在对待和处理学生问题行为时，应多关怀鼓励，少打击责骂。

第二，正确运用惩罚。在课堂管理中，提倡关怀、鼓励为主，并非简单地否定或取消惩罚。只是强调必须慎重地、正确地运用惩罚。在某些情况下，运用惩罚进行纪律管理还是必要的和有效的。

第三，多作正面引导。心理学研究表明，惩罚、批评只能抑制不良行为，而难以形成社会所期望的行为。所以，教师在教育学生时，应尽量不要使用消极否定性的语言，多用积极引导的语言；不仅要告诉学生"不要怎样""不能怎样"，更要告诉学生"应该怎样""怎样才能做得更好"；不仅使学生意识到自己不良行为的缺陷，更要指出学生努力改进的方向，从正面引导学生的发展，从而有助于学生良好行为品质的形成和巩固。

4.平易诚实待生，实行民主领导

师生间高度的信任、尊重和诚实相待，是成功控制课堂的重要奥秘。平易诚实待生，实行民主领导，应注意以下两点：

(1)科学确定课堂管理中"民主"、"放任"和"专制"的程度和内容。在实际管理中，由于学生的成熟程度和原有基础不同，且教学任务和内容时有变化，这就决定了教师的领导作风不能千篇一律，而应根据实际情况选择"民主"、"放任"和"专制"的最佳组合，并决定在哪些方面可以"放任"些，哪些方面应该"民主"些，哪些方面则需"专制"些，从而使自己的课堂领导作风在民主式基调的基础上与教学目标和实际情况保持动态优化的发展关系。

(2)保持关心学生与关心教学任务的综合平衡。关系型、任务型、结合型，抑或放任型的管理风格并无绝对好坏之分，应根据实际情况，审时度势，选择最佳的结合方式。当前，仅重教学任务管理而忽视学生关系和情感需要的管理风格必须摒弃。

四、改进课堂教学，提高教学有效性

大量研究启发我们，创建良好的课堂秩序和纪律，既需要合理的课堂管理观念的指导和纪律制度的规范，更需要课堂教学的完善和改进。可以说，以科学的教学行为实现课堂管理和控制的目的，实现课堂秩序的理想状态，已经成为当代课堂管理的基本共识。

综观国内外有关课堂教学管理的研究和实践,其具体做法主要有以下几个方面:

(1)加强教学节奏、课堂段落和学生注意的管理调控。

(2)合理创设课堂教学结构和情境结构,恰当调节师生焦虑水平。

(3)改进课堂交往结构,提高学生参与比例。

(4)满足学生学习需要,让学生设置学习目标,体验成功,教会学生如何学习,提高学生的自我效能感。

(5)顺利过渡。教师要为课堂教学的有效进行做好准备,制定日程安排,以确保课堂过渡的顺利进行。

(6)精心设计每堂课的内容和活动程序。

(7)充分利用问题控制课堂行为,但问题必须丰富多彩,意味深长。

(8)综合运用模式控制、目标控制和评价控制等控制方法,培养学生自我控制能力。

(9)随机应变,正确运用课堂教学应变技巧。教师在教学中必须具有一定的教学机智,随机应变,合理运用注意转移法、随机发挥法、幽默法、宽容法、设疑法等方法灵活处理课堂教学中发生的偶发事件。

(10)分析课堂纪实。必要时教师应把整个课堂教学过程用现代技术记录下来,进行认真分析;或由同行互相听课指出对方容易引发学生课堂问题行为的地方。

资料夹 11-1

瓜是圆的,能爬吗?
——教学"爬"字的启示

怎样进行识字教学,长期以来多有探讨。我认为从分析汉字的构成原理入手,用适合儿童理解的语言进行生动、形象、具体的教学,不失为一种有效的教学方法。

学生写错别字,一般是由于对某个字的构字原理不明白而搞错。记得我开始教语文时,学生作业中的错字特别多。第一次作业中有15个学生将"爬"字的"爪"旁写成了"瓜"旁,于是我命令他们将"爬"字写10遍。其中有3个学生在抄写过程中又将"爪"旁写成了"瓜"旁。我就让这3个学生又重写20遍。心想,这个字学生肯定不会再写错。谁知期末复习时,仍有6个学生写错。

怎样才能让学生不写错字呢? 我从《汉字的来龙去脉》一书中受到启发,于是我想到了形象思维和理解记忆。打个比方,认识一个汉字就好比认识一架机器,不管它多么复杂,只要弄清了它的构造原理,也就记住了它的构成部件和使用方法。于是我再教这个生字时,这样告诉学生:"爬"是形声字,"爪"为形旁,表意;"巴"为声旁,表音。"爪"与"瓜"是象形字,"瓜"里有瓤,有瓣,可以做瓢,因此,"瓢、瓣、瓤"等都是"瓜"旁;"爪"是动物的爪子,可以采,可以抓,可以觅,可以爬,因此,"采、抓、觅、爬"都是"爪"字旁。

你们想啊,那瓜是圆的,能爬吗? 说到这儿,学生们都笑了。自此以后,同学们一写到"爬"字就产生联想,再也没有人写错了。而且也记住了"采、觅、爬、抓"和"瓢、瓤、瓣"等字的部首。

如此教学一例启示我,识字教学中,不仅要告诉学生这个字怎样写,还要让学生知道这个字为什么这样写。

资料来源:窦桂梅. 激情与思想. 太原:山西教育出版社,2005:193-194.

第三节 当代课堂管理的变革走向

近十多年来,随着世界范围课程与教学改革的深入发展和有效教学运动的广泛掀起,课堂管理研究格外受到重视,产生了许多新的理论主张、模式和实践操作方法,从而使课堂管理在价值取向、管理理念、行动策略等方面呈现出鲜明的时代特征和变革走向。认真分析和把握当代课堂管理的这些变革走向,对于我国新课改的有效实施具有重要意义。

一、在课堂管理理念上,由注重教师中心向注重以生为本发展

与传统教师中心的课堂管理理念不同,当代教育改革逐渐确立了以生为本的课堂管理理念。具体而言,主要体现在以下几个方面:

(1)以学生发展为本的课堂管理目的观。当代课堂管理理论认为,课堂管理的根本目的不是为了控制学生的行为,而是为了促进学生的发展。为此,在课堂管理中,应以学生为中心,时时考虑学生的需要,在全面分析学生实际情况的基础上,通过师生的课堂管理活动充分调动学生课堂学习的主动积极性,让课堂焕发出生命活力。

(2)人性化、无痕式的管理方式观。与传统的强迫纪律不同,现代课堂管理强调要实行人文化的管理,使课堂管理方式呈现出人文特性和无痕境界。例如,近年来,国外在课堂管理中特别强调"健康课堂管理"的思想,主张通过为每个学生营造一种以相互信任和尊重为基础的愉快、健康、高效、融洽的课堂氛围,激发学生自强、自尊、自立的心理,从而使学生在课内外过一种健康、幸福和有意义的生活。当代课堂肯定型纪律理论也认为,好的纪律并不依赖于更多的规则和苛刻的惩罚,而是来自师生间的互相信任和尊重,课堂管理的核心是要在师生之间建立相互信任、尊重和帮助的关系,以人性化的管理方式

营造和谐的课堂氛围,密切关注和满足学生的学习需要。

(3)追求有序、自由、快乐、高效和创造的课堂纪律观。现代纪律理论强调,课堂纪律不能只看形式上的热闹或安静,而应追求学生思维的活跃和自由。好的纪律表现为热闹与安静的有序转换、自由与严格的和谐、"放"与"收"的辩证统一,是"形散神不散"的纪律,是学生在对学校纪律认同、接纳和内化基础上对纪律的超越。

(4)课堂生态管理观。生态的观点,强调把人、自然和社会都看成是具有内在普遍联系的有机整体,强调生态内部各因子之间的平等性。从这个观点出发,生态式的课堂管理主张师生平等、民主的新型关系,追求课堂管理的整体功效,而不仅仅是管理中某个方面的效率或某个组织、个人的成长。

(5)促进性的课堂管理目标观。课堂管理目标通常表现为两种取向,一是规范性目标,也称维持性或保障性目标;一是促进性目标。规范性目标注重课堂纪律和秩序的维持,从而确保课堂活动的顺利进行。与此不同,促进性目标不仅重视纪律和秩序,而且更关注通过课堂管理活动最大限度地满足师生的合理需要,推进课堂不断地生长和学生生命的发展。课堂管理的规范性和促进性目标是相辅相成的,前者是后者的基础和前提,后者是前者的发展和最终价值追求。那种为规范而规范、为秩序而秩序的管理目标观是错误的。

正因如此,近年来,课堂管理越来越由注重规范性目标转向注重促进性目标,并通过促进性目标达成规范性目标,实现两者的统一。当然,这并不是要废除所有的课堂规则、制度和秩序,而是要改变以往那种以强迫纪律和表面秩序为目的的管理体制,真正促进课堂的有效生长和学生的主动发展。

二、在课堂控制方式上,由注重外在控制向注重内在控制发展

传统的课堂管理,包括课堂常规、纪律、规范和策略,都是以教师为中心设计的,并在课堂中由教师监督和实行。这种注重教师外在管理而忽略学生内在管理的传统做法,使学生在课堂管理中处于消极被动的状态,也使整个课堂缺乏内在的活力和动力。近年来,随着课堂管理研究和实践的发展,人们越来越认识到真正有效的课堂管理是学生自我的内在管理,只有使教师的课堂要求内化为学生自己的自觉行为,才能达到最优的课堂管理效果。现代教育生态学原理告诉我们,课堂管理是一种自组织行为,教师与学生都是这种组织行为的一个生态因子,他们的地位是平等的。这就要求教师要特别注意学生的自我管理,充分发挥学生自我管理在学习活动中的作用,培养学生自我管理的能力。

正因如此,近年来,人们在重视教师外在管理的同时,更加重视学生内在管理的作用,强调通过学生积极主动地参与课堂管理和教学活动,让学生承担

他们自己可以承担的责任,自己管理自己,培养学生的自主意识和责任感,从而激发其主动性和创造精神。可以说,以学生为中心,以学生的自我管理为目标,努力促进学生主动积极性的发挥,激发和引导其内在动机,实现内在控制,已经成为当代世界课堂管理改革的一个发展趋势,也是当代课堂管理的一个革命性变革。

为了加强学生的内在管理,提高学生内在管理的有效性,当前一个普遍的做法是加强对学生自我控制和管理能力的培养和训练。

(1)加强对学生集体自我控制和管理的训练。学生集体既是教育的对象,也是一种有效的教育力量,教师在培养学生集体自我控制和管理能力时应注意形成良好的班风、促进学生之间人际关系的和谐和加强对学生各种活动的指导。良好的班风和人际关系,既可以促进课堂教学的顺利进行,也是促进学生自我管理能力发展的积极因素。

(2)促进学生个体自我控制和管理能力的提高。现代认知心理学认为,学生自我监控的构成可以从静态和动态两个维度进行分析。从静态角度分析,自我监控可分为自我监控知识、自我监控体验和实际自我监控三个方面。其中,实际自我监控是指主体在进行实践活动的全过程中,将自己正在进行的实践活动作为意识对象,不断地对其进行一系列积极、自觉的监察、控制和调节。制订计划、执行控制、检查结果和采取补救措施等都是实际自我监控的典型表现。从动态角度分析,自我监控可划分为计划、监察、检查、评价、反馈、控制和调节等一系列连续的环节和实践活动前的自我监控、实践活动中的自我监控和实践活动后的自我监控三个阶段。因而,学生个体自我监控和管理能力的培养也可从上述两个维度的各个环节和方面展开。

(3)课堂教学管理要重在引导而非控制。课堂教学监控是一种自组织行为,自组织系统内的管理主要是一种自我调节而不是一种来自外力的控制。因而,在这个过程中,教师的主要作用是通过为学生提供独立学习、合作交往、发现探究和展示表现的空间,引导和激励学生进行自主建构和内在控制。

三、在课堂管理策略上,由注重行为控制向注重满足学生需要发展

分析 20 世纪 60 年代以来的课堂管理研究历程,可以发现,传统的课堂管理是以学生违纪行为的控制和矫正为重要特征的:在整个 20 世纪 60—70 年代的大部分时间里,课堂管理的重点是运用临床诊疗模式等心理咨询方法纠正学生的违纪行为;自 20 世纪 70 年代中期开始,课堂管理的重点则转向了运用行为矫正技术控制学生的行为,教师被告知可以忽略学生的不当行为,但要强化其恰当的行为;之后,便是教师效能研究流派的兴起。教师效能研究者认为,课堂管理的重点不是对付已经发生的不良行为,而是研究教师如何通过提

高传授技能、师生关系建构技能和课堂组织管理技能预防学生不良行为的发生。这正如里德利(D. S. Ridleyt)在《自主课堂》一书中指出的,"翻阅以往有关课堂管理的研究成果,你会得到有趣的发现:只有极少数研究提到了学生的需求、态度和预想,而大部分资料都陷入了积极、有效管理课堂的教师策略之中。"

然而,20 世纪 80 年代以来,各种课堂管理理论不断交汇融合,课堂管理策略发生了由注重行为控制向注重满足学生需要的变化,共同显示了对通过创设积极课堂环境满足学生个人和学习需要的关注。当代课堂管理理论普遍认为,学生的行为甚至是违纪行为,都受其内在需要的驱动,都是学生尝试满足某种需要的结果,学生的问题行为主要是由于课堂环境不能满足其归属、认同和爱的需要造成的。正是由于我们的学校环境没有满足学生的基本需要,学生才发生不良行为。库珀史密斯(Coopersmith,1967)、格拉瑟(Glasser,1990)等教育心理学家指出,只有学生的基本需要得到满足,他们才能在学校环境中作出良好的表现。琼斯认为,每个学生只有在满足个人和心理需要的环境中才能更有效地学习;当教师的一种行为引发了学生的消极反应,这或是学生缺乏教师所希望的反应技能,或是教师无意中侵犯了学生的一个重大需要。许多研究也表明,正是由于现行的课堂环境不能满足学生的心理需要,从而造成了学生消极的学习态度和惹是生非或畏缩不前的行为。作为拥有强烈归属欲望的社会生物,学生的所有行为都表现出要求被接纳和被重视的愿望。当课堂环境不能满足这些需要时,学生就会将自己的行为引向寻求关注、寻求权力、寻求报复、规避失败或表现无能等错误的目标,错误地选择各类违纪行为来满足归属等普遍的心理需要。

因此,为了有效管理课堂纪律,我们必须深入分析现行课堂环境对学生需要的满足情况,识别学生错误目标的具体类型和问题行为产生的环境原因,在此基础上,通过关注学生的需要和创建一个有意义的、真正能够满足学生需要的积极课堂环境,让学生在课堂环境中切身体验到自己各种需要的满足,从而减少违纪行为,确保学生作出积极的、教学目标导向的行为,形成良好纪律。

四、在课堂管理内容上,由注重纪律管理向注重改进教学策略发展

多年来,课堂管理和学校纪律领域的研究常常过于强调如何约束学生的课堂问题行为,却忽视了学生行为和学习态度之间的关系;经常强调如何提高注意力,却很少关注课程和教学方法是否能激发学生的学习动机。近年来,随着课堂管理研究的深入,这种现象正在发生变化,课堂管理在内容上已由原来注重纪律管理向注重改进教学策略发展。

有效的教学是防止课堂问题行为发生的第一道防线,好的纪律来自好的

教学。因此,改善课堂纪律,必须改善我们的教学,增强教学的魅力。改进教学是改善纪律的关键。当代许多课堂管理研究者都高度强调有效教学策略与学生良好行为之间的关系。在课堂管理研究中,埃弗森(C. Everston)等人都曾指出,让学生参与教学并激发学习动机是有效课堂管理的关键;而格拉瑟(W. Glasser)最有革命性的课堂管理主张就是,纪律依赖于满足学生对归属、自由、乐趣和权力的基本需要,而要满足学生的这些需要,教师必须为他们提供优质的课程和教学,优质课程、优质教学和优质学习是有效纪律的主要特征。美国著名课堂纪律研究专家库宁(J. Kounin)也认为,维持纪律的最佳方式是吸引学生积极参加课堂活动。他关于高课堂管理成效和低课堂管理成效教师的比较研究表明,两类教师的课堂管理方法非常类似,他们的主要区别在于成功管理的教师能以良好的教学方法和课堂组织防止问题行为的发生,成功管理的教师在教学准备、教学组织及活动之间的顺利转移上,都更胜一筹。这些教师还善于通过一开始就激发学生的兴趣,注意在整节课中有效地吸引学生的注意力,安排具有个性化的作业等方法,使学生的活动一直围绕着教学有序展开。

上述研究启发我们,创建良好的课堂秩序和纪律,既需要合理的课堂管理观念的指导和纪律制度的规范,更需要课堂教学的完善和改进。因为,"如果学校毫无吸引力,如果学习任务目标不明确、活动缺乏趣味、难度不合理,我们怎能希望学生专心致志呢? 当课堂沉闷、教学无启发性、失败蕴藏其中时,学生的逆反行为当然就是意料之中的事。他们的反抗行为是身心健全的表现。"总之,以科学的教学行为实现课堂管理和控制的目的,实现课堂秩序的理想状态,已经成为当代课堂管理的基本共识。

第四节 材料阅读与思考

课堂管理作为班级教育与管理的一个有机组成部分,它既是科学,又是艺术,每个教师必须从有关教育教学规律和原则出发,在实践中灵活并创造性地运用课堂管理策略,把管理的科学性和艺术性结合起来。这方面,国内外众多优秀教师的教学实践,为我们提供了许多课堂管理的成功典范。这里,择要介绍四例,供大家学习借鉴。

一、魏书生民主化、科学化的教学管理

20世纪80年代以来,著名教育改革家、特级教师魏书生取得的教学成就令人瞩目,曾在全国产生轰动效应,被称为"魏书生现象"。魏书生教学成就的取得,不仅与其高超的教学艺术和科学的学生学业成绩评价方法有关,也是其

颗有特点的民主化、科学化教学管理的结果。

（一）教学管理民主化

魏书生认为，学生有两种类型，一类是学习的主人，他们学习目的明确，积极主动，注意集中，能感受到学习的乐趣和享受；另一类是学习的奴隶，他们缺乏积极主动性，不知怎么学习，上课注意分散，作业拖拉，得过且过，自控能力差，感受到的只是学习的痛苦和负担。教师的责任就在于帮助学生从学习的奴隶成为学习的主人。怎样使学生成为学习的主人呢？魏书生的经验主要有以下四个方面。

（1）教师要树立为学生服务的思想。魏书生认为，班级要实行民主管理，关键是教师要摆正自己的位置，树立为学生服务的思想。在教学中，教师既不能高踞学生之上，指挥命令学生，当维持课堂秩序的警察，也不是看管孩子的保姆或监督学生学习的监工，而是为学生服务的公仆。为学生服务，就不应强迫学生适应自己，而应研究学生的学习心理、原有的知识水平、接受能力，从而使自己的教学适应学生的需要。教师要善于在教学大纲、教材要求与学生的实际之间架桥，要努力防止离开学生心理的此岸世界，而只在大纲教材的彼岸世界动脑筋作文章的倾向。

（2）建立互助的师生关系。教与学之间的关系，绝不是教师居高临下，我讲你听，我管你服的关系，而应是互助平等的关系。教师要坚信每位学生都能帮助自己完成教学任务、提高教学水平，也要把自己的教学看成是帮助学生学习，而不是强迫让学生去学习。

（3）发展学生的人性和个性。教师既要教书，更要育人。要育人，就要研究人的需要，要着重发展学生心灵中需要劳动、学习、创造的那部分人性，要注重发展学生的个性和特长。尊重与发展学生的人性和个性，会使师生生活在一种相互理解、尊重、关怀、帮助、谅解、信任的和谐气氛中，从而真正体验到做人的幸福感和自豪感，减少内耗，提高学习和工作效率。

（4）决策过程要民主。要使学生成为学习的主人，就要引导学生参与教学和教学决策活动，像作业怎样布置、布置多少、上课讲什么内容等问题，魏书生经常与学生商量，有些自己心里没数的教学问题总是请同学们表决，确定怎么办。这样时间长了，学生便养成了发表自己意见、积极参与教学的习惯，教师也养成了尊重学生、理解学生、从学生实际出发的习惯。特别是师生经过民主讨论作出的决定，师生执行起来就比较自觉。

（二）教学管理科学化

魏书生认为，课堂管理的关键是要提高学生自我管理的能力，其办法之一是建立课堂教学的计划系统、监督检查系统和总结反馈系统，逐步提高学生的自学能力，使教学管理朝着自动化的目标发展。

1. 建立计划系统

魏书生非常重视语文教学的自动化管理,把与语文教学有关的 34 件事分成六类,具体制订出计划,规定了做事的人、做事的时间和做事的方法,即所谓"人人有事干、事事有人干、时时有事干、事事有时干"。

(1)每人每天必须做的 6 件事:500 字的语文作业;一篇日记;一次课堂口头作文或朗诵;明确自己新学知识在语文知识结构图中的位置;统计"三闲"(闲话、闲事、闲思)的数量以减少其对学习的影响;强化效率感,学会用零碎时间进行学习,力争在规定时间内完成学习任务。

(2)每天按学号轮流做 3 件事:全班同学每人一天轮流办日报;抄写名人名言、格言或警句;实行"定向、自学、讨论、答疑、自测、自结"六步教学法,有的步骤常常大家轮流做。

(3)每周做一次的 3 件事:练写字、学歌词、文学欣赏课。

(4)每学期必须做的 9 件事:每位学生针对自己的思想弱点,确立一句医治这一弱点的格言作为座右铭;学生出试卷,互相考查、评阅和解答;重温知识结构图;写教材分析,包括本册教材的生字、生词、文体及单元分布等;复习一遍一类文章的读法;为了掌握写作文的基本要求和学会批改作文,入学第一年要求学生写几篇作文,平时每天要求写命题日记;学生从格式、标点、中心、选材等 10 个方面互相批改作文;学生的作业及日记,均须写清完成日期,平时抽查,期末总查,及时补正。

(5)不定期的 6 件事:建立班级图书馆柜,坚持课外阅读;开展郊游活动,培养学生观察能力,促进学生语文能力的提高;介绍学习方法;教育学、心理学知识讲座;相关学科渗透;介绍国外科技动态。

(6)渗透于语文教学之中的 7 件事:写学习病历,包括疾病名称、发病时间、病因、治疗方法等;写个人法院审判程序,原告、被告、律师和法官都是学生自己一个人,引导学生客观地看待自己;犯错误时写一份心理分析说明书,写清事前、事中、事后心灵中新我旧我的斗争过程;智力训练;三结合(学用结合、听说读写结合、语文学习与其他学科学习相结合)学语文;培养自我教育能力;进行艰苦的体育锻炼,增强体质,磨炼意志,并使之迁移至学习之中。

2. 建立监督检查系统

为了确保计划的执行和落实,魏书生建立了五种行之有效的检查监督方式,并制订了具体检查的时间、方法和奖惩措施。

(1)自检。学生自检是整个监督检查系统的重点。学生必须每周、每月、每学期对自己的学习情况进行全面的自我检查。自检发现"违法"现象,除补上所欠任务量外,学生可以从以下五种处罚方式中挑选出一种:A. 为别人或为集体做一件好事以补偿歉疚心理;B. 轻微"违法",如当天作业不够 500 字,则为大家唱一支歌,在轻松愉快的气氛中增强法制观念;C.写一份说明书;D.写一份心理病历;E.写一份个人法院审判程序。总之,务必使学生牢固树立自己是学习主人的观念,自己完不成计划,首先要靠自己战胜自己。

(2)互检。有两种方式。一种是"互助组"式的,两名性格、爱好相近的同学组成互助组,互相帮助,互相督促检查对方执行学习计划、法规、制度的情况;另一种是"保护人"式的,每位后进的同学自己找一名德智体全面发展的同学做"保护人",负责监督检查自己执行计划的情况。

(3)班干部检查。值日班长、常务班长、学习委员按照自己的职责范围,检查监督学生执行语文学习计划的情况。魏书生外出开会时,语文课都是由班干部出面,组织大家自学。多年来,魏书生从未请人代过一节课,重要原因就是调动了班干部的积极性。

(4)班集体检查。引导班集体树立好学上进的风气,对不认真执行学习计划、制度的学生形成一种批评帮助的集体舆论,是集体检查监督最重要的方式。魏书生每学期要求班集体对每位同学执行学习计划的情况进行一次认真的、总结性的检查,对每个同学写出检查报告,并不定期地评选"学习最认真的人""课堂注意力最好与最不好的人",以检查监督学生的学习。

(5)教师抽检。除上述四种检查方式外,教师还要进行抽查。有了以上四道检查监督的"关口",留给教师的任务就少了。对语文教师来说,时间投入较多的具体事务,如布置和批改作业、命题考试、作文批改等,多年来魏书生一概不做,学生却能自觉地做,原因之一,也在于有了以上四道检查监督的"关口"。

3. 建立反馈系统

只有计划系统和检查监督系统还不是一个完整的教学管理系统。为使语文学习计划能够适应变化了的时空条件,魏书生建立了个别讨论反馈、班干部反馈、班集体反馈和家长反馈四种形式的反馈系统,以确保学习计划、制度能从实际出发,及时得到修改、补充或废除。

由于魏书生不但制订了较完善的语文教学管理计划和制度,并坚决执行,而且建立了检查监督系统和反馈系统,从而使语文教学走上了"法治"的轨道,也大大提高了课堂教学管理的效率。

二、宽恕触心灵、艺高课自秩

在课堂教学中,教师经常会遇到学生故意破坏纪律或与教师抵触之类的事情。产生这类事件的原因是错综复杂的,处理和解决的办法也是灵活多样的,教师应着眼教育学生正确选择和运用各类教育方法。下面是一个"调皮生"的内心自述,介绍了一位教师针对学生恶作剧采取以宽容谅解感化学生心灵、以高超教学艺术引领学生学习的课堂管理实例。[①]

　　新学期开始了。听说我们初二（1）班教语文的老师换了，新老师是个女的。我们班上几个有名的"小淘气"合计了一通，决定考一考这位新老师的"能耐"，由我来具体执行。

　　第一堂语文课的上课铃响过，一位身材颀长、穿着朴素的中年女老师，刚推开虚掩着的教室门，突然，从门的横框上掉下一块饱含粉笔灰的揩刷来，不偏不倚地落在她的头上。虽然揩刷是软木板嵌上绒毛做的，分量并不重，但是粉笔灰像天女撒花那样，把她的满头乌发一下子"染"成了灰白。我的"杰作"顿时哄动了整个课堂，甚至有人还吹起了"口哨"。平时比较文静的一些女同学，有惊叫起来的，也有掩口暗笑的。当然，其中也有以愠怒的目光扫视我们一伙的人。我为"杰作"的成功几乎高兴得跳了起来。但冷静一想，心里又感到不安：一来这样恶作剧是不应该的；二来事情闹大了怎么办？原先我们预测过这台"戏"的后果一定是：新老师大发雷霆，立命交待出干这件坏事的人；全班同学鸦雀无声，任凭她大加训斥；这堂课上不成，新老师向教导处告状；教导处派人来调查，由于我们一伙顶住不认账，以此打了她的下马威，我们掌握了"制课权"；今后和过去一样，语文课成了"自由课"。

　　可是，万万没有想到，这位老师并没有像我们想的这样做。只见她弯腰拾起了揩刷，端端正正地放在讲台上；然后轻轻地掸了掸头上的粉笔灰，认认真真地走上讲台，立在中央，严肃地说了声"上课！"大家立起来行过礼，她自我介绍姓徐，接着对大家说："同学们，从今天起，我将和大家一起学习语文，共同努力完成我们'学好祖国语言文字'的任务。现在请大家打开课本，看第一课《一件小事》……"我简直不知怎么才好。心里像挂着十五只吊桶，七上八下，她在讲什么我一句也没听进去，只偶尔听到同学们一阵阵甜蜜的笑声。我想得很多很多：内疚、后悔、认错、道歉、改过、自新……四十五分钟就在忐忑不安和胡思乱想中过去了。

　　下课后，我立刻召来同伙商量对策。但是他们一致认为这位新老师有水平，有修养，不能再鲁莽了。有个同学还劝我去向新教师认错悔过。可是我哪有这个勇气啊！哎，既知今日，何必当初！

　　语文课的确变了样，原来大家最不爱上的课现在变成了最受大家欢迎的课了。只有我，每上语文课就想起了第一堂课的"恶作剧"。可是徐老师压根儿没提这件事。她不提，我越不安，越感到惭愧，越忘记不了我欠她的这笔债。有时我又想：徐老师早已了解了那次恶作剧是我送她的"见面礼"，她决不会轻易放过我的，只是在捕捉"整"我的时机，有朝一日，会新账老账一起算。但是，

---

① 李健民.班主任工作心理学.北京:学苑出版社,1989:240－242.

从上课、课外辅导、作业批改等方面,看不出她对我有一丝一毫的"成见",相反,当我写出了几篇真情实感的习作时,她还在讲评课上多次表扬我。于是,我又想:老师总是宽宏大量的,大人不记小人过嘛!有几次,我几乎下了大决心,已经走近语文教研组和她的寝室门口,想进去向她悔过,但终因鼓不起更大的勇气而退了回来。

一个学期很快过去了,我期末考试的语文成绩竟排上了全班亚军,创造了我进初中以来的最高纪录。其他同学也都有不同程度的显著进步。此时此刻,我更感到太对不起这样辛勤培育我们的"园丁"了,我过去好糊涂啊!错把狗熊玩把戏的行为当作英雄举动。我下决心在假期里写出像样的、深刻的检讨书来,争取在新学期的第一堂课上,勇敢地站起来公开检讨。

新学期又开始了。开学第一天,我充满信心地拿了在假期里整整花了一个星期写好的检讨书来校上课。不料,我们初二(1)班的语文老师又换了,因为徐老师已调回上海。这正如晴天霹雳,太出人意料了。早知道这样,我应该在上学期就还清这笔"欠债"呀!

徐老师啊,徐老师,您在上海哪所学校?我这份"深刻的检讨"怎样才能到您的手中?

徐老师啊,徐老师,即使您回来一次也好,让我倾诉一下对您的无礼所造成的内疚,并能听到您亲口答应对我宽恕!

徐老师啊,徐老师,请您在遥远的地方,倾听我化内疚为力量而决心奋发向上的誓言!但愿您听到我这个淘气的顽童,在您的身教下所取得的成绩的汇报!

上述事例说明,课堂管理的关键是教师要抱着对教育事业高度负责的态度,以高尚无私的师爱去感化学生,以高超的教学技艺去引领学生学习,那种动辄训斥学生却又不想提高自己教学素养的教师是不可能管好课堂的。

三、觅闪光点

在课堂教学中,怎样管理一个纪律上乱、学习上糟、心理上逆反的差班呢?我国著名德育特级教师张万祥老师的经验是,不压制、不以硬碰硬,而是给他们铺一个较低的台阶,巧妙地鼓励他们,引导他们找出自身的闪光点,增强信心。学生都有特长,都有闪光点,班主任要善于挖掘、培植、扩大它!特别是对差班,一定要耐住性子,千方百计引导他们走上正轨。下面是张万祥老师通过寻觅闪光点激励和增强学生学习信心从而促使学生认真学习的一个实例,这种课堂管理艺术值得我们认真学习和借鉴。[1]

---

[1] 张万祥.班主任工作创新艺术 100 招.南京:江苏教育出版社,2002:51.

初二(5)班是个闻名全校的乱班:上课,下面的说话声比老师讲课声高几倍;老师批评,安静不了几分钟,又乱成一锅粥。谁上这个班的课,谁都是硬着头皮来,顶着满头官司回。教过初二(5)班的老师说:这个班特点是"三不",学生不怕考零分,不怕请家长,不怕受处分;撼山易,改变初二(5)班难。班主任走马灯似的换了几个。女老师不出三天,就会哭着辞职;男老师不出一周,死活不愿再带这个班。学校经行政会议研究,决定派我挂帅,只因为我已经带过十几个班了,领导认为我总有些新的招数。我明知山有虎,偏向虎山行,十分爽快地接受了任务。

第一节语文课,我走上讲台,"我很高兴担任初二(5)班的班主任。我姓什么,请大家猜个谜语——加拿大盛产美丽的贝壳。"这独特的开场白出乎顽皮孩子的意料,教室里难得地静了下来。一会儿,自称"八大金刚老三"的高易,既没举手,也没站起来,嚷道:"加拿大取头字'加',贝壳取头字'贝',合起来是'贺'字。你说我没有说错吧!咱铁头老三够威够力吧!"我皱了皱眉头,暂且避开礼貌问题,说:"李立明同学真够威够力,了不起!"很长时间没听人叫自己的大名了,没听人公开表扬自己了,李立明咧咧嘴笑了笑,同时也有点羞涩——为自己刚才说的多余话。我接着说:"我是教语文的,卖什么咱吆喝什么,今天咱们写作文。"一听要写作文,教室里立即炸了窝。"八大金刚"老大嚷道:"咱爷们儿可不会作文。""老二"文明些说:"老师,您就饶了我们吧!我们这帮吃货哪会写作文啊!"出现这样的结果,本在我的意料之内。待议论声停息后,我说:"今天的作文很特殊,大家一定会做,还特别省劲。"学生更纳闷了,连"老大"、"老二"都瞪着眼闭着嘴,静等下文。"这次作文,大家随便点,别像头次上轿的大闺女。"老师竟然把自己比做大闺女,这群狂放不羁的小野马听着有些新鲜。"下面我可说了,看谁聪明?"我看见不少人攥紧拳头,心中窃喜。"人有幼年、童年、少年、青年、壮年、老年,世上有春季、夏季、秋季、冬季。除用文字外,请你说还可以什么方式表现四季?"这可是新鲜的问题,贾林举手说:"老师,我看可以用画。春天怒放的桃花、夏天碧绿的茶叶、秋天金黄的稻浪、冬天洁白的大雪,不都是画家笔下的主角吗?"我赞道:"贾林同学简直是个诗人啊!"王旭说:"用歌用词也可以表现四季,如歌曲《桃花盛开的时候》、词《沁园春·雪》、歌剧《白毛女》……歌里有乾坤,诗里有春夏秋冬。"受鼓舞的徐颖说:"舞蹈也可以表现四季,我们可以从舞蹈演员的动作、表情体会到春天的明媚、夏天的酷热、秋天的喜悦、冬天的严寒。"生动的描述在师生面前展开了一幅幅的画面。初二(5)班头一次学习气氛这样热烈。自称"八大金刚老大"的李强也站起来说:"老师,我看用口技也可以表现四季。"说着便用口哨模拟春天小鸟的叫声、夏天的蝉鸣、秋天骏马的奔腾、冬天北风的尖叫。过去他常用口技在课上起哄,闹得老师讲不了课。今天他把口技用在作文上,我兴奋得难以抑制了："同学们的发言太精彩了,李强同学的口技太迷人了,大家都有一技之长,咱班大有希望。把刚才大家说的、表演的写在纸上不就是作文了吗? 作文有什么难呢? 请同学们课下写篇作文《生命的春天》。"连调皮大王都点了头,我明白初二(5)班已经揭开新的一页了。

四、四颗红枣

建立民主、平等、和谐的师生关系是营造自由安全教学气氛的前提,而改善师生关系的关键在教师,在教师的教育观念和良好的师德。下面是一个陈姓教师叙述的发生在课堂教学中的"四个红枣"的故事,它给我们带来的怎样引导和教育课堂上开小差的学生,爱护和保护他们的学习积极性的启示是多方面的。[1] 读后请思考以下两个问题:这些红枣在课堂里起到什么作用? 如果课堂上老是有人带东西来吃,老师应该怎么办?

我虽然是"四只眼",但我的学生背后却称我是"火眼金睛",得这一"美誉"最主要的原因是,我上课时"眼观六路,耳听八方"。这不,刚开讲"说明事物要抓住特征",我就发现坐在角落里的陈炉刚有动静,他正在低着头摸着什么。

我走到他的身旁,悄悄地对他说:"能把那东西拿上来吗?"

他脸红了,从口袋里摸出了四颗红枣。那枣,又大又红,诱人满口水。

我又轻声说:"能送给我吗?"他不好意思地点了点头。

于是我毫不客气地抓过那四颗红枣,快步走上了讲台,拿起其中最大的那颗,大声地说:"哪位同学来说说,这红枣有什么特征? 回答得好,我手中的这颗红枣就归你了。"

顿时,原先平静的课堂沸腾了。许多同学高举着手,有的甚至敲起了桌子,大声嚷嚷:"老师,我!"

我有意叫了刚才开小差的那位同学,他说:"红色!"

我说:"对,可是我们黑板上方的国旗也是红色的。"

又有人说:"它是可以吃的。"

"番茄也是可以吃的,并且它也是红色的。"我说。

于是又有一位说:"它是长在枣树上的可以吃的果实,成熟后红色,个儿是卵形或圆形的,味道甜。"

"很好,这位同学回答得很全面,把红枣这一事物跟别的事物的区别说出来了,所以,我们在介绍某一事物时就应该抓住事物的特征来加以说明。这一颗枣就归你了。"

教室里响起一阵掌声,同学们用美慕的眼光看着那位"得奖"的同学。

---

[1] 孟繁华.赏识你的学生.海口:海南出版社,2004:288.

"这儿还有三颗红枣,谁在这堂课上问题回答得好,同样有机会得到它。"

这堂课在热烈的争论和欢快的笑声中结束了。下课时,我桌上的那几颗红枣都各有其"主"。我故作遗憾地说:"真可惜,这么好吃的红枣,我自个儿没份了。"同学们也说,要是每堂课都有红枣奖励该多好啊!

这时,陈炉刚从口袋里掏出一把红枣,慷慨地说:"陈老师,给!"看着眼前那几颗同样诱人的红枣,我有点激动,不是因为红枣,而是因为那份融洽。

【复习思考题】

1.什么叫"健康课堂管理",这一课堂管理思想对改进当前课堂管理有何现实意义?

2.联系中小学课堂教学实际,谈谈在课堂管理中应如何运用有效沟通技能改进课堂管理?

3.试述当代课堂管理的变革走向及其对现实课堂管理的启示。

【拓展阅读】

1.卡罗尔·西蒙·温斯坦.中学课堂管理.田庆轩译.上海:华东师范大学出版社,2006.

本书以真实的教学场景为基础,结合教育学者的研究成果,探寻课堂管理的艺术。全书共四部分。第一部分(第1至2章)探讨中学课堂的本质特点,以及中学课堂管理的核心问题。走近四位中学教师的课堂,看一看,有效的课堂管理理念、原则与方法,是在怎样的土壤里被一步一步培育出来的。第二部分(第3至7章)探讨如何创建有助于学生自律、提高学习效率的课堂环境,比如怎样设计教室环境,怎样制定行为规范,怎样创造相互关爱、相互尊重的氛围,怎样合理使用时间,以及怎样与家长合作。第三部分(第8至11章)探讨与授课直接相关的管理任务,例如激励学生学习,管理小组活动,以及组织以学生为中心的讨论,等等。第四部分(第12至14章)探讨课堂管理中不可避免的挑战,比如应对不当行为,帮助有特殊需要的学生,以及预防、处理校园暴力。

2. Vemon F. Jones & Louise S. Jones. 全面课堂管理——创建一个共同的班集体.方彤,罗曼丁,刘红,陈峥译.北京:中国轻工业出版社,2002.

本书以大量实证研究材料作支撑,系统探讨了课堂管理的有关问题,包括了解学生需要,建立良好的师生关系、同学关系,提高学生的动机水平,制定课堂行为标准,处理学生纪律问题、违规问题,用问题解决法和行为矫正法解决学生行为问题等内容。本书还就如何有效处理学生中的违纪行为、冲突事件,介绍了应对策略、处理方案以及许多生动的事例。

3. Raymond M. Nakamura. 健康课堂管理——激发、交流和纪律. 王建平等译. 北京：中国轻工业出版社，2002.

本书分四部分，共计十章。第一部分：健康课堂的基础，分为三章，着重论述了学生健康的基础，教师在课堂内外的主导作用，以及本书所涉及的课堂管理策略的理论基础。第二部分：健康课堂上对学生的激发，分为三章，着重论述了学生的需求及健康管理的策略，用来帮助教师激发学生的积极性和主动性。第三部分：健康课堂上的交流，分为两章，着重论述了教师如何通过健康交流的方式与学生建立积极融洽的人际关系。第四部分：健康课堂上的纪律，分为两章，着重论述了如何运用一些健康有效的纪律实施技巧。

4. 戴维. 课堂管理技巧. 李彦译. 上海：华东师范大学出版社，2002.

本书分两部分，共计八章。第一部分：课堂控制与管理问题背后的缘由，分为三章，分别为课堂控制与管理问题的本质、问题的根源之一：孩子、问题的根源之二：学校和教师。第二部分：引导并纠正过失行为，分为五章，分别为策略之一：行为法、策略之二：认知法、策略之三：管理技巧、教师行为与课堂控制的关系、教师的自我形象与自我管理。

5. 杜萍. 有效课堂管理：方法与策略. 北京：教育科学出版社，2008.

本书通过丰富的课堂管理案例，在分析课堂管理现状的基础上，阐述了有效课堂管理的特点和内容，并结合课堂管理的几个重要环节：课堂常规管理、课堂问题行为管理、课堂情境管理等，有针对性地提出了有效的管理方法和策略，并致力于帮助教师在借鉴不同的课堂管理理论的基础上，构建符合自身发展和学生发展特点的有效课堂管理系统。本书突出理论与实践的结合，充分体现实用性和可操作性，具有一定的理论和实践价值。

【本章主要参考文献】

[1] 魏书生. 魏书生文选（第二卷）. 桂林：漓江出版社，1995.

[2] 张万祥. 班主任工作创新艺术 100 招. 南京：江苏教育出版社，2002.

[3] 宋秋前. 有效教学的理念与实施策略. 杭州：浙江大学出版社，2007.

[4][美]Raymond M. Nakamura. 健康课堂管理：激发、交流和纪律. 王建平等译. 中国轻工业出版社，2002.

[5] David Fontana. Classroom Control：Understanding and Guiding Classroom Behavior. The British Psychological Society and Methuen. London and New York. 1985.

[6][美]C. M. Charles. 建立课堂纪律. 李庆等译. 北京：中国轻工业出版社，2003.

第十二章　做一个优秀的班级教育与管理者

学习目标

- 了解班级教育与管理者的素质结构。
- 掌握班主任提高和优化自身素质修养的基本方法。

　　班主任是学生班级集体的管理者、教育者和领导者，是学校、家庭、社会及各科任课教师的沟通者，是学校教育和教学工作的主导力量，在党的教育方针和教育目的的实现以及学生的进步发展中起着十分重要的作用。因此，不断提高班主任自身素质，做一个优秀的班级教育与管理者，是每个班主任重要而长期的课题。

第一节　班级教育与管理者的素质结构

　　班主任作为班级教育与管理者，既要有精深的学科专业知识和精湛的教学艺术，又要具有班级教育与管理的基本素质和专门能力。一般而言，一个优秀的班级教育与管理者的素质结构主要包括了以下几个相互联系、相互制约的因素。

（一）正确的教育观念

　　班主任应具有正确的教育观念，这是班主任做好班级教育与管理工作的先导。班主任的教育观念决定着他培养人才的方式和基本方向，是班主任进行工作的出发点和依据，也是班主任进行全面自我修养的指导思想。正确的教育观念是班主任做好班级教育与管理工作应首先具备的条件。班主任应树立以下正确的教育观念：

1. 全面发展观

　　全面发展观是指班主任对学生思想品德、学业成绩、身体健康和心理素质等全面关心、全面负责，促使学生在德、智、体、美、劳等方面获得全面、和谐的发展。

2. 全员发展观

全员发展观是指班主任对班集体中的每一员负责,为每一位学生制定发展目标,使干部和一般学生、男生与女生、优生和"差生"都能有成功的机会和体验,成为能够立足于社会、奉献于社会的具有不同个性和特长的不同层次和规格的建设人才。班主任要坚信:每个学生,不管他的禀赋和才能是多么平凡无奇,都是可以教育的对象,并采取有效的途径和方法,去充分挖掘出每一个学生的内在潜力。

3. 主体发展观

主体发展观是指班主任要确立学生的主体地位,确认学生所具有的独立人格,尊重学生作为人所具有的价值和尊严,充分发挥自身的主导作用去调动学生的主动性、积极性和创造性,把学生培养成为有生命力、创造力的新型人才。

（二）高尚的思想道德

俄国民主主义教育家乌申斯基指出:"教师的思想品德对青少年心灵的影响,是任何教科书、任何道德箴言、任何惩罚和奖励制度都不能代替的一种教育力量。"班主任作为班级教育与管理者,必须具备较高的思想道德素养。

1. 要有坚定正确的政治立场、思想观点和优良的思想作风

班主任的思想政治素质在整个班主任素质体系中居于主导地位,思想政治素质的好坏决定着其他素质的优劣,甚至影响班主任的教师资格。为此,班主任必须首先加强思想政治素质的修养。

（1）要有坚定正确的政治立场。对于班主任而言,就是要站在党和人民的立场去观察和处理问题,忠诚党的教育事业,坚持教育为社会主义建设事业服务的大方向,理直气壮地对学生进行马克思主义和共产主义世界观、人生观、道德观,以及党的路线、方针、政策教育,社会主义的民主与法制教育,爱国主义、集体主义教育等。无论何时何地,遇到什么困难,都要满怀信心,毫不动摇自己的无产阶级政治立场。

（2）要有鲜明正确的思想观点。班主任不仅要有坚定的无产阶级政治立场,还要树立马克思主义、毛泽东思想的正确观点,即要树立无产阶级世界观、辩证唯物主义和历史唯物主义的基本观点,又要树立全心全意为人民服务、献身社会主义教育事业等观点。只有树立了鲜明正确的思想观点,才能提高认识能力,正确理解并贯彻执行党的教育方针和各项政策,运用马克思主义的立场、观点和方法去分析、解决教育工作中的问题,做好学生的教育、管理工作。

（3）要有优良的思想作风。班主任与学生朝夕相处,其言谈举止和作风经常被学生模仿,对学生随时发生着潜移默化的影响。因此,班主任要加强自己的思想作风建设,加强实事求是、教育民主、批评与自我批评、谦虚谨慎、严以律己、为人师表、艰苦朴素、艰苦奋斗等思想作风的修养。

2. 要有崇高的职业道德

班主任要做好班级教育与管理工作,必须模范遵守教师职业道德的基本规范,依法执教、爱岗敬业、热爱学生、严谨治学、团结协作、尊重家长、廉洁从教、为人师表。

(1)依法执教。班主任要全面贯彻国家教育方针,自觉遵守教师法等法律法规,在教育教学中同党和国家的方针政策保持一致,不得有违背党和国家方针政策的言行。

(2)热爱教育,献身教育。忠诚人民的教育事业是班主任最基本的道德准则。班主任要热爱教育事业,自觉献身教育事业。

(3)热爱学生,诲人不倦。热爱学生,诲人不倦是一种崇高的道德情感,也是班主任一种重要的教育手段和教育力量。它要求班主任:一要全面了解学生,全面关心学生的成长,做到教书育人,管理育人,服务育人;二要尊重学生,信任学生;三要对学生一视同仁,把爱的阳光洒向每一个学生;四要耐心不烦,循循善诱,诲人不倦,理解、宽容、赏识和信任学生;五要严格要求学生,做到严出于爱,爱寓于严,严慈相济。

(4)严以律己,为人师表。为人师表要求班主任老师起到模范作用,遵守社会公德,衣着整洁得体,语言规范健康,举止文明礼貌,严于律己,作风正派,以身作则,注意自省、自察、自纠。

(5)关心集体,团结协作。关心集体,团结协作是集体主义道德原则在学校教育活动中的具体体现,是班主任处理个人与集体、个人与他人关系的道德准则。团结协作要求班主任谦虚谨慎,尊重同志,相互学习,相互帮助,维护其他教师在学生中的威信,关心集体,密切配合,群策群力地搞好班主任工作和学校各项工作。

(三) 广博的知识和修养

班主任对学生全面负责,承担多项任务,既有一定的教学任务,又有教育管理学生的任务。因此,班主任应具有广博的知识和修养。

1. 精深的专业知识

作为班主任都要从事教学工作,离开教学活动,班主任不可能深入、全面地了解班集体中每一个学生的思想、学习及身心发展状况。离开成功的教学活动,班主任在学生心目中的地位、威信也就难以建立。从知识的发展来看,现在各门学科的首要特点是知识向"三维方向"扩展,即专业知识的外围不断地扩展,形成一定的"横向宽度";专业知识的前沿不断有新的突破,形成一定的"纵向深度";专业知识的容量不断增大,形成一定的"立向高度"。因此,班主任要有过硬的教学基本功,具有精深的专业知识,对所教学科的知识、历史、现状和未来有比较系统而透彻的理解。

2. 广博的基础文化知识

班主任无论从教学的角度，还是从教育管理学生的角度，还应具有广博的基础文化知识。现代科学发展的趋势之一是学科与学科之间的联系日益紧密、相互渗透，呈现出立体交叉式的结构关系。所以，无论从事何种教学工作的班主任都要尽量做到文理渗透，知识广博。子曰诗云、激光电化、天文地理、古今中外各方面的知识，使班主任在教育教学中能引经据典、旁征博引，既可以增强教育力量，提高教育教学效果，又可赢得学生的尊重和爱戴。不仅如此，班主任还要及时汲取当代科学发展的最新知识，了解各种新兴科学和各门学科知识纵横交错的立体网络结构，以及时调整、充实自己的知识结构。

3. 系统的教育科学知识

要做好班主任工作，必须具备系统的教育科学理论知识，主要是心理学、教育学和班级管理学知识。

（1）心理学知识。心理学是研究人的心理活动规律的科学。心理学知识是教育科学的理论基础，班主任应具备相当的心理学知识。班主任只有掌握学生心理活动的规律，才能富有成效地对学生进行教育和教学，才能把工作做到学生的心里，提高教育和教学的质量。班主任应在掌握人的心理活动的一般规律的基础上，认真研究学习青少年儿童发展心理学和学习心理学、社会心理学和管理心理学等，掌握学生在学习过程中和品德形成过程中和社会化过程中的心理活动规律。

（2）教育学知识。班主任要认真学习、掌握教育学方面的知识，从而充分认识教育在社会发展和人的身心发展中的巨大作用，充分领会党的教育方针、教育目的，充分了解全面发展教育各组成部分的意义、任务、实施要求及其相互制约关系，充分掌握教育、教学的原则和方法。只有这样，才能克服工作的盲目性，提高工作的自觉性。

（3）班级管理学知识。班主任要实现对一个学生班集体的科学化管理，不仅要掌握心理学、教育学知识，还应掌握班级管理学知识，尤其是有关学生管理工作的理论和应用知识，如需要理论、激励理论、期望理论、公平理论、挫折理论、态度理论、目标管理理论以及与之相应的操作技术知识等，从而深刻地认识班主任工作的重大意义，深入地了解班主任工作的任务、职责，全面地掌握班主任工作的原则、方法和艺术。

（四）全面合理的能力结构

班级教育与管理工作的顺利完成，需要多种能力的有机结合，因此，班主任除了加强自己的思想道德修养，掌握一定的知识外，还要努力培养自己全面合理的班级教育和管理能力。

1. 组织管理能力

班主任所面对的对象是一个班集体,组织和管理好学生集体是班主任的重要任务。为此,班主任必须具备相应的能力:一要有组建集体所必需的能力,如挑选班干部、培养积极分子、凝聚全体学生的能力;二要有参与学生活动和指导学生活动的能力;三要有制订班级工作计划,提出班级奋斗方向、目标和具体程序的决策能力;四要有贯彻学校教育计划的能力和落实、督促检查、总结、评估工作的能力,以及提炼班级工作经验和理论研究的能力;五要有调节班内人际关系和班级关系的能力;六要有协调各种教育力量,疏通各种教育渠道的社交能力,等等。这些都是班主任组织管理好学生集体的重要条件。

2. 了解学生的能力

了解学生是教育学生的前提。俄国教育家乌申斯基说:"如果教育者希望从一切方面教育人,那么就必须从一切方面去了解人。"班主任了解学生的能力主要体现在两个方面:第一,直接了解的能力。班主任工作多是在与学生直接接触中进行的。班主任在与学生交谈以及日常交往中,应处处留心学生的心理和行为变化;同时,班主任应通过深入学生生活,参加学生活动、跟班听课、辅导自习等多种途径,形成对学生自然观察的能力。第二,间接了解的能力。班主任要善于和各任课教师联系,通过家访或查看有关学生的各种材料,把握学生的学业、生活、交往及心理发展的动向,汇集各方面的信息,对学生进行全面、科学的分析和评价。

3. 教育指导能力

这主要体现在如下几个方面:①学习指导。学习问题是学生面临的最重要的问题,而学生学业的成败与班主任的教育指导密切相关,班主任应指导学生掌握科学的学习方法,形成良好的学习习惯,培养创造性学习能力。②生活指导。学生正处在由家庭走向社会的过渡时期,小至生活琐事,大至人生理论、事业追求,都需要班主任的悉心关注。因此,班主任应具有对学生生活指导的能力,指导学生学会生活,科学生活。③心理指导。中小学生由于社会阅历浅、学习负担重等原因,较为普遍地存在着诸如心理适应、心理控制和心理调节等问题,需要班主任给以心理指导,它包括青春期性心理指导、心理挫折指导、人格发展指导和人际交往指导等。

4. 协调工作的能力

班主任是班级的核心和引路人,一方面对学生的思想品德、学业成绩和理想信念等方面负有全面的责任;另一方面也要对来自学校、家庭、社会等多方面的教育影响进行全方位的协调。为此,班主任应具有协调各种教育影响的能力,努力做到:协调各任课教师的力量,使各科教师的影响形成一种合力;要善于协调班上团、队组织的力量,帮他们制订工作计划,使之与班级工作互相配合、协调一致；善于协调学生家长的教育力量，使家庭教育成为学校教育的有力补充。

5. 交流与交往能力

班主任要有较强的语言交流和建立良好人际关系的交往能力。班主任对学生进行品德指导、学习指导等，都离不开语言的表达。因此，班主任应具备较强的语言表达能力。许多教育研究者认为教师的表达能力应达到以下要求：口头表达准确、简洁、生动、流畅；文字表达概括、严谨、清晰、简明；声像表达熟练、多样、巧妙、合理；还要能够把三种表达有机地结合起来，最大限度地发挥交流效果。班主任还要善于运用表情、手势、眼神、体姿等来准确地表达自己的意思。同时，班主任还要有较强的交往能力。交往是人的社会生活存在的方式。交往能力是个体适应社会生活、从事社会活动的必要条件。班级管理过程实质上也是交往的过程，是班主任同学生、学校领导、任课教师、学生家长、社区教育力量等进行交往的过程。因此，班主任需具有较强的交往能力。

6. 组织兴趣活动的能力

开展丰富多彩的活动是培养健全的班集体，强化集体教育的重要途径，这对班主任提出了较高的要求：①应具有开展各种活动的丰富技能，如开展体育活动必须具有一定的体育运动技能；开展文艺活动应具有一定的音乐技能、美术技能和表演技能等；开展科技活动应具有基本的手工操作、制作技能。②应具有对各种兴趣活动的组织能力，要求班主任能充分考虑活动的目的、计划，分析影响活动开展的主客观因素，协调班级学生的人际关系，及时发现与排除影响活动开展的不利因素，调动班级每一个学生的积极性，同时要对活动及时总结、及时反馈和及时提高。

7. 教育应变能力

每个学生在智力水平和学业成绩方面各有千秋，行动表现也不尽相同，如何针对不同的学生进行教育，如何处理随时发生的甚至是意想不到的问题，对班主任的教育应变能力提出了考验。班主任必须有随机应变的处理突发问题的能力，灵活、镇定、果断、对症下药地教育学生。教育学生有规律可循，但没有固定模式。班主任要遵循教育规律和原则，实事求是，讲求育人艺术，捕捉有利于教育的时机，把握学生的思想脉络，才能收获满意的教育效果。

8. 自我调控能力

班级工作千头万绪，它要求班主任具有较强的自我调控能力。具体地说，班主任应具有调控个人心境、激情和情感的能力。班主任在学生面前应始终处于最佳的心理状态，以愉快乐观、奋发向上的精神状态去感染学生；当受到不良的情绪、情感侵袭时，班主任应该约束不良心境的蔓延，控制消极激情的爆发,切不可受情绪的左右而使行为失常,更不可迁怒于班级学生或周围的人,只有这样才能把握班级工作的主动权,并赢得学生的尊敬和信赖。

9. 教育研究能力

这是班主任在进行教育工作中,从事教育理论的探讨,对班级工作进行总结、评估,进行教育教学实验的能力。在教育研究的过程中,班主任自身的素质也得到发展。班主任工作具有很强的科学性和艺术性,每一个班级,班级中的每一个学生都具有自身的特点,需要班主任进行反复的研究、琢磨,并使之上升到教育理论的高度,从具体的工作经验中抽象出具有普遍性的原理。从另一方面来看,不具有教育研究能力的班主任,其班级工作必然是平淡的、无创造性的,甚至导致班级工作的恶性循环。因此,教育研究能力的形成,既是班主任自我发展的高层境界,也是搞好班级工作的有力保证。

10. 自我修养能力

未来社会的班主任,既是一个教育者,也是一个学习者。要保持教育者的身份和地位,就要不断提高自己的各方面素质,否则就难以适应不断发展变化的社会,难以胜任教育管理学生的工作。因此,班主任要具有自我修养能力,能进行自我批评、自我反省、自我控制和自我完善,这是提高教育能力、管理能力的基础。

(五) 良好的心理素质

班主任良好的心理素质主要表现在以下两个方面:①具有坚强的意志。班主任工作是一项艰苦复杂的工作,需要付出极大的体力和脑力,需要克服许多困难和障碍,这就要求班主任要具有坚强的意志。②善于控制和调节自己的情绪。作为一个自然的人、一个社会的人,班主任在生活、学习、工作中难免会遇到挫折、失败,产生消极情绪。如果班主任没有良好的心理素质,不能对自我心理进行有效的控制与调节,就会走入情绪低谷,甚至陷入精神危机,影响工作,降低工作效率。因此,班主任要善于运用理智调节、转移调节等方法控制和调节自己的情绪,这也有益于班主任自己的身心健康。

(六) 一定的审美素养

班主任具备一定的审美素养,通过引导学生对美的感受、鉴赏、创造,不仅可以增强班主任自身的人格魅力,而且有利于师生之间人际交往、情感的沟通,便于班主任工作的开展。班主任的审美素养主要表现在感受美的能力、鉴赏美的能力、表达和创造美的能力。这些能力在班集体建设和学生学习的指导上都有重要的作用。

(七) 健康的身体

班主任工作是艰苦、繁重的,如果没有健康的身体、充沛的精力,是难以胜任的。毛泽东说:"体者载知识之车,而寓道德之舍也。"如果没有健康的身体,班主任其他各项素质的发展就失去了物质基础。因此，班主任要认清体育锻炼的重要意义，重视身体锻炼，掌握体育锻炼的要领、原则和方法，注意卫生保健。

第二节　班级教育与管理者素质的提高

班主任作为专门的班级教育与管理者，其工作成效如何，关键在自身的素质。因此，每个班主任都必须坚持进行自我修养，不断完善、提高和优化自身的素质。

一、提高班主任素质修养的基本方法

在班主任素质体系中，尽管各种素质所起的作用并不一样，而且养成各种素质所需要的条件、环境、时间、方法也有所区别，但是，各种素质成分都是同一个动态发展的素质体系中不可缺少的部分，它们之间存在着相互制约的有机联系，其形成与发展必然有相同的途径和环节。如果从系统整体运动过程来考察，各种素质的修养提高，都离不开实践的根本途径以及学习吸取、加工内化、实践体验和总结升华四个基本环节。

（一）学习吸取

学习吸取，是指在从事班主任工作的实践过程中刻苦学习，广泛吸取前人和同行创造的智慧成果和工作经验。在实际工作中，班主任的学习要与反思结合起来。反思过后，总会发现问题；发现了问题，就要带着问题去学习，寻找解决的办法。在实践中，班主任把"学习"与"反思"结合起来进行自我修养，是提高管理水平的重要途径。从反思中获得问题，因为要回答问题，必须通过学习去寻找答案。反思后学习，是有明确目标的学习，因而学习的效率会比较高。班主任应形成坚持阅读的习惯。无论工作怎样繁忙，都应当挤出一定的时间读书，从书籍中获得指导实践的方法。

魏书生作为著名的特级教师和全国优秀班主任，之所以能取得令人瞩目的成绩，原因不是别的，只有一条，就是在实践中不断自我完善和提高。魏书生在教育理论的探索上取得的成就，与他渊博的知识积累直接相关。他博览群书，嗜学成癖，除钻研语文学外，还精通教育学、心理学、哲学，涉猎经济学、管理学、信息论、控制论……魏书生身兼多职，要做一个学校的校长和书记，还要教两个班的语文兼班主任，每年要上大量的公开课，到全国各地开会、做讲座。面对如此重负，他非但未被压垮，反而成绩斐然。仅此一端，便已值得广大班主任认真研究、学习。

（二）加工内化

吸取只是迈开了修养的第一步。加工内化是将从外界吸收的东西进行分析、加工和消化的过程，是提高素质修养的重要环节。内化首先必须坚持理论联系实际的原则，根据立足现实和发展现实的需要，即开展工作、培养人才的需要，对吸收到的东西进行认真筛选、加工和消化，把其中正确的、合理的部分转化成自己的思想、知识和才能。其次，要注意经常反思，按照优秀班主任的素质标准，反复进行思索、检查，找出差距或不足，并利用他人的经验武装自己，去缩短差距，弥补不足。

（三）实践体验

体验就是运用和实践，就是将吸取的东西、内化的结果再运用于实际。体验既是指导教育实践的过程，也是接受教育实践检验，进一步调整、充实自己已有素质的过程。首先，班主任要重视体验，要积极参加教育实践，亲自"下水"，与学生一起学习、生活。其次，要有目的、有计划地体验，有计划、有步骤、有目标地开展工作。再次，体验中应该有创新，体验不应该是对前人或同行实践的简单重复，而应该有创造精神，敢于打破常规，进行新的探索和尝试，以开拓认识的新领域和班主任工作的新路子。

作为班级教育和管理者的班主任要重视在教育实践活动过程中磨炼自我。从实践到理论，再从理论到实践，是认识的两次飞跃。理论只有与实践相结合，指导实践才不至于成为空洞的说教。实践是认识的基础，是理论的本源和归宿。班主任工作是磨炼人、培养人的最好的实践活动，正是这种丰富的实践活动，造就了无数优秀的班主任。班主任，尤其是年轻班主任要热爱这项工作，并从教育实践中不断改造自我，不断总结经验和教训，善于探索，提高自己教育行为的自觉性、合理性，从实践中体验工作的酸甜苦辣，培养自己的教育技能技巧，从而使自己日趋成熟、完美。

（四）总结升华

所谓升华，就是经过吸收、内化、体验之后要及时总结，发扬优点，克服缺点，弥补不足，使素质的整体水平上升到一个新的高度。勤于总结是提高素质修养的重要手段，在总结时一要实事求是，不夸大，不缩小，不自己骗自己；二要虚心听取，认真分析同事和学生的意见；三要既看到成绩和进步，又看到缺点和不足。为了使自己的素质修养真正得到完善和提高，在某种意义上讲，应着重纠正自己的失误和不足。

学习吸取、加工内化、实践体验和总结升华是班主任在教育实践中进行素质修养的四个基本环节，它们相互联系、相互影响，是使班主任素质不断提高的有机锁链，缺一不可。班主任只有坚持实践第一的观点，积极投身于教育工作实践，充分注意在修养的每一个环节上下工夫，才能够提高素质，使自己成为合格、优秀的班主任,并不断把班主任工作推向科学化。

二、开展行动研究,提高班级管理水平

"教师即研究者","研究即成长"。在班级管理中开展研究,在研究中进行班级管理。管理是一种实践活动,研究是对实践的深入认识,将两者结合起来就构成了一种促进教师专业成长的行为方式。这种行为方式使班级管理的目标、过程和方法更具科学性,是班级管理走向理性的催化剂,同时也是管理者业务水平自我提升的重要途径。

教育研究按其目的和功能不同,可以分为理论研究和实践研究两大类别。理论研究的功能主要是通过研究发展理论,实践研究的功能主要是通过研究解决特定实践情境中的问题。作为班主任,其研究的任务首先是解决实际问题,因此,其研究的类型应以实践研究为主。

目前,在中小学盛行的教育行动研究就可视为实践研究的一种。所谓教育行动研究,通俗地说,就是广大教师或他们与教研人员一起运用有关教育理论和成果研究本校本班的实际情况,解决日常教学和班级管理中的问题,从而不断改进教育教学和班级管理工作的一种研究类型和活动。行动研究是提高班主任班级教育与管理素质的有效途径。

(一)行动研究的基本程序

行动研究的基本程序一般可以概括为计划、行动、观察和反思四个螺旋循环的步骤。

(1)计划,也即形成旨在改进现状的计划,它是行动的蓝图,是行动研究的第一个环节。"计划"环节包含三个方面的内容和要求。第一,提出明确的行动研究课题。计划始于解决问题的需要和设想。所以,计划的第一项工作就是理清行动研究者所处的困境,提出明确的研究课题。在行动研究中,课题宜细不宜粗,提出的问题越清晰,就越能解决具体问题。第二,设计一个行动研究的总体计划和每一个具体行动步骤的计划方案。第三,计划必须有充分的灵活性和开放性。

(2)行动,也即在实践中实施行动计划。行动在这里指经过认真考虑的、有控制的和按计划进行的实践。在行动研究中,实施行动应该是行动者在获得了关于背景和行动本身的信息,经过思考并有一定程度的理解后,有目的、负责任、按计划采取的步骤。这样的行动才能具有贯彻计划和实现解决问题目标的功效。行动应是灵活、能动的,包含行动者的认识和决策。实施计划的行动还要重视实际情况的变化,重视实施者对行动及背景的逐步认识,重视其他研究者、参与者的监督观察和评价建议,行动是不断调整的。行动中的进展包括了实践的改进、认识的提高和行动所在环境的改善。

（3）观察，也即在行动所处的环境中观察行动的结果。在行动研究中，观察既可以是行动研究者本人借助各种有效手段对本人行动的记录观察，也可以是其他人的观察，而且多视角的观察更有利于全面而深刻地认识行动的过程。因此，行动研究中经常运用源于航海和军事侦察的"三角观察法"。由于社会活动，尤其是教育活动受到实际环境中多种因素的影响和制约，而且许多因素又不可能事先确定和预测，更不可全部控制，所以，我们更需要在行动的同时进行认真的观察，以便为下一步的思考提供真实可靠的材料。观察应是有计划的、敏感的和开放的。事先计划好的观察策略和方法是不够的，观察计划也必须是灵活的，能随时记录未曾预料到的情况。在行动研究中，观察的内容主要有行动过程、行动效果、行动的条件和制约因素及其他出现的问题，是反思、修正计划以及确定下一步行动的前提条件。因此，为了使观察系统、全面和客观，行动研究者应特别重视各种有效观察技术的运用。

（4）反思，也即就行动效果进行思考，并在此基础上进一步计划、行动和观察等，并由此进入行动研究的新循环。反思是行动研究一个螺旋循环的终结，又是过渡到另一螺旋循环的中介。反思这一环节的内容主要有：第一，整理和描述，即对观察到、感受到的与制订计划、实施计划有关的各种现象加以归纳整理，描述出本循环的过程和结果，构画出多侧面的生动的行动过程。第二，评价解释，即对行动的过程和结果作出判断评价，对有关现象和原因作出分析解释，找出计划与结果的不一致性，从而形成基本设想、总体计划和下一步行动计划是否需要修正、需作哪些修正的判断和构想。

（二）班主任开展行动研究的实践模式

几年来，我们在实践中逐步形成的"问题筛选——理论优选——运用和反思"的教学行动研究基本模式，有效促进了中小学教师专业水平的提高和实际教学问题的解决，其基本精神同样适用于班主任提高自身的素质和班级管理水平。

1. 问题筛选

问题筛选，即在学校统一组织领导下对学校教育教学上存在的问题进行调查分析，在此基础上对问题作出归纳分类、筛选和明确详尽的阐述，形成一定时期师生共同研究解决的问题场域。与青浦数学改革实验主要从调查和筛选先进教学经验建立大面积提高教学质量的经验系统着手进行教育改革实验不同，我们的重点是以学期为单位在众多的教学问题中调查和筛选出关键性的在一所学校具有普遍意义的问题，然后创造性地运用现有教育理论和实验成果加以解决。其做法是：

（1）教育研究人员深入学校实际，在初步调查研究的基础上，每学期初向教师介绍有关教育理论，着重引导老师形成发现教学中存在的问题的意识，提高他们发现和概括教学问题的能力。

（2）课堂教师与协作教师、教育研究者共同分析具体教学过程中存在的问题，对教师个体教学问题进行概括和筛选。

（3）结合教研活动，各科教研室通过教师个体教学问题的讨论交流，初步概括形成各年级或学科中存在的主要问题。

（4）学校对各科室提出的教学问题进行归纳，分类和筛选，形成每个学期需要重点解决的数量不多的问题场域。

应当指出，经过上述过程筛选的问题并不排除教师个体对其他问题的研究解决，它只是为了明确学校一个时期行动研究的工作重点，为下一阶段的理论筛选和教育研究者的理论指导确立基本的价值取向。

2. 理论优选

理论优选，也即根据筛选出来的某一时期需要研究解决的问题，从国内外庞杂的教育理论和实验成果中针对性地选取适合自己运用的部分，为教师下一阶段的学习和运用提供现成的理论材料和操作框架。其做法是：

（1）教育研究者针对上述筛选的教学问题从范围广泛的中外教育理论和实验成果中初步选择有关理论材料。这一工作主要由教育研究者完成，因为一般中小学校和教师既无时间也无条件进行这项工作。

（2）把教育研究者初步筛选的理论材料提交学校和教师学习讨论，在此基础上作出学校和教学科室对教育理论的筛选，并把经过第二次筛选的教育理论和实验成果编印成册。我们称之为"行动研究理论文集"。这种文集的显著特点是实用（针对实际问题的精悍小品）、易懂（高深的理论已经重新表述）、新颖（一般选最新的教育理论成果）和专题（每学期重点解决几个问题），因此比较适合中小学运用教育理论的实际需要，也为教师实践与教育理论的结合奠定了基础。

（3）教师个体筛选。把"行动研究理论文集"分发给教师个体学习讨论，或者由教育研究者向教师介绍经过第二次筛选的教育理论，每个教师结合自己的教学实际进一步从中筛选出适合自己个体需要的教育理论或从中获取自己今后改进教学过程所采用的主要操作因子。这实际上是理论还原于实践的重要开端。在这个过程中，教育研究者的作用主要在于进行面对面的讨论和指导，帮助教师理解教育理论的具体内容。

3. 运用和反思

在学校总体目标指导下，教师个体按照计划、行动、观察和反思的基本过程，创造性地运用已经优选的教育理论改进自己的教学过程，对实践结果作出总结和反思，并由此进入行动研究的下一循环阶段。其做法是：

（1）教师个体根据学校确定的教学问题，结合具体教学计划，明确其在自己教学中的主要体现,把学校要解决的教学问题内化为教师个体加以改进的问题场域。

(2)教师进一步学习优选的教育理论,获取开展行动研究、改进教学的操作因子,并详细制定自己的行动策略。

(3)在课堂教学中贯彻自己的行动策略,并与协作教师、教育研究者共同监察和分析课堂教学过程,为进一步的总结和反思积累必要的材料。

(4)总结和反思,即对照原先确定的问题解决目标,检查改进的成效和不足,并把行动研究实践经验写成论文,汇编成册,我们称之为"行动研究实践文集"。

实践表明,上述行动研究基本模式简明实用,操作方便,体现了学校行动研究与教师个体行动研究的有机结合,是比较符合一般中小学教师和各级地方教育研究者的实际的。

第三节　材料阅读与思考

班级教育与管理者素质修养的提高,是一个长期的过程。这方面全国许多优秀班主任的成长历程为我们提供了生动而富有启迪的实例。本节选录了全国著名教育家、班主任李镇西老师的《青年班主任怎样提高科研修养》和《罚站任安妮——我永久的痛》两篇短文,供大家阅读思考。从这两篇短文中,我们可以窥见和深切地感悟到李镇西老师的成长是在不断实践、学习、研究和自我剖析反思的过程中取得的。

一、青年班主任怎样提高科研修养[①]

有些青年教师不愿当班主任,觉得做班主任那些婆婆妈妈的事,没多大意思。这实在是一种偏颇认识。人们常说,优秀的班主任就是一名教育专家。这决不是溢美之词。因为班主任工作之"杂",正说明需要班主任思考、研究、解决的教育问题之多,这恰恰是班主任从事教育科研极为丰富的宝藏,这也为每一位青年班主任成长为教育专家提供了可能。那么,青年班主任应怎样结合本职工作提高自己的教育科研修养呢? 我的体会是:乐于请教,勇于思考,广于阅读,善于积累,勤于写作。

(一)乐于请教

这似乎是老生常谈,但一些青年教师往往不以为然。向中老年班主任以

---

① 李镇西.做最好的老师——著名教育家李镇西25年教育教学精华.桂林:漓江出版社,2006:50—52.

及其他优秀班主任请教,并不是礼节性的谦虚,而是诚心拜师。特别要强调的是,这种"拜师"不应是几次交谈或听课,而是长期观察、跟班见习;学习的重点还不在于其具体的做法,而是悉心领会其教育思想和带班艺术。乐于请教,还包括以书信方式向一些教育专家请教,从而开拓自己的视野,丰富自己的思想,使自己能从教育宏观的角度审视自己的工作,而且还能从专家们的指点中受到鼓励。向学生请教,也是很重要的,这主要是指多在学生中进行调查研究,及时了解他们对班主任工作的评价,听取他们的建议和批评。

(二)勇于思考

思考活跃、思维敏捷,是青年教师的特点,也是青年班主任进行教育科研的优势之一。"勇于思考"的含义主要有二:一是不迷信权威。在尊重并继承古今中外一切优秀教育理论与传统的同时,敢于以追求科学、坚持真理的胆识,辨识其中可能存在的错误之处;即使是向当今公认的教育专家学习,也不应不加分析地盲目照搬,而应经过自己的头脑,结合自己的实际情况消化、吸收。二是要善于发现问题。发现问题是研究问题的前提。我们生活在学生中间,每天都会遇到并处理各种各样的教育问题,有的青年班主任对此感到心烦。其实,这正是一个又一个的研究课题向我们源源不断地涌来,班主任研究的切入口也正在于此,甚至对一些似乎已有定论的教育结论,我们也可以根据新的实际、新的理论予以重新的认识与研究,或修正,或补充,或发展。

(三)广于阅读

对于有志从事教育科研的班主任来说,广于阅读的意义在于既可以掌握科研的理论武器,又可以随时了解这一领域的各种信息。因此,青年班主任无论多忙,都不可忽视广泛的阅读。一般说来,为教育科研而进行的阅读,其内容可侧重于四个方面:一是经典教育理论书籍,包括教育学、心理学、教育史等著作。这是青年班主任必不可少的理论素养。二是杰出教育家的专著。在有了一定的阅读基础之后,我们可根据自己的情况,选择某一位或某几位教育家的著作系统阅读,重点研究。三是反映国内外教育研究最新观点、最新动态的教育报刊。阅读这些报刊,可以使我们从别人的研究中受到启发,或者避免课题"撞车"。四是反映青少年学生生活、心理的各类读物,包括学生写的和写学生的散文、小说、报告文学等。通过这些读物,我们可以从更广阔的范围内了解、认识我们的教育研究对象。

(四)善于积累

材料的积累对于教育科研的重要性是不言而喻的。积累的过程就是"采矿"的过程,积累越丰富,成果就越丰硕。青年班主任可留心这四个方面的材料积累:一是学生的作文、作业、日记、周记等书面材料。当然,不是所有的学生文字都收存,而是注意保存那些最能真实反映学生心灵世界的文字。二是建立"特殊学生档案"。对特优生、"双差生"、有明显特点的学生进行长期跟踪观察，记载他们的成长过程、变化情况、学习状况、社会交往和家庭环境等。三是班主任本人进行教育实践、实验的有关记录材料，包括班级重大活动、对学生的个别教育、对偶发事件的处理等。四是对学生进行调查的结果，包括各种数据统计。还需说明的是，对这几方面的材料，班主任一定要给予分门别类的整理，以备查用。

（五）勤于写作

文字表达也是科研的基本功。一提写作，有些班主任往往以自己不是语文教师为理由而不愿提笔。其实，教育科研要求的写作能力，主要是内容实在，条理清楚，语言通顺，应该说，这些要求对于经常练笔的青年班主任来说，是不难达到的。"勤于写作"写什么？一是记录自己平时在教育教学方面的思想火花：一次联想、一回顿悟、一个念头、一缕思绪……都可以以随感、格言的形式记录下来。二是教育笔记，在班级教育与管理中成功或失败的做法，对"特殊学生"的跟踪教育，等等。三是教改实验报告、学生心理调查报告、班主任工作总结等材料。四是根据自己的工作经验或体会写成的有一定理论高度的教育论文。在这四类文字中，前两类一般是写给自己看的，而不是为交流、发表而写，其主要目的既为练笔，也为积累；后两类文字则可以在校内外交流或试投报刊，这是使自己的科研成果被社会承认的一种形式。

增强教育科研修养，当然并不只是青年班主任的事，但无论是从青年教师个人发展的需要看，还是从我国教育者整体素质提高要求看，应该说这对青年班主任尤为迫切。比起单纯的学科教学，目前我国对班主任工作的科学研究相对薄弱。然而，这恰恰为一切有事业心的青年教育者提供了一块大显身手、大展宏图的天地。实践已经证明，结合班主任工作进行教育科研，正是普通的青年教师通向教育专家之路的起点！

二、罚站任安妮——我永久的痛[①]

那是一个冬天的早晨，我和学生正在早读，教室门外响起了一声"报告……"我一看，是任安妮。我眉头一皱：她又迟到了！于是，便对她说："在外面站一会儿！"她的眼睛怯怯地看着我，嘴唇似张又闭，好像要向我解释什么，但终于没有开口，便顺从地站在教室门外。

任安妮是初一下学期转学来到我班的。她身体瘦弱，脸色苍白，说话细声细气。她的学习较差。可能是由于身体不太好，常请病假。但是，给我和同学

---

① 李镇西.做最好的老师——著名教育家李镇西25年教育教学精华.桂林：漓江出版社，2006：91—94.

们留下的最深印象是爱迟到。我曾把她母亲请来，向她反映任安妮这个老毛病，并问她是不是任安妮有什么特殊困难。她母亲说，没有什么特殊困难，就是任安妮在家动作太慢，磨磨蹭蹭地耽误了不少时间。于是，我多次找任安妮谈心，要她养成雷厉风行的好习惯。但她仍经常迟到。因此，今天我再也不能原谅她，必须通过罚她站给她一个教训。

我之所以要罚她站，还有一个原因，就是那几天班上迟到的学生也越来越多，虽然就是那么一两分钟或两三分钟，但我认为这是不能容忍的。因此，我现在企图通过惩罚任安妮，提醒全班学生：决不能迟到！

任安妮在外面大概站了五分钟，我想到如果校长看见了恐怕不太好，便叫她进来。她进来后走到自己的座位上想坐下，我说："谁让你坐了？到教室后面去，在后面那儿再站一会儿！"她的眼泪一下流出来了，但仍顺从地站在那里，并拿出书来和大家一起读。直到早读课结束，她总共站了15分钟。

上午两节课过后，她来向我请假，说头有点昏，想回家去休息一会儿。我一惊，问："怎么回事？是不是因为早晨站久了？"她说不是，她还说平时她就爱头昏，是老毛病了。于是，我同意她回家休息。

第二天，班上没有一个学生迟到——从教育效果来看，可以说"立竿见影"。但任安妮却没来上课，听说她回家以后哭得非常伤心，觉得一点面子都没有了。过了几天，任安妮都没有来上课。终于有一天，我从她母亲的口中得知，任安妮要休学了。我以为是因为罚站的原因，但她母亲说是因为生病，我问她任安妮生什么病，她却没有说，只是说医生要求任安妮休学。当时我对她母亲说："真遗憾，任安妮不能和我们一起学习了！但请你一定转告任安妮，身体比什么都重要，不要惦记学习！把身体养好了，明年还可以复学的。"

任安妮的母亲听了我的话，非常感动，不住地说谢谢。但她哪里知道，我这些话都是言不由衷的客套，其实当我听说任安妮要休学后，我心里就暗暗高兴，或者说有些庆幸：总算甩了一个包袱！因为学习成绩差的任安妮，每次统考都将我们班的平均分拉下多长一截呀！现在好了，因为没有了任安妮，我班以后的考试排名一定会有很大"提升"的！

半年之后，任安妮返校复学，降到下一个年级学习。在校园不时碰到我，总是羞怯而有礼貌地和我打招呼："李老师好！"

后来，在期中考试最后一科刚刚结束时，和任安妮同住一个院子的沈建平同学就来告诉我："李老师，任安妮今天早晨……死了……"当时，我无比震惊：她前几天还在校园里和我打招呼，怎么一个鲜活的生命说消失就消失了呢！说实话，那一刻我的大脑一片空白，但有一个念头很清晰，这就是我一定要赶在她火化之前为她送行！

我和一群学生刚进殡仪馆，她的母亲就迎上来，用哭哑了的声音对我说：

"李老师,您这么忙还赶来,真是谢谢您和同学们了!"我心情沉重地说:"太突然了,太突然了。我们根本没想到!"她的眼泪又来了:"李老师,今天我告诉你,我的任安妮6岁就患上了白血病,当时医生说她最多能活三年。为了她有个宁静美好的生活,我们一直没有告诉她,也没有告诉任何人。在许多人的关心下,她奇迹般地活了8年。谢谢您啊,李老师!任安妮在最后几天,还在说她想李老师,想同学们。她复学后一直不喜欢新的班级,多次对我说,妈妈,等我病好了以后,你一定要去请求校长允许我回到原来的班级。我想念原来的同学们,想念李老师!

听了她的话,我真是心如刀绞:在任安妮纯真的心灵中,不知道她所想念的李老师曾为她降到另外一个班而暗暗高兴啊!

我和学生们站在任安妮的遗体旁,向她作最后的告别。想到那个冬天的早晨,我让她站了15分钟;想到她那天上午向我请假时我的冷淡;想到我对她其实并不好,她在生命的最后日子却还"想念李老师"……我终于忍不住恸哭起来!

当天晚上,我含泪写下一篇近5000字的文章《你永远14岁——写给任安妮》。在写的过程中,我一遍又一遍地问自己:我对任安妮的愧疚是不是真诚的?我也一遍又一遍地回答自己:绝对真诚!但如果往深处思考,我这种愧疚有一个潜在的前提,那就是我不知道任安妮患有白血病,而竟然罚她站。是的,我曾一次次充满悔恨地想:如果早知道任安妮患有白血病,我绝对不可能罚她站的!

问题就出在这里:那是不是如果任安妮没有患白血病,或者说如果她仍然健康地活着,我就可以理所当然地罚她站呢?我之所以流下眼泪,是因为愧疚。但这里的"愧疚"仅仅是因为罚了患有白血病的任安妮站,而不是因为"罚站"本身!那么,我的愧疚还是很浅薄的。我应该为罚学生站而惭愧——不管这被罚的学生是不是病中的任安妮!我已经不可能面对或者对任安妮说声"对不起"了,但我每天都还面对着健康而活泼的学生,我应该也必须把我对任安妮的愧疚化作对我今后每一位学生的尊重与善待!

从那以后,我发誓:决不再对迟到的学生罚站!

这么多年过去了,我可以无愧地说:当年面对任安妮的遗容所立下的誓言,我坚守到了今天!

如果仅仅从教育动机看,我当年罚任安妮站似乎是无可厚非的——不过就是想"严肃纪律"嘛!不过是"严格要求学生"嘛!而且如果从教育效果看,我更不应该如此自责而应该很高兴——罚一个任安妮站便换来了班上迟到现象的大大减少。但是,为了达到这个目的,我所付出的代价是什么?是学生尊严的伤害!

任何时候,我们都不应该以学生尊严的伤害为代价,去换取所谓的"教育效果"!教育,绝不能为了目的而不择手段!尊重学生,并不能代替教育本身——这只是教育的前提;但剥夺了学生的尊严,就剥夺了教育的全部!教育,一刻也不能没有人情、人道和人性!

——这就是当年体罚(我认为罚站也是一种体罚)任安妮所给我的教训,也是我对此反思所获得的教育启迪。

【复习思考题】

1.教师是研究者。李镇西老师提出的请教、思考、阅读、积累、写作等科研修养方法,简明易懂,便于操作,对青年班主任具有重要借鉴意义。读后请结合实际制定一个开展班主任工作研究的实施方案。

2.以罚站方式处罚迟到的学生,这在有些地方的学校中时常可见。李镇西老师罚站任安妮所造成的损害是严重的。值得庆幸的是,李老师通过对此事件的深刻反思,吸取了教训,从而使自己的班级教育和管理素养得以提升,避免了后来类似事件的发生。读后请结合实际谈谈你对类似事件的看法,并运用反思等方法总结自己的经验和教训。

3.对照班级教育与管理者的素质结构,制定一个提高自己班级教育与管理素质的行动方案。

4.什么是"教育行动研究",设计一个解决当前班级教育与管理中存在的某个实际问题的教育行动研究计划。

【拓展阅读】

1.方国才.中国著名校长的管理奇迹.南京:江苏人民出版社,2007.

本书以解读入手,深入浅出地介绍了蔡林森、杨瑞清、刘京海等中国当代24位著名校长的管理思想、管理智慧以及他们创造的管理奇迹,它们如同一个个管理的经典之作,既开阔了校长和班主任的眼界,拓宽了我们的管理思路,增长了我们的管理见识,又深深震撼和激励着我们的心灵。本书具有"新、精、活、实"四大特点。

2.张彦春,朱寅年.16位教育家的智慧档案.上海:华东师范大学出版社,2006.

本书展示了魏书生、李吉林、李镇西、顾泠沅、张思明、张化万等16位当代中国教育家的教育智慧。每位教育家单独成篇,每篇分"记录""对话""文选"和"隽语"四个部分。上述教育家的教育智慧对提高班主任的管理水平具有重要的启迪。

3.李希贵.为了自由呼吸的教育.北京:高等教育出版社,2005.

本书系我国当代著名教育家李希贵的专著之一。作者曾任山东高密四中语文教师、班主任、校长和高密市教委主任、潍坊市教育局局长等职务。本书以纪实的叙事方式,生动记录了作者的管理思想和实践经历,具有很强的可读性和启发性,对班主任提高班级管理水平具有重要意义,值得一读。

【本章主要参考文献】

[1]刘载荣.新编班主任工作教程.徐州:中国矿业大学出版社,1999.

[2]李学农.班级管理.北京:高等教育出版社,2004.

[3]傅道春.21世纪新型班主任.哈尔滨:黑龙江教育出版社,1998.

[4]宋秋前.教学缺失与矫治策略.贵阳:贵州人民出版社,2002.